世界围棋圣地·烂柯文化系列丛书

棋·兵·道

追踪千年棋脉 黑与白的对话
世界围棋圣地衢州 探索围棋文化奥秘

赵子安 著

浙江工商大学出版社
ZHEJIANG GONGSHANG UNIVERSITY PRESS
·杭州·

图书在版编目(CIP)数据

棋·兵·道 / 赵子安著. — 杭州 ：浙江工商大学
出版社，2023.10
ISBN 978-7-5178-5295-7

Ⅰ．①棋… Ⅱ．①赵… Ⅲ．①围棋－体育文化－中国
Ⅳ．①G891.3

中国版本图书馆CIP数据核字(2022)第247616号

棋·兵·道
QI·BING·DAO
赵子安 著

责任编辑	沈明珠
责任校对	都青青
封面设计	蔡海东
责任印制	包建辉
出版发行	浙江工商大学出版社

（杭州市教工路198号　邮政编码310012）

（E-mail：zjgsupress@163.com）

（网址：http://www.zjgsupress.com）

电话：0571-88904980，88831806（传真）

排　版	杭州彩地电脑图文有限公司
印　刷	浙江全能工艺美术印刷有限公司
开　本	710 mm×1000 mm　1/16
印　张	25.75
字　数	380千
版印次	2023年10月第1版　2023年10月第1次印刷
书　号	ISBN 978-7-5178-5295-7
定　价	128.00元

本书编辑委员会

衢州要积极挖掘文化内涵，打好"两子文化"品牌。

——2004 年 10 月，时任浙江省委书记习近平
在衢州考察调研时的指示

序

中华传统文化博大精深，其中棋道和兵道可谓博大精深文化中的精髓，是支撑和维系中华民族几千年生存与发展而不败的根基之一。其道之奥妙或许我们今天仍然没有全部弄明白。

浙西的衢州，南孔圣地，也是世界围棋发祥地，此地有儒也有道，此地有道更有神与灵。

棋界中，围棋可谓是"王段"。它在我国古代被称为"弈"，即搏也，斗也，争也，总之是"敌"与"我"之间的战之术，而它又包括了技术、技巧和心理等要素。"弈之始作，必起自战国，有害诈争伪之道，当纵横者流之作矣。岂曰尧哉！"唐朝诗人皮日休认为中国的围棋是始于战国时代的尧之后代在战争中创造的某种兵法之大成，后转为兵营中将战事和兵术进行普及的娱乐活动，并认为能玩围棋者，定是"精其理者，足以大裨圣教"。

关于衢州是围棋的起源地，史书中都有记载，但是在民间，人们更熟悉烂柯山王质遇仙的传说。据晋朝虞喜所作《志林》载："信安山有石室，王质入其室，见二童子方对棋。看之，局未终，视其所执伐薪柯已烂朽，遽归乡里，已非矣。"梁代任昉《述异记》载："信安郡石室山，晋时王质伐木至，见童子数人棋而歌，质因听之。童子以一物与质，如枣核，质含之，不觉饥。俄顷，童子谓曰：'何不去？'质起视，斧柯烂尽。既归，无复时人。"由此可以认为，衢州围棋发展史至少已有一千七百年历史。

唐孟郊《烂柯山石桥》诗有"樵客返归路，斧柯烂从风。唯余石桥在，犹自凌丹红"。可见烂柯一典已盛传棋界，成了围棋的别称。陆游《东轩花时将过感怀》诗云："还家常恐难全璧，阅世深疑已烂柯。"更将烂柯比作岁月流逝、人事变迁。

古代中国的道法可谓高深莫测，而道家和围棋恰恰有着同一个"祖宗"。有学者研究，无论道家学说，还是传统的围棋、中医、历法都来自河图洛书。南宋著名哲学家陆九渊在思索围棋时感叹："忽悟曰：'此河图数也。'"清初国手黄龙士所编《弈括》的原序也说："棋本太极，法象乎天地，统归于河图，有阴阳至德之臻，无微而不在是也。"但最普遍的说法是，道家思想起源于尧舜，成形于老子，围棋也起源于尧舜，战国史官撰写的《世本·作篇》中就有"尧造围棋，丹朱善之"的记载，东晋张华《博物志》更进一步明确了尧舜造棋的背景："舜以子商均愚，故作围棋。"到了魏晋时期，衢州围棋尤受道家思想的影响。当时儒释道相济并进，尤其是玄学盛行，崇尚老庄、追求精神自由、求仙慕道成为主流思潮。衢州围棋文化是以"王质观弈烂柯"的神话传说为起点与线索的，以衢州烂柯山为物化载体，围绕"烂柯"所形成的棋谱、棋图、诗词、碑文、山志等为基本内容，内含时人悟道山水的情怀及对时空、宇宙与生命的理解，是中国围棋文化的一种特殊文化形态，具有仙幻性、人文性等道家思想特征，围棋仙地烂柯山更是被道家誉为"第八洞天"。可见，道家文化和围棋文化相互交融，天然契合。

衢州素有"铁衢州"的美称，源于其独特的地形结构和地理区位，是自古以来的兵家必争之地，这也从特殊的地理区位论实了围棋即古人所说的"弈"之发源之处。顾祖禹的《读史方舆纪要》评价衢州："守两浙而不守衢州，是以浙与敌也；争两浙而不争衢州，是以命与敌也。"历朝历代在此增设关隘、兵营、教场、炮台，衢州一千多年建城史上发生过影响历史进程的大小战役多达百起，著名的战役有姑蔑伐吴、黄巢起义、方腊起义、胡宗宪抗倭、常遇春攻衢、太平军攻衢、刘家福起义、浙赣会战。同时衢州江山更是被称为"民国将军县"，浓厚的军事历史文化为衢州围棋的发展提供了生动的历史经验和文化基因。同时，围棋"以子围而相杀，故谓之围棋"的"博弈"思维，也为衢州人民的军事斗争提供了智慧源泉，丰富了军事的思想、格局和谋略，从而使军事文化和围棋文化在历史长河里相互碰撞和融合。衢州，没有足够"博弈"的实战之史，自然也不可能成为围棋之故乡。

道法亦是棋法，棋局亦如战局。棋、兵、道三种文化相辅相成，互融相生造就了衢州独具一格的"合弈"围棋文化特征，这在全国乃至全世界都是绝无仅有的。纵观当代世界，局势错综复杂，我中国之所以能立于不败之地，与我们民族所有的精深的"博弈"传统功法和思维定力无不相关。

历史经验告诉我们，围棋发展与国家兴衰紧密相连，与民族命运休戚与共。2004 年 10 月，时任浙江省委书记的习近平同志在调研考察衢州时指出：衢州要积极挖掘文化内涵，打好"两子文化"品牌。"一子"文化是南孔文化，另"一子"文化便是围棋文化。2014 年 7 月 3 日，习近平总书记在一次外交活动中做出了"围棋中包含着人生的哲学和世界战略"的重要论述。因此，挖掘和创造围棋文化是贯彻落实打好"两子文化"品牌指示的重要举措，也是强国富民的有效手段。

史学小说家赵子安的《棋·兵·道》是一部关于围棋哲学性文化论述的书籍。作者做到了三个"首创"：一是提取中国两千多年的道家文化、军事文化和围棋文化之精髓，通过原理阐述和引经据典的方式，追寻衢州围棋千年棋脉，将围棋文化提高到中国传统哲学的高度，实属全国首创；二是第一次提炼围棋"以正治国、以奇用兵、以合弈棋"的围棋哲学思想，实属古今首创；三是衢州第一部关于围棋文化的哲学性文化论述，实属本土首创。"世事如棋局""棋局如人生"，《棋·兵·道》的成功创作更是丰富了衢州围棋文化元素，有效促进衢州"两子文化"品牌打造，助力衢州高质量发展建设四省边际共同富裕示范区。

《棋·兵·道》合计八十一章，三十余万字。每一章分道、兵、棋和结四部分。作者通过理论分析、典故证明及前后论证的方法向我们讲述了"以正治国、以奇用兵、以合弈棋"的主题思想。我们发现作者有着扎实的文学功底和历史文化功底，书中引用了大量的典故和诗词歌赋，典故、诗词歌赋中的故事就发生在衢州，具有浓浓的"衢州味"。我们可以体会到从事政协文史工作的作者对深奥的道家哲学和文化有着自己独特的见解，对两千多年的军事文化和思想文化有着深邃的分析，对围棋里蕴含的道家哲学原理和军事思想有着敏锐的察觉，有着浓浓的"政协味"。本书文风老练厚重，文字通俗易懂，文采笔翰如流。美中不足的是作者对围棋棋艺不是很精通，因此在棋理理解上和分析上还有所欠缺，但这并不影响作品本身的可看性以及它所带来的价值和意义。

善弈棋者杜夫子曰："精其理者，足以大裨圣教。"所谓的"精其理"就是精通围棋之理，且能教化于人，蕴含着道家绵绵之道、久久为功的柔性法则。赵子安是位年轻作家和学者，专注衢州文史研究和文化传承与发扬工作，难能可贵。其就职于衢州政协办公室文史编辑部，在完成单位工作的同时，利用业余时间钻研学术，刻苦创作，体现了"两专工程"精神，十分可贵。据悉，作者还将创作长篇章回体神话小说《姑蔑传》和长篇章回体革命题材小说《铁衢州》，以"三部曲"的形式塑造"铁血衢州"，我们拭目以待。

这本《棋·兵·道》，是赵子安献给故乡衢州的一部倾情之作，充满了知识信息量和语言文字魅力，相信读者阅读该书会更多更好地了解衢州、爱上衢州，让共同富裕之花开满三衢大地，富泽衢州人民！

中国作协原副主席，中国报告文学委员会主任

何建明

2022 年 2 月 28 日

前　言

　　衢州是一座古老的城市，其历史文化厚重，集合了儒道两家思想精髓的"两子文化"更是在全国乃至全世界绝无仅有。本书旨在弘扬衢州围棋文化，探索围棋奥秘。

　　围棋是传统文化的产物。从"道"的层面来看，其中所蕴涵着的哲理、智慧、思维、韵味，可谓博大精深；从"器"的层面来看，围棋的战术、技巧也最为复杂多变，这就为文人创作诗文提供了无限广阔的空间。同时，围棋在古代文人中极为普及，以围棋入诗，也容易产生共同的情感体验，引发共鸣。因此，围棋诗成为历代诗歌中不可忽视的一个类别，是有着深厚的文化基础的。

　　《说文》曰："弈，围棋也。"围棋乃是先天河图之数：三百六十一着，合着周天三百六十五度四分度之一，黑白分阴阳以象两仪，立四角以按四象。其中有千变万化，神鬼莫测之机。仙家每每好此，所以有"王质烂柯"之说。围棋作为中华上下五千年文明的独特象征、中华传统文化中精彩的"智力魔方"、民族文化的瑰宝和高度智慧的结晶，绝不是一种游戏那么简单，也不单纯是一种人与人之间的竞技，围棋的娱乐性、竞技性只是表层价值，更重要的是其深层次的文化价值、战略价值、哲学价值，这才是围棋长久的生命力所在。

　　围棋有"不得贪胜、舍小就大、逢危须弃、彼强自保"的人生博弈智慧，有"山僧对棋坐，局上竹阴清。映竹无人见，时闻下子声"的人生气度之美，有"天人合一""中和之棋"的人生和谐之美，也有棋逢对手、没有尊卑、无论贵贱的民主平等意识。道家无为而治、适可而止、不争而胜、大象无形的思想和生活态度，与围棋的棋道弈理、价值取向具有内在的一致性。围棋文化系出《周易》，与道家文化同宗同源，互为一脉，相成相进，相得益彰。

围棋是一种博杀之游戏，有天地方圆之象，有阴阳动静之理，有星辰分布之序，有风雷变化之机，有春秋生杀之权，有山河表里之势。一场棋局就是一场战局，故而自古兵家为之推崇，将其与兵法合起来研究。

《荀子》有云："道虽迩，不行不至。"因此，本书就在上述理解之基础上确定了创作的方向，即探索道家文化、兵家文化、围棋文化三者之间的关系，梳理彼此的同和异，最终确定"以正治国、以奇用兵、以合弈棋"的围棋文化精神。

道家主张"无为而治，不争为先"，兵家强调"而无不为，战有争先"，无论是道家还是兵家都在各有侧重地讲述如何修身齐家、治国平天下的道理，总结出来就是要以正道、正义作为最高精神和原则治理国家和为人处世，用奇略、奇谋、奇术作为做事的方法和手段，以达到事半功倍的效果。而"正"和"奇"的思想融合起来运用到围棋中，就成为一种"合"的思想。以合弈棋是围棋的思想精髓所在，也是千百年来每一个围棋爱好者孜孜不倦为之奋斗的结果。

那么，什么是以合弈棋？"合"有聚合、融合的意思，但不拘泥于简单的聚合或融合，更多的是一种阴阳互补、刚柔并济、唯变所适和道法自然。围棋不仅有道家的无为和不争，有兵家的谋略和诡计，还有儒家的仁义礼智信，佛家的虚幻和顿悟。可以说，棋盘之上，黑白之间，蕴藏着大量的哲学智慧和救世秘诀。

跌宕起伏的棋局和峰回路转的人生，往往相互交织，正所谓"人生如棋"。围棋的魅力就在于人们可以为它废寝忘食不知困倦，许多文人墨客更是为之倾倒。从一定意义上说：一部围棋史，实际上就是古今围棋人的人生际遇、命运浮沉的缩影和折射；万千围棋谱，实际上就是无数博弈者手谈雅斗、神思妙想的标本和写照；浩瀚的围棋文化，实际上就是历朝历代的围棋人丰富多彩的精神创造、精神汇聚的成果和积淀；深奥的围棋之道，实际上就是古往今来的围棋人探索规律、追求真谛的感悟和升华。

此道之升降，人事之盛衰，莫不寓是。寓教于人，是围棋最有价值之处。希望通过本书，让无数爱好围棋的人理解围棋的精神，让世间所有人明白治国理政和为人处世的道理：以正治国、以奇用兵、以合弈棋！

围棋文化博大精深，可谓"恒久之至道"，是一种难以一言以蔽之的文化，吾只能窥探一角。

赵子安

农历辛丑年腊月

目 录

第一章 道可道，非恒道也

> 道可道，非恒道也；名可名，非恒名也。无名，万物之始也；有名，万物之母也。故恒无欲也，以观其眇；恒有欲也，以观其所徼。两者同出，异名同谓。玄之又玄，众眇之门。

何谓"道"？在古代，人可以走过的地方叫作"径"，木车可以通过的地方叫作"蹊"，一辆马车可以通过的地方叫作"路"，两辆马车可以来回通过的地方叫作"道"。"道"的本意是循环往复的意思。

道家的"道"其实在老子之前就已经发现，伏羲一画开天成象，现在叫作"符号"，有天象、人象、地象。老子为了人们不局限于象而陷入困惑和痛苦，而提出"道"，旨在破象。道家和儒家最终的目标是一致的，只是老子是天道到人道，孔子是人道到天道。

如何认识道家的"道"？一提起"道"，我们难以在头脑中想象它的模样，因为我们的想象往往带有很大的局限性和主观性。正如《观尹子》讲："非有道不可言，不可言即道；非有道不可思，不可思即道。……圣智造迷，鬼神不识。惟不可为，不可致，不可测，不可分，故曰天曰命曰神曰元，合曰道。"所以，老子说"道"如果可以用言语来表述，那它就不是恒（常）"道"了。"故恒无欲也，以观其眇。"要常从"无"中去观察领悟"道"的奥妙。"恒有欲也，以观其所徼。"要常从"有"中去体察体会"道"的端倪。这两句话告诉我们如何从万千世界中认识"道"。"道"在佛学中理解为修行，禅宗中倡导的"不立文字"和"直指人心"就是佛学结合中国本土道家思想而倡导的一种思想理念。易道广大，无所不包。"道"不是虚无的，不是缥缈的，而是客观存在的，存在于一切事物的"无有"之中，是万物的本源。我们可以狭隘地将"道"理解为一种规律，一种自然、社会和人的运行规律、法则。

东郭子曾问庄子："所谓的'道'在哪里？"庄子说："无所不在！"东郭子说："一定要指出具体的地方才行。"庄子说："在蝼蛄蚂蚁之中。"东郭子说："为什么在这么卑下的地方呢？"庄子说："在稊稗里。"东郭子说："怎么更卑下了呢？"庄子说："在砖头瓦片里。"东郭子说："怎么越说越不着边际了呢？"庄子说："在屎尿中。"东郭子再也不出声了。道藏在万事万物之中，东郭子始终不明白庄子的意思。

《庄子·田子方》讲述了孔子拜访老子的故事。孔子见老子洗头之后站在那里像一根木头，便问是何缘故。老子说他在天地万物的起源问题中神游，进入了深沌虚无的境界。孔子继问是何意思。老子答道："心困焉而不能知，口辟焉而不能言。尝为汝议乎其将：至阴肃肃，至阳赫赫。肃肃出乎天，赫赫发乎地。两者交通成和而物生焉，或为之纪而莫见其形。消息满虚，一晦一明，日改月化，日有所为而莫见其功。生有所乎萌，死有所乎归，始终相反乎无端，而莫知乎其所穷。非是也，且孰为之宗！"如果这个阴阳相生相克的世界不是"道"的缘故，那又是什么的缘故呢？

"无有"是一种什么关系呢？"无名，万物之始也；有名，万物之母也。""无"用来表述天地混沌未开之际的状况，而"有"则是宇宙万物产生之本原的命名。"两者同出，异名同谓。"老子说，"无有"来源相同但名称却相异，就像两辆马车可以来回过的"道"一样，一个是"来"，一个是"回"，其实都是路，但各自代表的意义不一样。庄子《至乐》中借助青蛙、车前草、蝴蝶、蠛蠓等生物衍化对"无有"做了一个形象描述，世间一切事物都是在"无有"之间的转化，这就是"道"。

因此，要领悟"道"，就要从"无有"出发，这是开始之路，就好比一个婴儿跨出去的第一步，一个应届大学毕业生走向社会的第一步，一个将死之人走向"永生"的第一步。"玄之又玄，众眇之门。"老子把领悟道的"无有"称为"眇门"。何谓"眇"？古同"妙"，奥妙的意思。意思是说"无有"是一种玄妙，是探索、洞悉宇宙万物一切变化奥妙的门径。庄子在《庚桑楚》中对玄妙之门做过一个解释："天门者，无有也，万物出乎无有。有不能以有为有，必出乎无有，而无有一无有。圣人藏乎是。"这里的天门即玄妙之门，暗藏"无有"之道的玄机。

《道德经》的开篇语对于《道德经》这本书来说具有提纲挈领的意义，其思辨思维道出了肯定与否定、有限和无限的关系，告诉我们，"无"亦是"有"，"有"亦是"无"，"道"和"非道"亦是"道"。从我们行为处世的角度出发，就是要辩证统一地看待一切事物，既要遵守常规，也要灵活机动，出奇制胜，不能墨守成规，保守停滞。

孙子曰："兵者，诡道也。"在孙子眼里，兵家也有道，也需要道。《孙子兵法》第一篇"计篇"中开门见山地提出："兵者，国之大事，死生之地，存亡之道，不可不察也。"战争是国家的大事，它关乎百姓的死活、国家的存亡，是不能不慎重分析研究的。"故经之以五事，校之以计，而索其情：一曰道，二曰天，三曰地，四曰将，五曰法。"孙子提出了决定战争胜败的五个基本原则，第一个原则就是"道"。说明"道"在兵法中是第一位的，是纲领性的，遵从道义的是正义的战争，是一定会胜利的，不遵从道义的是不正义的战争，就一定会失败。

例如我国浴血奋战十四年的抗日战争，面对装备精良的日军，"亡国论"一度甚嚣尘上，出现了汪精卫等臭名昭著的汉奸。可是拥有五千年文明的中华民族和人民知道，日本人发动的这场战争本质上是侵略的，是不遵从道义的，注定是要失败的。为此国人坚持抗战，最终赢得了战争的胜利。

何谓兵家的"道"？《道德经论兵要义述》讲道："夫圣人用兵之道，不以其愠怒也，不以其争夺也，不以其贪爱也，不以其报怨也。盖整而理之，蓄而藏之，以谨无良，以威不谡，非用之于战阵，非用之于杀伐，非用之于田猎，非用之于强梁，此圣人用兵之深旨也。"意思是圣人用兵的道在于不怒、不争、不贪、不怨。更是认为"夫争者，兵战之源、祸乱之本也"，即"争"是战争祸乱的根源。孙子曰："道者，令民与上同意，可与之死，可与之生，而不危也！"遵从道义就是要求统治阶级与百姓的意愿是一致的，这样才能实现同生死共患难，这样国家就不会有危险了。这里有两层意思，第一层意思是，发动战争一定要是人民的意志、国家的意志，绝不能是统治阶级的利益导向，必须是符合历史规律的，道家并不反对正义的战争，只是对战争保持谨慎的态度，兵家也是如此；第二层意思是，"道"是集体意志的表现，只有遵从了"道"，发动战争才能胜利，才能师出有名，才能形成统一的信念。黄石公《三略》讲道："求贤以德，致圣以道。"意思是使贤人归附要用"德"，使圣人归附要用"道"。

三国时期，刘备迫不得已投靠曹操。曹操的谋事荀彧谏言："刘备，英雄也，今不早图，后必为患。"曹操将荀彧的想法和郭嘉说了，郭嘉说："不可。主公兴义兵，为百姓除暴，唯仗信义以招俊杰，犹惧其不来也，今玄德素有英雄之名，以困穷而来投，若杀之，是害贤也。天下谋之士，闻而自疑，将裹足不前，主公谁与定天下乎？夫除一人之患，以阻四海之望。安危之机，不可不察。"遂曹操未杀刘备。这则故事蕴含着"道"。曹操阵营民心初定，需要广纳贤才，而天下贤才也需求仕之路，这是当时的背景和历史发展趋势，若曹操违背这个规律，违背天下士子之心，何来的文官武将为他出生入死？

"故校之以计，而索其情，曰：主孰有道？……"所以，要通过双方的考察分析，掌握实际情况，并据此加以比较，从而来预测战争胜负的情形，第一条就是哪一方能得民心、能顺应"道"！

道家和围棋有着共同的"祖宗"，那就是尧舜。道家思想其实就是来源于尧舜的经历，故而道家思想产生于老子之前，只不过老子将其进行了总结而已。庄子《天道外篇》讲："明此以南乡，尧之为君也；明此以北面，舜之为臣也。以此处上，帝王天子之德也；以此处下，玄圣素王之道也。"可见，道家将尧舜奉为圣人的代表。

至于围棋，围棋知白守黑，以阴阳为原型。战国史官撰写的《世本·作篇》中就有"尧造围棋，丹朱善之"的记载，东晋张华《博物志》还进一步说明了发明围棋的动机："尧造围棋，以教子丹朱。或云：舜以子商均愚，故作围棋以教之。"围棋为尧舜发明已经被世人深信不疑，享保（日本的年号之一）十二年（1727）正月二十九日，日本围棋四大门派掌门人本因坊道知、井上因硕、安井仙角、林门入签了一张承诺书："围棋创自尧舜，由吉备公传来。"《大英百科全书》《美国百科全书》分别记载围棋于公元前 2356 年和前 2300 年由中国发明。

可以说，道家和围棋产生于同一个时代，有着共生共长的历史，其相互作用，相互促进，两种文化交融在一起，形成了中国特色的道家文化和围棋文化。正如《梨轩漫衍生》所讲："围棋初非人间之事：始出于巴邛之橘，周穆王之墓；继出于石室；又见于商山，乃仙家养性乐道之具。"历史上有很多"道"与"围棋"的故事，数不胜数。

《搜神后记·仙馆大夫》载"仙馆大夫"的故事："嵩高山北有大穴，莫测其深。晋初，尝有一人误堕穴中。同辈冀其不死，投食于穴中。坠者得之，为寻穴而出。计可十余日，忽然见明。又有草屋，中有二人对坐围棋。局下有一杯白饮。坠者告以饥渴，棋者曰：'可饮此。'遂饮之，气力十倍。棋者曰：'汝欲停此否？'坠者不愿停。棋者曰：'从此西行，有天井，其中多蛟龙。但投身入井自当出。若饿，取井中物食。'坠者如言，半年许，乃出蜀中。归洛下，问张华，华曰：'此仙馆大夫，所饮者，玉浆也；所食者，龙穴石髓也。'"

宋姚宽《西溪丛语》讲述了"善棋道人"的故事："尝有道人善棋，凡对局，率饶人一先，后死于褒信，托后事于一村叟，数年后，叟为改葬，但空棺衣衾而已。道人有诗云：'烂柯真诀妙通神，一局曾经几度春。自出洞来无敌手，得饶人处且饶人。'"其中的烂柯就是当今围棋圣地衢州的烂柯山，围棋故事王质遇仙就发生在这里。

围棋和军事的关系更是密不可分。自古"兵家善弈"，《孙子兵法》中几乎所有的观点和军事原则都可以用于围棋，《敦煌棋经》和《棋经十三篇》则都以兵谈棋，以棋论兵，围棋与军事密切相关，有机相通。在早已亡佚的桓谭《新论》中这样评价围棋："世有围棋之戏，或言是兵家之类。上者远其疏张，置以会围，因而成得道之胜。中者则务相绝遮，要以争便求利，故胜负狐疑，须计数以定。下者则守边隅，趋作罫，以自生于小地。春秋而下，代有其人。"这句话的意思是，围棋就是一种兵法，类似于我们今天的沙盘。再看，古往今来多少将帅是棋手，我们常常在电视剧里看见很多将帅一边下着棋，一边决胜于千里之外。

东汉末期的文学家，"建安七子"之一的应场，喜好围棋，写有《弈势》："盖弈棋之制，所尚矣！有像军戎战阵之纪，旌旗既列，权虑蜂起，骆驿雨集，鱼鳞雁峙，奋维阐翼，固卫边鄙，寇动北叠，备在南尾。或饰遁为旋，卓轹辍列；赢师延敌，一乘虚绝，归不得舍，两见擒灭，淮阴之谟，拔旗之势也。或匡设无常，寻变应危，寇动北垒，备在南麾；中棋既捷，四表自亏，亚夫之智，耿弇之奇也。或假道四布，周爰繁昌，云合星罗，侵逼郊场，师弱众寡，临据孤亡，披扫强御，广略土疆，昆阳之威，官渡之方也。挑诱既战，见欺敌对，纷拿相救，不量进退，群聚俱陨，力行唐突，瞋目恚愤，覆局崩溃，项将之咎，楚怀之悖也。时或失谬，收奔摄北，还自保固，完聚补塞，见可而进，先负后克，燕昭之贤，齐顷之德也。长驱驰逐，见利忘害，轻敌寡备，所丧弥大，临疑犹豫，算虑不详，苟贪少获，不知所亡，当断不断，还为所谋，项羽之失，吴王之尤也。持棋相守，莫敢先动，由楚汉之兵，相拒索巩也。"

应场从军事的角度论述围棋，开篇就谓："盖弈棋之制，所（由来）尚矣！有像军戎战阵之纪。"并指出对弈先从两翼入手，占据守卫边池，"奋维阐翼，固卫边鄙"。还用历史上的一些有名战例来说明围棋战术：弈棋不能一味向前追逐驱驰，见利忘害；如果轻视敌方而少有防备，则损失更大；临阵怀疑犹豫，则是谋算考虑得不周详；如果贪得无厌而少有获得，则不知怎么死的；如果该做出决断不能决断，则还要为此进行谋划，就会犯下鸿门宴项羽未杀刘邦和夫差同意勾践求和一样的失误。将围棋通过战争的情形描述得淋漓尽致。

那么，围棋为何求道，以何为道，何以为道？从整个人类文明史的高度俯瞰，任何理论、制度以及器物的发明和创造，都不是凭空而来的，其背后都有深刻的思想根源，而这个思想根源的最高境界就是哲学。恰巧的是围棋和道家同宗同源，同步共进，有着共同的思想根源。

唐代孟郊有《烂柯石》诗："仙界一日内，人间千载穷。双棋未遍局，万物皆为空。"作者将围棋文化里的棋局比作天地，"万物"就是世间的万事万物，"皆为空"的"空"是一种空净感，这正是"无状之状，无物之象"的境界。正如古朝鲜诗人金性养《烂柯亭》诗："岩花绝俗锁烟霞，落子声中岁月斜。莫使旁人看久住，樵柯烂处却忘归。"可以说贯穿围棋文化的都是道家思想，道家思想也在围棋领域得到传承、发扬和创新。

什么是围棋的"道"？《道德经》第五十七章讲："以正治国，以奇用兵，以无事取天下。"围棋经历了两千多年的发展，在"以正治国、以奇用兵"思想的指导下，形成了"以合弈棋"的思想精髓。何为"合"？《说文·人部》云："合，合口也。"本义为闭合、合拢，如合眼、合抱。引申为聚集、联合的意思。《道德经》第五十五章讲："未知牝牡之合而朘作，精之至也。"《论语·宪问》云："桓公九合诸侯，不以兵车，管仲之力也。"例如象棋和西洋棋，都是两军对阵，互相杀伐，但是围棋不在于杀伐，而是占据一方，这符合道家讲的军事理念，所以需要做深远的考虑，我们要和对手一起成长。做事业也是如此，等于是在下一盘永无止境的围棋，一口气够长，就有机会活下去。正如曹摅《围棋赋》讲："二斗共生，皆目并也；持棋合围，连理形也。"曹丕《夏日诗》讲："棋局纵横陈，博弈合双扬。"围棋中的双活，是活棋的一种方式，又称共活、公活、两活。许多双活是弈者棋力相当，且针锋相对而形成的，乃竞争中的妥协，摇棋赞叹也。

班固《弈旨》讲："上有天地之象，次有帝王之治，中有五霸之权，下有战国之事，览其得失，古今略备。"意思是可以将围棋当作治国治民的教材，同时还用军事的观点描述围棋："若孔氏之门，回（颜回）赐（子贡）相服，循名责实，谋以计策；若唐虞之朝，考功黜陟，器用有常，施设无祈，因敌为资，应时屈伸，续之不复，变化日新。或虚设预置以自护卫，盖象庖羲牺网罟之制，隄防周起，障塞满决。有似夏后治水之势，一孔有阙，坏颓不振。有似瓠子泛滥之败，一棋破室，亡地复还。曹子之威，作伏设诈，突围横行。田单之奇，要厄相劫，割地取偿。苏张之姿，固本自广，敌人恐惧。三分有二，释而不诛，周文之德，知者之虑也。既有过失，能量弱强，逡巡儒行，保角依旁，却自补续，虽败不亡，缪公之智，中庸之方也。"

　　故而作者认为"以正治国、以奇用兵、以合弈棋"是烂柯围棋文化的思想精髓所在！"正""奇""合"三者辩证统一，"正"为引领，"奇"为策略，"合"为境界。凡古今中外弈棋者，皆应用正道来引领自己的棋艺及人生，心系国家社稷，同时更要讲求谋略，注重做事之方法，如同行军打仗，要讲计谋，两者关联在一起，形成"合"的思想融于下棋之中，探寻新的人生哲理，达到"道"的境界。

第二章　居无为之事，行不言之教

> 天下皆知美之为美，斯恶矣；皆知善之为善，斯不善矣。故有无相生，难易相成，长短相形，高下相倾，音声相和，前后相随。是以圣人处无为之事，行不言之教，万物作焉而不辞，生而不有，为而不恃，功成而弗居。夫唯弗居，是以不去。

"天下皆知美之为美，斯恶矣；皆知善之为善，斯不善矣。"天下都知道美的是美的，就是因为有丑的了；都知道善的是善的，就是因为有恶的了。庄子说："圣人不死，大盗不止。"意思是坏人都是相对于好人而言的，没有好人就没有坏人。二者之间的界限有时很难区分，不是不分，而是要分得恰到好处。

"圣人处无为之事，行不言之教"的意思是圣人用无为的观点去对待事物，用不言的方式去施行教化。

道家的"无为"不是我们今天所指的不作为、不行动，而是不妄为。"不言"也不是不说话、不教导的意思，而是不说违背自然规律、强加自身意识的话语。正如老子回答孔子如何至道的时候说的："且夫博之不必知，辩之不必慧，圣人以断之矣！……彼至则不论，论则不至；明见无值，辩不若默；道不可闻，闻不若塞，此之谓大得。"这两句话是辩证法大师老子向世人推出的济世安民的两大法宝，是对矛盾的对立统一规律的具体应用。

　　为何要"处无为之事，行不言之教"？老子提出："故有无相生，难易相成，长短相形，高下相倾，音声相和，前后相随。"世间万事万物都是相互矛盾和辩证统一的，是有其自然规律和法则的。有无相互转化、难易相互形成、长短相互显现、高低相互充实、音声相互谐和、前后相互接随，老子用这些生动的例子证明矛盾的辩证关系，并向世人指明：求"有"须向"无"中求；求"易"必须重视"难"；欲"长"必先向"短"；欲"高"必先位于"下"；欲"播"声于外，必先发声于"内"；欲处人之"前"，必先居人之"后"。

　　总之，要以辩证法的观点，从所追求的事物的对立面着手，让其自然而然地由量变到质变的正面转化，这样就能达到"处无为之事，行不言之教"的境界。

　　庄子《至乐》中问道："天下有至乐无有哉？"庄子认为："吾以无为诚乐矣，又俗之所大苦也。故曰：'至乐无乐，至誉无誉。'"即坚持"无为"的"道"是可乐的，世界上最快乐的事情就是无忧无乐，世界上最高的赞誉就是不褒不贬。至乐无乐和至誉无誉就是处无为之事，行不言之教的最好结果，就是世界上自然的状态。

　　总的来说，"处无为之事，行不言之教"有三层方法论：一是要遵循客观规律，不可逆历史潮流；二是要让万物自己发展而不强加干涉和先为创造；三是要"夫唯弗居"，不要居功自傲，否则就会成为别人攻击的对立面。

　　黄石公《三略》讲道："贤人之政，降人以体；圣人之政，降人以心。体降可以图始，心降可以保终。"贤人执政，能使人从行动上服从；圣人执政，能使人从内心里顺从。从行动上服从，便可以开始创业了；从内心里顺从，才可以善始善终。这里强调了一个遵循规律的天道思想，治国理政要顺从民意，这样才能让老百姓从心理上和行动上服从于管理者，才能达到上下齐心，正所谓"民为邦本，本固邦宁"。

　　《军谶》讲道："夫三皇无言而化流四海，故天下无所归功。帝者，体天则地，有言有令，而天下太平；君臣让功，四海化行，百姓不知其所以然。故使臣不待礼赏；有功，美而无害。"三皇不需要任何言论，教化便流布四海，所以天下的人不知道该归功于谁。五帝效法天地运行，增设言教，制定政令，天下因此太平。君臣之间，互相推让功劳。四海之内，教化顺利实现，黎民百姓却不知其中的原因。所以，统治臣属不需依靠礼法和奖赏，就能做到君臣和美无间。这句话体现了"无强加干涉、无可以教化"的理念，正是老子所讲的"处无为之事，行不言之教"的道理。

《道德经论兵要义述》讲道："爱恶起而相攻，则战争兴矣！"因个人狭隘的喜好和厌恶而导致相互攻伐，那么战争就兴起来了。"无为于土地，则兵革不出、士卒不劳矣。"如果能对天下遵循自然规律而不妄为，则就不用出兵挥戈，兵士们就不用那么劳累奔波。"独立造化而不居其功，不怙其强，卑以自守，所以事业简易而长不离其身。"面对自己创下的业绩而不居功自傲，能谦卑以待，就能让事情变得简单，自己也能长久。在军事上，更要遵循这三个道理。

《左传》记载了孟之反不居功自傲的故事。鲁国与齐国作战，鲁军大败，作为统帅之一的孟之反留在后面掩护大军撤退。当大家都安全撤回而迎接他最后到达时，他却故意鞭打着马说："不是我敢于殿后，而是我的马跑不快啊！"其实，孟之反不自夸重要的原因在于其不愿居功，以免引起其他将领和同僚的嫉妒，甚至君王"功高盖主"的猜忌，堵住了悠悠之口。在人际关系复杂的情况下，不锋芒毕露、不居功自傲的确是非常高深的修养。对于一般人来说，不争功已经不错了，哪里还会隐藏自己的功劳，而孟之反就是因为有这样的高深修养，才能在乱世中得以自保。

反观汉初三杰之一的韩信，他追赶项羽，追到荥阳时，却按兵不走了。刘邦不知怎么回事，去问萧何，萧何说："他这是在讨封。"刘邦立时就封韩信为"三齐王"，就是与天王齐、与地王齐、与君王齐；还封他"五不死"，就是见天不死、见地不死、见君不死、没有捆他的绳、没有杀他的刀。韩信这才去追赶项羽，把项羽打败，为刘邦打下了江山。刘邦坐了江山后，怕韩信势力大，压了自家的天下，就想杀死韩信。吕后掌权之后，韩信死在几十个宫女的木棒之下，一代兵家却落了个夷灭宗族的下场。

但是，行军打仗讲究的是"奇"，这个"奇"很多时候体现在遵循规律的前提下因时制宜、因地制宜。《鬼谷子》讲道："凡趋合倍反，计有适合。

化转环属，各有形势。反覆相求，因事为制。是以圣人居天地之间，立身、御世、施教、扬声、明名也，必因事物之会，观天时之宜，国之所多所少，以此先知之，与之转化。"事物之间的关系有正有反、有顺有逆，制定谋略时要根据情况，使之符合事理。事物间运转如环，各有形势，要反复探求，根据具体情况制定措施。所以，圣人生活于天地之间，存身治世，施行教化，宣扬名声，必须因循事物发展的机遇、天时的变化和趋势，以及国家的有余和不足。圣人依据忤合之术，预知事情的发展方向，根据形势变化以做相应调整。鬼谷子强调作为一个圣人做任何事情都要因循事物发展的机遇、天时的变化和趋势等规律，还要掌握现实的情况，对自己的决策做出部署，并具体问题具体分析，做出调整和改变。这就符合老子所讲的遵循客观规律、不可逆历史潮流而动的道理。鬼谷子又言："成而不抱，久而化成。"把事情做成了却不居功自傲；长久坚持这样，才能达到出神入化的地步。意在不要居功自傲，懂得功成身退，才可抽身避祸。

《棋经十三篇》是成书于宋朝的一部在我国围棋发展史上占有特殊地位的著作。比起以往的围棋理论，在一些重要问题上，此书论述更加深刻、全面。特别是涉及围棋战略、战术的篇章，如"棋有不走之走，不下之下""有先而后，有后而先""有始少而终多者，有始近而终远者"等，都是妙绝千古的真知灼见。这些理念其实正是老子"处无为之事，行不言之教"理念的演化。

在中国围棋发展史上，也曾有过体现"处无为之事，行不言之教"的故事，那就是南朝的齐高帝。

齐高帝萧道成，南朝齐的开国皇帝，博学有文采，工草、隶，弈棋第二品。身不御精细之物，每谓：使我临天下十年，当使黄金与土同价。其革除暴政，清明政治；兴办学校，培养人才，重视礼教；减免租税，让百姓休养生息；反对奢侈，大兴节俭之风。借鉴了刘宋灭亡的教训，以宽厚为本，不要手足相残。他临死前，要求其子萧赜继续其方针。萧赜遵其遗嘱，继续统治国家，使南朝出现了一段相对稳定发展的时期。虞世南评价其"创业之主，知稼穑之艰难，且立身俭素，深知道理。践位以来，务存简约"。齐高帝与当时弈坛第一品王抗、第二品褚思庄非常友善，曾让两人相互赌胜，《齐高帝本纪》记载："帝性宽，尝与直阁将军周覆、给事中褚思庄共棋，累局不倦，覆乃抑上手，不许易行。"说的是齐高帝与周覆对弈时想悔棋，周覆没有说话，只是按住他的手，不让其悔棋，齐高帝没有发怒。在这次的君臣对弈中，我们就能看出两点：一个是周覆，作为齐高帝的朋友和大臣，能在齐高帝想要悔棋的一瞬间，及时扼制，且不是以言相对，而是用手按住，示意不可，其用心良苦；另一个是齐高帝能及时领会，自知悔棋不可，而不发怒，身为帝王也确实雅量，也体现了齐高帝能听得周边的声音，听得百姓的疾声，这是作为一个统治者难得的品质。故而其在任，说要是能给我十年的时间，我保证能让泥土和黄金一样的价格，这是要让他的子民们过上共同富裕的日子，过上幸福的日子。故而棋品影响着齐高帝的人品和王品。

　　反之，历史上也出现了一个"偷换棋子"的棋手，这个故事发生在唐朝，当然这个棋手至今无名。唐朝东都留守吕元应，常和门客们下棋。一回，正下着棋，家仆送来了大量公文，要他立即处理。吕元应刚拿起笔来准备批复，下棋的门客迅速偷换了一子。吕元应看得一清二楚，只是未动声色。门客最后胜了这盘棋。第二天，吕元应就请这位门客走了。临行时，吕元应依然以礼相待。十多年过去了，吕元应终因重病不治行将离开人间，他把儿子、侄子叫到床前，对他们说："交朋友必须认真选择。"接着，他向他们讲述了十年前与门客下棋的那段往事，说："偷换一子，我倒并不介意，但由此可见此人心迹卑下，不可深交。你们一定要记住这些。"吕元应的遗言是他多年察历人生的经验之谈，棋品和人品是不可分割开的。"历历兴亡败局棋，登临疑梦复疑非。"在这个故事中，这个门客就有一种妄为的行为，这种妄为的行为适得其反，或许赢得一子，却很可能输掉一生。正如围棋高手，明代文学家、史学家王世贞所讲的："奇之极而造于平淡，巧之极而后诣于自然。非真平淡自然也，乃正之至也。"一切讲究顺其自然，这才是正道。

　　围棋"合弈"文化之"不为之事，不言之教"。弈棋与为人都应该不妄为、不强莽、不自傲，顺其自然，迎合天道。

第三章 是以圣人之治

> 不尚贤，使民不争；不贵难得之货，使民不为盗；不见可欲，使民心不乱。是以圣人之治也，虚其心，实其腹，弱其志，强其骨，恒使民无知、无欲也。使夫知者不敢为也，为无为，则无不治矣。

《道德经》里出现"圣人"一词达三十二次。何为圣人？在中国人眼里，圣人有很多种，有的指品德最高尚、智慧最高超的人，例如老子、孔子、孟子等；有的指在君主时代对帝王的尊称，例如秦始皇、唐太宗李世民、汉高祖刘邦、宋太祖赵匡胤、清圣祖玄烨；有的专指道、佛等宗教里的得道者，例如太上老君、玉皇大帝、二郎显圣真君杨戬、如来等；受两千多年儒家思想的影响，有的圣人专指孔子。无论哪种说法，归其一点，所谓的"圣人"是指在道德、功德、品德"三德"之中备受人民敬仰的人，是对人民、历史和社会有突出贡献的人。老子认为圣人遵循的是道，其境界为"一曰慈，二曰简，三曰不敢为天下先"，所崇尚的修养是不争、不辩、不积、不武、不怒、不先、不为主。

"使夫知不敢为也，为无为，则无不治矣。"老子说，圣人要按照"无为"即"不妄为"的原则去做，办事顺应自然，这样才能治理好天下。

如何做到不妄为？"不尚贤，使民不争；不贵难得之货，使民不为盗；不见可欲，使民心不乱。"在专制时代，人们推崇贤人政治，在这一点上，老子其实不反对。但是老子反对的是"两面人"，因为在古代，贤与不贤完全取决于统治者的主观评价，对人才的评价没有标准体系。因此，老子提出尚法不尚贤，通过严格的法律和标准的制度体系来评价人才，这样才能打消那些或投机取巧、或溜须拍马、或不择手段的人的念头，全民都形成谦虚谨慎不出风头、安居乐业不欲壑难填的风尚，即使其中有个别的"聪明人"，也不敢"冒天下之大不韪"了，为此社会之风气才能清爽，国家、社会体系才能健康运转。人人不争名夺利，而是脚踏实地、乐于奉献，做到一切顺其自然。

"文景之治"是指西汉汉文帝、汉景帝统治时期出现的治世。秦王朝的残酷统治，几乎耗尽了民众的脂膏，接着又是长达七年遍及中原大地的农民起义和楚汉战争，田园遭践踏，庐舍被焚毁，"使天下之民，肝脑涂地，父子暴骨中野，不可胜数，哭泣之声未绝，伤夷者未起"。经济残破，人口锐减，人民贫穷到了极点，封建国家面临着严重的财政困难。"民无盖藏，自天子不能具钧驷，而将相或乘牛车"，刘邦及其文臣武将，大多出身于社会下层，对民众的疾苦有着较深切的感受。他们作为农民军的领袖，转战南北，目睹了强大一时的秦王朝土崩瓦解的全过程，对秦朝灭亡有着极深的感触。因此，在汉朝建立后，刘邦调整统治政策，选取黄老思想作为统治思想。曹参任齐相时，"其治要用黄老术"，百姓"大称贤相"。萧何死后，曹参继任汉朝相国，在全国提倡黄老之学。汉文帝、汉景帝等统治者都笃信黄老之术，使汉初六十多年形成了在黄老思想指导下的黄老政治。其核心内容是轻徭、薄赋、节俭、省刑，无为而治，与民休息。

汉初两次下令免奴婢为庶人，使相当数量的奴婢获得自由。刘邦还下达了"故秦苑囿园池，令民得田之"和"复故爵田宅"的诏令，增加了劳动力，提高了他们的生产积极性。汉初赋税和徭役同秦朝比，减轻了许多。从高帝到文帝、景帝，田租、口赋、算赋逐年减轻，甚至有时全部免掉。汉初的徭役，规模小，又有节制，从不超期，从而给劳动人民提供了较充足的劳动时间，对社会的安定也起了重要作用。汉朝废除秦朝的严刑苛法，劝课农桑，文帝多次指出农为"天下之大本"，"民所恃以生"，"道民之路，在于务农"，因此多次下诏劝课农桑。同时，文、景等皇帝以身作则，大力提倡节俭之风，认为"雕文刻镂，伤农事者也；锦绣纂组，害女红者也。

农事伤则饥之本也，女红害则寒之原也"。

汉初无为而治、休养生息的政策，使社会经济很快走上了复苏之路，"孝惠、高后之间，衣食滋殖"，"及孝文即位，躬修玄默，劝趣农桑，减省租赋。而将相皆旧功臣，少文多质，惩恶亡秦之政，议论务在宽厚，耻言人之过失，化行天下，告讦之俗易。吏安其官，民乐其业，畜积岁增，户口寝息。风流笃厚，禁网疏阔"，出现了一派和平安宁兴旺的景象。

"虚其心，实其腹，弱其志，强其骨。"少点心机，填饱肚子，不要逆天而行，要精气充盈，骨骼强健。多么朴实无华的话语，却道出了救世秘诀。这段话引申出来的意思是要尊重客观规律，充分调动和发挥心灵的作用，要加强身体锻炼，强健的身躯是开展精神和物质活动的基础。例如《周易》有六十四卦，其中"乾坤"二卦被称为"纯体之卦"，孔子在为《周易》作《象传》时对乾坤二卦立义，写道："天行健，君子以自强不息；地势坤，君子以厚德载物。"这两句话恰恰是对老子的"是以圣人之治"最好的诠释。汉高祖刘邦的"约法三章"故事也体现了老子的"不妄为"的法治思想和理性思维。

在军事文化中，很多军事著作都提到了圣人之治。例如《军谶》中讲道："王者，制人以道，降心服志，设矩备衰，四海会同，王职不废。"三王用道德治理民众，使民众心悦诚服。三王制定法规，以防衰败，天下诸侯按时朝觐，天子的法度实行不废。《鬼谷子》中讲道："为人凡谋有道，必得其所因，以求其情。"凡是筹划计谋，都要遵循一定的规律，并要掌握规律背后的依据，这样才能得到实情。这些观点都在强调要遵循客观规律，不要妄作为，要根据规律和实情做出决策。《道德经论兵要义述》讲道："是以，圣人虚其心者，除垢止念也；实其腹者，怀忠抱信也；弱其志者，谦柔不犯于外也；强其骨者，坚固有备于内也；常使人无知无欲者，盖率身以正人，故使夫智者亦不敢为也。"

在军事中，圣人之治应理解为行军打仗更需要遵循规律，遵循规律者可谓要风得风、要雨得雨。《三国演义》赤壁之战中，周瑜利用蒋干巧使反间计，除去了自己的心头大患。当他得知众人都未曾识破这一计谋之后，心中不胜得意。可是还没有来得及高兴，一个念头就出现在他脑海里：不知诸葛村夫是否看穿。顿时心里涌起了一阵不安。于是，他就派鲁肃前去看望诸葛亮，顺便让他看一看诸葛亮是否真的有传说中的那么高明。鲁肃见到诸葛亮后，诸葛亮直接说出了自己早已看穿了周瑜的计谋。诸葛亮还和鲁肃谈起了将帅合用兵的道理。诸葛亮言："古之统兵者，均自以为将帅之才。岂不知将帅乃道也！非勇悍之武夫所能通晓。平庸之将所着重者，乃兵力多寡，勇猛如何，此类武将如吕布、袁绍等辈比比皆是，不足挂齿。高明之统帅，不仅要知己知彼，善用兵将，还要观天时，明地利，懂人生，料事如神，熟读兵法，统率万军，游戏自如，此等大将，如古之孙、吴、管、乐，今之曹孟德、周公瑾也。既是如此，仍未明将帅之道。"鲁肃便问："那怎样才算得将帅之道？"诸葛亮和他举了一个"兵"的例子，言："兵者有可见之兵，有不可见之兵，可见之兵者，荷戟执戈，肉身之士；不可见之兵，日月星辰，风云水火，山川之灵气，如此万物万象，均可为兵。"然后又对着墙上挂着的七十二候图，讲道："其成图于周公，将节气周天三百六十日分类别之，五日为候，三候为气，六气成时，四时成岁，将一年之中的节气更替，万物催荣，一一道明，何时虹藏不见，何时雷始收声，何时土润溽暑，何时雾霾蒸腾。如此，只需谙熟于胸，融汇于心，运用得当，便可胜于百万雄兵。"可见，在诸葛亮的心中，只要循序万事万物的规律就能拥有百万雄兵，就能达到圣人统兵的境界，故而按照鲁迅评价是"孔明之智近乎妖"，自古以来人们把诸葛亮称为"智慧的化身"。

何谓"军事作战规律"？是依据敌我双方的实际情况，做出有利于我方的作战规则。在中国很多军事案例中，很多战役看似违反规律但其实是反其道而行的。例如秦末项羽的"破釜沉舟"一役。在定陶战役中，项梁由于轻敌而兵败身亡，宋义胆小畏敌又被项羽所杀。秦军将领章邯趁机想一举歼灭项羽所部。项羽召集谋臣良将商议对策，说："夫用兵之道，攻心为上，攻城为下。心战为上，兵战为下。军队只有断绝退路，才能齐心拼死杀敌，即所谓置之于死地而后生。"于是，项羽开始了"破釜沉舟"的计划，士气一下子被激发到了极点，个个像亡命徒一样冲向秦军大营，发疯似地冲杀，眼都杀红了。最后秦军被打得一败涂地，章邯也被迫投降。在这则故事中，项羽充分掌握了作战规律，尤其掌握了双方阵营的士气，通过破釜沉舟的计谋充分调动了士兵的必胜之心和求生欲望，这才以少胜多地打赢了这场战争。在这个战例中，项羽就是抓住了士兵们在兵败后的畏怯之心，反其道而行，将将士们置于死地，以此来激发将士们的必死之心。按照常理，衰败之师应暂避锋芒，整军修顿，再图他机。可是项羽并没有这样做，他遵循了人求生的规律，创造了巨鹿之战的奇迹。正如明朝刘伯温《百战齐略·死战》讲："凡敌人强盛，吾士卒疑惑，未肯用命，须置之死地，告令三军，示不获已。杀牛燔车，以享战士，烧弃粮食，填夷井灶，焚舟破釜，绝去其生虑，则必胜。"大凡敌人兵力强大、士气旺盛，而我军士卒疑虑重重、不肯拼命作战时，那就必须把他们置于"死地"，并且告令全军知道，这是迫不得已的做法。然后，杀牛烧车，犒劳战士，烧弃粮食，填平井灶，焚船毁锅，断绝他们企图生还的侥幸思想。这样，作战就必定能胜利。

围棋是一种博弈的游戏，自当有自己的游戏规则和规律，就是因为这些游戏规则和规律才让围棋成为"饱食终日，无所用心，不有博弈者乎？"的游戏传到今天。

《棋经十三篇》之《论局》对棋局的规则和规律做了分析。其曰："夫万物之数，从一而起。局之路，三百六十有一。一者，生数之主，据其极而运四方也。三百六十，以象周天之数。分而为四，以象四时。隅各九十路，以象其日。外周七二路，以象其候。枯棋三百六十，白黑相半，以法阴阳。局之线道，谓之枰。线道之间，谓之罫。局方而静，棋圆而动。自古及今，弈者无同局。《传》曰：'日日新。'故宜用意深而存虑精，以求其胜负之由，则至其所未至矣。"在这篇文章里，强调了围棋和万事万物一样，都是由"一"演化而来的，并且由这个"一"来把控四方，这是道家思想。所谓"三百六十"，这是模拟周天的数目；分成四个角，这是模拟四季的数目；每角各分九十路，这是模拟每一季的天数；周围七十二路，这是模拟时令的变化；"枯棋三百六十"，白子和黑子各占一半，旨在仿效阴阳。分析了围棋棋数、下棋的过程及棋盘构成的由来。紧接着分析了棋局，说棋局是方形的、静态的，棋子则是圆形的、运动的。从古至今，对弈中从未出现过相同的棋局。

　　人的一生何尝不是一局棋？或许你是下棋者，也或许你是棋局中的一子；更或许你在控制着一个小棋局，却又被一个大的棋局所控制；或许你可以游离自由，也或许你身不由己。无论什么样子的遭遇，这一切都要遵循一定的规则，也是由这些规则所决定的。是以圣人之治，就是要遵循规则和规律，在规则和规律的规定下，寻找自己的方向和路子，采取一定的办法，让自己在万千"棋局"中来去自如，做到胸中有局，心里有棋。

　　围棋"合弈"文化之"虚心实腹，弱志强骨"。我们应当秉持"不争、不辩、不积、不武、不怒、不先、不为主"的思想，在规律中寻找机遇，在机遇中探索规律，做到旁观者清，当局者醒，以此顺应千变万化的人生"棋局"。

第四章　挫其锐，解其纷，和其光，同其尘

道冲，而用之有弗盈也。渊呵！似万物之宗。挫其锐，解其纷，和其光，同其尘。湛呵！似或存。吾不知其谁之子，象帝之先。

　　"道"是一种难以言明的虚幻的东西，要明白什么是"道"，就不能处在虚幻的世界，而要回到现实的世界来，要体察社会各种情况，了解人情世故，厘清各种事物之间的关系，这是虚而不满，同时又源远流长、绵绵不绝的"道冲"本意。有的学者说道家文化是虚无缥缈的，其实不然，道家文化讲究的是"出淤泥而不染"的哲学思考和思维。

　　庄子《知北游》曰："天地有大美而不言，四时有明法而不议，万物有成理而不说。……今彼神明至精，与彼百化。物已死生方圆，莫知其根也。扁然而万物，自古以固存。六合为巨，未离其内；秋豪为小，待之成体；天下莫不沉浮，终身不故；阴阳四时运行，各得其序；惛然若亡而存；油然不形而神；万物畜而不知。此之谓本根，可以观于天矣！"庄子首先讲明了"道"的"不言""不议""不说"等几个特征，然后强调"道"的作用在于"神明至精，与彼百化"。

　　《道德经》的第四章阐述了"道"的功用，主要体现在"挫其锐，解其纷，和其光，同其尘"四方面。一是要挫消锐气，二是要化解纷争之想，三是调和隐蔽光芒，四是混同于尘世，不卑不亢。"道"的这四种境界会让人看清这世间的美丑、善恶、贵贱，保持一颗清醒和觉悟的头脑，以至"湛

呵"。"湛"的意思就是清晰、明澈，像大海的水一样，最后包容万物。

对于我们人类发展来说，把握了世界的本质规律，就能把握自己的命运。正如《周易·系辞》："一阖一闭谓之变。"阴阳相生，化成万物乃至众生。纵横驰骋，大开大合，乃天地之道，这是事物变化的普遍规律。

对于圣人治理天下也是如此，即无为之治。庄子《徐无鬼》中讲述了黄帝到具茨山拜见大隗的故事。黄帝带着昌宇、张若、谵朋等人前去具茨山，遇见一个牧马少年，问他可知哪里是具茨山，牧马少年说知道，又问他大隗在哪里，牧马少年又说知道。黄帝便再问可知如何治理天下，牧马少年答道："夫为天下者，亦奚以异乎牧马者哉！亦去其害马者而已矣！"治理天下，和牧马有什么不同？也就是驱除那些害群之马罢了。黄帝听完，这才明白这个牧马少年就是大隗，于是"再拜稽首，称天师而退"。

那么怎么做到治理天下如同牧马呢？"挫其锐，解其纷，和其光，同其尘。"应该理解为广开言路，兼听则明，调和人事，营造团结。

《道德经论兵要义述》讲道："人君体道用心无有满溢之志，长使渊然澄静，如万物之祖宗，则自然挫折锋芒之铦锐，解释纷扰之云为，故能和光耀、降严威也。同其尘，杂含垢气也。"唐太宗鉴于隋朝灭亡的教训，常常勤于政事，克己奉公，轻徭薄赋，重视纳谏，是历史上公认的明君，其文治武功和辉煌业绩，令万世景仰。唐太宗即位后尽力求言，他把谏官的权力扩大，又鼓励群臣批评他的决策和风格。其中魏徵廷谏了两百多次，在朝堂上直陈皇帝的过失，在早朝时多次发生了使李世民尴尬、下不了台的状况。又如王圭、马周、孙伏伽、褚遂良皆以极谏知名。

众所周知，唐朝是一个遵从道家思想的朝代。早在李渊开国时期，就将老子视为祖宗，又在武德八年下诏说："老教孔教，此土元基。释教后兴，宜从客礼。今可老先次孔末后释。"于是将道一、儒二、释三的排名再次敲定。到了李世民时期，更是推行"三教并举，为我服务"的方针，故而治国以儒为首尊崇尧舜之道，周礼之教，毫不含糊。李世民命高士廉等人专门编写了一部《氏族志》，书中指出李姓王朝家族与道教始祖老子同出一系。为表示对祖先的崇敬之情，李世民还在一切重大庆典中，命道士、道姑坐在僧尼之前，安排得可谓细心周到。

广开言路、兼听则明的从谏如流官场之风为贞观之治打下了厚实的基础，李世民自我评价说："朕所以能及此者，止由五事耳：自古帝王多疾胜己者，朕见人之善，若己有之；人之行能，不能兼备，朕常弃其所短，取其所长；人主往往进贤则欲置诸怀，退不肖则欲推诸壑，朕见贤者则敬之，不肖者则怜之，贤、不肖各得其所；人主多恶正直，阴诛显戮，无代无之，朕践祚以来，正直之士，比肩于朝，未尝黜责一人；自古皆贵中华、贱夷狄，朕独爱之如一，故其种落皆依朕如父母。此五者，朕所以成今日之功也。"苏辙评价："任贤使能，将相莫非其人，恭俭节用，天下几至刑措。"吴澄评价："太宗文皇帝身兼创业守成之事，纳谏求治励精不倦，其效至于米三钱，外户不闭，故贞观之盛有非开元元和之所可及，而太宗卓然为唐三宗之冠。"

在兵法上，历代兵家首先注重的就是挫其锐，解其纷，和其光，同其尘。《鬼谷子》开篇讲道："粤若稽古，圣人之在天地间也，为众生之先。观阴阳之开阖以命物，知存亡之门户。筹策万类之终始，达人心之理，见变化之朕焉，而守司其门户。故圣人之在天下也，自古至今，其道一也。"纵观古今历史，可知圣人生于天地间，就是要成为众生的先导。圣人通过考察阴阳二气的变化来分辨万物，从而知道生死存亡的途径；考察各种事物的始终，洞察人们内心的实情，发现万物变化的征兆，把握避祸求生的关键。所以，从古至今，圣人所遵循的规律、守则始终一致。正如黄石公《三略》讲道："天地神明，与物推移；变动无常，因敌转化。"

清统一台湾之战发生在康熙二十二年，福建水师提督施琅率师于澎湖海域歼灭明郑军主力，收复澎湖、台湾，统一全国领土。自明末以来，台湾孤悬海外，不利多民族封建专制主义中央集权国家的巩固和统一。康熙先是采用招抚之策，早在康熙初年，清朝就与台湾郑氏当局有了交流。郑经害怕清廷"指日加兵，内外受困"，便阳奉阴违，虚与应付，以"苟延岁月"。到了第二年，郑经得势，则提出"请如琉球、朝鲜例，不登岸，不剃发易衣冠"。清廷当然不会答应，双方继续维持对峙局面。随后，清军分三路攻厦门等地，击败了郑军，攻占了厦门。郑经退守铜山，后郑军军官眼看大势已去，纷纷率兵降清，致使郑军在大陆沿海据点纷纷失守，挫消了郑经的锐气。

康熙六年，清廷又派福建招抚总兵官孔元章先后两次渡海招抚郑经，但郑经仍顽固地坚持所谓"朝鲜例"，招抚未成。待三藩之乱结束后，康熙帝恢复福建水师体制，任命湖南岳州水师总兵官万正色为福建水师提督。至是年年底，福建水师有战船两百四十艘，官兵两万八千五百八十名。康熙十九年，郑经败于清军，退往台湾，消除了郑经反清复明的非分之想。

福建总督姚启圣打算趁势进攻台湾，但遭福建水师提督万正色反对，加上一些大臣支持万正色的看法，康熙帝也顾虑在西南的吴世璠未解决，决定暂缓进攻，体现了清廷的隐蔽光芒，等待时机。

康熙二十年，郑经中风而死，郑氏台湾内部发生政变，年仅十二岁的郑克塽继任延平王，大权实际上为冯锡范、刘国轩掌握，郑氏官员向心力开始动摇，负责与清朝谈和的傅为霖甚至愿当内应。姚启圣认为这是进攻台湾的好时机，便向康熙帝推荐施琅。康熙帝同意施琅担任水师提督，万正色调任陆师提督。康熙二十二年六月，施琅从铜山岛出发，姚启圣也拨三千人同施琅出征，经过多轮激战，最后凭借风向的优势大败明军。本可以继续攻打，直至彻底剿灭郑氏一族，但被誉为"千古一帝"的康熙并没有这样做，而是禁止杀戮，张榜安民，发布《安抚输诚示》，派人医治受伤战俘，并配给他们衣服、粮食，再将士兵送回台湾。康熙帝在台湾设台湾府，隶属福建省，彰显了清廷的天下之道。

康熙在统一台湾的整个过程中就体现了老子"挫其锐，解其纷，和其光，同其尘"的思想理念，无论是政治还是军事，都做得恰到好处。

"挫其锐，解其纷，和其光，同其尘"同样应用于围棋的棋局之中。《棋经十三篇》之"得算"曰："棋者，以正合其势，以权制其敌。故计定于内而势成于外。战未合而算胜者，得算多也。算不胜者，得算少也。战已合而不知胜负者，无算也。兵法曰：'多算胜，少算不胜，而况于无算乎？由此观之，胜负见矣。'"所谓围棋，以常规的方式形成态势，以随机应变的机智制服敌手，所以必须胸有成竹并体现在布局上。双方还未交手而计策占上风的，得胜的可能性就大；反之，计策处于劣势的，得胜的可能性就小。双方已经交手而不能判断胜负的，只能说是没有谋略。兵法上说：

"多谋者胜，少谋者不胜，何况没有谋略呢？"从这个角度来观察，胜负是一目了然的。

唐朝是我国古代封建社会发展的一个高峰，一个盛世，围棋也不例外，也出现了像王积薪那样的一代高手，并总结流传下"围棋十诀"这样流传千古、影响海内外、名垂青史的口诀。其时，和外国的经济文化的交流也很频繁，在这之中，就有一段著名的中日围棋交流历史事件——顾师言"一子镇神头"。

顾师言是唐朝的著名棋手。据记载，日本国王子善弈，来到大唐后寻求高手比试。唐玄宗便令大唐第一高手顾师言与之对局。虽说是下棋，但由于两人是代表着各自的国家，心情都很紧张。王子谨慎地摆下阵势，顾师言每投一子也都要凝思良久。经过一番苦战，到第三十三着时，顾师言一招"镇神头"制服日本王子，使之"瞠目缩臂，已伏不胜"。王子输棋后，请问顾师言是几品棋士，唐官回说"第三品"。王子遂长叹说："小国第一不如大国第三，看来确实如此啊！"

在第三章中，我们讲了"是以圣人之治"，这一章具体讲述了圣人如何治理，"挫其锐，解其纷，和其光，同其尘"不仅仅适用于圣人，更是每一个胸怀"修身齐家治国平天下"理想的人要遵从；不仅仅适用于政治、军事和围棋，更为为人处世提供了一种途径和借鉴。

围棋"合弈"文化之"挫锐解纷，和光同尘"。要做到正合其势、权制其敌，必须挫消锐气，化解纷争之想，调和隐蔽光芒，混同于尘世，不卑不亢。在应变中不露锋芒，待机时变。

第五章　天地不仁，以万物为刍狗

> 天地不仁，以万物为刍狗；圣人不仁，以百姓为刍狗。天地之间，其犹橐籥乎？虚而不屈，动而愈出。多闻数穷，不若守于中。

通常认为，道家讲的是无为，儒家讲的是仁义，其实这种观点是失之偏颇的。道家也讲仁，是大仁，儒家讲的是小仁，两者就好比爱因斯坦的广义相对论和狭义相对论。在道家面前，儒家的"仁"显得过于市井化，是一种妇人之仁。道家是以"仁"为目的，但方式却是"不仁"，自古都说帝王是无情的，不讲仁义的，但是有的帝王却能成为千古圣君。其实并不是这些帝王不仁，而是世人看不到他们的仁。因为在老子看来，"虚而不屈，动而愈出"。万物虽为天地所生，但是无一物为天地所偏爱。

天地统治万物利用的是至诚不移的自然规律，万物的生长发育只能遵守这一规律，否则就会受到惩戒。圣明的君主要做的是顺应时代潮流，顺应广大民众的心，并不会在意个体的生死存亡，否则就会妇人之仁，一失足成千古恨，必要的时候会牺牲小部分人的利益来成全大部分人的利益，这就是所谓的"成大事者不拘小节"。

中国古代有个成语叫"妇人之仁"，出自司马迁《史记·淮阴侯列传》："项王见人，恭敬慈爱，言语呕呕，人有疾病，涕泣分食饮，至使人有功，当封爵者，印刓弊，忍不能予，此所谓妇人之仁也。"萧何月下追回了韩信，在萧何的劝谏下，刘邦重用韩信，设坛拜他为大将军。仪式结束后，刘邦把韩信邀到自己的军帐中，坐下来后对他说："丞相一直称赞将军，今将军有什么良策来教我呢？"韩信先是谦让一番，接着便问刘邦说："如今大王向东争夺天下，最大的对手不就是项王吗？"刘邦说："是的。"韩信接着又问："大王自己估量一下，在勇敢、强悍、仁爱、刚毅等方面与项王相比，怎么样呢？"刘邦沉默了好一会儿才回答说："我不如项王。"韩信说："我也认为大王在这些方面不如项王。不过，我曾投在项王帐下，请让我谈谈项王的为人吧。项王发怒咆哮时，上千人都会被他吓倒，然而他不能任用贤能的将领。这只不过是匹夫之勇罢了。""虽说项王待人恭敬慈爱，语言温和，见有人生病，他会因同情而落泪，把自己的食物分给病人，然而等到属下有了功劳应当受赏封爵的时候，他却把刻好了的印拿在手里，直到玩弄得磨去了棱角，还舍不得封赏，这是所谓妇人的仁慈。"接着韩信又分析了一番刘邦与项羽双方用兵的各自短长，讲得有条有理。刘邦听后非常高兴，对韩信大有相见恨晚之意，之后对韩信几乎言听计从，任由他调配将领，做军事部署。当所有人都只看到项王的优点时，唯独韩信看到了项王的弱点，那就是小气，将士生病了去看望，该到论功行赏的时候却不愿意封赏，这就是妇人之仁的一种体现。

庄子《至乐》中讲道："天无为以之清，地无为以之宁，故两无为相合，万物皆化。"天正是由于它的无为才得以清虚，地正是由于它的无为才得以安宁，所以天和地二者的无为结合起来，万物才得以生发出来。这与老子所讲的"虚而不屈，动而愈出"是同一个道理。

但这并不意味着道家思想没有人情味。"天地不仁，以万物为刍狗；圣人不仁，以百姓为刍狗。"圣人以百姓为刍狗，不是说圣人把老百姓当作卑贱的狗。上述两句话不能分开理解，应该结合起来理解为圣人把老百姓当作神灵，好比祭祀天地的时候把狗当作供奉在案台上的祭祀品，从而敬重他们、保护他们、服务于他们，就是为了祈祷上苍使得国泰民安。

庄子《徐无鬼》中讲了南伯子綦隐几而坐、仰天而嘘的故事。颜成子见到子綦仰天而嘘后，疑惑地问他："夫子，物之尤也。形固可使若槁骸，心固可使若死灰乎？"子綦说出了原委，原来是齐国的国君田和一来看他，说明是他自己贩卖了自己的名声，然后田和一又卖了他的名声，自叹：

"嗟乎！我悲人之自丧者；吾又悲夫悲人者；吾又悲夫悲人之悲者；其后而日远矣！"我悲伤人的自我丧失，我又悲伤那些悲伤别人的人。我又悲伤那悲伤的悲伤，然后我就天天远离大道了。这则故事告诉我们，何为"不仁"——为人处世应该淡泊名利，因为任何事物的得到都是有付出的。人要和天地一样，要成为一个圣人，就不应该利用自己的名声或优势来沾沾自喜，否则就等于失去了原有的东西。

《道德经论兵要义述》讲道："王者既不责于人，则刑罚自然不用矣！刑罚不用，则兵革自然不兴矣！兵革不兴，则天下自然无事矣！"军队中要做到将帅兵士之间的平等，这种平等是人格的平等、尊严的平等。《尉缭子·攻权》讲道："夫民无两畏也。畏我侮敌，畏敌侮我，见侮者败，立威者胜。凡将能其道者，吏畏其将也；吏畏其将者，民畏其吏也；民畏其吏者，敌畏其民也。是故知胜败之道者，必先知畏侮之权。"将帅被士卒蔑视，作战就会失败；将帅在士卒中有威信，作战就能胜利。《军谶》讲道："吏多民寡，尊卑相若，强弱相虏；莫适禁御，延及君子，国受其咎。"官多民少，尊卑不分，以强凌弱，无力禁止，连君子也受到牵连，这样，国家必定要蒙受其难。又言："善善不进，恶恶不退；贤者隐蔽，不肖在位，国受其害。"喜爱好人而不任用，厌恶坏人而不贬斥，有才有德的人被迫隐退，品行恶劣的人却当权执政，这样，国家必定要蒙受其害。明朝刘伯温《百战奇略·爱战》讲："凡与敌战，士卒宁进死，而不肯退生者，皆将恩惠使然也。三军知在上之人爱我如子之至，则我之爱上也如父之极。故陷危亡之地，而无不愿死以报上之德。法曰：'视民如爱子，故可与之俱死。'"大凡对敌作战，士卒之所以宁肯前进而死，却不愿后退而生的，这都是将帅平时对他们实行恩惠、爱护的结果。全军士卒深知将帅爱护他们如同爱子那样无微不至，那么，他们热爱将帅也会像热爱自己的父亲那样至敬至诚。所以，作战中尽管陷入危亡境地，却没有不愿以拼死奋战来报答将帅恩德的。诚如兵法所说："将帅对待士卒如同对待自己的爱子，士卒可以同将帅在危难中生死与共。"

在军事上体现"不仁"道家思想的莫过于诸葛亮挥泪斩马谡的故事。蜀后主建兴六年，诸葛亮为实现统一大业，发动了一场北伐曹魏的战争。

他命令赵云、邓芝为疑军，占据箕谷，亲自率十万大军，突袭魏军据守的祁山，任命参军马谡为前锋，镇守战略要地街亭。临行前，诸葛亮再三嘱咐马谡："街亭虽小，关系重大。它是通往汉中的咽喉。如果失掉街亭，我军必败。"并具体指示让他"靠山近水安营扎寨，谨慎小心，不得有误"。马谡到达街亭后，不按诸葛亮的指令依山傍水部署兵力，却骄傲轻敌，自作主张地将大军部署在远离水源的街亭山上。魏明帝曹睿得知了蜀将马谡占领街亭，立即派骁勇善战、曾多次与蜀军交锋的曹魏名将张郃领兵抗击，张郃进军街亭，侦察到马谡舍水上山，心中大喜，立即挥兵切断水源、掐断粮道，将马谡部队围困于山上，然后纵火烧山。蜀军饥渴难忍，军心涣散，不战自乱。张郃命令乘势进攻，结果，蜀军大败。马谡失守街亭，战局骤变，迫使诸葛亮退回汉中。街亭的丢失，让蜀汉军队丧失了继续进取陕西的最好时机，作为将领，马谡需要负主要责任。为了严肃军纪，诸葛亮下令将马谡革职入狱，斩首示众。临刑前，诸葛亮百感交集，老泪纵横。要斩掉曾为自己十分器重赏识的将领，心若刀绞；但若违背军法，免他一死，又将失去众人之心，无法实现统一天下的宏愿。于是，他强忍悲痛，让马谡放心去，自己将收其儿为义子。而后，全军将士无不为之震惊。诸葛亮挥泪斩马谡的故事充分反映了作为挥师北伐的主要负责人诸葛亮"不仁"一面，也恰恰是这"不仁"的一面在军中树立了威望和明确了军纪，赢得了将士们的信赖和为之战斗的决心。

常言道：伴君如伴虎。恰恰是因为君王的"不仁"，历史上招来杀身之祸的将臣不在少数，例如为李陵辩护的司马迁，就遭受了宫刑；同时，也有谋臣看清了君王"不仁"的本性，时刻保持着警惕，才免遭灾祸。这一点在明朝初年朱元璋的朝代就很明显，例如刘伯温、汤和，还有画家周玄素。

在围棋中也需遵循"天地不仁"之精神。赵仁珪所著《围棋赋》中讲："有黑白二氏，同属石族；兄弟众多，体态相如。大如拇甲，状如丘弧。黑氏凝重如墨玉，白氏温润如明珠。平时或蜗居于草堂，或蛰伏于木屋。然一遇楸枰，则奋勇而争出。无地位之高下，无身份之分殊；无车马之横行飞跃，惟次第跟进之士卒。御敌则安如山止，取势则闲似云舒。败走耻江东父老，入关践盟誓之初。于是人人效命，争作攻城拔寨之勇士；个个无畏，甘为全局胜利而捐躯。各尽其能，共略楚汉之分野；各施手筋，同谱合纵之宏图。"其将每一个棋子彼此之间的地位形容为"无地位之高下，无身份之分殊；无车马之横行飞跃，惟次第跟进之士卒"。又将围棋比作两军厮杀，毫不留情，以至于一遇楸枰，则奋勇而争出。

清龚嘉相《楸枰雅集》中，对围棋九品，注解了九首四言诗，十分雅致有趣，今一并附录于此。一曰入神："动如智水，静如仁山。随感而应，变化万端。"二曰坐照："神明规矩，成竹在胸。化裁通变，不离个中。"三曰具体："敛才就范，绳墨诚陈。攻心为上，不战屈人。"四曰通幽："探赜索隐，致远钩深。无形运用，自具会心。"五曰用智："运筹帷幄，决胜千里。因形用权，无形无体。"六曰小巧："借意收势，占地搜根。钩心斗角，五花八门。"七曰斗力："攻中有守，守中有攻。以小易大，击西实东。"八曰若愚："以逸待劳，以退为进。持重老成，不开争衅。"九曰守拙："大局有成，机闲自补。谨固藩篱，止戈为武。"正如宋代诗人盛世忠《观棋》云："争先刘与项，得势楚侵秦。本是知心友，翻成敌国人。运筹争劫杀，败局在逡巡。袖手旁观者，机深亦损神。"因为围棋讲究的是游戏规则，自然就有上下等级之分，这恰恰是平等观念的一种体现。

作为一个勇敢的批判者，老子有着无比的睿智和胆识，他是第一个提出"天地不仁"这样的真理的。在他的眼中，天地即所谓的"道"，是不讲仁慈的，但也是无所偏向的，不怀恻隐之心的，滋生万物、降灾致疫，都是规律所导致的。从人类发展的角度来讲，人人是平等的，自古没有尊卑之分、上下之别，要人人平等。为人处世，付出和收获都是对应的，就像法律层面的权利和义务，是阴阳相生，相互依存的。

围棋"合弈"文化之"天地不仁，奋勇争出"。围棋首要是搏杀，就不能有仁心怯意，应勇于拼搏，在棋局中有杀气、有谋略、有胆识、有格局。治国理政和为人处世亦是如此，当奋力拼搏，进取不止。

第六章　玄牝之门，是谓天地之根

谷神不死，是谓玄牝。玄牝之门，是谓天地之根。绵绵呵！其若存！用之不堇。

世间万物生机，生生不息，就好像有一个神奇的母亲存在一样，我们管它叫"玄牝"，"玄牝"就是"道"。其实在整部《道德经》中，老子都贯穿着对伟大母性"生"的力量的赞美和尊崇。同时，老子以母性的力量来形象地比喻宇宙生生不息的现象。

老子所讲的"道"具有伟大而崇高的母性，天地和万物从它那里诞生，并从它那里获取源源不断的生命和享用不尽的养料。正如《道德经论兵要义述》讲道："故王者得之，可以适天下；诸侯得之，可以安万邦；卿大夫得之，可以凝庶绩；士庶人得之，可以知其所归。"它养育着却不占为己有，给予却不自恃有功。正如庄子《达生》中讲的"为而不恃，长而不宰"，并且任其真息往来，缠缠绵绵，若有若无，不可刻意求之。"用之不堇"的意思是强调应该有所克制，不可操之过急，更不可过于执着，这也说明了老子顺应自然的哲学思维。

庄子《知北游》中讲述了孔子向老子问道的故事。孔子问老子什么样才算到达"道"的境界。老子说："渊渊乎其若海，魏魏乎其终则复始也。运量万物而不匮。则君子之道，彼其外与！万物皆往资焉而不匮。此其道与！"大道深奥啊，就像大海；大道巍峨啊，终而复始地运行不息，运用它计量万物不会感到不够用。所以，君子所遵行的道，怎么能外于这样的大道呢？万物都往大道里索取，大道也不会匮乏，这就是道啊！

庄子在《达生》中提出："事奚足弃则生奚足遗？弃世则形不劳，遗生则精不亏。夫形全精复，与天为一。"只有不被世俗所拖累，才能形体得以保全，精神复归凝聚，与自然融为一体，才能达到"道"的境界，即我们今天所讲的一切都要有度，很多时候，事情是水到渠成、瓜熟蒂落的，切不可拔苗助长，心急是吃不了热豆腐的，做任何事都不能心急，一旦心急，就很难成功。

579 年，南北朝北周宣帝驾崩，幼帝宇文阐即位，封外公隋公杨坚为左大丞相。杨坚权倾朝野，雄心勃勃。其间尉迟迥要攻打他，杨坚就派特使韦孝宽替换尉迟迥。韦孝宽知道尉迟迥肯定会加害于他，便从长计议，放慢行程，先是从自己的侄儿——尉迟迥派来的奸细韦艺那里审问出情况，得知尉迟迥的杀手已经在追来的路上了。于是，带着自己的侄儿一路向西逃跑，在路过每个驿站的时候，吩咐美酒好菜招待杀手。杀手们每到驿站都尽情享受，延误了追杀的时间，酒足饭饱时才发现驿站的马都被韦孝宽给换了，没办法，只好慢慢赶路了。韦孝宽就这样成功地脱离了危险。假设一下，若是韦孝宽心急如焚，带着杨坚的使命贸然前去尉迟迥大营的话，只能是死路一条。韦孝宽就是看清形势，心平气和、冷静地处理了杀手追杀这件事，才得以从容逃脱，保全了自己。

《道德经》第六章是在前面五章讲明道为何物、如何为道之后，提醒后人应该如何秉持道。这是一种心态，更是一种尊重"天地根"的格局和眼光。

《道德经论兵要义述》讲道："人君长能固守清宁之道，以理其天下国家，则自然无动用勤劳之事。"234 年，诸葛亮发动第五次北伐战争，司马懿作为他的对手，清楚地知道自己与诸葛亮的实力。在这次北伐战争中，司马懿采取避而不战的策略。尽管诸葛亮多次挑衅司马懿，甚至是用女衣来嘲笑司马懿，但是大家都能看出司马懿根本就不想去应战。司马懿不想应战，但是为了稳固军心甚至上演了一场千里请战的戏。那么司马懿为什么不出战呢？这源于司马懿熟懂兵法，他知道诸葛亮此次北伐，兵锋正盛，求战心切。若此时出战于己不利，但是时间对于司马懿来说是最好的计谋，只要拖延决战的时间，诸葛亮就会粮草不济、士气衰减，司马懿就可以达到不战而屈人之兵的目的；同时，在魏国国内，司马懿若轻松打退诸葛亮，自己就会过早地被剥夺军权，重蹈韩信的覆辙。司马懿对当朝局势和军事态势分析得一清二楚，有着上等的智慧。

围棋在历史上的称呼有很多，有"木野狐""坐隐""手谈""忘忧""乌鹭""河洛"以至后来公认的"烂柯"，明朝诗人解缙诗歌《观弈棋》就对围棋的很多称呼进行了囊括："鸡鸭乌鹭玉楸枰，君臣黑白竞输赢。烂柯岁月刀兵见，方圆世界泪皆凝。河洛千条待整治，吴图万里需修容。何必手谈国家事，忘忧坐隐到天明。"

但不管称呼如何，终究无法改变围棋本身的竞技格局和规则。众所周知，围棋棋子分为黑子和白子，围棋棋子为圆形，棋盘为方形，故围棋又被称为"方圆"。按照古人对世界的认识，一直就是天圆地方。棋子圆形，棋子在上，棋盘在下，犹如天地宇宙。正如唐代诗人张乔的《咏棋子赠弈僧》讲："黑白谁能用入玄，千回生死体方圆。空门说得恒沙劫，应笑终年为一先。"还有唐人李泌的咏棋诗《咏方圆动静》："方如行义，圆如用智。动如逞才，静如遂意。"

《弈旨》是我国现存最早的一篇围棋理论著作，全面而系统地论述了围棋的文化内涵、价值和作用。其中讲道："局必方正，象地则也；道必正直，神明德也；棋有白黑，阴阳分也；骈罗列布，效天文也。"意谓方正的棋局，犹如大地；正直纵横的棋道，显扬美德；棋子有黑白，就像宇宙分阴阳；错落分布的棋子，就像天宇星辰的分布运行。这就是围棋的天地格局，这种格局不仅在围棋里面，更在围棋外在的含义上，班固的这篇文章将围棋折射出来的文化上升到了治国安邦的高度，同时联系军事谋略，这更是围棋应有的天地格局。正如罗贯中《三国演义》所写刘备一顾茅庐时听见农夫所唱而相传为卧龙先生诸葛亮所作的《围棋歌》里说的："苍天如圆盖，陆地似棋局。世人黑白分，往来争荣辱。"

南朝宋时有位官员叫王景文，是个很能干的人。宋文帝非常器重王景文，不仅为宋明帝娶景文妹，并且以景文之名命名明帝。但宋明帝临死之际，对王景文非常不放心，担心自己死后，皇后临朝，王景文不会甘心称臣，因此遣使送药赐王景文死。诏书送到王家时，王景文正与朋友下棋。他看完诏书，将其压在棋盘下面，神色自若地继续与朋友下棋。一局终了，王景文从容地收拾好棋子，取出诏书，然后，端起毒酒，举杯对朋友说："我要走了，这杯酒不能劝你喝了。"言罢，一饮而尽，时年六十。宋明帝和王景文，一个是帝王，一个是臣子，但两者的格局可谓天壤之别，不可同语。

格局是人类社会领域最高层次的智慧和艺术，围棋则是最具格局的智力博弈运动。围棋棋盘虽是寸尺见方，但它的奥秘与深深的内涵，就像浩瀚的海洋下面所蕴藏的宝藏，值得人们不懈地去发掘。例如《围棋十诀》中所提及"入界宜缓""彼强自保""攻彼顾我""弃子争先"等；又如棋谚"敌之要点，我之要点"等。

在围棋定式图中有一局叫天地覆载图。由双方将四四上摆上"座子"，然后五三、其三相互一着一着以布成图，然后再对弈。这种方法在现今已经不再使用，但从思想角度上来讲，体现了古人的一种天地格局，这在围棋历史上是非常有意义的一件事。

格局决定着人的命运！聪者听于无声，明者见于无形，要遵循老子的天地格局理念。格局，其实就是一个人的人格与胸怀，做人做事只要有大的格局，运气都不会太差，总会遇到贵人。一个格局不高的人，在生活中做事说话都能明显看出不大气之势，也就成不了大事。

围棋"合弈"文化之"天地格局，用之不堇"。这是一种辩证关系，赢在格局，输在计较，强调的是弈棋者要讲究格局，同时也要学会克制和包容，凡事不可激进、强求。

第七章　非以其无私邪？故能成其私

> 天长，地久。天地之所以能长且久者，以其不自生也，故能长生。是以圣人退其身而身先，外其身而身存，非以其无私邪？故能成其私。

自古以来，人类都在追求永生，祈求上苍延长自己的寿命，最好是与天同寿。可是人们却从来没有思考过天的寿命为什么那么长、地为什么一直永远存在，却为了与天同寿，贪婪地向自然界索取。

"天地之所以能长且久者，以其不自生也，故能长生。"老子给出了答案。老子认为天长地久，其根本原因在于天地不是为了自己的运动变化规律而存在的，而是万事万物运动变化规律平衡的集合，因为它是和谐平衡的，所以能够永世长存。简而言之，就是无私，无私成其大、成其长久。

"夫天清而运动不已，地宁而安静无穷。皆以其顺自然之化，无独见之专，不矜其功，不厚其生，施阳布阴，复不为主，故能长生也。"对此，老子提出圣人之所以被人们称为圣人，是因为圣人能"退其身而身先，外其身而身存"。圣人总是把人民或者他人的利益放在前面，人民也会把圣人的利益放在前面；圣人把自己的生死置之度外，而把人民的安危放在前面，人民会全力以赴地保护圣人的安危。我们在第三章讲做圣人的前提是不妄为，这里提出了成为一个圣人的标准，其实都是一个意思，就是要以人民为中心，想人民之所想，急人民之所急，那些坑害人民的事情干不得！

庄子《逍遥游》曰："之人也，之德也，将旁礴万物以为一，世蕲乎乱，孰弊弊焉以天下为事！之人也，物莫之伤：大浸稽天而不溺，大旱金石流、土山焦而不热。是其尘垢秕糠将犹陶铸尧舜者也，孰肯以物为事？"说的是有道之人，与万物混同在一起，像洪水、天气等外物都伤害不了他，世人祈求天下由这样的圣人来治理。北宋时期著名政治家、军事家、文学家、教育家范仲淹《岳阳楼记》写道："先天下之忧而忧，后天下之乐而乐。"将老子的这句"退其身而身先，外其身而身存"表现得淋漓尽致。

本章讲的是老子符合利己主义的利他主义思想。利在他前，利己在后；无私在前，成私在后，无私而成其私。无私是合乎道德的美德，只有用以利他主义、集体主义为中心的价值观来取代以利己主义、个人主义为中心的价值观，人类才能实现整个世界和谐有序的最大私心。

春秋时，晋平公问祁黄羊："南阳县官缺额，你看派谁去最合适？"祁黄羊想了想，说："派解狐去最合适！"晋平公觉得很奇怪："解狐不是你的仇人吗，你为什么要推荐他？"祁黄羊答道："你只问我什么人最适合这个职位，并没有问我解狐是不是我的仇人呀！"晋平公采纳了祁黄羊的意见，派解狐到南阳县去上任。果然，解狐很有作为，为当地百姓办了不少好事，受到人们的称颂。有一天，晋平公又问祁黄羊："现在朝廷里缺少一位法官，你看谁能胜任？"祁黄羊回答："祁午最能胜任！"晋平公说："祁午是你的儿子，你推荐自己的儿子，不怕人家说你吗？"祁黄羊说："你只问我谁可胜任法官，并没有问我祁午是不是我的儿子呀！"祁午当了法官后，非常称职，深受人民的爱戴。孔子十分称赞祁黄羊，说他是个公正严明的人，称得上是"大公无私"。

《道德经论兵要义述》讲道："若夫人君克己复礼，使天下归仁。既得亿兆欢心，蛮夷稽颡，自然干戈止息、宗庙安宁。"身为统治者，若是能够克制自己的私欲，使言行举止合乎礼节，没有私心，那么天下就会行使仁义，如此，百姓高兴，有归属感，而周边那些忌惮的蛮夷也会以额触地敬礼，表示尊重，不会冒犯，就不会有战争，政权也就稳定了。

在中国历史上，第一个出现也是唯一一个万邦来朝的时期就是唐朝。至今很多史学家都在研究唐朝能够出现万邦来朝的原因。主要基于以下几点：政治上建立政权后，蓄积力量，巩固关中根基，夺取关东及江南地区，随后打败突厥，向西开辟西域领土，畅通丝绸之路，主要占领了丝绸之路上最大的贸易商品集散地高昌，消灭了西突厥。经济上休养生息，同时促进商业繁荣，"市""集"出现，"开元通宝"出现，设立市舶使，对外贸易繁荣。文化上对外来思想的兼收并蓄，兼容并包，大方地接待了外来的基督教使者。外交上通过和亲和经济政治上的往来，加强与西藏的联系，有着"汉藏亲如一家"的景象，对少数民族采取宽容政策，故而有言，"自古皆贵中华，贱夷狄，朕独爱之如一，故其种落皆依朕为父母"。就是因为唐朝以仁慈的道家思想造福国内人民，以无私的道家思想与万朝交好，这才出现了一个万邦来朝的盛世繁荣局面。

兵法云："置之死地而后生。"这既符合道家"非以其无私邪？故能成其私"的哲学理念，又结合了兵家"兵者，诡道也"的作战思想。在历史上，霸王项羽就创造了"破釜沉舟，百二秦关终属楚"的"背水一战"的成功战例。这一战例在后来的三国时期曹操身上也完美地上演了一次。曹操在官渡一战大败袁绍之后，便开始整顿军马，北渡黄河，直追袁绍。结果在第一次交战中，曹操痛失徐晃部将史涣。正当曹操心中恼怒不知计从何出的时候，谋事程昱献上一计，这一计便是效仿当年项羽的"背水一战"，先是制造虚假现象，让敌人误以为自己得势，然后将敌人引入包围圈将其歼灭。曹操先令许褚佯装攻打袁绍营寨，袁绍将许褚逼到河边，以为这回得势可以扳回一局了，不料早已陷入曹操的圈套。许褚率领将士折返拼杀，已经埋伏在两边的张辽和张郃部冲杀上来，紧接着李典、徐晃、曹洪、夏侯惇等部围攻了上来，杀得袁绍损兵折将。最后袁绍险些丧命，元气大伤。在这个战例中，曹操的诱敌深入、背水一战和四面埋伏都成功运用了道家的"非以其无私邪？故能成其私"的哲学理念和兵家"兵者，诡道也"的作战思想。

在围棋上，"无私"应该理解为取舍之道。《棋诀》讲道："取舍者，棋之大计。转战之后，孤棋隔绝，取舍不明，患将及矣。盖施行决胜谓之取，弃子取势谓之舍。若内足以预奇谋，外足以隆形势，纵之则莫御，守之则莫攻，如是之棋，虽少可取而保之；若内无所图，外无所援，出之则愈穷，而徒益彼之势；守之则愈困，而徒壮彼之威，如是之棋，虽多可舍而委之。"

不能因为模糊不清、犹豫不决而贻误战机，不能因为贪图小利而失去大局。这也正是善于取舍是棋之大计的缘由。

在中国围棋史上，君臣弈棋是一桩美谈。因为君臣之间弈棋，弈的不仅仅是围棋，更多的是围棋之外的君臣之节，因此作为一个臣子，如何下好围棋而不招祸患才是最重要的。这就需要下棋者不能只顾着自己的输赢，更多的是能不露痕迹地讨得皇帝的喜欢，能保住自己的性命和前途。这就要靠老子"无私"和兵家"诡道"所指引。其中宋太宗赵光义和棋待诏贾玄的君臣弈棋就是一桩美谈。

赵光义是一个资深的围棋爱好者，当上皇帝后，经常找棋待诏贾玄下棋。贾玄在进宫前便深知有权有势的人专横跋扈惯了，都有极强的好胜心，也知道自汉朝以来，已有好几位棋待诏因弈棋被皇帝赐死。因此他与宋太宗下棋时，不敢赢太宗，又不敢让太宗赢得太多，怕太宗看出他故意输棋，落个欺君之罪。于是他每盘棋只输一二子，讨太宗高兴。宋太宗棋下得虽然不错，但他也自知比不上贾玄。不过既然贾玄甘愿故意输棋，也便不点破，乐得收下这个顺水人情。但是，时间一长，赢得太多了，宋太宗便觉得没什么意思了。

一天，他又与贾玄对弈，他对贾玄说："我听人说你的棋天下第一，从没有负过任何人，而你为什么又盘盘负于我，可见其中有诈。现在再下几盘，如果你又输给我，我让人打你五十大板。"贾玄听了忙说："陛下棋艺高超，取胜不足为奇。下盘愚臣将全力以赴，争取不再输棋。"果然，这盘棋下完后，贾玄没有输棋，但却是一局和棋。宋太宗哭笑不得，但又毫无办法。于是又下一盘，谁知这盘棋下来下去到中盘时，出现了一个"三劫循环"，双方都不能退让，按规矩应该又判为和棋，只得重开第三局。第三局开始前太宗皇帝故意恶狠狠地说："这局棋如果你赢了，就赐你绯衣；如果你输了，就把你丢到污泥浊水之中。"就这样等棋下完了数子还了棋头，又是和棋。太宗说："我让你三子还是和棋，应该算你输了。"于是命人把贾玄扔到荷花池里，贾玄大呼："皇上且慢！"话音未落人已掉落池塘之中，贾玄站在泥水之中，举手高喊："我手中还握着一颗子还没算呢！"摊开手掌，太宗一看贾玄手中果然还攥着一子，太宗又好气又好笑，可是他也真知道了贾玄的棋艺水平比自己的水平高得多。因为他知道自己棋艺虽不太高明，但也有一定水平，可贾玄能够想输一二子就输一二子，想下成和棋就下成和棋，想赢一子就赢一子，已经达到随心所欲的地步。太宗对贾玄的棋艺打心眼里佩服了，于是马上赐宴招待并重赏贾玄。

自古以来，围棋技艺高超者数不胜数，但往往达到这种境界的人容易忘乎所以，但贾玄没有，他始终没有把棋局上的输赢当作人生的输赢，这可以说是达到超脱自然的取舍境界，有明哲保身的取舍水平。正所谓"三百六十行，行行出状元"，每个人或许都可以成为自己行业的"状元"，但"状元"只是对自己的能力的肯定，并不能代表你对社会的贡献。真正的人才应该是具备着无私的工匠精神，为社会、为百姓造福！

围棋"合弈"文化之"以其无私，取舍有道"。如何做到"无私"？就要一种弈棋之中脱离具体的棋局，有一种超乎棋局的态度、眼光，不要在乎一子一地的得失，在取舍之间做到心中有数、棋中有局。

第八章　夫唯不争，故无尤

　　上善若水。水善利万物而不争，处众人之所恶，故几于道。居，善地；心，善渊；与，善仁；言，善信；政，善治；事，善能；动，善时。夫唯不争，故无尤。

　　作为一个凡人，是很难理解"道"的，因此这一章中，老子以水比喻圣人，提出为人处世的最高境界"不争"。何谓"不争"？老子所处的正是封疆裂土的年代，周朝建立"礼"的秩序，规范的是人们的私心。老子认为要做到无私，就必须不争。不争不是不上进，而是不要钩心斗角地追求个人的功名利禄，要从水的"善利万物而不争"特性中得到启发。

　　前516年，老子回到了家乡。这时，比老子小二十岁的孔子来拜访老子，向老子请教学问，典故"孔子问礼"就是这样来的。孔子把老子比作深不可测、难以琢磨的龙，二人见到山中流淌的溪水，孔子说"逝者如斯夫"，老子却说"上善若水"。信奉"礼教仁义"的孔子在老子这里找到了如何布施"礼教仁义"的方法，那就是不争。

　　赵抃，北宋时期名臣。赵抃在朝弹劾不避权势，时人称"铁面御史"。他平时以一琴一鹤自随，为政简易，长厚清修，日所为事，夜必衣冠露香以告于天。其座右铭恰恰反映了赵抃的不争思想："依本分，莫妄想争先。径路机关恶退后，语言滋味长爽口。物多须作病，快心事过必为殃。得便宜处莫再去，怕人知事莫萌心。盛喜中勿许人物，盛怒中勿答人简。人有不及，可以情恕；非意相干，可以理遣。良田万顷，日食二升；广厦千间，夜卧八尺。说得一尺，行得一寸。"

那么，怎么做到上善若水？老子提出"居，善地；心，善渊；与，善仁；言，善信；政，善治；事，善能；动，善时"七个要义。分别从人们"居""心""与""言""政""事""动"七个方面为人们的至道提出了要求。"居，善地"是指要居住在好的地方，这里好的地方不是那些豪宅，而是能给自己带来安宁的地方，引申到今天就是不要炫富，要低调。"心，善渊"是指要虚怀若谷，不要炫耀。"与，善仁"是指要仁慈，要善待万物，不要求回报。"言，善信"是指要言行一致，以诚信为本。"政，善治"是指治理国家要清正廉明，善于消除腐败。"事，善能"是指要遵循客观规律，量力而行，不妄为。"动，善时"是指面对时局要审时度势，伺机而动。

老子的这个不争给我们的启发就是要以冷静的心态去面对那些没有意义的纷争，省出更多的时间做那些更有意义、更有价值的事情。老子的不争正是让我们不要去争一时的高下，而是积蓄力量去争取人生更长远的目标。这是不争的第一层意思。

庄子《逍遥游》曰："今子有大树，患其无用，何不树之于无何有之乡，广莫之野，彷徨乎无为其侧，逍遥乎寝卧其下。不夭斤斧，物无害者，无所可用，安所困苦哉！"一棵树有没有价值，不在于和他人相比，而在于它自己本身。庄子和惠子的对话，提出了不争才能让自己不处于险境，才能逍遥自在，自然就不会存在困苦。

嘉靖《蕲州志》中记载了李时珍"千里就药于门，立活不取值"的典故，充分肯定了其"博施于民""重仁轻利""济世救人"的医者风范。李时珍，字东璧，晚年自号濒湖山人，湖北蕲春县蕲州镇东长街之瓦屑坝人，明代著名医药学家，也是世界公认的中华杰出医者。李时珍出生于一个医学世家，早年业儒，深受程朱理学的影响。为撰写《本草纲目》，李时珍历经近三十年读万卷书，勤求古训，博采众方，深入民间请教、亲自采药考察，足迹遍布湖北、湖南、江西、江苏、安徽、四川等地。王世贞称其"长耽嗜典籍，若啖蔗饴"，顾景星在《李时珍传》中赞他"读书十年，不出户庭，博学无所弗窥""远穷僻壤之产，险探麓之华""一一采视，颇得其真""罗列诸品，反复谛视"。就是这样一个济世寿民、医者仁心的医学家承先志，倾其一生心血著《本草纲目》，并研习本草，悬壶济世，成就了"博施于民""重仁轻利""济世救人"的医者风范。李时珍的故事恰好体现了老子所讲的善利万物而不争的哲学思想。

范蠡是春秋战国时期越国的重要谋士，帮助勾践完成灭吴大业，其实他是老子兵学的忠实执行者。《国语·越语》记载范蠡说过这样的一句话："天道盈而不溢，盛而不骄，劳而不矜其功。"自然规律告诉我们，凡事要做圆满但不可过分，成功了不可以骄傲，付出了辛劳而不能自夸有功。《道德经论兵要义述》讲道："夫上善之兵，方之于水。然水之溢也，有昏垫之灾；兵之乱也，有涂炭之害。故水治，则润泽万物、通济舟；兵理，则镇安兆庶、保卫邦家。若理兵能像水之不争，又能居所恶之地不侵害者，则近于道矣。是以，兵之动息，必当择利而处之。"好的带兵之法就如同道家讲的水一样。但是如果水满，反被水所困；如果乱战，就会有生灵涂炭的危险。故而以水的精神治理，应该是润泽万物，为船只通行所用。用兵的根本原理在于能护国安邦，保护百姓。如果用兵能像水一样，不争强好胜，又能够不侵害不喜欢的人，这就是兵法的道。如此，是否打仗，必将选择最有利的目标而决定。

在军事上，孙子认为作战就应该像水一样，能做到这一点的人才称得上为战神。《孙子兵法》虚实篇言："夫兵形象水，水之形，避高而趋下；兵之形，避实而击虚。水因地而制流，兵因敌而制胜。故兵无常势，水无常形，能因敌变化而取胜者，谓之神。"用兵的规律像水一样，水流动的规律是避开高处而向低处奔流，用兵的规律是避开敌人坚实之处而攻击其虚弱的地方。水因地势的高下而制约其流向，作战则根据敌情而决定取胜的方针。所以，作战没有固定不变的方式方法，就像流水没有固定的形态一样；能依据敌情变化而取胜的，就称得上用兵如神了。

古代兵书《六韬》中记载了周文王与姜太公的故事。周文王问太公："树敛若何而天下归之？"应该怎么样确定收揽人心的办法，而能使天下所有的人都诚心归服呢？太公曰："天下非一人之天下，乃天下人之天下也。同天下之利者，则得天下；擅天下之利者，则失天下。天有时，地有财，能与人共之者，仁也。仁之所在，天下归之。免人之死，解人之难，救人之患，济人之急者，德也。德之所在，天下归之。与人同忧、同乐、同好、同恶者，义也。义之所在，天下赴之。凡人恶死而乐生，好德而归利，能生利者，道也。道之所在，天下归之。"意思是说天下不是一个人的天下，而是天下所有人共有的天下。能同天下所有人共同分享天下利益的，就可以取得天下；独占天下利益的，就会失掉天下。天有四时，地有财富，能和人们共同享用的，就是仁爱。仁爱所在，天下之人就会归附。免除人们的死亡，解决人们的苦难，消除人们的祸患，解救人们的危急，就是恩德。恩德所在，天下之人就会归附。和人们同忧同乐，同好同恶的，就是道义。道义所在，天下之人就会争相归附。人们无不厌恶死亡而乐于生存，欢迎恩德而追求利益，能为天下人谋求利益的，就是王道。王道所在，天下之人就会归附。

同时，在《道德经论兵要义述》中，王真指出战争的原因在于无思虑、无礼法、不畏惧、不容忍，从而导致"乱逆必争、刚强必争、暴慢必争、忿至必争、奢泰必争、矜伐必争、胜尚必争、违愎必争、进取必争、勇猛必争、爱恶必争、专恣必争、宠嬖必争"。从而提出作为一个圣人必须达到"凡人之情，不能无争，唯圣人乃能无争"的境界，做到"天之道，利而不害；圣人之道，为而不争"。

围棋的终极目标在于合，如何"合"？既要兵家的"奇谋"，更需要道家的"不争"。"奇谋"和"不争"既是围棋的方法论，也是价值观所在；既是弈棋的要义所在，更是每一个弈棋者为人处世的原则所在。

过百龄，是明末棋坛造诣最深、名声最大的国手。其天资慧颖，爱好读书，也好下围棋。十一岁时就通晓围棋中的虚势与实地、先手和后手、进攻和防守之间的关系及其处理的方法。他与成年棋手弈局，常常取胜，名震无锡。这时，有位名叫叶向高的学台大官，因公来到无锡。叶向高好下围棋，有国手授二子的水平，要找一些棋力强的对手同他对局，过百龄就被推荐出来。叶向高见他是一个儿童，十分奇怪，原以为过百龄不是他的对手，不料一交手连败三局。在比赛过程中，有人悄悄对过百龄说："同你下棋的是位学台大官，你得暗中让他一些，不能全赢了。"过百龄年纪虽小，却已很懂道理，回答说："下棋不能这样敷衍人家，因为他是大官就去讨好，是很可耻的。假如他真是好官，会同孩子过不去吗？"

叶向高见过百龄棋艺高超，人品端正，十分器重，提出带他一起到北京去。过百龄因年龄过小，还要读书，就没有去。从此，过百龄名扬江南，北京的公卿们也都慕名来聘。在北京声望最高的国手林符卿，瞧不起年幼的过百龄。有一天，林符卿当着公卿们的面，向过百龄挑战说："你来北京后，我还没有同你交过手，今天我愿意跟你对局，让大家高兴一番。"公卿们非常高兴，并拿出银子来作为优胜者的奖赏。过百龄一再推辞。林符卿以为他怕输，不敢对局，便更加趾高气扬，逼着他非下不可。过百龄只得答应。结果林符卿连输三局，闹了个面红耳赤。公卿们对过百龄倍加赏识。于是，过百龄名扬天下。四方名手都来向他挑战，他一一应战，每战必胜。《无锡县志》中写道："开关延敌，莫敢仰视。因是数十年，天下之弈者以无锡过百龄为宗。"过百龄在对局之余，潜心撰写围棋著作，先后写出了《官子谱》《三子谱》和《四子谱》等棋书。其中尤以《官子谱》价值最高，他对收官问题做了全面透彻的论述，是我国第一部收官著作，并受到日本棋界的重视。过百龄的"争"与"不争"的思想在其围棋生涯中展现得淋漓尽致。

"不争"同"无为"一样，不是不争取的意思，而是不乱争的意思。正所谓："人生一世，纵有广厦千间，也不过夜眠八尺；纵有珍馐百桌，也不过日食三顿。"老子认为，最优秀的领导者，具有如水一般的最完善的人格。这样的人，愿意到别人不愿意到的地方去，愿意做别人不愿意做的事情。他们具有骆驼般的耐力和大海般的肚量，能够做到忍辱负重、宽宏大量。他们具有慈爱的精神，能够尽其所能去帮助、救济人，甚至还包括他们所谓的"恶人"。他们不和别人争夺功名利益，是"善利万物而不争"的王者。人的价值不在于功名利禄的相争，而是应该有着"不争"的精神去争取事业的更大成功。

围棋"合弈"文化之"争为不争，不争为争"。要争取一个目标、达到一种境界，就需要学会不乱争，既要锁定目标一往无前，也要抛弃杂念，削去繁枝。要达到不争的高度和境界，也要不断努力争取，所有的成功都是奋力拼搏的结果。

第九章　功成身退，天之道也

> 持而盈之，不如其已；揣而锐之，不可长保。金玉满堂，莫之能守；富贵而骄，自遗其咎。功遂身退，天之道也。

　　在老子眼里，万事万物都是辩证统一的，有无相生的。起点即终点，终点也将是起点，正如孔子在回答颜回问题时提出的："无始而非卒也，人与天一也。"世上之事难能可贵的不是努力取得成功，而是不居功自傲，懂得功成身退。老子从"持而盈之，不如其已；揣而锐之，不可长保。金玉满堂，莫之能守；富贵而骄，自遗其咎"四个方面阐述了物极必反的道理，这就要求我们坚持适度原则。古语有言：识时务者为俊杰，此乃顺应天道之人。这是不争的第二层意思。

　　范蠡在助勾践灭吴后决心退隐，在给文种的信中语重心长地写了这样一句话："飞鸟尽，良弓藏；狡兔死，走狗烹。"这句话听起来让天下有识之士非常伤感，但是其中蕴涵的哲理却非常发人深省，千百年来一幕幕惨剧浮现于眼前。汉高祖刘邦诛杀异姓王，宋太祖赵匡胤杯酒释兵权，明太祖朱元璋火烧庆功楼等不胜枚举。老子在这些事情还没有发生前就看到了这一点："功成名遂身退，天之道。"庄子《山木》也讲道："自伐者无功；功成者堕，名成者亏。"

　　尧时许由，曾做过尧、舜、禹的老师，后人因此亦称他为"三代宗师"。其隐于沛泽，尧闻其贤，欲以天下让之，不受而逃于颍水之阳箕山之下；

尧又欲召为九州长，不愿闻，遂洗耳于颖水之滨，死后葬箕山。庄子《逍遥游》这样描述他和尧的对话："尧让天下于许由，曰：'日月出矣，而爝火不息；其于光也，不亦难乎？时雨降矣，而犹浸灌；其于泽也，不亦劳乎？夫子立而天下治，而我犹尸之；吾自视缺然，请致天下。'许由曰：'子治天下，天下既已治也；而我犹代子，吾将为名乎？名者，实之宾也；吾将为宾乎？鹪鹩巢于深林，不过一枝；偃鼠饮河，不过满腹。归休乎君，予无所用天下为！庖人虽不治庖，尸祝不越樽俎而代之矣！'"这里就体现了许由不居功自傲，懂得尺度原则，留下世代美名。《晋书》赞云："昔许由让天子之贵，市道小人争半钱之利。"

《道德经论兵要义述》讲道："夫兵者，人情之所恃赖也。且匹夫之徒，带三尺利剑，持数寸匕首，至有凭凌天子，劫胁诸侯，或邀盟于前，或请命于后，往往而得矧乎！当九五之位，全亿兆之师，尊居一人，下临万物，乃知持盈不易，揣锐实难！"告诫世人，古代帝王位高权重尚且知道"持盈不易"，更何况世间所有的人，尤其是"带三尺利剑，持数寸匕首"的兵者，像"凭凌天子""劫胁诸侯"等行为又有多少成功的呢？这段话的意思是要学会满足，学会功成身退，不可洋洋得意，正所谓："江山代有才人出，各领风骚数百年。"

在封建社会时期，武将相对于文臣来说，命运要悲惨得多。为何呢？如果打了败仗，即便没有战死沙场也会被皇帝重罚；打了胜仗固然能升官发财，但如果胜仗打多了，形成功高震主的局面，那就不好说了，一点点小过错都能成为被杀的理由，甚至说没有理由也会找理由来杀。历史上对于名将的评价是"太平本是将军定，不许将军见太平"。但也有功成身退、善始善终的。从古到今功成身退的人有很多，诸如老子、孙武、范蠡、张良、刘伯温等。他们都立下了盖世奇功，但是他们都能够不居功、不自傲、急流勇退。

郭子仪，唐代中兴名将、政治家、军事家。在唐玄宗中后期，由于唐玄宗怠慢朝政、宠信奸臣，加上政策失误和重用安禄山等塞外将领试图来稳定唐王朝的边疆，最终引发了历史上赫赫有名的"安史之乱"。"安史之乱"的破坏力极大，甚至差点灭了唐王朝；而就在这时，原本默默无闻的郭子仪横空出世，带领朔方军东讨安禄山。其实当时奉命讨伐安禄山的并不止郭子仪，但是郭子仪却从中脱颖而出，连战连捷，指挥或参与指挥了攻克河北诸郡之战、收复两京之战、邺城之战等重大战役，乃是唐朝平叛的第一功臣。安史之乱后，他计退吐蕃，二复长安；说服回纥，再败吐蕃；威服叛将，平定河东。说郭子仪功高震主那是毫不为过的，那郭子仪是怎么善终的呢？很多人觉得是唐代宗和唐德宗不敢杀郭子仪，其实不然，完全是因为郭子仪的为人，他从不得罪朝中之人，尤其是宦官，而且他家中的大门从不关，以表示自己没有秘密，除此之外，郭子仪还做过很多其他的善举，正因为如此，郭子仪才得以善终。

《尹文子》曰："以智力求者喻于弈，弈，进退取与攻劫放舍，在我者也。"道家的功成身退思想在围棋上体现得更多的是一个棋手的大度和宽容。

祝不疑，北宋时期的围棋高手，浙江衢州人。宋绍圣初年，衢州围棋高手祝不疑在京都（今河南开封）与当朝棋圣刘仲甫进行了一场比赛。祝不疑比刘仲甫棋高一着，但刘仲甫为了面子，中盘告退，留下了一盘没有下完的棋。

据宋人何薳所著《春渚纪闻》卷第二杂记中载：刘仲甫是宋朝围棋界最有声望的棋手。他不仅棋艺精湛，而且著作甚丰，有《忘忧集》《棋势》《棋诀》及《造微精理》诸集，历来为人们所传诵。

刘仲甫自小爱好围棋，名闻乡里，年轻时很自负，在离乡去京城翰林院考围棋待诏时，曾路过钱塘。他想，钱塘是个大都会，棋坛群英荟萃，何不在此先较量一番，再去京城不迟。他便于旅店门口悬挂一面以棋会友的旗帜，上书："江南棋客刘仲甫奉饶天下棋先（江南棋客刘仲甫恭敬地宣告：我可以让任何棋手先下）！"口气还真不小。于是，这一消息不胫而走，马上传遍了全城。一些有钱的好事者凑足了几百两银子，把钱塘城的名手全召集到一块，在城北紫霄宫与刘仲甫一决高低。刘仲甫均让对手先下，经过一场场激烈的比赛，对手无出其右。刘仲甫从钱塘进京，考进了翰林院，当上围棋待诏，名声就更大了，二十多年中一直没有对手。

就在此时，衢州烂柯山下出了个围棋新手祝不疑，这年也到京城赶考，住在同乡会馆。老乡们都知道祝不疑是位围棋高手，于是就拉他到京都高手云集的相国寺观棋。当时，围棋待诏刘仲甫正在寺中，同乡们便要祝不疑与刘仲甫对弈。祝不疑颇谦虚，说自己粗懂一点棋理，艺不精，希望国手让几子。刘仲甫说："凡到这里来下棋的都是高手，我看还是不要让了，我们平下吧。"祝不疑再三请求，不得已，刘仲甫只好让祝不疑先下。局终，祝不疑仅输三目。

在先失一局的情况下，第二局一开始，祝不疑就请求让子。刘仲甫微微一笑，回答说："我看你的棋布局很工整，如果像一开始那么下，你甚至可以让我几子，岂止是让先呢！"祝不疑笑而不答。原来他在第一局中，为了试探对方的力量，中盘时有意让了对方几手。

第二局开始了，刚下了三十多手，刘仲甫感到不对劲，就拱手道："是否可以请教你的尊姓大名和乡里？"旁边的同乡抢着说："这位是信州人李子明。"刘仲甫知道他们在撒谎，就认真地说："我棋艺不高，勉强才成为翰林待诏，虽然不离京城，但对天下有名的棋手还是有所耳闻的。近年只听说衢州有一位祝不疑，棋艺高超，还听说今秋被州里推荐来此应考，莫非你就是祝不疑先生？"刘仲甫见对方只是微笑，并未回答。接着又说："仲甫今日正好有客人在家等待，不能下完这盘棋了，有空我一定去你的住处拜访再请教棋艺。"旁人见刘仲甫已打退堂鼓，只得如实地告诉了他，面前的对手就是祝不疑。于是，刘仲甫连声赞许说："烂柯名下无虚士也！"后来，刘仲甫虽然多次拜访过祝不疑，但始终不再提两人对弈之事，唯恐输了，有损自己国手的声誉。在这个故事中，我们可以看到，一个棋手是否具有老子讲的"功遂身退，天之道也"的理念很重要，这既是一个棋手的棋品，更是一个棋手的人品。

据南宋学者姚宽所著《西溪丛语》记载："蔡州褒信县有棋师闵秀才说：尝有道人善棋，凡对局，率饶人一先。后死于褒信，托后事于一村叟。数年后，叟为改葬，但空棺衣衾而已。道人有诗云：'烂柯真诀妙通神，一局曾经几度春。自出洞来无敌手，得饶人处且饶人。'"这就是围棋中关于"得饶人处且饶人"的由来。

《易·丰》云："日中则昃，月盈则食，天地盈虚，与时消息，而况乎人乎！"这是自然规律。事业已遂，力量至极，则引身退后，这是自觉遵守自然规律。知进不知退者，祸必及身。老子阐述"物极必反"的哲学思想，不仅仅是针对贪官污吏，贪得无厌最终恶报缠身；同样也针对立下奇功的功臣，不能功高震主，要急流勇退，否则照样后果不堪设想。对现代人来说就是适可而止、恰到好处的处世哲学。

围棋"合弈"文化之"持盈不易，大度包容"。当你取得一定成就的时候，不能骄傲自满，正所谓"山外有山，人外有人"，应时刻保持清醒和理智。三人行，必有我师焉，对后生更应该持包容大度之心，以棋会友，共进共长。

第十章　生之畜之，生而不有，为而不恃，长而不宰，是谓玄德

载营魄抱一，能无离乎？专气致柔，能婴儿乎？涤除玄鉴，能无疵乎？爱民治国，能无为乎？天门开阖，能为雌乎？明白四达，能无知乎？生之畜之，生而不有，为而不恃，长而不宰，是谓玄德。

通观整部《道德经》，老子要求我们修炼道德心境要达到："坚忍不拔，持之以恒；致阴致阳，致柔致刚；涤除杂念，专心致志；顺其自然，无为而治；大智若愚，虚怀若谷；无知无欲，通达四方。"这是何等致高致远的境界啊！

"金无足赤，人无完人。"我们不能对其他人求全责备，但是我们可以按照老子给我们指明的修炼心境的标准来修炼自己。修炼自己的心境，不仅可以使自己超凡脱俗，还可以改变命运。

王守仁，字阳明，明朝杰出的思想家、文学家、军事家、教育家。因平定南赣、两广盗乱及朱宸濠之乱，获封新建伯，成为明代凭借军功封爵的三位文臣之一。其集合儒释道三家文化精髓，提出"致良知"的哲学命题和"知行合一"的方法论。王守仁提倡"致良知"，从自己内心中去寻找"理"，"理"全在人"心"，"理"化生宇宙天地万物，人秉其秀气，故人心自秉其精要。阳明心学不是唯心之学，也不仅仅是心理之学，而是中国古代思想家既强调道法自然，又主张天人合一，更重视人的主观能动

性等一系列哲学思想之集大成。

　　二十三岁的黄庭坚考中进士后步步高升，元祐年间担任太史官，不仅效力朝廷，造福百姓，还钻研道德学问和文学艺术。黄庭坚的母亲生活中有点洁癖，黄庭坚一边忙着公务，一边亲力亲为地照顾着自己的母亲，从不懈怠。为了让年迈的母亲身心安稳，放着家里的仆人不用，亲自给母亲刷洗便桶，十年如一日，从不间断。很多人疑惑地问他，这么大的官了，为什么还要做这种仆人做的事情呢？黄庭坚回答道："孝顺父母是做儿子的本分，这和自己的身份没有关系。"黄庭坚在孝顺母亲这件事情上能够效法古圣先贤，不受外界的影响，做到恪尽子道，至诚孝顺父母，原因就在于其内心自我的坚定，是王守仁讲的"致良知"的一种表现，也恰恰修炼了自己的心境，使得其德行风范备受后世之人遵从。反观今天，我们总是以各种所谓"繁忙"的理由不回家看望、照顾父母，或者依赖外在所谓的"孝顺"心意取代自己应尽的本分，将"孝道"代理出去了。

　　《道德经论兵要义述》讲道："爱人治国能无为者，夫欲治其国，先爱其人；欲爱其人，先当无为。无为者，即是无为兵战之事。兵战之事，为害之深。欲爱其人，先去其害，故曰：无为兵战之事也。"意思是凡是有道之人治理国家，首先是爱自己的百姓。而要爱自己的百姓，办法就在于不妄为。不妄为的样子就应该是不妄自发动战争之事。兵战之事深受其害，故而爱自己的百姓就要去掉这祸害。所以，不妄自发动战争。

　　《孙子兵法》中讲道："故上兵伐谋，其次伐交，其次伐兵，其下攻城。攻城之法为不得已。"在军事作战中，一旦攻城，那几乎接近于毁城、屠城，这被列为下下之策。而上上之策在于通过谋略来打败敌人，这样一来的话，不仅可以减少将士伤亡，而且能使无辜百姓免遭涂炭。因此在战必打的情况下，也要尽量不任意大开杀戒。如果一场战争能尽最大努力减少伤亡，那将是不幸之中的万幸。

　　不妄自发动战争并不等于规避战争。战争只是一种手段，这种手段目的在于通过暴力的方式获取自己的利益。但是一场正义的战争必须得到老百姓的支持，必须顺应道义。《周易》中谦卦"六五"爻辞："不富以其邻，利用侵伐，无不利。"其中心思想就在于君王以谦顺之德治国，得到左右臣下及百姓的拥护和爱戴，如果仍有不服者，就可以诉诸武力，此时战争就没有不吉利的了。同时后段爻辞还指出："田有禽，利执言，无咎。"禽兽进入田中，损害庄稼，侵害农事，将其拿住，是应该的，也是必要的。此处将敌人比作来侵犯的禽兽，被迫起来反抗，出师有名有义，当然就不会有危险了。

中国自古以来发生的大大小小战争，基本上都是以战止战的反对侵略的战争，战与不战，什么时候战，都符合了道家的顺其自然的理念，即提倡的是不为兵事，但以百姓心为心，一旦百姓的利益受损了，就必要出战。正所谓："名不正，则言不顺；言不顺，则事不成。"出兵大战必须师出有名，否则必败无疑。战争不是两个人打架，而是成千上万的人相互攻伐，场面是很大很混乱的，而且由于古代通信技术不发达，一个战场通常分为很多部分，人们各自为战。在这种情况下，如果带的兵没有一个统一的信念，各自想着自己，心怀鬼胎，那么，即使面对比自己弱的敌人也有很大概率会失败，所以人们需要师出有名，给士兵一个目标，让他们知道自己是因为什么而战。

在具体作战中更要灵活应用这种理念，因为在战场上，人的思想精神是会受到集体感染的。比如打出的口号是抵抗侵略、保家卫国，战场上只要有人这么喊出来，己方战士都会感受到这种气势，让每一个个体都产生取胜的信念，激发出战斗的潜力；同时让对方的士气也遭受到打击，他们会感觉到对手的决心已经产生动摇。东汉末年，群雄割据，曹操挟天子却始终不称帝，就是为了师出有名，只要不称帝，他进攻其他的势力就可以说是代表汉室讨伐叛逆。在今天的我们来看，当时汉朝已经名存实亡，群雄混战争夺天下，但是当时的百姓并不这么看。古代通信技术落后，老百姓没有信息来源，消息都是道听途说来的，他们以为天下还是汉室的天下。在这种情况下，打着大汉的旗号招收百姓讨伐叛逆，就会有很多人跟随。这些人在战场上会以为自己是为了大汉而战斗，是正义的军队，也就能发挥出更高的战斗力。

在围棋上，要做到超凡脱俗和改变命运的境界，既要不断提高弈棋的技艺，更要作为一个和平使者，为世界带去智慧和安宁。

　　唐朝是当时世界上最强盛的国家之一，声誉远播，与亚欧国家均有往来。而在这日益频繁的对外交往中，很多的围棋高手都充当着和平使者的角色，为唐朝和其他国家的交往做出了贡献。开元二十五年，新罗（朝鲜）国王兴光病逝，唐王派出左赞善大夫邢涛为特使，前往新罗参加吊祭活动。唐玄宗知道新罗和中国一样，是君子之国，礼仪之邦，"其人多善弈棋"，便命当时我国围棋名手杨季鹰作为邢涛的副手，一同前往新罗。这是我国历史上记载去朝鲜的第一位棋手，杨季鹰显然棋高一着，到那儿后没有人能战胜他，朝鲜人民钦佩他，送给中国使者许多贵重的礼品。

　　同时，《杜阳杂编》记载了一件当时围棋高手顾师言与来访的日本王子对弈的事。日本国王子来访唐朝，唐宣宗得知王子精通围棋，便把顾师言召进宫，命他和王子对局。王子很高兴，拿出了极为名贵的棋盘"揪玉局"和棋子"冷暖玉"，谨慎地摆下阵势。虽说是下棋，但因为两人是代表着各自的国家，心情都很紧张，一时胜负难分。顾师言唯恐有负君命，有辱国威，每投一子，都要凝思良久，举棋时，手指已经汗滋滋的了。经过一番苦战，到三十三着时，顾师言终于把日本王子逼到了"瞪目缩臂，已伏不胜"的境地，从而大获全胜。这就是有名的"三十三着镇神头"的故事。

　　何谓"玄德"？是玄秘而深邃的德性。这是老子提出的修炼自身的一种境界，这种境界是一个目标，即便是圣人也是难以达到的，但是只要我们朝着这个目标走，不要在意个人的局部得失，有些时候挫折、困境反而是一种涅槃重生的机遇，或者说是人生的一笔不可复制的财富，如果能保持这种心态，人生就会变得豁达、变得无所畏惧，这恰恰是以柔制刚、明白四达的道理所在。这是不争的第三层意思。

　　围棋"合弈"文化之"自强不息，以和为贵"。这是一种辩证统一的关系。要获得安宁和和平，必须自强不息，必须让自己强大起来。弈棋者必须有高超的技艺来折服他人，这是基础和前提。但是不能一味地强调讨伐征战，必须是为了和平，为了彼此共同的信念而战，虽是博弈，实是讲和。

第十一章　有之以为利，无之以为用

> 三十辐共一毂，当其无，有车之用。埏埴以为器，当其无，有器之用。凿户牖以为室，当其无，有室之用。故有之以为利，无之以为用。

在第八至第十章中，我们讲了不争的三层意思：一是要正确地争，二是要适度，三是要修炼心法。在第十一章中，我们来了解老子“有之以为利，无之以为用”的理念。何谓“有之以为利”？简单地说，车子、陶器、房子都是有形的，人们根据这样的有形，使之产生价值，车子可以解决交通的问题，陶器可以解决装东西的问题，房子可以解决居住的问题，但真的是因为有形的车子、陶器、房子解决了问题吗？

老子提出：之所以车子、陶器、房子能被利用起来，不是在于“有”的存在，而是在于“无”的存在。“有”是具体的表象，“无”才是可用的价值体现。这就好比我们经济条件富裕了，兜里的钱多了，但是却从来不会想我们的精神是否富裕了？我们为取得的成功而沾沾自喜的时候，有没有想过我们还有很多不足或没有涉足的地方？我们的宇宙总是以“有”的形式展现在我们的眼前，但是我们有没有想过宇宙也会有“无”的存在，或者说这种“无”本来就是宇宙得以有价值的根本？

现实中，我们往往处在“有”的层面，贪官为什么会贪，就是因为只看到“有”什么，而不是去想想“无”的一面。老子说，要解决矛盾就要看到"无"的一面，要是车子装满了人，陶器装满了水，房子堆满了杂物，还是车子、陶器和房子吗？于此，要追求心里的"无"，不要为了"有"而去追求"有"，而要卸下"有"，使之"无"起来，这样"有"才能更多。自古有言："宰相肚里能撑船。"为什么这样说呢？因为宰相能容一切让自己变"无"的"有"。对于我们来说，付出、奉献、容忍就是不断增加"无"，变得更"有"。假想一下，你的房子宽敞是以多少墙体来衡量的吗？不是的，是以多少空间来衡量的，这个空间就是"无"。陶器空间越大，就能容纳更多的东西。延伸到今天的为人处世，都要给自己留一定的空间，有一句俗语叫"做人留一线，日后好相见"，也正是这个道理。

司马迁《史记·项羽本纪》记载道：前206年，刘邦率军攻入秦朝都城咸阳，但当时权势最大的仍是项羽，刘邦虽然攻破了咸阳，却不敢自居为王，为了表示卑下而掩藏自己的野心，他亲自到项羽的营中谢罪。刘邦和项羽这次见面在历史上被称为"鸿门宴"。一向待人傲慢的刘邦，这一回又是"先破秦入咸阳"，是"有大功"之人，但在项羽面前谦卑有礼，唯恐有所不至。就是因为其能屈能伸，不拘泥于形式上的"有"，而是注重于现实中的"无"，以"无"成就将来的"有"。

《道德经论兵要义述》讲道："夫五兵之属，亦当其无，有兵之用。且弦矢之利以威天下，不必伤人然后为用。故知兵者备之以为有，戢之以为无，此即用其所不用者也。盖无之以为用，亦明矣。"《孙子兵法》讲道："故用兵之法，十则围之，五则攻之，倍则分之，敌则能战之，少则能逃之，不若则能避之。故小敌之坚，大敌之擒也。"用兵的原则是：有十倍的兵力就包围敌人，五倍的兵力就进攻敌人，两倍的兵力就分割消灭敌人，有与敌人相当的兵力则可以抗击，兵力少于敌人就要避免与其正面接触，兵力弱小就要撤退远地。所以如果弱小的军队顽固硬拼，就会变成强大敌军的俘虏。这就是用兵的"有无"概念的具体应用，既要考虑敌人的具体实力，也要考量自己全胜的把握。"知彼知己，百战不殆；不知彼而知己，一胜一负；不知彼，不知己，每战必殆。"了解对方也了解自己的，百战不败；不了解敌方而熟悉自己的，胜负各半；既不了解敌方，又不了解自己的，每战必然失败。

三国演义中，赤壁之战前，诸葛亮算定曹操必败走华容，且夜观天象，曹操命不该绝，考虑到曹操与关羽有恩，于是派关云长把守华容道，留个人情与关羽做。后曹操果然由乌林向华容道败退，并在途中三次大笑诸葛亮、周瑜智谋不足，未在险要处暗设伏兵。然而，一笑笑出赵子龙，多亏徐晃、张郃二人双敌赵云，才使曹操得以逃脱；二笑笑出张翼德，又是张辽、徐晃二将抵挡张飞，使曹操再次脱险；三笑非同小可，笑出了关云长，且又在有一夫当关之险的华容狭路上，加之曹军几经打击，此时已无力再战。无奈曹操只得亲自哀求关羽放行，关羽念旧日恩情，义释曹操，使曹操得以回到江陵。这则故事就寓意当敌人衰弱的时候，我们不必赶尽杀绝，留有后路，说不定就是将来的求生之路。曹操当年开关舍六将放走关羽，重情重义的关羽铭恩于心，这才让曹操在关羽手上得以败走。

什么是"围棋空间"？众所周知，围棋是在一定的空间亦即棋盘中进行的。围棋的棋盘是一个平面的坐标系，由"横、纵"两个元素构成，有人说棋盘是由天文工具构造而来的，中国古代就有"星罗棋布"这个成语，棋盘上的格子和格子所组成的坐标系，或许就是认为围棋是从天文仪器演变而来的依据。但是棋盘空间远不是物理概念上的空间，它更多的是人类逻辑思维产生的一种空间结构。棋盘、棋子以及两者形成的棋局是一种抽象的概念，叫作"子空皆地"，围棋的成败就在"空"上。

《集异记》是唐薛用弱写的传奇小说集，记载了一对婆媳闭目下棋的故事。

玄宗南狩，百司奔赴行在，翰林善棋者王积薪从焉。蜀道隘狭，每行旅止息，道中之邮亭人舍，多为尊官有力之所先。积薪栖无所入，因沿溪深远，寓宿于山中孤姥之家。但有妇姑，皆阖户，止给水火。才瞑，妇姑皆阖户而休。积薪栖于檐下，夜阑不寝，忽闻堂内姑谓妇曰："良宵无以适兴，与子围棋一赌可乎？"妇曰："诺。"积薪私心奇之："堂内素无灯烛，又妇姑各在东西室。"积薪乃附耳门扉，俄闻妇曰："起东五南九置子矣。"姑应曰："东五南十二置子矣。"妇又曰："起西八南十置子矣。"姑又应曰："西九南十置子矣。"每置一子皆良久思维。夜将尽四更，积薪一一密记，其下止三十六。忽闻姑曰："子已败矣，吾止胜九枰耳。"妇亦甘焉。积薪迟明，具衣冠请问。孤姥曰："尔可率己之意而按局置子焉。"积薪即出囊中局，尽平生之秘妙，而布子未及十数，孤姥顾谓妇曰："是子可教以常势耳。"妇乃指示攻守、杀夺、救应、防拒之法，其意甚略。积薪即更求其说。孤姥笑曰："止此，亦无敌于人间矣。"积薪虔谢而别。行十数步，再诣，则失向来之室间矣。自是积薪之艺，绝无其伦。即布所记妇姑对敌之势，馨竭心力较其九枰之胜，终不得也。因名"邓艾开蜀势"，至今棋图有焉，而世人终莫得而解矣。

这种将棋盘、棋子抽象化的下棋方式俗称为"盲棋"。围棋的空间在判断形势点目的时候，在数字以定胜负的时候，可以是具体的，但是这一具体也仅仅是在交叉点上的。又因为这个空间不是像地图一样静止的，它在一般的情况下是变化和抽象的，在时间的因素介入的情况下，更是活动变化的，正所谓："临局变化，远近纵横。"随着下棋时间的推移，随着棋手的手数的变化，空间更是无限变化，正所谓："一着不慎满盘皆输。"每一手都可能决定棋局的转移、胜负的转移。而在整体的空间中，也有万千个小的空间，这更是每一个小布局、小棋局，这些小空间的棋局构成了一个大的棋局。棋局可以是大，大到篮球场那么大、广场那么大，例如衢州的水亭门历史文化街区，整个水亭门下的广场就可以被当作一个棋局；可以是小，小到赛场上的小棋盘、小到电脑里的小页面。棋局也可以是抽象的，例如上述的盲棋，但无论棋局如何变化，都是由十九乘以十九的横纵两线构成的，都是由三百六十一颗棋子的"星罗棋布"而变得有活力、有具象。这就符合老子讲的"虚无"理念。

生活中，我们常常充实自己，却不曾放空自己。试想一下，如果只是一味地充实，就比如一味地工作，却从来没有思考，那么我们的工作终究是不能获得长足的进步的；如果我们适当地放空自己，或许这个"空"恰恰能给你另外一个空间，另一种思考、际遇、感悟、人生。

围棋"合弈"文化之"有以为利，无以为用"。弈棋者应对整个棋盘以及棋局的走向做到了然于胸，应当快速得知敌我双方在某个局部的实力对比以及攻防策略，并且快速做出应对之策。治国理政和为人处世也是如此，要善于发挥自己的长处，补全自己的短处。要善于吸取别人失败的教训，要善于兼听他人的批评指正。要善于利用一切可以利用的资源，团结一切可以团结的人，达到聚合效应，为自己目标的实现奠定强大的基础。

第十二章　是以圣人为腹不为目，故去彼取此

> 五色令人目盲；五音令人耳聋；五味令人口爽；驰骋畋猎，令人心发狂；难得之货，令人行妨；是以圣人为腹不为目，故去彼取此。

何谓"为腹不为目"？这是老子的微观认识论，是对第十一章的"有无"辩证关系的一种人体角度的认识。要求人不能被"五色""五音""五味"所诱惑而迷失了自我，不能沉迷于"驰骋畋猎"和"难得之货"，应该简简单单地追求"为腹"。

作为圣人应该练就一种心法，只追求老百姓吃饱穿暖，而不追求自己的锦衣玉食，这也是一种"有无"的关系。一个君王不能眼光局限于自己拥有的，而应该想想老百姓没有的，这是作为高高在上拥有天下的君王的"无"，即恩及天下，才能成就自己内心无限的"无"，简单地说就是要心怀天下，才能成就君王霸业。

隋炀帝杨广美姿仪，少聪慧，初封雁门郡公。其前半生心系天下，政绩卓著，《隋书》评价其"南平吴会，北却匈奴，昆弟之中，独著声绩"。然后期却"淫荒无度，法令滋彰，教绝四维，刑参五虐，诛锄骨肉，屠剿忠良，受赏者莫见其功，为戮者不知其罪。骄怒之兵屡动，土木之功不息。频出朔方，三驾辽左，旌旗万里，征税百端，猾吏侵渔，人不堪命。乃急令暴赋以扰之，严刑峻法以临之，甲兵威武以董之，自是海内骚然，无聊生矣"。致使隋朝二世而亡，其自身被宇文化及所弑。唐太宗评价其："遂

不顾百姓，行幸无期，径往江都，不纳董纯、崔象等谏诤，身戮国灭，为天下笑。"水能载舟，亦能覆舟。隋炀帝前期顺应民意，征战天下，立下赫赫战功，为天下一统做出了贡献，同时修建运河，开科举，尊崇儒家，促进了经济文化的发展。但是其后期忘记了历史教训，背负人民，逆道而行，结果落个被天下人耻笑的局面。我们可以从杨广一生的经历中看出，作为一个统治者，如果你心怀天下，顺应历史和民心，就会成就大业，如果你违背了自然，就会失败，这就是为腹不为目的道理。

被物欲控制的人不仅得不到心灵的自由，还很容易深陷祸患。司马迁在《史记》中记载道："春秋之中，弑君三十六，亡国五十二，诸侯奔走，不得保社稷者，不可胜数。"齐庄公就是其中一个被弑杀的君王。春秋时期，齐庄公及其大臣崔杼因贪恋美色误入歧途，最后一个死于非命，一个背上弑君骂名。

前554年，齐灵公病重，大臣崔杼接回公子光，趁机拥立为君。公子光杀掉后妈和弟弟，即位登基，是为齐庄公。后齐庄公拜崔杼为右相，庆封为左相，令二人同执国政。庄公时常去崔府串门，饮酒作乐，不分彼此。一来二去，便认识了崔杼的夫人东郭姜。这东郭姜本来是大夫棠公之妻，与棠公生有一子唤作棠无棣。棠公死后，崔杼前去吊丧，见到东郭姜貌美，便托其兄东郭偃做媒，娶了东郭氏，大舅子和继子也顺便做了崔杼家臣。东郭姜生得面若桃花，身段婀娜，又是风情万种，令庄公魂牵梦绕，辗转反侧。于是庄公通过贿赂东郭偃，促成其欲，以后去崔府就更勤了。时间一长，被崔杼看出了猫腻，便开始盘问东郭姜。东郭姜回道："确有此事，可他作为一国之君，说一不二，我一个妇道人家又怎敢拒绝呢？"崔杼又问："那你为何不告诉我？"东郭姜道："我自知有罪，不敢说。"崔杼沉默了良久说道："我知道了，这事与你无干。"此时崔杼便已下定决心除掉庄公。一日莒国国君来朝，庄公大宴群臣，唯有相国崔杼托病未到。庄公心想机会难得，匆匆结束宴会，便以探病为由直奔崔府。崔杼对东郭氏说道："我今日决定除此昏君，你若依我行事，我便立你儿子为嗣，如若不然，先杀你母子，再杀昏君。"东郭氏回道："唯命是从。"庄公不知是计，竟去找东郭氏私会。东郭氏打扮得花枝招展，将庄公迎往内宅，并将庄公卫队拦在门外，庄公不疑，做此丑事也不方便左右相随。东郭氏借口给相国送药趁机脱身，庄公独自在殿内等候。没等到美人，却等到埋伏已久的甲士拔刀相向，吓得庄公破窗而逃，却被外面接应的棠无棣围住。庄公高呼："我是国君，放我出去。"棠无棣道："奉相国之命，来捉淫贼，不见国君。"一箭射中庄公左腿，众甲士一拥而上，将庄公砍死，就这样一国之君就因贪色被大臣杀掉了。齐庄公无法正确面对美色而招来杀身之祸，充分证明了贪欲的危害了。

《鬼谷子》讲道："养志法灵龟。养志者，心气之思不达也。有所欲，志存而思之。志者，欲之使也。欲多则心散，心散则志衰，志衰则思不达也。故心气一，则欲不惶；欲不惶，则志意不衰；志意不衰则思理达矣。理达则和通，和通则乱气不烦于胸中。"培养志向可以效法灵龟。培养志向，是因为内心活动不够畅达。一定要培养志向，才能提高自己。开始培养志向，必须做到安心静意。有了欲望，就会存于内心并设法满足。人的志向受欲望驱使。欲望多了，内心就会分散，意志分散就会消沉，消沉就会使思路不畅。所以心神专一，欲望就不蔓延，欲望不蔓延就不消沉，不消沉就使思路畅通，思路畅通则使内心平和，内心平和就没有烦闷之气郁积于心。鬼谷子在教导自己弟子的时候第一个要求他们遵循天道，第二个就是要培养意志，做到无欲则刚，只有这样才能使得自己的内心不被分散，思路才会通畅。

老子"为腹不为目，故去彼取此"理念在军事上理解为"势"。《道德经论兵要义述》讲道："人君所贵难得之货，则盗贼生；盗贼生，则兵由此起；兵由此起，害莫大焉。"意思是盗贼的祸心就起源于难得之货。盗贼一旦猖獗起来，战争就由此而来。战争起来了，伤害就无比的大了。这是战略的势。《孙子兵法》提出："激水之疾，至于漂石者，势也；鸷鸟之疾，至于毁折者，节也。故善战者，其势险，其节短。势如彍弩，节如发机。"湍急的流水所以能漂动大石，是因为使它产生巨大冲击力的势能；猛禽搏击雀鸟，一举可置对手于死地，是因为它掌握了最有利于爆发冲击力的时空位置，节奏迅猛。所以善于作战的指挥者，他所造成的态势是险峻的，进攻的节奏是短促有力的。"势险"就如同满弓待发的弩那样蓄势，"节短"正如拨动弩机那样突然。

孙膑，战国时期齐国军事家，是孙武的后代。《吕氏春秋·不二篇》中提到了孙膑贵势的军事思想。孙膑发展了孙武"任势"的理论，强调在一定客观条件的基础上，要主动创造有利于自己、不利于敌人的态势，争取战争主动权，从而克敌制胜，这其实就是老子"为腹不为目"理念的转化。孙膑认为战争双方的力量在一定条件下是可以转化的，这得益于"势"。这是战术的势。唐朝李筌《太白阴经·人无勇怯篇》言："且勇怯在谋，强弱在势。谋能势成，则怯者勇；谋夺势失，则勇者怯。"

那么何谓"势"？意思是利用各种有利的态势或事物发展变化的趋势，而不被眼前的现状所迷惑。《孙子兵法》："故善战者，求之于势，不责于人，故能择人而任势。任势者，其战人也，如转木石；木石之性，安则静，危则动，方则止，圆则行。"掌握势的一方，可以由弱变强，可以由寡变众，由疏变积，等等。例如如何应对"敌众我寡，敌强我弱"的战争态势时，要善于运用"让威""避而骄之""告知不能，示之不敢"等手段使得敌人"以骄其意""以惰其志"，进而造成有利于我军的态势，扭转不利局面。

孙膑曾与庞涓为同窗，因受庞涓迫害遭受膑刑，身体残疾，后在齐国使者的帮助下投奔齐国，被齐威王任命为军师，辅佐齐国大将田忌两次击败庞涓，取得了桂陵之战和马陵之战的胜利，奠定了齐国的霸业。在孙膑辉煌精彩的一生中，装疯卖傻逃虎口、赛马之中显智谋这几段最为精彩。话说孙膑变成残疾人后，庞涓把他接到自己府中，假装殷勤照顾，并要孙膑将平生所学写成兵书。孙膑在惨痛的血的教训面前，终于认清了庞涓的真面目。他深知兵书著成之时，就是自己身首异处之日。但他心计周密，明知自己现在掌握在庞涓手中，稍有反抗，就会遭受更深的迫害，他决定深藏仇恨，等待时机。为了不为庞涓著书，他佯装疯癫，整日在街上爬来爬去，夜晚则睡在茅厕、牛栏、猪圈等处。虽然庞涓没有看出孙膑是装疯，但他仍派人暗中监视孙膑，一旦发现破绽，就派人暗杀孙膑。孙膑只得整日整夜露宿街头，忍受种种苦难。同时暗下决心，身残志坚，更加刻苦地研读兵书，准备有朝一日逃离虎口，用自己的智谋报仇雪恨。这时，真正知道孙膑是装疯避祸的只有一个人，就是当初了解孙膑的才能与智谋、向魏王推荐孙膑的人。这个人就是赫赫有名的墨子墨翟。他把孙膑的境遇告诉了齐国大将田忌，又讲述了孙膑的杰出才能。田忌把情况报告给了齐威王，而齐威王要田忌无论用什么方法，一定要把孙膑救出来，为齐国效力。于是，田忌派人到魏国，乘庞涓的疏忽，在一个夜晚，先用一人扮作疯了的孙膑把真孙膑换出来，脱离庞涓的监视，然后快马加鞭迅速载着孙膑逃出了魏国。直到此时，假孙膑才突然失踪。等到庞涓发现时，已经晚了。孙膑就这样完成了他和庞涓"势"的转变，为后来的庞涓兵败马陵奠定了基础。

在围棋文化里，自古就有很多诗词反映了围棋的"势"。例如白居易的《池上》："山僧对棋坐，局上竹阴清。映竹无人见，时闻下子声。"两个僧人坐着下围棋，竹荫遮盖了棋盘。再无他人能在竹林外见到他们，人们在竹林外的话可以听到两位僧人微小的落子声。其写山僧对弈，也是自己心态的一种反映。深山里的和尚本来就是与世无争的，他们又在竹荫下下棋，那种不染一丝尘埃般的清净，令作者神往。王建《看棋》："彼此抽先局势平，傍人道死的还生。两边对坐无言语，尽日时闻下子声。"以虚见实的手法，让人有开阔的联想空间。从观者紧张的死生转换，弈者无语对坐静中见动的紧张气氛，以及算度精细小心再小心的落子声中，都能感受到双方棋逢对手、鏖战激烈、胜负难卜的情况。语浅意深，颇具匠心。弈者用心之深，棋局变化之妙，观者驻足之久，方见其妙。杜荀鹤《观棋》："对面不相见，用心同用兵。算人常欲杀，顾己自贪生。得势侵吞远，乘危打劫赢。有时逢敌手，当局到深更。"写出了弈棋重在得"势"，从而"乘危打劫赢"。再如王安石《对棋与道源至草堂寺》："北风吹人不可出，清坐且可与君棋。明朝投局日未晚，从此亦复不吟诗。"艾性夫《观棋》："揽先岐路不容差，形定心忙寂不哗。仙客莫嫌春昼短，东风落尽海棠花。"宋伯仁《棋》："乱鸦飞鹭势纵横，对面机心岂易萌。一著错时都是错，宁无冷眼看输赢。"

作为个人来说，更不能沉溺于感官上的享乐，否则会让感触功能减退，危机意识缺乏。逐渐地，个人品行偏离正道，就像盗贼爬屋越脊、穿窬走户，甚至不惜草菅人命。因此，只有彻底摒弃各种外在欲望的诱惑，始终保持内心清净满足，才能生活得自在快乐。

　　围棋"合弈"文化之"去彼取此，求之于势"。弈棋者应抛弃杂念，有所取舍，专心于弈棋，这样才能增长自己的棋艺，扩散弈棋的思维，想出绝妙的制敌之策。即便自己很弱小，棋艺匮乏，只要你保持每日有所进的态势，也能由弱到强。

第十三章　宠辱若惊，贵大患若身

> 宠辱若惊，贵大患若身。何谓宠辱若惊？宠为下，得之若惊，失之若惊，是谓宠辱若惊。何谓贵大患若身？吾所以有大患者，为吾有身，及吾无身，吾有何患？故贵以身为天下，若可寄天下；爱以身为天下，若可托天下。

老子提出"宠辱若惊，贵大患若身"，对宠辱和进退有着自己独特的见解。"宠"指非常道，"辱"指常道。"宠"字的构成是宇宙中有"龙"的样子。

在古代的易道八卦学说中，龙是一个极重要的概念，因为宇宙八方是靠六个龙头的不断延伸才得以形成的。因而中国人便有了"龙的传人"之说。而"辱"字的构成则是用手掌握拿捏好的时辰分寸的样子。"惊"字为"敬马"之合。庄子说："万物一马也。"所谓"一马"也就是"道"，如此看来，"敬"字也就可以看作"敬道"，所以宠辱若惊就是要以道为其皈依，正所谓"一马当先"嘛！但人作为情感动物，对荣辱的情感十分敏感，芸芸众生奔走于各种名利场，不可能完全摆脱荣辱的影响。老子认为以自身为贵，必生名利之心。有名利之心，必生贪争之念。有贪争之念，必有大患。为了身外之物而不择手段，祸患能不产生吗？

重名利的人，目光在外；淡泊名利的人，目光在内。要成就大事业，必须心无旁骛，宁静致远。正如明朝还初道人洪应明在《菜根谭》中所说：

"风斜雨急处，要立得脚定；花浓柳艳处，要着得眼高；路危径险处，要回得头早。"这句话告诫我们，想要成为真正的强者，就必须抵住诱惑，保持心性，不要因小失大，及时纠正自己的错误，才能回头是岸。

以前有一个寺院，住着一个游方化缘的和尚。这个庙的香火很旺盛，经常有人来上供一些好东西。这个和尚就把这些上供的东西卖掉，积攒了一大笔钱。从此，这个和尚连做梦都在想着自己的这一笔钱，生怕被别人拿走，最后心神不宁，痛苦不安。其实生活中很多人也像这样，置身于利益的困扰之中。真正有几个人能够做到"不以物喜，不以己悲"呢？话说起来容易，做起来就很难。

老子在这一章中辩证地论证了荣辱、贵贱、上下、得失的关系。说明贵自己、爱自己的人有惊恐之灾、丧身之祸；贵百姓、爱百姓的人得百姓之爱、天下之爱，是为道。这和《道德经》第七章讲道的"无私"是一个道理，即作为一个圣君要无私于天下，这样才能宠辱不惊，才能有的放矢，以至豁达之境界。《淮南子·主术训》讲道："人主之居也，如日月之明也。天下之所同，侧目而视，侧耳而听，延颈举踵而望也。是故非澹泊无以明志，非宁静无以致远，非宽大无以兼覆，非慈厚无以怀众，非平正无以制断。"

古往今来，也有很多淡泊名利的贤人故事。陶渊明辞弃官职，居住在一个宁静的村庄，因此有了"采菊东篱下，悠然见南山"的独立人格。周敦颐拒绝官场腐败，才有了"出淤泥而不染"的洁身自好。王冕淡泊名利，留下了"不要人夸好颜色，只留清气满乾坤"的佳话。他们都学会了拒绝名利与金钱的诱惑，他们是我们的楷模，因此流芳千古。

要说起豁达，苏轼堪称古今第一。他的一首"大江东去"更是开启了词中豪迈一派。苏轼的一生充满着挫折，不断在宦海中沉浮，但思想中融合了儒、释、道三家的他，将这些起伏都看作平常之事，他不终日凄凄哀叹命运，反而善于苦中作乐，随遇而安，笑对生命中的每一个境遇，无论好坏。其名词《定风波》，更是看破人生荣辱和百事兴衰，豁达而豪迈："三月七日，沙湖道中遇雨。雨具先去，同行皆狼狈，余独不觉，已而遂晴，故作此词。莫听穿林打叶声，何妨吟啸且徐行。竹杖芒鞋轻胜马，谁怕？一蓑烟雨任平生。料峭春风吹酒醒，微冷，山头斜照却相迎。回首向来萧瑟处，归去，也无风雨也无晴。"这首《定风波》作于苏轼被贬黄州的第三个春天。以"莫听穿林打叶声"开头，交代了此时此刻风雨交加，雨点滴滴答答落在树叶上，风在林中穿梭咆哮的情境，我们虽然看不到景色，但是也能想象得出来，当时的天空必定是黑云缭绕，风雨交加之中可能还伴有电闪雷鸣。就是这么一个令人不安和害怕的景象，词人却说"莫听"，风雨再大，终归是外物，你不听它，忽视它，它便无法打扰到你的内心。而在这番情景之下，词人不仅不疾走避雨，反而徐徐前行。"何妨吟啸且徐行"，词人一边歌唱一边慢慢前行，雨打在身上，他也不慌不忙。"竹杖芒鞋轻胜马，谁怕？"对于词人来说，这点风雨是不值得害怕的，虽然手握的是竹杖，脚踩的是草鞋，但对于他来说，却比骑在马上还要轻松。短短两字"谁怕"将诗人的从容之态和敢于迎接人生风雨的豪迈之情都写了出来。最后这句"一蓑烟雨任平生"，更是将眼前的风雨推及到整个人生之中，此风此雨，是大自然的风雨，但人类社会上，诗人自己的生命之中也会有无数的曲折坎坷，有如今日之风雨。但是诗人毫不畏惧，淡然处之，笑对人生：人生不易，前行路上困难重重又如何，我且做我自己，且歌且行，无所畏惧。

《道德经论兵要义述》讲道："王侯在上，若不能以贵下贱、自卑尊人，但好战恃兵、乘胜轻敌，必即祸患及之矣！"作为高高在上的王侯将相，如果不能屈身以平等之眼光看待下面的士兵，不能尊重人，只管好战统兵，轻视敌人，那么必将迎来祸患。

《孙膑兵法》中讲述了孙膑见齐威王，齐威王向其讨教兵法的故事。孙膑曰："然夫乐兵者亡，而利胜者辱。兵非所乐也，而胜非所利也。"那些轻率用兵的人常遭失败，贪图胜利者常遭屈辱。所以说，用兵绝不能轻率，胜利也不是靠贪求而能得到的，用兵必须做好充分准备，才能付诸行动。这句话正是老子"宠辱若惊，贵大患若身"理念在军事上的体现，要求每一个统兵的将领都要淡泊名利，不可轻率用兵，不可贪求胜利之功，要在用兵之前做好一切准备。

雍熙三年，宋太宗听说辽国的君主突然抱病身亡，而且刚刚登基的辽国君主的年龄还很小，现在辽国上下还不稳定，是最佳的进攻时机，不禁喜出望外。趁着这天赐良机，宋太宗就下令兵分三路夺取幽州，想要收复燕云十六州。在初期，宋军由于进退有据，谨慎用兵，所以势如破竹，接连攻克了辽国的很多城池。接连成功的喜悦，导致了部分将领对用兵的懈怠，开始骄傲贪功。北宋名将曹彬终于因为冒进，在涿州战役中草率进攻，却因为粮草供应不及时和不足，不得不慌忙撤退，辽军抓住了这难得的战机，在岐沟关把十万大军的宋军打得溃不成军。就因为曹彬的这次贪功冒进，直接导致了收复燕云十六州的计划完全搁浅；也间接导致了杨业的兵败战死，使北宋边关的部分防御体系被打破。

围棋犹似兵法，棋局犹如战局，贪功冒进乃是弈棋者的大忌。韩偓，晚唐大臣、诗人，"南安四贤"之一。其聪敏好学，十岁能诗，得到姨父李商隐赞誉。韩偓信仰道教，擅写宫词，多写艳情，辞藻华丽，人称"香奁体"。韩偓虽然作品风格绮丽纤巧，笔墨轻艳浓香，但是在立身处世上却刚正不阿，无名利之心，无贪争之念，这和他信仰道教、善于弈棋有关。

据明代陈继儒《珍珠船》记载："韩偓、姚洎俱为翰林学士，从昭宗幸岐。偓每与两敕使会棋，两使不胜，洎即以手坏之。偓呼之'白鹦鹉'。若洎不在，两使将输，必大呼曰：'白鹦鹉。'洎应声至。"讲的是朱温控制昭宗挟天子以令诸侯后，势焰熏天，众官畏惧，只有韩偓不为所动，结果一再被贬。韩偓看不起姚洎向皇帝的使者献媚的行为，称姚洎是"白鹦鹉"。何谓"白鹦鹉"？"白鹦鹉"出自唐代郑处悔编撰的《明皇杂录》，是杨玉环搅局的一只白色鹦鹉，可见韩偓对姚洎的行为尽显鄙视之态。姚和韩都是翰林学士，一个是贪图名利，逢迎拍马，令人作呕，一个是不贪争名利，刚正不阿。千百年后，韩偓为著名诗人礼赞，被后人所敬仰，而姚洎却落个"急滩头上水船"的千古笑柄。可见，不追求名利，不为名利困惑才能明确自我的志向，才能平稳静谧心态；不为杂念所左右，静思反省，才能实现更远的目标。

范端智，弈棋高手范端臣之弟。据《夷坚志》记载："其弟端智，亦优于此技，与兄相埒，而碌碌布衣，独客于杨太傅府。杨每引至后堂，使诸小姬善弈者赌物，然率所约，不过数千钱之直。范常常得之。杨一日谓曰：

'闻君家苦贫,小小有获,无济于事。吾欲捐金币三千缗,用明日为某妾一局之资,君能取胜,立可小康。'范喜谢归邸,不能旦。同寓之士,窃言:'范骨相之甚薄,恐无由能致横财如是。'及对局,既有胜矣,思行太过,失应一着,遂变捷为败。素手而出,乃知非分财物,不容妄享。好利忘义之徒,可以内省也。"弟弟端智,也有高超的棋术,和他的哥哥端臣相比,不相伯仲,但是他未考取功名,是一介布衣,平时闲着没事的时候很多,又没有正式工作,暂时在杨太傅的府中当一名门客。小伙子因为棋术好,深得杨太傅喜欢,有事没事都会和他切磋交流几把。杨太傅平时还有点公务,也不是每次自己亲自动手,怕端智手痒,杨太傅会安排他家的妻妾女眷们陪端智下棋解闷。为了增添趣味,女眷中有的下棋技术好一点的都和他小赌怡情一下,平时玩的都比较小,通常是数千钱的小数目,那些人哪里是范端智的对手,基本每次都要输,端智也是未曾棋逢敌手,心里不免有点失落。有一天杨太傅对端智说,听说你家里的钱也不是很多,每次都只是赢那么一点点,也不够花销,我这有金币三千缗,给我八姨太太当作赌资,她技术很臭,你赢了她这钱就归你了,这笔钱给你,你也算手头宽裕了,虽不能富贵,小康生活也能立马实现!杨太傅的慷慨豪爽,让范端智好生欢喜,三千缗呐,赢多少天也赢不到那么多,他忙不迭地谢过杨太傅之后,就先行告退回到宿舍休息了,由于想到小康来得太突然,心里是乐开了花,又紧张又兴奋,躺在床上翻来覆去,一直在想着这钱该怎么花啊,想着想着居然天都亮了。这一切都被同寝室的朋友看到了,私下里说:"看范端智这小子状态那么差,恐怕不能得到这笔横财呀。"到了下棋的时候,双方坐定,摆上棋局。范端智强打精神,一步一步小心翼翼,先是因为实力的悬殊,他还是保持着上风,看情况基本是赢了,他的小心脏也在扑通扑通跳个不停,马上就能中大奖,心里太过于兴奋。双方你来我往,范端智一不小心,下错了一步,被太傅的小妾抓住了机会,占领了先机,这下完了。一着不慎,转胜为败,好好一盘棋给下烂了。范端智心里真是后悔莫及,就算拍裂脑袋也不能将这袋钱财保住了。可见,贪欲不可求啊!

围棋"合弈"文化之"不名利心，不贪争念"。"不名利心"意思是不要妄自、过度追求名利，"不贪争念"意思是不要妄自、过度地贪争。这里有两层意思，一层意思是价值肯定说，即名利、贪争本是应有之心，名利是对自己努力的肯定，贪争是一种进取之心，适度的名利和贪争有利于激发积极性和斗志；但是另外一层意思就是不能名利熏天，贪争无度，这样只会南辕北辙，劳而无功。

第十四章　执古之道，以御今之有

视而不见，名曰夷；听之不闻，名曰希；搏之不得，名曰微。此三者不可致诘，故混而为一。其上不皦，其下不昧，绳绳兮不可名，复归于无物。是谓无状之状，无物之象，是谓恍惚。迎之不见其首，随之不见其后。执古之道，以御今之有。能知古始，是谓道纪。

老子具体提出了"无"的境界，"无"是一种没有现象的现象。有的学者说"无"就是一种规律，其实"无"的意思远不止规律这么简单，它既是规律，也不是规律。那么什么是"无"呢？"绳绳兮不可名，复归于无物。"它既不是明亮的又不是昏暗的，所以迷茫得难以形容。说其无，万物由它而形成；说其有，又不见其形。老子把"无"定义为恍惚。庄子在《至乐》里形容为："芒乎芴乎，而无从出乎！芴乎芒乎，而无有象乎！"

何谓"恍惚"？庄子《知北游》里讲述了婀荷甘与神农学于老龙吉的故事。在得知老龙吉死讯后，神农感叹未得老龙吉的至道之言。弇堈吊闻之，曰："夫体道者，天下之君子所系焉。今于道，秋豪之端万分未得处一焉，而犹知藏其狂言而死，又况夫体道者乎！视之无形，听之无声，于人之论者，谓之冥冥，所以论道而非道也。"冥冥是暗昧不明的意思，就是老子所说的恍惚的意思。说白了就是在知道事情真相的基础上的装糊涂，看似糊涂，其实是另一种境界，故而我们经常说难得糊涂。比如别人经常说你这里不好，那里不好，可能是他们在嫉妒你，也可能是确实你存在不够好的地方。

你经常为此而感到烦恼，面对别人对你评价的既定事实，你会为此懊恼、辩解甚至委曲求全，结果却发现事与愿违，别人更会变本加厉地说你不好，这是什么原因呢？这是因为你认识规律，认清事实，违心地去改变事实，但是到头来你却违背了自己初衷，结果成为别人眼中没有定力的你、没有主见的你、没有能力的你，这是一种恶性循环。

那么怎么样才能做到用存在心中的道来驾驭具体的事情呢？庄子《人间世》里讲述了颜回和孔子的一段对话，孔子要求颜回要斋戒，颜回简单地理解为物质上的斋戒，孔子对此提出了精神上的斋戒，说："若一志，无听之以耳而听之以心，无听之以心而听之以气！听止于耳，心止于符。气也者，虚而待物者也。唯道集虚。虚者，心斋也。"你要精神集中，不要用耳朵去听，而是要用心灵去体会。不仅要用心灵去体会，而且要用气去感应。听只能局限于耳朵所能听到的事物，心灵感受只局限于事物的种种迹象，而气则是空明而能包容万物的。"道"就是背信在这空虚的心境之中，达到心灵的空虚，也就是精神上的斋戒，故而称之为"无状之状，无物之象"。

中国古代有庖丁解牛的故事。成语本身的意思是比喻经过反复实践，掌握了事物的客观规律，做事得心应手，运用自如。秋凉时节，天高云淡，庄子信步来到濮水北岸牧场上，只见遍地牛群，他捋着胡须，陶醉了。庄子突然想起庖丁今天要参加技能大赛，于是快步前往。只见庖丁注目凝神，提气收腹，气运丹田，他表情凝重，运足气力，挥舞牛刀，寒光闪闪，上下舞动，劈如闪电掠长空，刺如惊雷破山岳，只听"咚"的一声，大牛应声倒地。再看庖丁手掌朝这儿一伸，肩膀往那边一顶，伸脚往下面一抻，屈膝往那边一撩，动作轻快灵活。庖丁将屠刀刺入牛身，皮肉与筋骨剥离的声音，与他运刀时的动作互相配合，显得是那样地和谐一致，美妙动人。就像踏着商汤时代的乐曲《桑林》起舞一般，而解牛时所发出的声响也与尧乐《经首》十分合拍，这样的场景真是太美妙了。不一会，就听到"哗啦"一声，整只牛就解体了。站在一旁的梁惠王不觉看呆了，他禁不住高声赞叹道："啊呀，真了不起！你宰牛的技术怎么会这么高超呢？"庖丁见问，赶紧放下屠刀，对梁惠王说："我做事比较喜欢探究事物的规律，因为这比一般的技术技巧要更高一筹。我在刚开始学宰牛时，因为不了解牛的身体构造，眼前所见无非就是一头头庞大的牛，等到我有了三年的宰牛经历以后，我对牛的身体构造就完全了解了。现在我宰牛多了，就只需用心灵去感触牛，而不必用眼睛去看它。我的这把刀已经用了十九年，宰杀过的牛不下千头，可是刀口还像刚在磨刀石上磨过一样的锋利。"在满堂喝彩声中，庖丁轻松夺冠。庖丁解牛的故事出自庄子的《养生主》，寓意当你掌握了自然规律，已经拥有了一种空净感，自然到达"无状之状，无物之象"的境界了。正如孟子说的："可欲之谓善，有诸己之谓信，充实之谓美，充实而有光辉之谓大，大而化之之谓圣，圣而不可知之之谓神。"

《道德经论兵要义述》讲道："天虽清光运行，终不为曒洁以自显也；地虽宁静博厚，亦不为暗昧以自幽也；人虽生生无穷，终不为分别以自尊也。"意思是"道"虽然像似清澈的光一样在宇宙中运行，却从来不会以为自己的明亮洁白在彰显自己；地虽然宁静博大淳厚，也不会因为自己的隐晦而自我卑弱；人虽然生生不息，不断发展，终究不要因为差别而自我尊大。寓意我们要像天地一样，尊天敬人，秉持"道"的思想。

在军事战斗中，敌我之战应该保持一种如何的状态，运行着一种什么样的规律，如何预料和把握这种规律？是古往今来的兵家孜孜不倦研究的重点。《孙子兵法》军形篇讲道："昔之善战者，先为不可胜，以待敌之可胜。不可胜在己，可胜在敌。故善战者能为不可胜，不能使敌之必可胜。故曰：胜可知，而不可为。"从前善于打仗的人，总是先创造条件使自己立于不败之地，然后捕捉战机攻胜敌人，只要做到不可战胜，就会掌握战争的主动权；敌人出现破绽，就乘机击破它。因而，善于作战的人，能够创造不被敌人战胜的条件，不一定使敌人被我战胜。所以说：胜利可以预测，但不可强求。孙子在这一篇给出了上述三个问题的定义，并且告诫后人，要战胜敌人，首先自己要不可战胜，待可胜敌人之时，就是自己胜利之日。

"以绝胜则安危者，道也。"在战争认识论方面，孙膑提出将领要知"道"，"道"就是战争的规律。孙膑认为作战时人众、粮多、武器精良等因素都不足以保证取胜，只有掌握了战争的规律，了解敌我双方情况，指挥得当，才能保证取胜。为此他专门阐述了积疏、盈虚、径行、疾徐、众寡、佚劳六对相互对立又相互转化的矛盾，还对"奇正"进行了深层次的分析，认为将领只有真正认识到这些矛盾的作用，把握了这些矛盾的转化规律，才能利用微妙的变化出奇制胜。

《孙膑兵法》中齐威王问孙膑："如果两军旗鼓相当，双方的将领对阵，阵势都十分坚固，谁也不敢先发动攻击时，应该怎么办呢？"孙膑回道："以轻卒尝之，贱而勇者将之，期于北，毋期于得。为之微阵以触其侧。是谓大得。"意思是先派出少量兵力，由勇敢的低级将领带领去试探敌军，要做好试探失败的准备，不要只想取胜，试探的军队要用隐蔽的行动，攻击敌阵侧翼。这就是取得大胜的方法。"轻卒尝之""微阵以触"意思从细微处掌握敌人的行军规律，分析两方的局势，以此来排兵布阵，有效对抗敌人，这符合老子"恍惚"的道家思想。

在围棋中，更要掌握弈棋的规律和法则。

《棋经》云："夫弈棋者，凡下一子，皆有定名。棋之形势、死生、存亡，因名而可见。有冲，有斡，有绰，有约，有飞，有关，有札，有粘，有顶，有尖，有觑，有门，有打，有断，有行，有立，有捺，有点，有聚有跷，有夹，有拶，有避，有刺，有勒，有扑，有征，有劫，有持，有杀，有松，有盘。用棋之名，三十有二。围棋之人，意在可周。临局变化，远近纵横。"围棋有围棋的规律，而熟知这些规律远不能让一个棋手成为强者。一个棋艺高超的棋手，要将棋盘内化于心，要将棋技烂熟于心，达到一种"庖丁解牛"的境界，正所谓"高者在腹"，这就是老子所说的"恍惚"，即已得棋道。

唐代诗人杜牧曾经为自己的好友、唐代著名棋手王逢写过一首诗，这首诗就是夸赞王逢棋风是从不轻率、稳扎稳打又临机应变的，叫《送国棋王逢》："赢形暗去春泉长，拔势横来野火烧，守道还如周柱史，鏖兵不羡霍嫖姚。"杜牧赞美友人绝妙的棋艺，说他扶弱起危好比春泉淙淙流淌，潺湲不息，充满了生机。进攻起来突兀迅速，势如拔旗斩将，疾如野火燎原。比喻形象生动，三尺之局顿时充满活力，无比宽广，仿佛千里山河，铁马金戈，狼烟四起，阵云开合。又说其弈棋动静相宜，攻防有序，稳健而凌厉。防御稳固，阵脚坚实，就像老子修道，以静制动，以无见有。进攻厮杀，首尾相应，战无不胜，较之霍去病鏖兵大漠，更加令人惊叹。

　　围棋"合弈"文化之"执古之道，御今之有"。矩不正，不可为方；规不正，不可为圆。规律和法则是游戏最基本的要素。善弈者，应着重把握和熟悉弈棋的规律，并且能够善于利用规律为自己取得优势，将对方置于劣势之中。

第十五章　夫唯不盈，故能蔽而新成

古之善为道者，微妙玄通，深不可识。夫唯不可识，故强为之容；豫兮若冬涉川；犹兮若畏四邻；俨兮其若客；涣兮若冰之释；敦兮其若朴；旷兮其若谷；混兮其若浊；孰能浊以静之徐清？孰能安以静之徐生？保此道者，不欲盈。夫唯不盈，故能蔽而新成。

老子认为，有道之人是不会自满的。"豫兮若冬涉川，犹兮若畏四邻，俨兮其若客，涣兮若冰之释，敦兮其若朴，旷兮其若谷，混兮其若浊。"老子举了七个例子教导我们怎么样才能不自满。有道之人具有良好的人格修养和心理素质，有很强的镇定功夫。表面上清静无为，而实质上蕴藏着极大的潜能，他们富有创造性，只是不愿显山露水，而是藏锋不露。紧接着又提出不自满的结果是"夫唯不盈，故能蔽而新成"。不自满就会让人自我革新，自我进步。就好比一个缸，如果水没有满，我们就会去不断注水，但是一旦满了，接下来的便是溢水或倒水。注水的过程就是努力改变的过程，量变向质变的过程。

庄子《德充符》讲了叔山无趾拜见孔子的故事。孔子看见叔山无趾没有脚趾头，说："你极不谨慎，早先犯了过错才留下如此的后果。虽然你今天来到了我这里，可是怎么能够追回以往呢！"叔山无趾说："我只因不识事理而轻率作践自身，所以才失掉了脚趾。如今我来到了你这里，说明还有比双脚更为可贵的道德修养，所以我想竭力保全它。"叔山无趾的这段话其实说明了自己视道比脚重要，同时暗讽孔子对他的蔑视。孔子当时就很惭愧，自叹："丘则陋矣。"我孔丘实在是浅薄啊。于是劝诫弟子，说："弟子勉之！夫无趾，兀者也，犹务学以复补前行之恶，而况全德之人乎！"不要自满，不要觉得自己已经是最厉害的了，要好好向叔山无趾学习啊。

一鸣惊人是一则来源于寓言故事的成语，该成语最早出自《韩非子·喻老》，后《史记·滑稽列传》中也有提及。其原意是一叫就使人震惊，比喻平时没有突出的表现，一下子做出惊人的成绩。《韩非子·喻老》记载：楚庄王莅政三年，无令发，无政为也。右司马御座而与王隐曰："有鸟正南方之阜，三年不翅，不飞不鸣，嘿然无声，此为何名？"王曰："三年不翅，将以长羽翼；不飞不鸣，将以观民则。虽无飞，飞必冲天；虽无鸣，鸣必惊人。子释之，不谷知之矣。"处半年，乃自听政。所废者十，所起者九，诛人臣五，举处士六，而邦大治。举兵诛齐，败之徐州，胜于河雍，合诸侯于宋，遂霸天下。表面看，一鸣惊人似乎瞬间光彩照人、风光无限，而在闪亮登场背后所经历的千难万险则往往被人所忽略。成功的花儿，人们只惊羡它现时的明艳，然而当初它的芽，浸透了奋斗的泪泉，洒遍了牺牲的血雨。最初的楚庄王并不是不想一鸣惊人，而是国内政治不稳定，所以在默默地积聚能量，等待时机。所以，任何所谓的"一鸣惊人"都是长期能量积聚的迸发，它不仅需要具备韬光养晦的战略智慧，做到从低处着眼积蓄力量，从高处俯视蓄势待发，还需要具备善于守拙的生存策略，面对复杂多变的局势，需要时刻隐藏自己的光芒，禁得住外界形形色色的诱惑，把持住自己的内心信念。默默无闻，不是不鸣，只是未鸣。不鸣只是一个巨人暂时的沉默，而不是沉睡，是暗自发力，是苦练内功，是要寻找有利时机，化危机为机遇。

《道德经论兵要义述》讲道："言圣人贤人治天下，军国无不兢惧畏威，皆若临深履薄；其容貌志意，故常若冬寒涉川。畏耻四邻，言慎之至也。俨兮若客者，经曰：'用兵有言：吾不敢为主而为客，不敢进寸而退尺。'是也。"在这段话中，王真提到作为圣人治理天下，执掌兵事，要始终保持"兢惧畏威"的状态，切不可自满自负，时刻要"临深履薄""冬寒涉川""言慎之至"。《孙子兵法》又提出："古之所谓善战者，胜于易胜者也。故善战者之胜也，无智名，无勇功，故其战，胜不忒。不忒者，其所措必胜，胜已败者也。"因此，善于打仗的人打了胜仗，既没有卓越过人的智慧，也没有勇武显赫的名声。他们进行战争的胜利不会有差错，之所以不会出现差错，是因为他们作战的措施建立在必胜的基础上，是战胜了在气势上已失败的敌人。霍去病就是其中一个。

霍去病，西汉名将、军事家、民族英雄。在捕获敌军主帅之前的霍去病，还仅仅是一个名门望族的富家公子。他幼时遭人暗算，被一位豆蔻少女所救，为了救他，少女受伤终身残疾。霍去病被迫流亡，隐姓埋名，但十年后，富家公子霸气归来，一席素袍，眼神冰冷，早已不是当年的懵懂少年。十七岁初次掌兵，即率领八百骁骑，深入敌境数百里，杀得匈奴四散逃窜，同年获封冠军侯。十九岁饮马瀚海，直取祁连山，歼敌四万，俘虏匈奴王五人，以及王母、单于阏氏、王子、相国、将军等一百二十人，制霸河西。二十一岁率五万骑兵，深入漠北，奔袭两千多里，歼敌七万，俘虏匈奴屯头王、韩王，以及将军、相国、当户、都尉等八十三人，兵锋直指贝加尔湖畔，成就封狼居胥。汉武帝赏赐豪宅，都派人建好了，结果被他一句"匈奴未灭，何以家为"给直接拒绝了，一心忠君报国。至此，匈奴远遁，而漠南无王庭。

弈棋者也要讲究创新或灵活应变，不能墨守成规，并且把这种理念运用到工作生活中。庞师古，唐朝末年著名将领，一生战绩卓著，也是围棋爱好者，却不懂道法弈理，最后兵败而死。乾宁四年，庞师古与葛从周分领大军，渡过淮河攻伐杨行密。庞师古进军清口，葛从周进军安丰。庞师古贫寒时跟随朱温，为人非常谨慎，从未离开过朱温左右，后来当了大将军率兵出征，一定要朱温指示方略然后出发，军中除了朱温的命令不肯妄动。庞师古扎营清口，和军中将士下着围棋。因地势低下，有人建议在高处立栅，庞师古认为不是朱温的意思没有听。吴军决堤放水来淹他，此人告诉他说："吴军决堤放水，河水马上流到了！"庞师古说他动摇军心，立即斩首。很快水到，兵不能战，而吴军乘机攻袭，所以被打败，庞师古死于战阵之中。

宋代曾敏行在《独醒杂志》中记载："里中士人胡卓明，父祖好棋，挟此艺者日至。其母夜卧忽惊起，问其故，云梦吞一枯棋也。初意日所尝见，是以形于梦寐。已而生卓明。年至七八岁，厥祖与客对弈而败，卓明忽从旁指曰：'公公误此一着耳。'其祖败而不平，怒谓曰：'小子何知？'推局付之。卓明布数着，果胜，厥祖大惊，因与对棋，其布置初若无法度，既合，则皆是。数日间，遽能与厥祖为敌。迨十余岁，遂以棋名，四方之挟艺者才争先耳。往岁，有客以棋求见，朋友因共招卓明与较之，卓明连胜，客曰：'胡秀才野战自得，而某以教习不离规模，是以不胜。'"里中士人胡卓明，他的父亲、祖父喜欢下棋，有下棋技艺的人每天都会到他家来。他的母亲有天夜里忽然从睡梦中惊醒，问她原因，她说梦见自己吞了一枚烂棋子。开始认为是白天经常见到棋子，所以晚上就梦见下棋的情景。不久她生下卓明。卓明长到了七八岁，他的祖父与客人下棋输了，卓明忽然从旁边指着说："公公下错了一着棋。"他祖父因下棋输了而心中不高兴，生气地说："小孩子知道什么？"卓明推倒棋局，重新排布几着棋，果然下赢了，他的祖父大吃一惊，因此和卓明下棋。卓明下棋开始布棋子时没有规律，等到结束，却都是他的棋子。几天之后，他就能与他的祖父棋逢对手了。等到十几岁，就凭棋艺出名了，各地的下棋高手都争相来与他下棋。去年，有个客人借下棋之名求见卓明，朋友们邀卓明一起来与他较量，卓明接连取得胜利，客人说："胡秀才棋路自由不受约束，而我按老师的教导不敢偏离下棋的套路，所以不能胜利。"在这则故事中，抛去神话的色彩，我们可以看出胡卓明弈棋的创新，看起来不符合常规，不符合其祖父认定的弈棋思维，最后却能"既合，则皆是"，赢了其祖父，成为远近闻名的弈棋高手，这往往得益于棋手在对围棋规律充分掌握的情况下，寻求创新之变，最后一鸣惊人。

围棋"合弈"文化之"藏锋不露，蔽而新成"。两者是辩证统一的关系。不显山露水，而是掩藏自己的能力，是因为还没有到时候，并不等于不学无术，不等于不知道改变和创新。相反，在藏锋不露的过程中，实则积蓄自己的能量，而这个积蓄的过程就是一个趋于隐藏化、静态化的自我否定的过程，正所谓"士别三日，当刮目相待"。

第十六章　万物并作，吾以观复

> 致虚极，守静笃；万物并作，吾以观复。夫物芸芸，各复归其根。归根曰静，是谓复命。复命曰常，知常曰明。不知常，妄作凶。知常容，容乃公，公乃全，全乃天，天乃道，道乃久，没身不殆。

"夫天之道，常清虚太极，无私于覆焘；地之道，常沉静博厚，无私于亭毒。则是阴阳各得其恒，故人与万物俱得尽其生成之理。"上一章中我们讲道"静"，老子所说的"静"不是停止、停滞的意思。我们都知道，静中有动，动中有静，这在道家学说里叫作"观复"，在逻辑上叫作"始终"。"夫物芸芸，各复归其根。""静"的本意在于知其本根，任何事物都有始终，相对于第一个"始"，必然有一个"终"，相对于下一个"终"，上一个"终"就是"始"。如此，循环往复。"静"就是要求我们立足当下，审视自身的条件、环境和能力，再寻求"动"。在生活中，我们有的人取得一定阶段的成功之后，就从此停滞不前，甚至堕落，这是因为没有明白老子所说的"静"。比如现今的高考状元，一朝状元就当作一辈子的状元，殊不知这只是某个阶段的一个成就，不能代表一生的成就。再比如我们很多家长不让孩子输在起跑线上，殊不知人生的起跑线其实很多，或者说根本不存在起跑线。

"致虚极，守静笃。"尽力使心灵的虚寂达到极点，使生活清静坚守不变，最终达到身心融于太虚之中，一种自我觉醒的状态。现如今我们提倡工匠精神，这种精神就是要"静"，要坚守，不能骄傲。这就为第十五章如何不自满提出了解决方法。做人做事不能飘起来，不能得意忘形，而应该坚守不变。

治国不妨以"守静"为贵，给人和事物以宽松的发展空间，尊重他们，包容他们，不要对他们做过多的干涉。否则，即使出发点是好的，也不会有好的结果。明朝的末世之君明思宗朱由检（崇祯）就犯了这样一个急功近利的错误。当时的明朝内忧外患，岌岌可危。崇祯上台之后，心怀中兴之志，在短短两个月内剪除魏忠贤的阉党集团，为忠臣翻案，还提拔有勇有谋的袁崇焕为兵部尚书抗拒后金，这些措施让天下人看到了明朝的希望。可接下来，被胜利冲昏头脑、一心要做圣君的崇祯帝心静不下来了，心浮气躁，开始走上了急功近利之路。先是走马观花地频繁更换官员，其执政十七年，内阁大学士就换了五十几个，刑部尚书十几个。按照道理，政权风雨飘摇的时候，更应该抚慰人心，崇祯帝却常常将责任推给别人，因为一点小事以重罪治人，不问是非缘由，哪个城市被敌人攻占了就大开杀戒，地方将领和长官难逃一死，光总督级别的被杀的就有七人。例如郑崇俭一案，郑崇俭是万历四十四年进士，崇祯初年升任陕西右参政，后多次升转担任了右佥都御史，巡抚宁夏。崇祯十二年，擢兵部右侍郎，总督陕西三边军务。奉旨率兵入蜀平乱，督总兵贺人龙、左良玉等，败张献忠于玛瑙山，旋还关中。后张献忠在蜀复振，遂以撤兵太早为罪，削籍候代。崇祯十四年张献忠破襄阳，杨嗣昌死于督师任上，失去重臣的崇祯帝痛恨郑崇俭没有给杨嗣昌充当犄角，助兵平寇，就把他逮捕入狱，责备他"唆使士兵擅自返回""无视军规"，不等到秋后，在五月就把郑崇俭斩首示众。

另外，老子所讲的"静"，还有一层意思，叫蓄势待发。我们都知道，量变是一个不断积累的过程，而这个过程相对于质变来讲，是一个相对比较"静"的过程，这个过程就是一个蓄势的过程。古语有言，"不鸣则已，一鸣惊人"，其原因就在于准确掌握了道家的"静"。同时，"静"中有"动"，这个"动"是蓄的过程。

最典型的例子莫过于勾践的卧薪尝胆了。春秋时期，吴越两国相邻，经常打仗，有一次吴王领兵攻打越国，被越王勾践的大将灵姑浮砍中了右脚，最后伤重而亡。吴王死后，他的儿子夫差继位。三年以后，夫差带兵前去攻打越国，以报杀父之仇。前497年，两国在夫椒交战，吴国大获全胜，越王勾践被迫退居到会稽。吴王派兵追击，把勾践围困在会稽山上，情况非常危急。此时，勾践听从了大夫文种的计策，准备了一些金银财宝和几个美女，派人偷偷地送给吴国太宰，并通过太宰向吴王求情，吴王最后答应了越王勾践的求和。但是吴国的伍子胥认为不能与越国讲和，否则无异于放虎归山，可是吴王不听。越王勾践投降后，便和妻子一起前往吴国，他们夫妻俩住在夫差父亲墓旁的石屋里，做看守坟墓和养马的事情。夫差每次出游，勾践总是拿着马鞭，恭恭敬敬地跟在后面。后来吴王夫差有病，勾践为了表明他对夫差的忠心，竟亲自去尝夫差大便的味道，以便来判断夫差病愈的日期。夫差病好的日期恰好与勾践预测的相合，夫差认为勾践对他敬爱忠诚，于是就把勾践夫妇放回越国。越王勾践回国以后，立志要报仇雪恨。为了不忘国耻，他睡觉就卧在柴薪之上，坐卧的地方挂着苦胆，表示不忘国耻，不忘艰苦。经过十年的积聚，越国终于由弱国变成强国，最后打败了吴国，吴王羞愧自杀。这个历史故事说明了坚持的意义，蓄能的价值，在无形之中积蓄力量，在静默中以求爆发。

战国初期的军事家吴起提出治国治军必修"四德"，即"道、义、礼、仁"，其将"道"放在第一位，可见"道"对于军事的重要性。吴起认为"修之则兴，废之则衰"，要坚持"夫道者，所以反本复始"。"道"就是归复事物的原初状态，洞悉其固有的规律，这就秉持了老子的道家思想。《道德经论兵要义述》讲道："人君不能知此真常之道，而乃纵其嗜欲、妄作不祥、兴动干戈、流行毒螫，则必有凶灾之报。"无论是纵其嗜欲、妄作不祥、兴动干戈还是流行毒螫，都是躁动在作祟，这就会惹来凶灾，最终很可能毁灭自己。

在军事上如何做到"道"家的"致虚极，守静笃"？《孙子兵法》虚实篇讲："故策之而知得失之计，作之而知动静之理，形之而知死生之地，角之而知有余不足之处。故形兵之极，至于无形。无形，则深间不能窥，智者不能谋。因形而错胜于众，众不能知；人皆知我所以胜之形，而莫知吾所以制胜之形。故其战胜不复，而应形于无穷。"所以要认真分析判断，以求明了敌人作战计划的优劣长短。挑动敌人，以求了解其行动的规律；示形诱敌，以求摸清其所处地形的有利与不利。进行战斗侦察，以求探明敌人兵力部署的虚实强弱。所以，示形诱敌的方法运用到极妙的程度，能使人们看不出一点形迹，即使有深藏的间谍，也无法探明我方的虚实；即使很高明的敌人，也想不出对付我的办法来。根据敌情而取胜，把胜利摆在众人面前，众人还是看不出来。人们只知道我是根据敌情变化取胜的，但是不知道我是怎样根据敌情变化取胜的。所以每次战胜，都不是重复老一套的方法，而是适应不同的情况，变化无穷。《孙子兵法》同时还在军事篇里讲："善用兵者，避其锐气，击其惰归，此治气者也。以治待乱，以静待哗，此治心者也。以近待远，以佚待劳，以饱待饥，此治力者也。无邀正正之旗，无击堂堂之阵，此治变者也。"善于用兵的人，敌之气锐则避之，趁其士气衰竭时才发起猛攻。这就是正确运用士气的原则。用治理严整的我军来对付军政混乱的敌军，用我镇定平稳的军心来对付军心躁动的敌人。这是掌握并运用军心的方法。以我就近进入战场而待长途奔袭之敌；以我从容稳定对仓促疲劳之敌；以我饱食之师对饥饿之敌。这是懂得并利用治己之力以困敌人之力。不要去迎击旗帜整齐、部伍统一的军队，不要去攻击阵容整肃、士气饱满的军队，这是懂得战场上的随机应变。

孙膑在其兵法中提出了八个主张。其曰："兵之胜在于篡卒，其勇在于制，其巧在于势，其利在于信，其德在于道，其富在于亟归，其强在于休民，其伤在于数战。"用兵取胜的关键在于选拔士兵。士兵的勇敢在于军纪严明，士兵的作战技巧在于指挥得当，士兵的战斗力强在于将领的信用，士兵的品德在于教导。军需充足在于速战速决，军队的强大在于百姓休养生息，军队受损伤在于作战过多。通过以上八项准备，以达到"万物并作，吾以观复"的统兵要求，就能战胜敌人。

说到围棋手宁静之人，费祎就是其中一个。费祎，三国时期蜀汉名臣，与诸葛亮、蒋琬、董允并称为"蜀汉四相"。诸葛亮死后，初为后军师，再为尚书令，官至大将军，封成乡侯。费祎主政时，与姜维北伐的主张相左，执行休养生息的政策，为蜀汉的发展尽心竭力。费祎性格谦恭真诚，颇为廉洁，家无余财。《三国志·蜀书·费祎传》记载："延熙七年，魏军次于兴势，假祎节，率众往御之。光禄大夫来敏至祎许别，求共围棋。于时羽檄交驰，人马擐甲，严驾已讫，祎与敏留意对戏，色无厌倦。敏曰：'向聊观试君耳！君信可人，必能办贼者也。'祎至，贼遂退，封成乡侯。"延熙七年，魏军驻扎在兴势，后主授予费祎符节，率军前往抵御。光禄大夫来敏到费祎府上为他送行，请求和他下围棋。当时军书往来传递，人马均已披上甲衣，严整待令出发，费祎与来敏专心下棋，毫无厌倦的神色。来敏说："刚才只是试一试您罢了！您确实让人放心，此次前往一定能打败敌人。"费祎赶到前线，魏军就撤退了，费祎被封为成乡侯。费祎遵循了老子的"宠辱若惊"思想，淡泊名利，目光在内，心无旁骛，宁静致远。

围棋"合弈"文化之"虚极守静，蓄势待发"。要做到谋势、谋事、谋实，就要学会虚心，虚心能纳下万物，能接受所有人的指点、建议、指正、批评以及否定，而这个过程是安静的，不动声色的，但也是增长自己能力、见识和持局的过程，等待对手惰、乱、哗、劳的一个过程。

第十七章　功成事遂，百姓皆谓"我自然"

> 太上，不知有之；其次，亲而誉之；其次，畏之；其次，侮之。信不足焉，有不信焉。悠兮，其贵言。功成事遂，百姓皆谓"我自然"。

　　大道无言而长存，大道无为而长能。在这一章中，老子将统治者分为四个档次。第一档次是"太上，不知有之"。其意是最好的国君治理国家实行无为而治。使百姓各顺其性，各安自生，君不扰民，所以老百姓都不知道一国之君是谁。第二档次是"其次，亲而誉之"。其意是其次的国君治理国家使百姓觉得他和蔼可亲，因为这样的国君治理国家是以德感化百姓，用仁义教育百姓。第三档次是"其次，畏之"。其意是再其次的国君用刑法威吓百姓，所以百姓都恐惧他。第四档次是"其次，侮之"。其意是再其次的国君用权术诡计欺骗愚弄百姓，所以百姓都憎恨他。老子认为"信不足焉，有不信焉"，国君或统治者言不守信，所以百姓就不会信任他，爱护他，对于人也是如此。《周易·乾卦》有记："修辞立其诚，所以居业也。"儒家《论语·为政》中云："人而无信，不知其可也。"人与人之间更应相互信任。

　　楚汉之际，项羽麾下有一个常胜将军季布，此人不仅打仗厉害，而且还为人正直，乐于助人，特别是非常讲信义。项羽兵败乌江自刎后，季布逃到了鲁地，得到好友的庇护。同时好友通过刘邦的部将夏侯渊的帮助，终使刘邦赦免了季布，并且封他为河东太守。此时，楚地有个叫曹丘生的人，能言善辩，专爱结交权贵，恰巧和季布是同乡。于是，他想巴结季布，可武夫出身的季布向来讨厌曹丘生。后来曹丘生请求窦长君推荐，勉强得到季布一见。曹丘生见到季布后，第一句话便说："我们楚地有句俗语，叫作'得黄金百两，不如得季布一诺'，您是怎么样得到这么高的声誉的呢？如今我在各处宣扬您的好名声，难道不好吗？您又何必不愿见我呢？"这马屁拍得季布无言以对，并心软不再厌恶曹丘生，以礼相待。曹丘生也遵守自己的诺言，每到一处就宣扬季布如何礼贤下士，如何仗义疏财，这样，季布的名声越来越好。在这则故事中，季布选择相信曹丘生，曹丘生也遵守自己的承诺，两人通过信任获得了双赢，给了我们很大的启发。

那么如何成为第一档次的统治者，即我们所说的圣君，老子提出要"贵言"。何为贵言？不轻易发号施令的意思。这就回到了道家学说无为的境界，因为老百姓需要的就是"我自然"的环境。

然而，对于现实而言，长期处在第一档次的无为境界是不容易的，稍不留神，就会滑入第二、第三甚至第四档次。这是为什么呢？因为统治者容易脱离老百姓，脱离了老百姓，就等于脱离了"道"。

"道"是客观存在的，但是，求道的路程是艰难而漫长的，非有诚心和恒心不可。对此，世上有的人相信却不坚守，最终与大道无缘。历史上很多王侯将相皆是如此，比如隋炀帝、唐玄宗等。有的人根本不相信"道"，片面认为这不过是骗人的把戏罢了。真正的修道之人，平时悠然自得，默默无闻，即使功成身遂，返璞归真，周围的人也难以发现他圣人的面目，这是因为圣人从不炫耀的缘故。

曾国藩在《爱民歌序》里讲到行军之本是"爱民"。他说："兵法千言万语，一言以蔽之曰：爱民。"他告诫部将说："总宜时时警省：以爱民为行军第一要义。"他所说的"爱民"就是"不扰民"，他的"八本"格言之一是"行军以不扰民为本"。为此他"特撰爱民歌，令兵勇读之。歌曰：三军个个仔细听：行军先要爱百姓。……第一扎营不要懒，莫走人家取门板。莫拆民房搬砖石，莫踹禾苗坏田产。莫打民间鸭和鸡，莫借民间锅和碗。莫派民夫来挖壕，莫到民间去打馆。筑墙莫拦街前路，砍柴莫砍坟上树。挑水莫挑有鱼塘，凡事都要让一步。第二行路要端详，夜夜总要支帐房。莫进城市占铺店，莫向乡间借村庄。人有小事莫喧哗，人不躲路莫挤他。无钱莫扯道边菜，无钱莫吃便宜茶。更有一句紧要书：切莫掳人当长夫。一人被掳挑担去，一家啼哭不安居。娘哭子来眼也肿，妻哭夫来泪也枯。从中地保又讹钱，分派各团并各都：有夫派夫无派钱，牵了骡马又牵猪，鸡飞狗走都吓倒，塘里吓死几条鱼。第三号令要严明，兵勇不许乱出营。走出营来就学坏，总是百姓来受害，或走大家讹钱文，或走小家调妇人。……在家皆是做良民，出来当兵也是人。……军士与民如一家，千记不可欺负他。日日熟唱爱民歌，天和地和又人和。"这首歌并不只是唱唱而已的教材，而是列入《营规》的《禁扰民之规》，以军法执行的纪律。

《道德经论兵要义述》讲道："是以爱而亲之，美而誉之，其事渐着。其次以义为治，小罪用刑罚，大众兴甲兵，是以畏之。其下以礼为治，礼烦则乱，诚丧欺生，是以侮之。又信不由衷，人不信矣！"首先强调的就是"爱"，要爱护百姓，这才是上上之策。

在军事活动中，作为圣君要爱护自己的将帅，信任自己的将帅，并给予将帅充分的自由。《孙子兵法》九变篇言："孙子曰：凡用兵之法，将受命于君，合军聚众。圮地无舍，衢地交合，绝地无留，围地则谋，死地则战。途有所不由，军有所不击，城有所不攻，地有所不争，君命有所不受。"孙子认为，凡是用兵的法则，主将受领国君的命令，征集兵员编成军队，在"圮地"上不要驻止，在"衢地"上应结交诸侯，在"绝地"上不可停留，遇到"围地"要巧出奇谋，陷入"死地"就要殊死奋战；有的道路不宜通过，有的敌军不宜攻击，有的城邑不宜攻占，有的地方不宜争夺，不合乎上述"九变"的，即使是国君的命令，也可以不执行。在这段文字中，孙子列举了九种可以不受君命的情况，意在表明，作为一个圣君，派出自己的将领出去打仗的时候要爱护他、信任他，并给予他充分的军事裁量空间，使其能够灵活作战。

战国末年，秦王嬴政亲征掌权，施展远交近攻之术，攻城略地，扩大版图，大有兵吞天下之势。嬴政虽雄才大略，但猜忌心很强，生怕手下带重兵外出，有不轨之心。在攻打楚国的时候，嬴政与手下讨论作战策略，当问到需要多少兵马出秦入楚的时候，年轻气盛的大将李信说只需要二十万人。嬴政问王翦，王翦却说需要六十万人。嬴政不相信王翦，觉得他有不轨之心，于是派李信率领三十万人出关攻楚，结果大败而归，秦王不得不请王翦挂帅出兵。王翦也看出了秦王嬴政对自己的不信任，在出兵之前，故意请求秦王割地加封于他，以荫子孙，在作战过程中还不断要赏。帐下武将蒙武看不过去了，斥责王翦太过分了。王翦这才说出缘由，说："我们的大王历来好猜忌，如今把全国的兵马都交给我指挥了，他能放下心来吗？我一再求封，就是要让大王放心啊。"最终，王翦帮着嬴政打下了六国，结束了战争。在这则故事中，秦王嬴政对王翦的不信任，才有了李信兵败楚国。王翦以割地加封的方法取得秦王的信任，才建下统一六国的丰功伟业，可见道家所讲的人与人之间的信任是多么重要啊！

王导，东晋开国元勋，与其从兄王敦一内一外，形成"王与马，共天下"的格局。王导还是东晋时期出了名的棋手，经常和儿子弈棋争道。据《晋书·王导传》记载，当时元帝司马睿为琅邪王，和王导平日关系友善亲密，王导知道天下已乱，于是全心全意辅助元帝，暗中立下兴复国家的志愿。

元帝也特别器重王导，二人融洽得如同挚友。元帝在洛阳时，王导常劝他到自己的封国去。恰巧赶上元帝出京去镇守下邳，就请王导担任安东司马，参与军事谋划，王导尽智尽力。等到元帝调转去镇守建康，当地吴人不亲附他。过了一个多月，官员和老百姓没有一个人来拜见元帝，王导很忧虑。恰逢王敦来见，王导对他说："琅邪王仁德虽然高尚，但是名望还轻。哥哥您威名已经远扬，应当对琅邪王有所帮助。"正赶上三月上巳节日，元帝亲赴水边观看人们洗灌。他坐着肩舆，仪表威严庄重，王敦、王导和许多名流都骑马跟在后面。吴人纪瞻、顾荣，都是江南名士，他们暗中察看，见到元帝这样威严，全都产生敬畏之心，于是一一跪拜在路旁。王导因而献计说："古代为帝王的，没有不以宾客之礼对待故老，关怀各地风俗，谦卑虚心，以招揽天下贤士的。况且现在天下衰败混乱，国家分裂，您的大业刚刚开始，正是急需人才的时候。顾荣、贺循都是这里德高望重的人物，不如把他们拉到身边来，以拉拢人心。这两个人来了，那就没有不来的了。"

于是，元帝派王导亲自拜访顾荣、贺循，两人都接受邀请来到元帝的府中。于是吴地人士纷纷前来拜见，百姓归心于元帝。自此之后，大家逐渐尊奉元帝，君臣关系开始确立。不久，京城洛阳沦陷，中原上层男女大部分来到江南避乱，王导劝元帝选用其中有才能、有品德之人，和他们一起谋划大事。这时荆州和扬州社会安定，人口众多，王导管理政事力求清静安民，经常劝导元帝严格约束自己，砥砺节操，勤政安民，安宁国家。

围棋"合弈"文化之"立诚爱信，功成身遂"。世间万事万物都是运动和变化的，新生事物会取代旧事物而成为时代的主流。如何做到顺应时代发展而又不失自我，就要学会诚信为本，爱己爱他人，信己信他人。当自己有所成就的时候，不能沾沾自喜，更不能倚老卖老，而应该敬畏自己的对手、敬畏年轻人、敬畏自然规律、敬畏天地不仁的道。

第十八章 智慧出，有大伪

> 大道废，有仁义；智慧出，有大伪；六亲不和，有孝慈；国家昏乱，有忠臣。

老子深明矛盾的对立转化规律，矛盾着的双方是相互对立、互相依存的。矛盾必然会向其他方面的方向发展。当我们看到一个世道施展仁义了，一个社会出现聪明智巧了，一个家庭出现孝顺和慈爱了，一个国家出现忠臣了，老子恰恰认为这都是"大道废"的原因，因为只有不好的东西笼罩整个世道、社会、家庭和国家的时候，才会出现我们所看到的仁义、智慧、孝慈和忠臣。

而真正大道的世界，这些所谓的仁义、智慧、孝慈和忠臣都是最起码的要求，最自然的现象。就好比我们今天的娱乐圈，当出现一些连背台词都要夸赞演员演技的现象，就说明这个圈子已经"大道废"了。在这里需要说明的是，仁义、智慧、孝慈虽不失为一剂救世良药，但它治标不治本。孔子的最高理想是"仁义"，"仁"已经成为儒家文化的核心思想和价值取向。然而老子却创造性地指出，人世间的"大道"被人为废弃了，人们才会制定礼仪，并以此来规范人们的行为，区别贵贱，结果原本没有的虚伪和奸诈也随之而来。

庄子在《庚桑楚》中提出："蹍市人之足，则辞以放骜，兄则以妪，大亲则已矣。故曰，至礼有不人，至义不物，至知不谋，至仁无亲，至信辟金。彻志之勃，解心之谬，去德之累，达道之塞。贵富显严名利六者，勃志也；容动色理气意六者，谬心也；恶欲喜怒哀乐六者，累德也；去就取与知能六者，塞道也。此四六者不荡胸中则正，正则静，静则明，明则虚，虚则无为而无不为也。道者，德之钦也；生者，德之光也；性者，生之质也。性之动，谓之为；为之伪，谓之失。知者，接也；知者，谟也；知者之所不知，犹睨也。动以不得已之谓德，动无非我之谓治，名相反而实相顺也。"要求修道之人不受意志的干扰，消除心灵的繁杂，丢弃道德的累赘，突破大道的阻碍。

这还是要回到"有无"的境界来谈论这个问题。"有"必须是全局、全部的有，局部的、片面的"有"只会是乱象丛生。这与佛家"普度众生"的理念有点相似，君王的恩泽要普及万民，这样这个国家才有希望。

《道德经论兵要义述》讲道："巧智、小慧、大伪生焉，孝慈出于不和，忠臣生于昏乱，兹亦美恶相形之谓也。"但是，在军事上恰恰相反，和敌人作战是最不能讲究仁义的，而是讲究计谋。这是其特殊性决定的。故而《孙子兵法》提出："凡战者，以正合，以奇胜。故善出奇者，无穷如天地，不竭如江海。终而复始，日月是也。死而更生，四时是也。……战势不过奇正，奇正之变，不可胜穷也。奇正相生，如循环之无端，孰能穷之哉！"但凡作战，都是以正兵作正面交战，而用奇兵去出奇制胜。善于运用奇兵的人，其战法的变化就像天地运行一样，无穷无尽；像江海一样，永不枯竭；像日月运行一样，终而复始；与四季更迭一样，去而复来。战争中军事实力的运用不过"奇""正"两种，而"奇""正"的组合变化，永远无穷无尽。奇正相生、相互转化，就好比圆环旋绕，无始无终，谁能穷尽呢？

南宋抗金名将毕再遇，在一次与金兵对垒过程中，金军兵力十倍于宋军，若是强行交战，必然受制于敌，战败而退。为此，毕再遇想到三十六计里"金蝉脱壳"一计，先是传令军中，士兵备好三天干粮自带身上，营帐、旗帜一律不动。同时抓来几只活羊，将其后腿用绳子吊在树上，前腿放在更鼓上绑好。深夜，全军撤退。此时，金兵主帅预感毕再遇可能会撤退，遂派出多路哨兵，盯住毕再遇的军营。可是接连几日哨兵回报旗帜依旧，时有更鼓作声，并无异样。过了几天，金兵主帅实在忍不住了，举兵攻打，最后却扑了个空，毕再遇军营无一人，只发现吊在树上奄奄一息的几只活羊，金兵气得吹胡子瞪眼。原来，毕再遇将活羊吊在树上，前脚蹬鼓的目的就是让金兵以为毕再遇没有撤退，实际上毕再遇早已是明修栈道暗度陈仓了，使的正是障眼法。这则故事说明了在军事斗争中，我们要辩证地看待和使用老子的道家思想，行军打仗要的便是智慧谋略。正如明代刘伯温《百战奇略·强战》中所述："凡与敌占，我众强，可伪示怯弱，以诱之来与我战。"凡是与敌方攻占土地，我人多，可假装示敌以弱，引诱他来与我交战。

弈棋需要智慧，被称为"机"，需要对弈双方的斗志斗谋斗勇。棋局犹如人生，那些围棋者在人生的棋局中也下出了精彩招数，这就是围棋哲学文化在现实中的呈现。

黄宪，东汉著名贤士，著有《机论》，讲述围棋的计谋深妙，第一次明确提出弈之道"以机胜，以不机败"的具述："弈之机，虚实是已。实而张之以虚，故能完其势；虚则击之以实，故能制是形，是机也。员而神，诡而变，故善弈者能出其机而不散，能藏其机而不贪，先机而后战，是以势完而难制。"

宋太宗时有围棋国手贾玄堪比唐代王积薪，之后的棋待诏中没有能与贾玄匹敌的对手，直至宋仁宗时才出现了一位足以匹敌国手贾玄的人物。据说他浑浑噩噩，打扮邋遢，难登大雅之堂，但是棋艺却臻至上乘，乃是仁宗至哲宗时国手，被称为"举世无敌手"，这个人就是李重恩，又被称为"李憨子"。据欧阳修《归田录》记载："太宗时有待诏贾玄，以棋供奉，号为国手，迩来数十年，未有继者。近时有李憨子者，颇为人所称，云举世无敌手，然其人状貌昏浊，垢秽不可近，盖里巷庸人也，不足置之俎间。故胡旦尝语人曰：'以棋为易解，则如旦聪明尚或不能；以为难解，则愚下小人往往造于精绝。'信如其言也。"北宋胡旦评价其说："如果说围棋之道很容易，但很多聪明人都研究不透；如果说围棋之道很难，但愚笨之人往往造诣精深。"《集事渊海》中记："宋仁宗时有李重恩善弈棋，冠绝当世。然形神昏憨，时人谓之李憨，弈棋之外，一无所晓。与人对弈，坐而昏睡，人精思久之，方下一子，重恩开目随手应之，皆出人意表。"

围棋"合弈"文化之"智而不伪，机而不巧"。弈棋者可排兵布阵，可足智多谋，但治国理政、为人处世万万不可。虽然离不开智慧及计谋，但是这种智慧和计谋绝不是投机取巧、故弄玄虚、矫饰伪行，而是坚持正道、讲究方法。

第十九章　见素抱朴，少私寡欲

绝圣弃智，民利百倍；绝仁弃义，民复孝慈；绝巧弃利，盗贼无有。此三者以为文不足，故令有所属；见素抱朴，少私寡欲；绝学无忧。

"绝圣弃智，民利百倍；绝仁弃义，民复孝慈；绝巧弃利，盗贼无有。"老子提倡抛弃圣智、仁义、巧利，因为这些都是巧饰。需要说明一下，这里所说的"圣智"是自作聪明的意思，"仁义"是小恩小惠的意思，"巧利"是狡诈大伪的意思。老子并没有否定这三者的作用，但是要想治理好国家和社会，凭这些是完全不够的，而且是治标不治本的。

那么，如何才能治标又治本呢？"令有所属；见素抱朴，少私寡欲；绝学无忧。"使人们的思想认识有所归属，保持纯洁朴实的本性，减少私欲杂念，抛弃圣智礼法的浮文，知足而常乐。最后达到"无忧"的境界，这就是道家"无为"的境界。

庄子《庚桑楚》里讲述了老子的弟子庚桑楚施道让畏垒山区人民富裕的故事。庚桑楚深得老子之道，却导致"其臣之画然知者去之，其妾之挈然仁者远之"。庚桑楚并没有因此沮丧，而是去了畏垒山区住了三年，结果畏垒山区获得丰收，当地的老百姓爱戴他，并要为他建立宗庙。庚桑楚听了之后，想起老子的谆谆教诲，感到不快。弟子们很奇怪，庚桑楚回答道："弟子何异于予？夫春气发而百草生，正得秋而万宝成。夫春与秋，岂无得而然哉？天道已行矣。吾闻至人，尸居环堵之室，而百姓猖狂不知所如往。今以畏垒之细民，而窃窃焉欲俎豆予于贤人之间，我其杓之人邪！吾是以不释于老聃之言。"庚桑楚去畏垒山区前，那些标榜仁义的、喜好智慧的人离他而去，他不曾在意；实现畏垒山区人民富裕之后，人们要为他建立宗庙，他不以为意。庚桑楚秉持了老子"见素抱朴，少私寡欲"的理念。

朴素和寡欲是道家修为的一种境界。古语有言："君子以义交，不以利交。""以利合者，迫穷祸患相弃也，以天属者，迫穷祸患相约。""贪得者，分金恨不得玉，封公怨不受侯，权豪自甘乞焉。"有人堪称世界上最富有之人，更是最穷之人，穷得除金钱外一无所有。他们得寸进尺，得陇望蜀，完全是一只贪得无厌的硕鼠形象。而那些超凡绝俗的得道之士，视钱财如粪土，他们有更高的志向和追求。对他们来说，即使粗粮野菜也比山珍海味香甜，粗布棉袍也比狐袄貂裘温暖。"知足天地宽，贪得宇宙隘。岂无过人姿，多欲为患害。"对于得失要知足常乐。只有这样才会觉得周围的空间十分开阔，如果对周围的所有都要贪婪，那么就会觉得世界是那么狭小。每个人都有自己的长处、优点，但不能欲望太多。"祸莫大于不知足，咎莫大于欲得。"对于世上的东西不能要求太多，这样对自己的所作所为才会感到满意。随遇而安、清心寡欲，就能永葆安乐。

据《六韬·文韬·盈虚》记载，周文王请姜尚讲述古之贤君是如何治理国家的，姜尚言："帝尧王天下之时，金银珠玉不饰，锦绣文绮不衣，奇怪珍异不视，玩好之器不宝，淫泆之乐不听，宫垣屋室不垩，甍、桷、椽、楹不斫，茅茨偏庭不剪。鹿裘御寒，布衣掩形，粝粮之饭，藜藿之羹。不以役作之故，害民耕织之时。削心约志，从事乎无为。吏忠正奉法者，尊其位；廉洁爱人者，厚其禄。民有孝慈者，爱敬之；尽力农桑者，慰勉之。旌别淑德，表其门闾。平心正节，以法度禁邪伪。所憎者，有功必赏；所爱者，有罪必罚。存养天下鳏、寡、孤、独，赈赡祸亡之家。其自奉也甚薄，共赋役也甚寡。故万民富乐而无饥寒之色，百姓戴其君如日月，亲其君如父母。"帝尧统治天下时，不用金银珠玉作饰品，不穿锦绣华丽的衣服，不观赏珍贵奇异的物品，不珍视古玩宝器，不听淫泆的音乐，不粉饰宫廷墙垣，不雕饰甍桷椽楹，不修剪庭院中的茅草。以鹿裘御寒，用粗布蔽体，吃粗粮饭，喝野菜汤。不因征发劳役而耽误民众耕织。约束自己的欲望，抑制自己的贪念，用清静无为治理国家。官吏中忠正守法的就升迁其爵位，廉洁爱民的就增加其俸禄。民众中孝敬长者、慈爱晚辈的给予敬重，尽力农桑的予以慰勉。区别善恶良莠，表彰善良人家，提倡心志公平，端正品德节操，用法制禁止邪恶诈伪。对自己厌恶的人，如果建立功勋同样给予奖赏；对自己喜爱的人，如果犯有罪行也必定进行惩罚。赡养鳏寡孤独，赈济遭受天灾人祸之家。至于帝尧自己的生活，则是十分俭朴，征收赋税劳役微薄。因此，天下民众富足安乐而没有饥寒之色，百姓拥戴他如同景仰日月，亲近他如同亲近父母。这就是一种朴素和寡欲的道理啊！

汉蜀诸葛亮《兵法二十四篇》中治人篇指出："夫有国有家者，不患贫而患不安。故唐、虞之政，利人相逢，用天之时，分地之利，以豫凶年，秋存余粮，以给不足，天下通财，路不拾遗，民无去就。故五霸之世，不足者奉有余。故今诸侯好利，利兴民争，灾害并起，强弱相侵，躬耕者少，末作者多，民如浮云，手足不安。"诸葛亮认为无论是国还是家，最怕的不是贫穷而是不安定。他列举了唐、虞的举措使得"路不拾遗，民无去就"，提到当时诸侯欲望熏天，与民争利，强大的和弱小的都相互侵蚀，置百姓安危于不顾，致使连兄弟之间都没有安全感，相互防备，说出了欲望带来的危害。《道德经论兵要义述》讲道："夫见素者，外其质野之容；抱朴者，内其真实之意。又思虑嗜欲者，人之大性存焉。"朴素之道是人们克服嗜欲天性的重要途径和最终归宿。纵观古今，凡是侵略战争都是欲望引起的战争。为了土地、人口、资源以及金钱，甚至有的为了一个女人挑起战争，致使生灵涂炭、民不聊生。

夏朝是我国历史上第一个王朝，也是我国奴隶社会的开端，建立于公元前21世纪。到了末期，夏朝的统治已是江河日下，国家日益衰落。到第十七个王夏桀时，社会腐朽，政治黑暗。夏桀是历史上有名的暴君，他对奴隶采取极端的压迫和剥削，无限度地使用广大奴隶为自己修建豪华的琼台瑶室，迫使奴隶不分昼夜地为其劳动。为了满足自己的淫侈欲望，动用了大批人力物力，造了肉山酒海。夏桀不仅残酷压迫奴隶和人民大众，对手下大臣也是如此。当时有位大臣叫关龙逢，深感夏朝江山已危机四伏，因此劝告他爱护百姓，节俭用度。夏桀听后极为恼怒，当即将他处死。从此以后，再也没人敢于对他的胡作非为进行劝阻进谏了。由于夏桀的残暴统治，夏朝国内众叛亲离，怨声载道。民众愤怒地诅咒他："时日曷丧，予及汝皆亡。"整个夏朝在夏桀的统治下，已是一座即将爆发的火山。

在夏朝的统治走向穷途末路的时候，夏朝的附属国商正在迅速发展。当时商的首领成汤，精明强干，抱负远大。他对内任贤选能，奴隶出身的伊尹和仲虺成为左右相，辅佐朝政，同时减轻百姓负担，鼓励生产，发展经济，加强国力，积蓄力量，对外逐个剪除夏朝的羽翼，逐步削弱夏朝的力量。在条件完全成熟后，终于发动了消灭夏桀的战争。双方大军在鸣条展开了殊死决战。由于夏桀早已众叛亲离，夏军一触即溃，很快被全部歼灭，成汤率领的大军乘胜前进，一举攻占夏朝的都城。历史上第一个朝代夏朝历时四百多年至此灭亡了，取而代之的是成汤建立的商朝。

弈棋者更应该讲究清心寡欲，朴素为人。袁枚，清朝诗人、散文家、文学批评家和美食家。袁枚为官政治勤政颇有声望，但仕途不顺，无意吏禄。其倡导"性灵说"，主张诗文审美创作应该抒写性灵，要写出诗人的个性，表现其个人生活遭际中的真情实感，其与赵翼、蒋士铨合称为"乾嘉三大家"，又与赵翼、张问陶并称"性灵派三大家"，为"清代骈文八大家"之一。袁枚的"性灵说"也体现在他爱好的围棋上。乾隆时期，社会上的文士名流推崇围棋，推动围棋浪潮不断高涨。袁枚则一生嗜好围棋。晚清学者俞樾曾看过袁枚玄孙袁润所保存的《袁随园纪游册》，其中所记袁枚七十九岁、八十岁两次出游苏、杭、浙东、金陵期间，几乎天天下棋，并详细记录输赢情况。

袁枚的很多诗文都与围棋有关，其中渗透着自己追求的围棋境界和人生境界。例如其在《观弈》中写道："清簟疏帘弈一盘，窗前便是小长安。不关我事眉常皱，阅尽人心眼更宽。黑白分明全局在，输赢终竟自知难。凭君着遍飞棋好，老谱还须仔细看。"一句"阅尽人心眼更宽"，说尽了棋局内外的豁达心境。提倡人们爱好生活、重视生活情趣，追求"天然、自然、超然"的心境，无须智巧夺利，这是老子"见素抱朴，少私寡欲"思想理念的体现。看透这一点的袁枚坦然地远离了清朝专制的官场。

　　袁枚曾为棋圣范西屏、国手徐星标撰写墓志铭，对他们的精湛技艺和杰出人品推崇备至。袁枚曾亲见范西屏对弈，他说："余不嗜弈而嗜西屏，初不解所以，后接精綦器者卢玩之，精竹器者李竹友，皆醇粹如西屏，然后叹艺果成皆可以见道。今日之终身在道中，令人见之怫然不乐。尊官文儒，反不如执伎以事上者，抑又何也？……"袁枚将"尊官文儒"与范西屏等人对比，认为他们"终身在道中""反不如执伎以事上者"，则是一种发自内心的感叹。袁枚尊重的不仅仅是范西屏的棋艺，更是他超越胜负的执念，讽刺那些尊官文儒，虽地位很高，但沉溺名利，反失根本。可以说，袁枚"性灵说"是围棋精神的一种洒脱，一种至高见解。

　　围棋"合弈"文化之"见素抱朴，少私寡欲"。弈棋者无论是弈棋还是立世，皆应持朴素之心，修心养性，心系家国，少一点私心、少一点贪念、少一点自利，为此才可成大事、成大家、成大人。

第二十章　我独异于人，而贵食母

唯之与阿，相去几何？美之与恶，相去若何？人之所畏，不可不畏。荒兮，其未央哉！众人熙熙，如享太牢，如春登台。我独泊兮，其未兆；沌沌兮，如婴儿之未孩；儡儡兮，若无所归。众人皆有余，而我独若遗。我愚人之心也哉！俗人昭昭，我独昏昏。俗人察察，我独闷闷。澹兮，其若海；飂兮，若无止。众人皆有以，而我独顽且鄙。我独异于人，而贵食母。

　　这一章其实是老子的自我描述，通过学习这一章，我们可以联想到当年老子为追求"道"的境界，是多么的执着，现实又是多么的困难。字里行间有很多是感叹和嘲讽的语气，可见老子对于当时唯名唯利的虚浮的社会是多么痛恨和无奈。

　　老子通过有道之人和俗人、常人的反复对比，说明有道精神的自由和人格的伟大。昭示人们不要舍本逐末，背道而驰，"昭昭""察察"于外在的名利，而应该返璞归真，为人生之根本。

　　庄子《知北游》中讲述了楚国大司马问造剑客的故事。楚国的大司马问造剑客："你已经八十岁了，造出的剑仍然锋利无比，光芒四射，是纯粹技艺高呢，还是有别的什么道行呢？"造剑客回答："臣有守也。臣之年二十而好捶钩，于物无视也，非钩无察也。是用之者假不用者也，以长得其用，而况乎无不用者乎！物孰不资焉！"造剑客之所以能造出质量上乘的剑，是因为其专注一致，不受外来因素的影响，一心扑在造剑技艺上。大司马感叹达到至道境界的人，好像是一无所用，实际上万事万物都要借助于它！

在《三国演义》中，吕布被称为"三姓家奴"，先是认并州刺史丁原为义父，丁原被董卓杀死之后，吕布又认董卓为义父。之后为了貂蝉，又不惜与义父反目，杀了董卓，故而被张飞称为"三姓家奴"。其实在真正历史上，吕布的处境远比小说中来得更加艰难，因为在汉末三国的混乱时期，为了活命，为了求得更大的利益，转换门庭，乃是很常见的事情。刘备就曾十易其主，其五虎上将里的黄忠、赵云也是易主之后才投至刘备帐下，那么为何单单吕布被钉在了历史的耻辱柱上？其根本原因在于其两次"跳槽"，前任"领导"（义父）都被其祸害而死，吕布没有坚持心中的道义，而是随风飘摇，见风使舵，完全被世道的功利心所诱惑，失去了理智。

但是老子的心血并没有白费，《道德经》的出现开启了道家兵法的先河，不久后，一部以道家思想为指引和灵魂的兵学鼻祖《孙子兵法》诞生了。《孙子兵法》是春秋时祖籍齐国乐安的吴国将军孙武所著，是中国现存最早的兵书，也是世界上最早的军事著作，被誉为"兵学圣典"。现存共有六千字左右，一共十三篇，是中国古代军事文化遗产中的璀璨瑰宝、优秀传统文化的重要组成部分。其内容博大精深，思想精邃富赡，逻辑缜密严谨，是古代军事思想精华的集中体现。著名学者南怀瑾先生称："春秋时齐国人孙武，他的军事哲学思想，正是由道家思想而来，所著《兵法》十三篇，处处表现了道家的哲学，曾经帮助吴王阖闾击破强楚而称霸诸侯，充分显示了道家思想在事功上的伟大。而所著的十三篇中的军事哲学思想，可以说超越了时空，直到几千年后的现代，人类已经登上了月球，武器已经发展到了太空，到生化战，而仍离不开他的军事哲学的范围。"

在军事上，要做到返璞归真，就是要遵循军事规律、顺应民心，这体现了一个军事指挥者的人格精神。《道德经论兵要义述》讲道："盖欲劝君服道于身，以处无为之事，则兵革自戢，天下获安矣！"意思是只要按照道家无为的思想去处理天下的事情，那么就不会干戈动武，天下就自然安定了。汉蜀诸葛亮《兵法二十四篇》治军篇指出："审天地之道，察众人之心……此为军之大略也。"首要的就是要遵循天地之道，查看民心所向。

孙膑在其兵法中对统兵将领提出了要求，认为："智不足，将兵，自恃也；勇不足，将兵，自广也；不知道，数战不足，将兵，幸也。夫安万乘国，广万乘王，全万乘之民命者，唯知道。知道者，上知天之道，下知地之理，内得其民之心，外知敌之情，阵则知八阵之经，见胜而战，弗见而诤，此王者之将也。"智谋不足的人统兵，只不过是自傲。勇气不足的人统兵，只能自己为自己宽心；不懂兵法，又没有一定实战经验的人统兵，那就只能靠侥幸了。若要保证一个万乘大国的安宁，扩大万乘大国的统辖范围，保全万乘大国百姓的生命安全，那就只能依靠懂得用兵规律的人了。所谓懂得用兵规律的人，那就是上知天文、下知地理，在国内深得民心的人。对外要熟知敌情，布阵要懂得八种兵阵的要领，预见到必胜而出战，没有胜利的把握则避免出战。只有这样的人才是足当重任的将领。

赤壁之战是指东汉末年孙权、刘备联军于建安十三年在长江赤壁一带大破曹操大军的战役。这是中国历史上著名的以少胜多、以弱胜强的战役之一，是三国时期"三大战役"中最为著名的一场，也是中国历史上第一次在长江流域进行的大规模江河作战。

曹操率二十万众顺江而下。孙权命周瑜、程普"为左右督，各领万人"，共计三万精锐水军，联合屯驻樊口的刘备军一起溯长江西进，与曹军相遇在赤壁。时曹公军众已染疾病，初一交战，曹军败退，暂驻军于乌林地带，周瑜等人在南岸，双方隔江对峙。周瑜采用部将黄盖的火攻之计，命其率小战船十艘，上装柴草，灌以膏油，假称投降，向北岸而进，至离曹营二里之处时，各船一齐点火，然后借助风势，直向曹军冲去，曹军舟船被烧，大败。曹操又下令将剩余的曹军舟船都予以烧毁，然后撤退，又因为士卒饥疫而死者大半。在这个例子中，儒将周瑜充分利用了天时地利人和，计谋频出，一环扣一环，充分掌握了战争的规律，取得了赤壁以少胜多的胜利。

在围棋中，更要注重对规律的掌握，达到一种虚无的境界。战国道家典籍《尹文子》载有重要的弈论："以智力求者，譬如弈棋，进退取与，攻劫放舍，在我者也。"沈约《棋品序》所云："弈之时义大矣哉！体希微之趣，含奇正之情，静则合道，动必适变。若夫入神造极之灵，经武纬文之德，故可与和乐等妙，上艺齐工。支公以为手谈，王生谓之坐隐。是以汉魏名贤，高品间出；晋宋盛士，逸思争流。虽复理生于数，研求之所不能涉；义出乎几，爻象未之或尽。圣上听朝之余，因日之暇，回景纡情，降临小道，以为凝神之性难限，入玄之致不穷。今撰录名氏，随品详书，俾粹理深情，永垂芳于来叶。"其中"凝神之性难限，入玄之致不穷"，意谓弈棋时一定要聚精会神，进入道法自然的玄妙境界。

　　而让围棋真正契入道家虚无思想的是衢州的烂柯传奇。据北魏郦道元所著《水经注》中云：晋时有一叫王质的樵夫到石室山砍柴，见二童子下围棋，便坐于一旁观看。一局未终，童子对他说，你的斧柄烂了。王质回到村里才知已过了数十年。因此后人便把石室山称为"烂柯山"，并把"烂柯"作为围棋的别称。这个故事就是道家思想在围棋上的一种集中体现和升华，也是围棋与道家思想融合的有效证明。唐代杜光庭《洞天福地记》更是将烂柯山称之为道家的"青霞第八洞天"。明嘉靖《衢州府志》载："烂柯山在衢州府城南二十里，一名石室，道书谓'青霞第八洞天''烂柯福地'。……烂柯石室一名'景华洞天'。"

　　世界上记载最早的围棋雅集是建安二十年魏文帝曹丕创作的一篇骈文《与朝歌令吴质书》，其中记载："每念昔日南皮之游，诚不可忘。既妙思六经，逍遥百氏，弹棋间设，终以六博，高谈娱心，哀筝顺耳。驰骋北场，旅食南馆，浮甘瓜于清泉，沉朱李于寒水。白日既匿，继以朗月，同乘并载，以游后园。舆轮徐动，参从无声，清风夜起，悲笳微吟，乐往哀来，怆然伤怀，余顾而言，斯乐难常，足下之徒，咸以为然。今果分别，各在一方。元瑜长逝，化为异物，每一念至，何时可言？"

　　这样一场"南皮之游"，是曹丕与建安七子及其他围棋爱好者的盛会，极大地提升了围棋的精神境界，让围棋与道家返璞归真的理念更加契合。汉代朱买臣，三国贺齐，晋代殷浩、毛琚、虞喜，南朝谢灵运，唐代孟郊、白居易、刘禹锡、黄巢，宋王安石、苏东坡、赵忭、朱熹、陆游，元马可·波罗，明徐渭、徐霞客，清左宗棠、李渔、洪升，现代汤恩伯、郁达夫、吴晗、邓拓、戴念慈以及罗哲文、葛洪升、周国富等名人都曾来此留下足迹和许多咏烂柯山的诗文，无论是唐朝孟郊游烂柯山作《烂柯山石桥》的"唯余石桥在，独自凌丹红"的感叹，朱熹作《游烂柯山》所言"局上闲争战，人间任是非。空教采樵客，烂柯不知归"的感悟，元代鲜于伯机作《石桥山留题》留下的"欲从樵者问长生"的见地，还是明代徐渭烂柯山刻碑留下"烂柯山上正围棋"的豪迈，这些诗文便是对两种文化融合的精髓有力的佐证和发扬。

"还家常恐难全璧，阅世深疑已烂柯。"老子的道家学说注重的是心法的修炼，但绝不是简单的唯心主义。"道"原本在我们自己身上，所以不能向外求，反而要向内求，才是正确的方向。所谓"反求诸己"，就是反过来向自己内心求，才会有效果。老子认为即便世人皆醉，我也要保持一颗清醒的头脑，不能被外界所诱惑，而是应该用心法修炼自己，然后感化世间。

围棋作为忘忧之物，深受道家逍遥物外、超脱尘俗、追求精神自由理念的影响，在这种影响和升华之下，围棋逐渐成为道家追求自由精神外化的一种生活方式和人生态度。尤其是西汉建立后，随着大一统帝国的稳固和社会生活的繁荣发展，人们对围棋功能价值的认识不断提高，围棋开始从各种游戏中脱颖而出，成为帝王、将相和文人士大夫喜爱的怡情雅趣的活动。正如宋代僧人释怀谷《烂柯山》中的感叹："百年容易客，等闲一局棋。"

在围棋发展史上，也有一些围棋爱好者认为无论是弈棋还是人生，大可不必于太执着。王安石就是其中的一位。王安石下围棋乃是家传，从小围棋文化的熏陶对其后来的为官做人影响都非常深刻。可以说围棋是王安石一生的挚友，其曾经就写过一首诗，描述了对局过程、心理，还提到了很多围棋典故。这首诗叫作《用前韵戏赠叶致远直讲》，里面就有这样的四句话："棋经看在手，棋诀传满箧。坐寻棋势打，侧写棋图贴。"在围棋上，王安石注重的是快乐，认为输赢并不重要，重要的是下围棋的这份真性情。因为不重要，所以王安石下棋落子很快，很多时候不多加思考，又经常一局还没有结束就收子重来，这让与他下棋的人一脸不解。他的诗《棋》就反映出他的这种豁达不羁、追求率性的快乐态度。其曰："莫将戏事扰真情，且可随缘道我赢。战罢两奁分白黑，一枰何处有亏成。"可以说是随缘冷暖，信手行棋，棋局也好，人生也罢。正如《金刚经》讲的："凡所有相，皆是虚妄，若见诸相非相，即见如来。"旨在告诉我们，没必要执着，谁执着谁受苦，谁放下谁解脱。

围棋"合弈"文化之"返璞归真，豁达不羁"。恢复原来的质朴状态，恢复淳朴的本性，这是一种自然规律，就好比万事万物都要落叶归根一样。一个心胸豁达、胸怀宽广的人成功的概率远远高于心胸狭窄的人。因此要明白万事万物的大道，要理解世俗的不易，要看到事物积极的一面，要包容别人的艰难，要学会控制好自己的情绪，这样才能促使内心得以修炼，从而乐己乐人。

第二十一章　孔德之容，惟道是从

孔德之容，惟道是从。道之为物，惟恍惟惚。惚兮恍兮，其中有象；恍兮惚兮，其中有物；窈兮冥兮，其中有精，其精甚真，其中有信，自今及古，其名不去，以阅众甫。吾何以知众甫之状哉？以此。

"德"这个字，殷商时期就有了，多次出现在当时盛行的占卜的卦辞爻辞之中。它的字形是路口或者是路上的一只眼睛，是看见的意思。既然是看见，就有得失，因此在古代"德"是得失的意思。后来统治阶级认为有德首先得有心，因此又在甲骨文的"德"字下面加了一个"心"。道家强调的是修炼心法，一切从心而论。"德"有了心，便有道的来源，有道的依据。

一个人道的境界越深，对世界的认识也就越深刻，他的目光就显得越深邃、睿智、慈善；反之，一个人道的境界越浅，对世界的认识也就不深刻，他的目光就越狭隘、愚钝和叛逆。因此"道"决定了"德"。

根据史书记载，汉桓帝刘志、魏文帝曹丕、唐高宗李治、唐玄宗李隆基、后梁太祖朱晃、宋真宗赵恒、宋徽宗赵佶、金章宗完颜璟等八位皇帝曾亲临老子诞生地河南鹿邑太清宫朝拜，而南朝梁武帝萧衍、北朝西魏文帝拓跋宝炬、南朝梁简文帝萧纲、梁元帝萧绎、唐睿宗李旦、唐玄宗李隆基、宋徽宗赵佶、明太祖朱元璋、清世祖福临等九位皇帝均曾为《道德经》注疏。可见在中国古代，道家思想一直是帝王将相的精神指引，他们将老子的思想上升到治国理政的高度，将《道德经》奉为治国治军的宝典。

宋神宗熙宁年间，越州闹蝗灾。只见蝗虫乌云般飞来，遮天蔽日。所过之处，禾苗全无，树木无叶，一片肃杀景象。素以多智、爱民著称的清官赵抃被任命为越州知州。面对大户人家积年存粮不开仓、百姓饥荒度日、米价飞涨的局面，赵抃召集僚属们开会商议解决办法。僚属们提出的建议是由官府出公告限制米价，这样才能平稳民心，艰难度过蝗灾之年。可赵抃却反其道而行，命令出公告米价可以自由上增。僚属们惊呆了，私下里议论纷纷，说这个知州脑子糊涂了，没有仁义道德，不爱惜百姓，越州这回要哀鸿遍野了。可是官大一级压死人，僚属们还是按照赵抃的指示去做了。因为周边知府们都限制米价，越州的公告一出，米商们纷纷运输大量的米来越州，一下子越州就有了大量的粮食，虽然价格上涨了一点。过了一阵子，随着市场的粮食供应越来越多，远远超出了需求，米价开始松动。米商们想把米撤回去，可是运输成本太高，只好就地低价销售，米价一下子就低了下来，越州也就这样度过了灾荒。这次大灾，越州饿死的人最少，朝廷对赵抃进行了褒奖。僚属们纷纷夸赞赵抃大智，并纷纷来请教原因。赵抃说市场之常性，物多则贱，物少则贵。赵抃利用自然规律来解决灾荒，看似"不仁"，但其实是明白道与德的关系的。为官者没有高深的道，又怎么可以去爱护好自己的百姓呢？

战国时期司马穰苴所著《司马法》仁本篇记载："古者，以仁为本，以义治之之谓正。正不获意则权。权出于战，不出于中人。是故杀人安人，杀之可也；攻其国，爱其民，攻之可也；以战止战，虽战可也。故仁见亲，义见说，智见恃，勇见方，信见信。内得爱焉，所以守也；外得威焉，所以战也。"古人以仁爱为根本，以正义的方法处理国家大事，这就叫作"政治"。政治达不到目的时，就要使用权势。权势总是出于战争，而不是出于中和与仁爱。因而，杀掉坏人而使大众得到安宁，杀人是可以的；进攻别的国家是出于爱护自己的民众，进攻是可以的；用战争制止战争，即使进行战争，也是可以的。因此，君主应该以仁爱为民众所亲近，以正义为民众所喜爱，以智谋为民众所倚重，以勇敢为民众所效法，以诚实为民众所信任。这样，对内就能得到民众的爱戴，借以守土卫国；对外就能具有威慑力量，借以战胜敌人。

秦始皇自前 230 年至前 221 年，采纳了尉缭破六国合纵的策略，"毋爱财物，赂其豪臣，以乱其谋"，从内部分化瓦解敌国。前 293 年，秦国连横齐国，韩、魏两面受敌，危在旦夕。多年以后，魏国更是为了自身利益，抛弃韩国，与秦国单独议和，此时韩国孤立无援，不知如何是好。韩王急得焦头烂额，不知所措。此时，一位谋士提出了建议，说："韩国面临着艰难选择，如果不能采取正确的办法，就会被秦国所吞灭。对此，面对魏国的叛变，不如主动撮合秦魏两国和谈，两国和谈是否成功都对韩国有利。若和谈成功，韩国的牵线搭桥加上门户作用，秦国和魏国都会对韩国友善；若失败，秦魏两国则不会相互信任，秦国因为得不到魏国的援助而发怒，就会亲近韩国，魏国也不会永远服从于秦国，就会亲近韩国。为此，秦魏联合，则感谢你；秦魏分裂，则争取你，这样韩国就安全多了。"虽然这个谋士的对策实属无奈之举，但也是当时弱小韩国的保身之举。我们可以看出，在战乱的年代，是没有"德"可以讲的，但有"道"可循，这个谋士就是站在全局的高度观察问题，取信于两国，从而使整个局面向着有利于韩国的方向转化。如此的"惚兮恍兮""恍兮惚兮"，才能找到适合自己的路，看到事物发展的规则。

欧阳修，字永叔，号醉翁，晚号"六一居士"，北宋政治家、文学家。欧阳修是北宋政坛和文坛领袖，"唐宋八大家"之一。那么，欧阳修为什么称自己为"六一居士"呢？欧阳修在《六一诗话》中言道："吾家藏书一万卷，集录三代以来金石遗文一千卷，有琴一张，有棋一局，而常置酒一壶。"一个老翁，在一万卷藏书、一千卷金石遗文、一张琴、一盘棋、一壶酒中间自得其乐，逍遥终老，还真的是挺美的，一生所好，尽在于此，字里行间洋溢着天真之趣，故而称自己为"六一居士"，也可见欧阳修也是一个围棋爱好者。在这"六一"之中，琴棋书画兼备，在这人生四雅之中，独围棋与其他三雅不同之处在于须与人对弈。

而这"对弈"之中，有春风得意，有挫折失利，需要下棋的人能在不同局势下审时度势，得意时淡然，失意时坦然，从容应对，不乱阵脚，不失本心。这些都符合道家所讲的"孔德之容，惟道是从"的理念和原则。

其曾作诗《新开棋轩呈元珍表臣》言："竹树日已滋，轩窗渐幽兴。人间与世远，鸟语知境静。春光霭欲布，山色寒尚映。独收万籁心，于此一枰竞。"竹树与日影交会相生相容，轩窗四周已一派静谧逸兴。喧嚣的人间与棋艺世界渐离渐远，偶尔几声鸟鸣，更显幽静之至。春光虽正铺洒，山色却映出一片寒意，棋艺世界的广大，各种竞争意思的声音尽收于一方小小的棋盘。此诗的最后一句是点睛之笔，欧阳修虽曾宦海浮沉，三次遭贬，却始终文风平和，性情舒朗，雍容大度，这很大部分得益于他的棋品修为。

围棋"合弈"文化之"审时度势，不失本心"。弈棋者始终要牢记一点，弈棋在于增长技艺，以棋会友，断不可执拗于其中而不能自拔，否则就失去了弈棋的本意和乐趣。输赢得失全在于自己的心态调整。人生亦是如此，应随着环境的变化而变化，把握住机遇，抓住好时机，不忘初心，砥砺前行，向着美好出发。

第二十二章　夫唯不争，故天下莫能与之争

> 曲则全，枉则直，洼则盈，敝则新，少则得，多则惑。是以圣人抱一为天下式。不自见，故明；不自是，故彰；不自伐，故有功；不自矜，故长。夫唯不争，故天下莫能与之争。古之所谓"曲则全"者，岂虚言哉？诚全而归之。

像老子这样的圣人，以自然的观念看待天下一切现象，对待一切事物，都采取了平等之心，正如佛家所说的"一实之理，如如平等，而无彼此之别，谓之不二"。

道家将宇宙的起源归结为"一"，而这个"一"是动态的，永不停息的，并因此造成种种的曲折，这些曲折却表述了宇宙的全部信息。"曲则全，枉则直，洼则盈，敝则新，少则得，多则惑。"委屈便会保全，屈枉便会直伸，低洼便会充盈，陈旧便会更新，少取便会获得，贪多便会迷惑，这符合老子后面所讲的"弱者道之用"的理念。

对此，引申出"不自见，故明；不自是，故彰；不自伐，故有功；不自矜，故长"。不自我表扬，方能显明；不自以为是，方能是非彰明；不自己夸耀，方能有功劳；不自我矜持，方能长久。如此可至"夫唯不争，故天下莫能与之争"。正因为不与人争，所以遍天下没有人与之争。这就是委曲求全的结果。

老子说明了曲乃能求全、柔乃能克刚的道理，这是老子一向主张的外

柔守静、以退为进的处世原则。

　　宋太祖赵匡胤，五代至北宋初年军事家、政治家、战略家，宋朝开国皇帝。其依靠军事力量而黄袍加身，后来在其统一全国的战争中，提出了一种"和平兼并"的战略，也就是尽量不使用武力而统一天下。即使不得已而动用武力，也尽量留有余地，只要敌人放弃抵抗，就保障对方的安全，还给对方相当程度的待遇，这在之前历朝历代都是没有的，是开先河的壮举。那么他为什么要施行"和平兼并"的战略呢？因为他考虑到的是日后的治国难题。既然要统一，便不能制造仇恨，所以纵然是自己吃亏，也得忍让，这一原则恰恰是治国者最富有智慧的谋略。

　　在老子看来，不争符合"道"的本质，炫耀、贪婪、争强好胜之人违反了道，老子的这段话正是我们无数人现实生活的写照。自古成道者，或者说有成就者，都不是顺风顺水的，而是经历了无数的困难、挫折和曲折才取得成功的。常言道：吃亏是福。做人过于清高，必然招人嫉妒打击；为人过于强势霸道，必然树敌过多而不能长久；待人过于严苛，必然被人孤立。而保持低调，委曲求全，不但能够避害，还能趋利，这才是高明的选择。圣人没有分别心，对待所有的事物都持一样的态度，不会另眼相看，也无所谓名利，一切都是顺应自然，淡然而平静。

　　《司马法》仁本篇记载引起战争的五种原因："一曰争名，二曰争利，三曰积恶，四曰内乱，五曰因饥。"名利之争，战乱之源，同时还强调："图国家者，必先教百姓而亲万民。"要思民之利，除民之害，不失民众，争取到了民心，胜利就有了保证。这正是老子所提倡的争与不争。由此可见，吴起将老子"不争"的理念运用到军事上是如此地融会贯通。

　　《武经七书》讲："将，冬不服裘，夏不操扇，雨不张盖，名曰礼将；将不身服礼，无以知士卒之寒暑。出隘塞，犯泥涂，将必先下步，名曰力将；将不身服力，无以知士卒之劳苦。军皆定次，将乃就舍，炊者皆熟，将乃就食，军不举火，将亦不举，名曰止欲将；将不身服止欲，无以知士卒之饥饱。"讲的就是将军和士兵应该同甘共苦、共同进退。

　　《史记·李将军列传》讲述了汉将李广与士兵同甘共苦，对士兵一视同仁的故事。"广廉，得赏赐辄分其麾下，饮食与士共之。终广之身，为二千石四十余年，家无余财，终不言家产事。……广之将兵，乏绝之处，见水，士卒不尽饮，广不近水。士卒不尽食，广不尝食。宽缓不苛，士以此爱乐为用。"就是因为李广将军的"勇于当敌，仁爱士卒，号令不烦，师徒乡之"，致使匈奴畏服，称之为"飞将军"，数年不敢来犯。

忍和韧是弈棋的一个原则，需要在关键的时候忍耐。这不仅仅是围棋弈棋的要求，更是对一个棋手的要求。

陆逊，三国时期吴国政治家、军事家。陆逊跟随孙权四十余年，统领吴国军政二十余年。其为人深谋远虑，忠诚耿直。一生出将入相，被赞为"社稷之臣"。陆逊常聚幕僚下棋，当得知豫章太守的长子顾绍病逝时，他正和手下的官吏下棋，神色不变，强忍悲痛，坚持弈棋，只是"以爪掐掌，血流沾褥"。

棋局犹如战局，棋品犹如人品。三国时期，诸葛亮五出祁山，联合东吴攻打魏国，孙权派荆州牧陆逊和大将军诸葛瑾的水军向着襄阳进攻，自己则率领十万大军进军合肥南边和巢湖口。魏明帝就派兵迎击这些军队，还射杀了吴军大将孙泰，击溃吴军。诸葛瑾在途中听到孙权退兵了就急忙派出使者建议陆逊也退兵。当使者回来后对诸葛瑾说，陆逊在和部将下围棋，其手底下的士兵们都在两岸忙着种豆种菜，对魏军的逼近毫不在意。诸葛瑾对此很不放心，就亲自坐船来到了陆逊身边，随后便说："如今主公已经退军了，魏军肯定会全力以赴地来进攻我们。"陆逊说："如今魏军占有绝大的优势，我们军队出战肯定会败，只能撤退。"随后陆逊还说道："你肯定会问我为何现在还不撤兵，现在这种局面我要是撤兵的话，敌军肯定会杀过来，这种混乱的局面，不是你我能够控制得了的。"紧接着又对着诸葛瑾说了一条计策，诸葛瑾听后觉得十分有理，随后就回去了。之后陆逊就命令军队离船上岸，向着襄阳进发，并大肆宣扬："不攻下襄阳，誓不回兵。"

魏军听到这个消息后，立马调集了人马准备迎击吴军，其中一些将领对于陆逊是否会进攻就提出疑问。但魏军的统帅早已经接到了密令，让其安心，做好迎战准备就是了。可陆逊在行进到半路的时候就停下了，随后就向着诸葛瑾的水军驻地前去。当到达的时候诸葛瑾早已把撤退的船都准备好了，陆逊的将士一登上船就扬帆驶返江东了。魏军久等陆逊，都不见陆逊的影子，待发觉上当，挥师急追的时候，陆逊的人马早已平安地撤走了，魏军追到江边，只能望"江"兴叹。

　　围棋"合弈"文化之"坚忍不拔，处之泰然"。古之立大事者，不唯有超世之才，亦必有坚忍不拔之志。持之以恒的弈棋精神才能造就世间不二的弈棋水准，故而碰到困难厄运或异常情况，毫不在乎，镇定自若，以宠辱不惊，名利皆忘，久久为功。

第二十三章　信不足焉，有不信焉

希言自然。故飘风不终朝，骤雨不终日，孰为此者？天地。天地尚不能久，而况于人乎？故从事于道者同于道，德者同于德，失者同于失。同于道者，道亦乐得之；同于德者，德亦乐得之；同于失者，失亦乐得之。信不足焉，有不信焉！

《道德经》第二十二章讲述现实是有曲折、困难和挫折的，但是这样的状态不是长久的。"飘风不终朝，骤雨不终日。"狂风刮不了一个早上，暴雨下不了一整天，这就是天道。对于苦苦追求道、追求德、追求失的人来说，要坚定信心。"同于道者，道亦乐得之；同于德者，德亦乐得之；同于失者，失亦乐得之。"你对待"道""德""失"是什么样的态度，它们三者就对你是什么样的态度，这就要求治国理政、为人处世要以诚"道"为本。

曾参，春秋末期鲁国有名的思想家、儒学家，是孔子门生中七十二贤之一。他博学多才，且十分注重修身养性，德行高尚。有一次，他的妻子要到集市上办事，年幼的儿子吵着要一起去。曾参的妻子不愿带儿子去，便对他说："你在家好好玩，等妈妈回来，将家里的猪杀了煮肉给你吃。"儿子听了，非常高兴，不再吵着要去集市了。这话本是哄儿子说着玩的，过后，曾参的妻子便忘了。不料，曾参却真的把家里的一头猪杀了。妻子从集市上回来后，气愤地对丈夫说："我是哄儿子说着玩的，你怎么就真把猪杀了呢？"曾参说："孩子是不能欺骗的！他不懂事，还没有辨别能力，接触到的是父母，所以什么都跟父母学。你现在哄骗他，等于是在潜移默化地教他学会欺骗。再说，你现在欺骗了孩子，孩子以后自然也就不相信你了，你以后还怎么教育孩子？"

对于统治者，更要对老百姓诚信，只要统治者脚踏实地地布施"道"，老百姓就不会不信任统治者。

赤壁之战前夕，曹操挥师南下进攻刘备，发生了刘备携民渡江的事。刘备、诸葛亮在新野大败曹军之后，移驻在樊城。曹操为了报仇，亲自率领，分兵八路，杀奔樊城而来。曹军声势浩大，刘备兵微将寡，樊城池浅城薄，诸葛亮料定抵挡不住，便劝刘备放弃樊城，渡过汉水，往襄阳退去。刘备不忍抛弃跟随多时的百姓，就派人在城中遍告："曹兵将至，孤城不可久守，百姓愿随者，可一同过江。"城中百姓，皆宁死相随。刘备令关羽在江边整顿船只。百姓拖家带口，扶老携幼、号泣而行，两岸哭声不绝。刘备在船上见此情景，心中悲恸不已，哭道："为我一人而使百姓遭此大难，还有什么脸面活在世上！"说罢，就要投江自尽。左右急忙抱住，从人见状，莫不痛哭。刘备到了南岸，回顾江北，还有无数未渡江的百姓往南招手呼号。刘备急令关羽催船速去渡百姓过江，直到百姓将要渡完，方才上马离去。携民渡江这件事，使刘备爱民的名声在中原地区广为流传。后人有诗赞之曰："临难仁心存百姓，登舟挥泪动三军。至今凭吊襄江口，父老犹然忆使君。"

这一章中，老子为我们指明了追求"道""德""失"的方法和信心。他说，只要相信"道"，照着做，就自然会得到"道"；反之，就不可能得到"道"。中国第一个封建王朝秦朝，其横扫六国，一统天下，是顺应了老百姓希望天下太平的"道"，可是为什么在短短一二十年里就灭亡了呢？

"秦王扫六合，虎视何雄哉！"前246年，秦王嬴政即位，"奋六世之余烈，振长策而御宇内"，到前221年，七国成一统，国王变皇帝。面对天下一统的壮观局面，嬴政踌躇满志，顾盼自雄，认为自己"德兼三皇，功高五帝"，于是自称"始皇帝"，并希望自己打下的江山能传之一世、二世乃至万世。如果秦朝统治者能"缓其刑罚，薄赋敛，省徭役，贵仁义，贱权利，上笃厚，下智巧，变风易俗，化于海内，则世世必安"尚有可能。但秦始皇却被胜利冲昏了头脑，不仅未能"体民之情，遂民之欲"，反而反其道而行之，"拂民之情，抑民之欲"，在人民和社会需要休养生息的时候，采取了完全相反的政策。

秦统一后，加紧了对劳动人民的租税盘剥。"男子力耕，不足粮饷；女子纺绩，不足衣服。竭天下之财以奉其政，犹未足澹其欲也。"沉重的赋税几乎掠夺了农民仅有的一点财物，而更加繁重的徭役却榨碎了农民的每一根筋骨。秦统一后，"内兴功作，外攘夷狄"，无日不在征发，大量的人力物力，都浪费在无休止的徭役之中。除了沉重的兵役负担外，筑长城、凿灵渠、修驰道、直道，劳民伤财。为统治者生前和死后享乐兴建了离宫别馆，如阿房宫和骊山陵墓等，旷日持久地役使着数以十万、百万计的劳动力。"死者道路相望""死者不可胜数，僵尸千里，流血顷亩"的记载不绝史书。"父不宁子，兄不便弟，政苛刑峻，天下熬然若焦，民皆引领而望，倾耳而听，悲号仰天，叩心而怨上。"为了镇压人民的反抗，秦王朝制定了许多苛刑峻法，其苛虐酷烈，令人发指。如死刑有戮，先加以侮辱再杀掉；弃市，以刀刃刑人于市；磔，凌迟处死于市。见于史籍的还有枭首、车裂、腰斩、体解、剖腹、抽筋等。次于死刑的是肉刑，也有许多种：在脸上打上印记的黥刑，割去鼻子的劓刑，断足的刖刑，使人丧失生殖能力的宫刑，等等。"秦法繁于秋荼，而网密于凝脂"，广大民众甚至到了"摇手触禁"的地步。

前210年，秦始皇去世。他亲自创建了一个庞大帝国，但也亲手埋下了使这个帝国土崩瓦解的炸药。靠阴谋手段登上帝位的秦二世胡亥，把秦始皇政策中最劳民伤财的部分，变本加厉地继续推行下去。秦王朝的残酷统治，激起了天怒人怨，"天下苦秦久矣"。

故而，其根本原因在于没有坚持、没有信守对老百姓的承诺，反而施行一系列的暴政、苛政，正所谓"苛政猛于虎"啊！另一个短命王朝隋朝又何尝不是这样子，因为施行暴政而激起人民的反抗，反观唐朝，遵循道家"无为"的思想，才有了"贞观之治"。

用兵之法不测如阴阳、难知如鬼神，贵在临期应变，难以一定而求。在认知里，军事讲究"奇"，很多战例都是通过诡计获得胜利的，故而众生皆以为兵法不讲诚信，其实不然。军事上讲究赏罚分明、言出必行，这就是诚信的表现。其与兵法上将领的智谋并不矛盾。《握奇经·八阵总述》讲："治兵以信，求圣以奇。信不可易，战无常规。可握则握，可施则施。千变万化，敌莫能知。"意谓统驭部队要有信用，想打胜仗要用奇谋。曾注《孙子兵法》的王皙曰："智者，先见而不惑，能谋虑、通权变。信者，号令一也。仁者，惠附恻隐，得人心也。"意谓统兵要号令统一，必须讲诚信。无论是明代戚继光《练兵实纪杂集·登坛口授》讲的"以寡御众之道，须联数人之心为一心，合数万人之力为一体"，还是明代尹宾商《白毫子兵垒·合》讲的"兵之贵合也。合则势张，合则力强，合则气旺，合则心坚"，都在讲诚信的重要性。

烽火戏诸侯，是发生在西周末年的历史事件。周宣王死后，其子宫涅继位，是为周幽王。当时周室王畿所处之关中一带发生大地震，加以连年旱灾，使民众饥寒交迫、四处流亡，社会动荡不安，国力衰竭。

而周幽王是个荒淫无道的昏君，他不思挽救周朝于危亡，反而重用佞臣虢石父，盘剥百姓，激化了阶级矛盾；又对外攻伐西戎而大败。这时，有个大臣名褒珦，劝谏幽王，周幽王非但不听，反而把褒珦关押起来。褒珦在监狱里被关了三年。褒族人千方百计要把褒珦救出来。他们听说周幽王好美色，正下令广征天下美女入宫，就借此机会寻访美女。在褒城内找到一位姒姓女子，教其唱歌跳舞，并把她打扮起来，起名为褒姒，献于幽王，替褒珦赎罪。

幽王见了褒姒，惊为天人，非常喜爱，马上立她为妃，同时也把褒珦释放了。幽王自得褒姒以后，十分宠幸她，一味地过起荒淫奢侈的生活。褒姒虽然生得艳如桃李，却冷若冰霜，自进宫以来没有笑过一次，幽王为了博得褒姒的开心一笑，不惜想尽一切办法，可是褒姒终日不笑。为此，幽王竟然悬赏求计，谁能引得褒姒一笑，赏金千两。这时佞臣虢石父，替周幽王想了一个主意，提议用烽火台一试。昏庸的周幽王采纳了虢石父的建议，马上带着褒姒，由虢石父陪同登上了骊山烽火台，命令守兵点燃烽火。

一时间，狼烟四起，烽火冲天，各地诸侯一见警报，以为犬戎打过来了，果然带领本部兵马急速赶来救驾。到了骊山脚下，连一个犬戎兵的影儿也没有，只听到山上一阵阵奏乐和歌唱的声音，一看是周幽王和褒姒高坐台上饮酒作乐。周幽王派人告诉他们说，辛苦了大家，这儿没什么事，不过是大王和王妃放烟火取乐，诸侯们始知被戏弄，怀怨而回。褒姒见千军万马召之即来，挥之即去，如同儿戏一般，觉得十分好玩，禁不住嫣然一笑。周幽王大喜，立刻赏虢石父千金。周幽王为此数次戏弄诸侯们，诸侯们渐渐地不再来了。

周幽王为进一步讨褒姒欢心，又罔顾祖宗的规矩，废黜王后申氏和太子宜臼，册封褒姒为后，褒姒生的儿子伯服为太子，并下令废去王后的父亲申侯的爵位，还准备出兵攻伐他。申侯得到这个消息，先发制人，联合缯侯及西北夷族犬戎之兵，于公元前 771 年进攻镐京。周幽王听到犬戎进攻的消息，惊慌失措，急忙命令烽火台点燃烽火。烽火倒是烧起来了，可是诸侯们因几次受了愚弄，这次都不再理会。烽火台上白天冒着浓烟，夜里火光烛天，可就是没有一个救兵到来。镐京守兵本就怨恨周幽王昏庸，不满将领经常克扣粮饷，这时也都不愿效命。犬戎兵一到，便勉强招架了一阵，之后一哄而散，犬戎兵马蜂拥入城，周幽王带着褒姒、伯服，仓皇从后门逃出，奔往骊山。

途中，他再次命令点燃烽火。烽烟虽直透九霄，还是不见诸侯救兵前来。犬戎兵紧紧追逼，周幽王的左右在一路上也纷纷逃散，只剩下一百余人逃进了骊宫。周幽王采纳臣下的意见，命令放火焚烧前宫门，以迷惑犬戎兵，自己则从后宫门逃走。逃不多远，犬戎兵又追了上来，一阵乱杀，只剩下周幽王、褒姒和伯服三人，他们早已被吓得瘫软在车中。犬戎兵见周幽王穿戴着天子的服饰，知道他就是周天子，当场将其砍死。又从褒姒手中抢过太子伯服，一刀杀死，只留下褒姒一人做了俘虏。至此，西周宣告灭亡。

凡古今弈棋者，皆以诚信为本，此乃"道"之所至，亦是"棋"之所求。

康熙皇帝是个围棋迷，一次，康熙率领随从去承德附近的木兰围场打猎，一时棋瘾大发，便与一位大臣对弈起来，很快连胜三局。康熙弈兴未尽，便找了一位棋艺水平高、名叫那仁福的侍卫与之对弈。那仁福棋艺十分高超，一时忘记了对弈者是皇上，只见他攻城略地，势如破竹。旁边观弈的老太监郭继功见皇上的棋输定了，便急中生智地说："皇上，山下发现有猛虎，请您赶紧出猎。"

康熙一听高兴极了，对那仁福说："你在这里等着，待我猎虎回来咱们再续弈。"说着便翻身上马，持弓向山下奔去。山下哪里有什么猛虎，随从们只发现一只梅花鹿。康熙喜欢打猎，是一位老猎手了，凭经验他知道有鹿是不会有老虎的，想必是郭继功看花了眼，把鹿错看成老虎了。实际上郭继功并没有看错，皇上与那仁福在棋盘上厮杀正酣，如果山下有只鹿，他必定不会下山，因此故意说成是猛虎，以引起皇上的兴趣，引他下山，免得棋败后尴尬。好在康熙对猎鹿也很有兴趣。这只鹿跑得很快，康熙奋马紧追，翻过了几座山，康熙才把鹿射获。日子水一般地漫过，转眼间几天又过去了，待他想起了与那仁福下的那盘棋时，才回到原先一起对弈的地方。见那仁福仍跪在棋盘旁，一动也不动。这时，康熙才发觉忠厚守职的那仁福已经死了，十分难过。《论语·为政》中说得好："人而无信，不知其可也。"自此以后，康熙痛定思痛，引以为戒，发誓再也不失信于人了。

围棋手中也有不诚信之人。陈保极，后唐天成年间擢进士第，为秦王李从荣辟为从事。后李从荣急暴而败，擢居三署，历礼部、仓部员外郎。初，桑维翰登第之岁，保极以其短陋，谓之"半人"。后晋高祖时，桑维翰既居相位，将断成其罪，以同列李崧极言而免，贬为卫尉寺丞。寻复为仓部员外郎，竟以衔愤而卒。据《旧五代史·陈保极传》记载："保极无时才，有傲人之名，而性复鄙吝，所得利禄，未尝奉身，但蔬食而已。每与人弈棋，败则以手乱其局，盖拒所赌金钱不欲偿也。及卒，室无妻儿，帷囊中贮白金十铤，为他人所有，时甚嗤之。"

围棋"合弈"文化之"诚信为道，奇正合一"。谱不可尽弈之变，法不可尽战之奇。弈棋讲究奇门遁甲之术，但弈棋者应身正心端，为人应当尊崇道义，诚信为本。

第二十四章　自见者不明，自是者不彰，自伐者无功，自矜者不长

企者不立，跨者不行，自见者不明，自是者不彰，自伐者无功，自矜者不长。其在道也，曰余食赘形。物或恶之，故有道者不处。

前面两章，老子讲述了道路是曲折的、前途是光明的原理，有人疑惑，我们应该如何前进？在这一章中，老子为我们提出了办法。

"企者不立，跨者不行，自见者不明，自是者不彰，自伐者无功，自矜者不长。"踮起脚跟想要站得高，反而站立不住；迈起大步想要前进得快，反而不能远行；自逞己见的反而得不到彰明；自以为是的反而得不到显昭；自我夸耀的建立不起功勋；自高自大的不能做众人之长。

老子认为这些现象都是因为"余食赘形"，也就是说没事吃饱撑着，是急躁炫耀的行为，结果得不偿失，这是世人所厌恶的事情。"故有道者不处"，有道的人是不会这样做的。

汉朝的时候，在西南方有个名叫夜郎的小国家，它虽然是一个独立的国家，可是国土很小，百姓也少，物产更是少得可怜。但是由于邻近地区以夜郎这个国家为最大，从没离开过国家的夜郎国国王就以为自己统治的国家是全天下最大的国家了。有一天，夜郎国国王与部下巡视国境的时候，他指着前方问道："这里哪个国家最大呀？"部下们为了迎合国王的心意，

于是就说："当然是夜郎国最大啰！"走着走着，国王又抬起头来、望着前方的高山问道："天底下还有比这座山更高的山吗？"部下们回答说："天底下没有比这座山更高的山了。"后来，他们来到河边，国王又问："我认为这可是世界上最长的河川了。"部下们仍然异口同声地回答说："大王说得一点都没错。"从此以后，无知的国王就更相信夜郎是天底下最大的国家了。有一次，汉朝派使者来到夜郎，途中先经过夜郎的邻国滇国，滇王问使者："汉朝和我的国家比起来哪个大？"使者一听吓了一跳，他没想到这个小国家，竟然无知地自以为能与汉朝相比。却没想到后来使者到了夜郎国，骄傲又无知的国王因为不知道自己统治的国家只和汉朝的一个县差不多大，竟然不知天高地厚也问使者："汉朝和我的国家哪个大？"这便是"夜郎自大"典故的由来，井底之蛙的夜郎国国王是多么地可笑至极啊！

那么，应该怎么样做才是正确的呢？既然"物或恶之"，那就要顺应"物"。硬要"物"不按规律运行，自然是行不通的。应该遵循量变到质变的规律，一切形式的主观、激进行为都是背道而驰的，结果只会是南辕北辙。只有遵循这个规律，脚踏实地、循序渐进，具有恒心和诚心，才能达到目的。为人处世不可过于虚荣、张扬和妄自尊大。在现实生活中，应该身处闹市而抛却浮华，避免产生自高自大和自我炫耀的心理，应对世界充满感激和敬畏之心。

祢衡，汉末文学家。自幼聪明伶俐，有过目成诵、耳闻不忘之才能，成年后尤显博学多识，但却有不媚豪门、不畏权势、恃才傲物的性格。曹操素有爱才之德，很注重结纳当时的文人名士，孔融也曾多次在其面前对祢衡大加称赞，曹操欲见之，祢衡无意仕途，自称狂病不肯前往，被曹操罚做鼓吏以辱之。祢衡当众脱衣裸体于庭堂之上，换上鼓吏服饰演奏了有名的《渔阳三鼓》，鼓曲章节悲壮，如骂如讽，宾客听了无不慷慨流涕。曹操恼羞成怒，将他遣送刘表，刘表又将他转送江夏太守黄祖，终被杀，时年二十六岁。李白曾诗《望鹦鹉洲怀祢衡》曰："魏武营八极，蚁视一祢衡。"说的是曹操做那么大的事业，可蚁视他的就是一个祢衡。祢衡的人格障碍已使他丧失了自我收敛的能力，同时他的生命态势又极富攻击性，注定和孔融一样，惨遭灭门之灾。从古至今腐儒者大多恃才傲物、有才能不好好体现、自视甚高。

《尉缭子·攻权》言："战不必胜，不可以言战；攻不必拔，不可以言攻。不然，虽刑赏不足信也。信在期前，事在未兆。故众已聚不虚散，兵已出不徒归，求敌若求亡子，击敌若救溺人。险者无战心，战者无全气，斗战者无胜兵。"没有必胜的把握，就不可以轻言作战；没必取的把握，就不可以轻言攻城。否则，即使采取严刑重赏也是不足以令人信服的。威信在于平素树立，事变要在事前预见。所以兵员一经集中，就不能随便解散；军队一经出动，就不能无功而返。寻求敌人要像寻找丢失的孩子那样志在必得，进攻敌人务必要像抢救落水的人那样奋不顾身地迅速行动。

《孙膑兵法》言："胜疏，盈胜虚，径胜行，疾胜徐，众胜寡，佚胜劳。积故积之，疏故疏之，盈故盈之，虚'故虚之，径故径'之，行故行之，疾故疾之，'徐故徐之，众敌众'之，寡故寡之，佚故佚之，劳故劳之。积疏相为变，盈虚'相为变，径行相为'变，疾徐相为变，众寡相'为变，佚劳相'为变。毋以积当积，毋以疏当疏，毋以盈当盈，毋以虚当虚，毋以疾当疾，毋以徐当徐，毋以众当众，毋以寡当寡，毋以佚当佚，毋以劳当劳。积疏相当，盈虚相'当，径行相当，疾徐相当，众寡'相当，佚劳相当。敌积故可疏，盈故可虚，径故可行，疾'故可徐，众故可寡，佚故可劳'。"

周庄王十四年，齐军仗着兵强马壮，侵入鲁境。鲁庄公暂时避开齐军锋芒，撤退到有利于反攻的地方长勺。由于当时战争的胜利，鲍叔牙以下将士都轻视鲁军，认为不堪一击，于是发起声势浩大的向鲁军的攻击战。鲁庄公见齐军攻击鲁军阵地，就要擂鼓下达应战的命令。曹刿劝阻说：齐兵势锐，我军出击正合敌人心愿，胜利没有把握，"宜静以待"，不能出击。庄公遂令鲁军固守阵地，只令弓弩手射击，以稳住阵势。齐军没有厮杀到对手，又冲不进鲁军阵地，反而受到鲁军弓弩猛射而无法前进，只得向后撤退。经过稍事休整，鲍叔牙又下令展开第二次攻击，曹刿劝庄公仍然不要出击，继续固守阵地。齐军攻势虽猛，但仍攻不进阵内，士气不免疲惫，再退回到原阵地。

齐军两次进攻，鲁军都没有应战，鲍叔牙和齐军将领都认为鲁军怯于应战，决定再次发动进攻。于是齐军发起声势浩大的第三次进攻，迅即出现于鲁军面前。曹刿看到这次齐军来势虽猛，但势头没有上两次大，认为出击时机已到，立即向庄公提出反击齐军的建议。庄公亲自擂起战鼓，发出攻击命令，随后鲁军获得了决定性的胜利。战争结束后，鲁庄公向曹刿询问是役取胜的原委。曹刿回答说："用兵打仗所凭恃的是勇气。第一次击鼓冲锋时，士气最为旺盛；第二次击鼓冲锋时，士气就衰退了；等到第三次击鼓冲锋时，士气便完全消失了。齐军三通鼓罢，士气已完全丧尽，相反我军士气却正十分旺盛，这时实施反击，自然就能够一举打败齐军。"

这便是"一鼓作气，再而衰，三而竭"典故的由来，这反映了军事上当我们遇到强大对手的时候，切不可意气用事，与之相抗，而是应该暗自隐晦，待敌士气褪去，再择机与之决战。

《宋朝事实类苑》记载：杨大年文采过人，每于作文之时，常与宾客幕僚们饮酒下棋、说笑喧哗，同时手中运笔如飞，文不加点。据说有一次，杨大年刚下完棋，就忙着去起草一份致契丹的文书，上呈宋真宗。文中有"邻壤交欢"一句，皇帝看罢，不太满意，乃提笔将其改为"邻境"。唐宋时期的官场，有一个潜规则：学士所作之文书，呈上去之后，假如皇上有文字方面的改动，那么这位学士就是不称职的，会被同僚嘲笑。杨大年此人傲气冲天，被宋真宗改了一个字，自觉没有面子，遂于次日就坚决辞职了。杨大年恰恰是反面的一个典型，懂棋，却不知棋，更不知围棋所寓意的为人处世之道。

围棋"合弈"文化之"暗自隐晦，低调行事"。低调做人，往往是赢取对手的资助、最后不断走向强盛、伸展势力再反过来使对手屈服的一条有用的妙计。大度睿智的低调做人，有时比横眉冷对的高高在上更有助于问题的解决，弈棋者当予以谨记。

第二十五章　人法地，地法天，天法道，道法自然

> 有物混成，先天地生。寂兮寥兮，独立而不改，周行而不殆，可以为天地母。吾不知其名，强字之曰道，强为之名曰大。大曰逝，逝曰远，远曰反。故道大，天大，地大，人亦大。域中有四大，而人居其一焉。人法地，地法天，天法道，道法自然。

中华文化，自伏羲一画开天到孔子集其大成。老子之《道德经》以其本源、玄妙、高明、博大的观点来解说易道，将天道、地道、人道的先天本有合称为"道"，与儒家的"欲知人不可以不知天"的理论相呼应，也符合《易经》中所说的"一阴一阳谓之道"。正所谓"道生一，一生二，二生三，三生万物"。

"道"的表现形式是什么样子的？老子在这一章中做了说明。"独立而不改，周行而不殆，可以为天地母。"不依靠任何外力而独立长存永不停息，循环运行而永不衰竭，可以作为万物的根本，具有物质性。

我们前面讲过，道家将宇宙的起源归结于"一"的开始，这个"一"就是我们所说的"道"。老子提出天地之母为道，"道"的不断发展被称为"大"，"大"的继续发展被称为"逝"，"逝"的继续发展被称为"远"，"远"的继续发展被称为"反"，而"反"的意思是指返回到原状。如此又开始新一轮的继续发展，这就是道家的循环往复的道理。

那么，道、天、地、人在其中是什么样的角色呢？"域中有四大，而

人居其一焉。人法地，地法天，天法道，道法自然。"道的本质是小，但是，道是宇宙的缩影，宇宙万物无不由道生成，所以道就是宇宙。道与天地相比，道为大。天与地相比，天为大。地生万物，地与万物（人）相比，地为大。人受制于地，地受制于天，天受制于道。因此，人要遵循道、天、地的自然规律，更要遏制住欲望，这样一切就自然了。

什么是欲望？欲望与生俱来，作者认为是对事物的一种贪求，绝不是正常的需求。那么贪求会怎么样呢？正常的人的欲望会让自己丧失理智，迷失方向，重者"精尽人亡"。如何遏制住欲望，老子提出"见欲而止为德"，就是要一见到欲望，就要马上止住。就好比吸毒，有些人总觉得吸一点没事的，可到最后有了毒瘾，再戒也来不及了。清代学者陈伯崖写的对联中有这样一句话"人到无求品自高"，无求和无为的解释是一样的，不是不求，而是不要贪求，不要为了名利，而不择手段、不惜一切，否则，结果只会南辕北辙，适得其反。我们现在的很多官员亦是如此，从收受小恩小惠开始，慢慢地变成巨贪，结果被开除了工作，到头来锒铛入狱，钱财丧尽，妻离子散，家破人亡。

遵循道家思想提倡的规律是历代军事家行军打仗的必然要求。《吴起兵法》指出："夫道者，所以返本复始。"道，是用来返回万物本源、恢复人的本性的。《司马法》仁本篇记载："天子之义，必纯取法天地。"天子要行为适宜，就必须完全依循天地之道行事。《孙膑兵法·八阵篇》讲："知道者，上知天之道，下知地之理，内得其民之心，外知敌之情。"即懂得天文地理，熟知季节变化和自然地形地貌，得到百姓支持，并对敌情了如指掌，这些都属于他所说战争规律掌握的范畴。其中，能否得到民心才是关键，其《兵失篇》说战争不能取胜的"大患"就在于"不能合民心者也"。

兴平元年，曹操以为父报仇为名再度攻打徐州，徐州牧陶谦不能抵挡曹操的进攻，便向青州刺史田楷求救。田楷与刘备一起前往救援，刘备自有兵千余人及幽州乌丸杂胡骑，又得饥民数千人，到徐州后，陶谦又给刘备增丹杨兵四千，刘备于是又归属陶谦。而此时张邈、陈宫叛迎吕布，攻打曹操，曹操根据地失陷，只得回兵兖州。陶谦表刘备为豫州刺史，叫他驻军在小沛。兴平二年，陶谦病重，对别驾麋竺说："非刘备不能使徐州安定。"陶谦死后，麋竺率徐州人民迎接刘备做太守，刘备不敢接受。在陈登、孔融的再三劝说下，刘备遂领徐州。历史上便有了"刘备三辞徐州"的故事。

在这则故事中，很多学者认为这体现了刘备的仁义。但作者并不苟同，而是认为刘备没有顺道而行。我们前面讲过，天地是不仁的，何况是战乱的时候。刘备起初不接受徐州，是为了博取仁义忠厚之名，收买人心。接着众人再请其接徐州牧，推三阻四，其实源自其对当时情势的清醒认识。当时的徐州战略地位是极其重要的，各路诸侯可以说对其是垂涎欲滴，不但曹操虎视眈眈、兵锋相向，就连邻近的袁术、吕布、袁绍等人也在觊觎这个战略要地。刘备接了这个烫手山芋，只怕是把自己放在火炉上烤，说不准就是引火烧身。但最终徐州对刘备的诱惑战胜了刘备心中的理智，接受徐州大权，担任徐州牧。可是好景不长，刘备占据徐州后，先后遭到曹操、吕布、袁术的进攻，就连原来陶谦的部下曹豹也反叛了。最终，刘备在徐州难以立足，不得不退出徐州，依附于袁绍、刘表等。

首先，围棋象天法地，以分阴阳，是对宇宙自然现象最形象且最具体的阐述和表达。其次，围棋"体希微之趣，含奇正之情""任其自然，而与物无竞"，也是对自然之道最精微、最准确的把握和体认。最后，围棋当断则断、须长则长，顺势而为、自然而行，更是对自然之理最本质、最严格的效法和遵循。

王十朋，以"揽权"中兴为对，被宋高宗亲擢为进士第一（状元），南宋著名政治家、诗人，爱国名臣。王十朋少时颖悟强记，七岁入塾，十四岁先后在鹿岩乡塾、金溪邑馆、乐清县学读书，学通经史，诗文名闻远近。少时就有忧世拯民之志，十七岁"感时伤怀"，悲叹徽、钦二帝被掳，宋室被迫南迁，十九岁时写出"北斗城池增王气，东瓯山水发清辉"的名句。其才华震动了浙南的诗坛。

王十朋嗜弈棋，却自言不善于弈棋。然而在与当时棋坛赫赫有名的棋手孙先觉、万大年、林大和弈棋时，却能"偶逢孙万林，三战辄三捷"，局局为赢。王十朋在《大年和棋诗复次前韵》中言："君棋如龙且，初笑韩信怯。我棋似公瑾，赤壁真横捷。但知贪旁角，不觉攻背胁。主人本无竞，胜负两俱惬。嘉宾倪再集，鏖战定谁厌。新篇尤逼人，我辈徒劫劫。"王十朋刚开始与他们三个高手过招，是有怯意的。后占据优势时也不咄咄逼人，而是遵循弈棋的规律，循序渐进，不求局部之功，故而最后以少胜多，战胜了贪图角部的王大年，浑然成之。

后王十朋历任地方官职，其弈棋思想始终贯穿在他的为官为民之道中，得到百姓的爱戴，每离开一处到下一处任职，百姓都万般不舍。其先后移至夔州（今四川奉节县境）、湖州、泉州。任内抑强扶弱，救灾除害，深得百姓爱戴。从饶州调夔州时，饶地百姓为挽留他，甚至断桥截路，只得间道离去。调湖州时，夔民越境涕泣相送，还建生祠留念。为官时，每以诸葛亮、颜真卿、寇准、范仲淹自比，朱熹、张栻皆雅敬之，称赞他"光明正大，磊落君子也"。

围棋"合弈"文化之"循序渐进，浑然成之"。做每一件事情都需要经历一个过程，一口吃不成胖子，需要把眼光放远，谦虚谨慎、小心翼翼，一步步扎扎实实地推进，到最后自然会浑然成之。因此无论弈棋还是治国理政、为人处世，都要耐得住寂寞，耐得住孤独，不贪图热闹，不贪图一时成就。

第二十六章　轻则失根，躁则失君

重为轻根，静为躁君。是以君子终日行不离辎重，虽有荣观，燕处超然。奈何万乘之主，而以身轻天下？轻则失根，躁则失君。

本章讲了道家的一个重要观点，即修身是一切的根本，它比优越的物质条件更重要。老子从治身之道过渡到治国之道，谨慎地分析了重与轻、静与躁的关系，阐明了治国者应该以民为国家之根、德为治国之本的道理。

何谓"轻则失根，躁则失君"？其意是指轻率就会失去根本，急躁就会丧失主导。这句话后来演变成了儒家的"中庸之道"。老子告诫我们，一个事物有两个不同的方面，对应的将是两个不同的结果。人们看到"荣光"的时候，就要超越这个"荣光"而看到"耻辱"，在处于好的状态的时候，就要超越这个好的状态而看到不好的状态。就像我们的父辈提醒我们节约的时候，说"有"的时候要想想"没"的时候。常言道："人无远虑必有近忧。"老子的这段话不仅有近忧，还有远虑。既要看到眼前可能存在的不足，还要看到将来可能存在的不足。这是老子独特的眼光和格局，告诫世人，要有忧患意识。

明朝开国皇帝朱元璋称帝后，封汤和为信国公。可随着年龄的增大，朱元璋的猜疑心越来越重，总觉得身边的功臣们想要谋害于他，这种情况在太子朱标死后变得更加严重，朱元璋仿佛变了一个人。他要给小皇孙朱允炆铺路，便开始有计划地清除旧功臣。于是有了后来的蓝玉案和胡惟庸案，牵连人数高达三万余人，就连在外征兵远战的汤和、徐达等人也有所耳闻，众人无一不提心吊胆，生怕自己是下一个。到了晚年，朱元璋在徐达、李文忠病逝后逐渐收回兵权。汤和洞察到了他的心思，便主动提出告老还乡，交出兵权，要了纳妾百名的赏赐，看似是"老不正经"，实则是用"自污"的方式表示自己的胸无大志，以谋得一条活路。无论是朱元璋的杀害功臣还是汤和的自污隐退，其实都是忧患意识的一种表现，尤其是汤和，表现出了一种大智若愚的智慧。

那么如何长期铭记"轻则失根，躁则失君"的教训呢？老子提出了"是以君子终日行不离辎重，虽有荣观，燕处超然"的观点。"辎"指的是长途旅行时必须携带的衣物或者军士出征时必须携带的军用器械、粮草和营帐等。老子这里用了隐喻的手法，意思是君子虽然天天在行事，却从来不轻举妄动，而是谨慎考虑后再行动，绝不会表现出轻率、急躁的样子。为什么君子可以做到不轻率、不浮躁呢？这是因为一方面他们顺应了天道，另一方面在于时时刻刻谨记着自己应顺应天道，不能随心所欲、胡作非为。即便是安逸的环境也不能沉溺于其中。

齐文宣帝高洋在武定八年，迫东魏孝静帝禅位，登基称帝，改国号为齐，史称"北齐"。在位初期，齐文帝励精图治，厉行改革，劝农兴学，编制齐律。重用杨愔等相才，删削律令，并省州郡县，减少冗官，严禁贪污，注意肃清吏治；前后筑北齐长城四千里，置边镇二十五所，屡次击败柔然、突厥、契丹，出击萧梁，拓地至淮南。征伐四克，威震戎夏。投杯而西人震恐，负甲而北胡惊慌，怀有圣主风范，被突厥可汗称为"英雄天子"，为北齐一代英主。但执政后期以功业自矜，纵欲酗酒，残暴滥杀，大兴土木，赏罚无度，最终饮酒过度而暴毙，年仅三十四岁。

《孙子兵法》九变篇中讲道："故将有五危：必死，可杀也；必生，可虏也；忿速，可侮也；廉洁，可辱也；爱民，可烦也。凡此五者，将之过也，用兵之灾也。覆军杀将必以五危，不可不察也。"将帅有五种致命弱点：有勇无谋，只知死拼，就可能被敌诱杀；临阵畏怯，贪生怕死，就可能被敌俘虏；急躁易怒，一触即跳，就可能受敌凌辱而妄动；廉洁而爱好名声，过于自尊，就可能被敌侮辱而失去理智；溺爱民众，就可能被敌烦扰而陷于被动。这五点是将帅易犯的过失，是用兵的灾害。军队的覆灭、将帅的被杀，都是由于这五种致命弱点造成的，这是做将帅的人不可不充分注意的。

张飞，三国时期蜀汉名将。张飞勇武过人，与结拜兄弟关羽并称为"万人敌"。而这位当阳桥厉声大喝、曹军无人敢逼近的一代名将恰恰死于自己急躁的脾气。221年，刘备称帝，张飞被封为车骑将军，领司隶校尉，进封西乡侯。同年六月，刘备为关羽报仇，出兵伐吴，让张飞从阆中出兵江州。张飞敬爱君子但从不体恤士卒，刘备常常告诫他："你经常鞭打士兵，但之后还让他们在你左右侍奉，这是取祸之道。"果然，有一天，张飞下令三日内制办白旗白甲，三军挂孝伐吴。范疆、张达告诉张飞："白旗白甲，一时无可措置，须宽限才可以。"张飞大怒，喝道："我急着想报仇，恨不得明日便到逆贼之境，你们怎么敢违抗我作为将帅的命令！"命武士把二人绑在树上，每人鞭打五十下，打得二人满口吐血。打完之后，用手指着二人说："明天一定要全部完备！如果违了期限，就杀你们两个人示众！"二人回到营中便商议如何杀死张飞。张飞这天夜里喝得大醉，卧在帐中。范、张二人探知消息，初更时分，各怀利刃密入帐中，把张飞给杀了。当夜，二人拿着张飞的首级，逃到东吴投奔孙权去了。陈寿评价其："羽报效曹公，飞义释严颜，并有国士之风。然羽刚而自矜，飞暴而无恩，以短取败，理数之常也。"

三国时期，魏国、吴国的围棋活动盛行。其中就发生过曹丕下棋毒死曹彰的故事。曹彰，三国时期曹魏宗室将领，魏武帝曹操与武宣卞皇后所生第二子、魏文帝曹丕之弟、陈王曹植之兄。曹彰武艺过人，曹操问诸子志向时自言"好为将"，因此得到曹操的赞赏。其胡须为黄色，被曹操称为"黄须儿"。弱冠前喜搏猛虎，臂力过人、不善文章。

据《世说新语·尤悔》记载："魏文帝忌弟任城王骁壮。因在卞太后阁共围棋，并啖枣，文帝以毒置诸枣蒂中，自选可食者而进；王弗悟，遂杂进之。既中毒，太后索水救之；帝预敕左右毁瓶罐，太后徒跣趋井，无以汲，须臾遂卒。复欲害东阿，太后曰：'汝已杀我任城，不得复杀我东阿！'"指的是魏文帝曹丕猜忌他的弟弟任城王曹彰勇猛刚强。趁在卞太后的住房里一起下围棋并吃枣的机会，文帝先把毒药放在枣蒂里，自己挑那些没放毒的吃；任城王没有察觉，就把有毒、没毒的混着吃了。中毒以后，卞太后要找水来解救他；可是文帝事先命令手下的人把装水的瓶罐都打碎了，卞太后匆忙间光着脚赶到井边，却没有东西打水，不久任城王就死了。魏文帝又要害死东阿王，卞太后说：“你已经害死了我的任城王，不能再害我的东阿王了！”在这则故事中，我们可以看出一介武夫的曹彰性格大大咧咧，身在朝堂，内心急躁，争夺名利，却处事不谨慎，曹丕就是利用了曹彰的这一弱点，毒死了他。

另有一趣事，据《李讷弄棋息怒》记载：“李讷仆射性卞急，酷尚弈棋，每下子安详，极于宽缓。往往躁怒作，家人辈则密以弈具陈于前，讷睹便忻然改容，以取其子布弄，都忘其恚矣。”仆射李讷性情急躁，却非常注重下棋，每次下棋都非常安静温和，宽舒缓和到了极点。只要他一开始急躁发怒，家里的那些人就悄悄把棋盘放在他面前，李讷看到了就立刻露出高兴的神情，拿出他的棋子开始布局下棋，甚至忘记了他生气的事。这则故事说明，作为“忘忧”的围棋不仅可以让人们进行精神上的交流，还可以改变人的性情。李讷当时已经是做到类似于宰相的官职，但是还是没有改变其急躁的脾气。最后却是围棋让他能够立刻就变得安静温和，宽舒缓和到了极点，再次说明了围棋可以使人静心，舒缓心情，释放压力，培养性情。

班固《弈旨》所言的“外若无为”“静泊自守”“隐居放言，远咎悔”，就是告诉世人要不谈世事，远离祸患，远离追悔过失。

《棋经十三篇》之《审局》讲道：“夫弈棋布势，务相接连。自始至终，着着求先。临局交争，雌雄未决，毫厘不可以差焉。局势已赢，专精求生。局势已弱，锐意侵绰。沿边而走，虽得其生者，败。弱而不伏者，愈屈。躁而求胜者，多败。两势相违，先蹙其外。势孤援寡，则勿走。机危阵溃，则勿下。是故棋有不走之走，不下之下。误人者多方，成功者一路而已。能审局者多胜。《易》曰：‘穷则变，变则通，通则久。’”说到下棋布置阵势，务必在整体上连成一气。自始至终，着着求先。一旦面对棋盘较量高下，胜负未分，一毫一厘的差错也不能出。如果大局已占上风，则一心一意地求生；如果大局已处于劣势，那就勇往直前地侵占对手的棋路。顺着边缘走棋，即使活了，也仍旧不免失败。处于劣势而不承认，局面将更加难以挽回。心情急躁，一味求胜，这样的人，大多都会失败。双方相互围攻的时候，先压迫对手的外部。倘若被围而又势孤援少，就不要逃跑了；倘若机危阵溃就不要下了。所以，围棋中有"不走之走""不下之下"的说法。使人犯错误的可能性是多种多样的，但通向成功的路却只有一条，只有那些仔细了解棋局特点、认真估计情况变化的人，才能经常得胜。《易·系辞下》说：事物处于穷尽即须改变，改变然后能开通，开通才能久长。

围棋"合弈"文化之"弈能养心，切勿急躁"。通过包含人性元素的纹枰对弈，不仅可以给人带来情绪的释放，还能让人感受到无穷的乐趣，帮助喜爱它的人充分展现自我、超越自我。只要用心体会、真诚感悟，甚至可以助力实现事业和人生的双丰收。

第二十七章　不贵其师，不爱其资，虽智大迷，是谓要妙

善行，无辙迹；善言，无瑕谪；善数，不用筹策；善闭，无关楗而不可开；善结，无绳约而不可解。是以圣人常善救人，故无弃人；常善救物，故无弃物。是谓袭明。故善人者，不善人之师；不善人者，善人之资。不贵其师，不爱其资，虽智大迷，是谓要妙。

"道德"是宇宙的本质特征。"道"是起源的、宏观的，"德"是心法的、内在的。老子从内外、大小、始终、有无等方面来阐述这世间的运行法则和为人处世的诀窍，那就是要掌握"道德"的本质。

如何为"善"？这个"善"是擅长的意思，是一种计谋和诀窍。"善行，无辙迹；善言，无瑕谪；善数，不用筹策；善闭，无关楗而不可开；善结，无绳约而不可解。"善于行走的，不会留下辙迹；善于言谈的，不会出现过失；善于计数的，用不着竹码子；善于关闭的，不用门闩也能让人打不开；善于捆缚的，不用绳索就能让人解不开。

老子在这一章的论述和前面一样，通过举例的手法向我们讲述了善巧的作用和功能，这就解答了什么是"道"。"道"既是一种境界、一种哲学，更是一种方法论。在做到不妄为的同时，更要掌握正确的方法。

"是以圣人常善救人，故无弃人；常善救物，故无弃物。是谓袭明。"

因此，圣人经常挽救人，所以没有被遗弃的人；经常善于物尽其用，所以没有被废弃的物品。这就是内藏的智慧啊！

反之，"不贵其师，不爱其资，虽智大迷，是谓要妙"。不尊重自己的老师，不爱惜他的借鉴作用，虽然自以为是，自作聪明，其实是大大的糊涂。这就是精深微妙的道理啊。这段话是老子在总结前面的"善"之后，提出了要懂得尊师重教，要懂得"三人行必有我师焉"的道理，这也是"道德"的精髓所在。

自古以来，"名师"易求，但"明师"难求，为此更要用心去求。当年轩辕黄帝为了治理天下，遍求天下明师，一直寻到第七十二位，才遇到了广成子。广成子只给了黄帝"道政合一"四个字。

庄子《徐无鬼》中讲了徐无鬼见魏武侯的故事。徐无鬼经过女商的引荐见到了魏武侯，魏武侯慰劳徐无鬼说："先生病矣，苦于山林之劳，故乃肯见于寡人。"魏武侯自以为自己高高在上，接见徐无鬼是看得起徐无鬼。结果徐无鬼的一番话让魏武侯"超然不对"怅然若失，无言以对。徐无鬼说："我则劳于君，君有何劳于我！君将盈耆欲，长好恶，则性命之情病矣；君将黜耆欲，牵好恶，则耳目病矣。我将劳君，君有何劳于我！"直接点出了魏武侯的弊病。

本章的重点在于强调尊师重教，讲究做事的方法很重要。事情无论大小，都有一定的规律。遵照规律办事不仅容易办到且不会出错。因此，学习和掌握做事方法很重要。而学习就需要拜师，你要学会种田就要向老农学习，你要攻读《道德经》，就要向老子、庄子学习，正如韩愈《师说》言："古之学者必有师。师者，所以传道授业解惑也。……孔子师郯子、苌弘、师襄、老聃。……古之圣人，其出人也远矣，犹且从师而问焉；今之众人，其下圣人也亦远矣，而耻学于师。"中国自古以来就有尊师重教的优良传统，远古的时候，人们互相交换弟子来教育，后来人们背着书籍去从师，到了如今，人们聘请老师来教育子弟。上至公卿大夫，下至庶民百姓，无论是治国之道，还是巫医百工，无一不拜师，无一不授业。世人应该懂得不可生而无父，更应该懂得不可学而无师！

前521年春，孔子得知他的学生宫敬叔奉鲁国国君之命，要前往周朝京都洛阳去朝拜天子，觉得这是个向周朝守藏史老子请教礼制学识的好机会，于是征得鲁昭公的同意后，与宫敬叔同行。到达京都的第二天，孔子便徒步前往守藏史府去拜望老子。正在写《道德经》的老子听说誉满天下的孔丘前来求教，赶忙放下手中刀笔，整顿衣冠出迎。孔子见大门里出来一位年逾古稀、精神矍铄的老人，料想便是老子，急趋向前，恭恭敬敬地向老子行了弟子礼。进入大厅后，孔子再拜后才坐下来。老子问孔子为何事而来，孔子离座回答："我学识浅薄，对古代的'礼制'一无所知，特地向老师请教。"老子见孔子这样诚恳，便详细地抒发了自己对礼制的见解。回到鲁国后，孔子的学生们请求他讲解老子的学识。孔子说："老子博古通今，通礼乐之源，明道德之归，确实是我的好老师。"同时还打比方赞扬老子，他说："鸟儿，我知道它能飞；鱼儿，我知道它能游；野兽，我知道它能跑。善跑的野兽我可以结网来逮住它，会游的鱼儿我可以用丝条缚在鱼钩来钓到它，高飞的鸟儿我可以用良箭把它射下来。至于龙，我却不能够知道它是如何乘风云而上天的。老子，他就是龙！"

　　宋朝的时候，有一位有学问的人，名叫杨时，他对老师十分尊重，一向虚心好学。"程门立雪"便是他尊敬老师、刻苦求学的一段小故事。杨时在青少年时代，就非常用功，后来中了进士，他不愿做官，继续访师求教，钻研学问。当时程颢、程颐兄弟俩是全国有名的学问家。杨时先是拜程颢为老师，学到了不少知识。四年后，程颢逝世了。为了继续学习，他又拜程颐为老师。这时候，杨时已经四十岁了，但对老师还是那么谦虚、恭敬。有一天，天空浓云密布，眼看一场大雪就要到来。午饭后，杨时为了找老师请教一个问题，约了同学游酢一起去程颐家里。守门人说，程颐正在睡午觉。他们不愿打扰老师的午睡，便一声不响地立在门外等着。天上飘起了鹅毛大雪，越下越大。他们站在门外，雪花在头上飘舞，凛冽的寒气冻得他们浑身发抖，他们仍旧站在门外等着。过了好长时间，程颐醒过来了，这才知道杨时和游酢在门外雪地里已经等了好久，便赶快叫他们进来。这时候，门外的雪已经积得有一尺多深了。杨时这种尊敬老师的优良品德，一直受到人们的称赞。正由于他能够尊敬师长，虚心向老师求教，学业才进步很快，后来终于成为一位全国知名的学者。四面八方的人，都不远千里地来拜他为老师，尊称他为"龟山先生"。

　　根据史书所载，举凡历史名将，皆毕生好学，甚至在兵马倥偬、辗转征战的日子里，仍手不释卷；即使是功成名就后，仍以历来名将的作战经验作为借鉴。所以，渊博的知识是将帅们韬略的基础、计谋的来源、克敌制胜的良策。如此，在战争中可针对不同的条件、不同的敌情、不同的地形，选用不同的战法，以获取胜利。凡是领兵作战者，皆应该深刻理解老子"尊师重教"的思想理念，要学习古往今来兵家之大成，真正悟得兵家要义，才能治军有方、行军有策、领兵有谋。无论是周文王请教姜尚，还是魏文侯请教吴子，都体现了兵法对于君王的重要性。

　　王诩，战国时期传奇人物，著名谋略家、纵横家的鼻祖，兵法集大成者，诸子百家之纵横家创始人，相传其额前四颗肉痣，成鬼宿之象。精通百家学问，因隐居在云梦山鬼谷，故自称"鬼谷先生"，即鬼谷子。常入山静修，他被上天赐予通天彻地的智慧，深谙自然之规律、天道之奥妙，被后世尊为"谋圣"。在文化史上，鬼谷子是与孔子、老子并列的学术大家。他隐于世外，将天下置于棋局，培养了苏秦、张仪、孙膑、庞涓等多位精英，其弟子出将入相，左右列国存亡，推动着历史的走向。其《鬼谷子》《本经阴符七术》等重要作品被后世称为"智慧禁果，旷世奇书"，被历代列为禁书。

　　元末明初著名诗人、文学家高启是一个棋痴，他时常观看别人下棋，这种学习精神被后人所推崇。其诗《观弈图》言："错向山中立看棋，家人日暮待薪炊。如何一局成千载，应是仙翁下子迟。"

　　围棋典籍是弈棋者的心血，成为后世弈棋者学习和借鉴参考的重要资料。在围棋方面，古往今来拜师学艺的也很多。例如《棋经十三篇》之《度情》为后人如何学习弈棋及学习什么做了阐述，讲道："人生而静，其情难见；感物而动，然后可辨。推之于棋，胜败可得而先验。持重而廉者多得，轻易而贪者多丧。不争而自保者多胜，务杀而不顾者多败。因败而思者，其势进；战胜而骄者，其势退。求己弊不求人之弊者，益；攻其敌而不知敌之攻己者，损。目凝一局者，其思周；心役他事者，其虑散。行远而正者吉，机浅而诈者凶。能畏敌者强，谓人莫己若者亡。意旁通者高，心执一者卑。

语默有常，使敌难量。动静无度，招人所恶。《诗》云："他人之心，予时度之。'"人来到这个世界上，本来是静态的，其所思所虑，难于发现，但一与外界事物接触，便产生喜怒哀乐等反应，然后才能清楚地加以辨析。根据这一道理来推测下棋，胜败也是可以预先观察出的。其法则是：谨慎、稳重而不贪的，多得；轻视随便而贪婪的，多失。不贸然相争而加强防御，多胜；一味杀夺而不顾后果的，多败。因为失败而回想、检查其错误的，棋艺能够长进；因为胜利而骄傲自满、洋洋得意的，棋艺必然减退。寻求自己的毛病而不寻求他人的毛病，对己有利；只顾攻击对手而不知道对手在进攻自己，对己有害。注意力高度集中在棋局上，其思虑必然周密；心灵为种种杂事所纠缠，其思虑必然散缓。目标远大而且正直，吉利；心机浅隘而奸诈，不吉利。能够承认对手的实力的，是强大的人；以为他人不如自己的，灭亡。掌握了关于某一事物的知识，从而能推知同类中其他事物的，棋艺高；固执不变，迂执到愚蠢地步的，棋艺低。说话和沉默保持常态，使对手难以测度。行动与静止没有分寸，只能招致他人的厌恶。

围棋"合弈"文化之"师从他人，贵在学之"。术业有专攻，闻道有先后。孔子说："三人行必有我师焉。"任何行业都有一个技艺传承的过程，围棋也不例外。弈棋者应从前人典籍中学会弈棋的格局、智慧、谋略和哲理，这样才能在前人的基础上实现技艺的提升和创新。

第二十八章　知其白，守其黑，为天下式

> 知其雄，守其雌，为天下溪。为天下溪，常德不离，复归于婴儿。知其白，守其黑，为天下式。为天下式，常德不忒，复归于无极。知其荣，守其辱，为天下谷。为天下谷，常德乃足，复归于朴。朴散则为器，圣人用之，则为官长，故大制不割。

　　本章其实是老子的法治思想。老子提出了"雄雌、白黑、荣辱"来说明这世间事物都是有两面性的，我们不能只关注好的一面，还应该关注不好的一面。我们应该怎么办呢？做"天下溪、天下式、天下谷"，甘愿为溪涧、楷模、深谷，即我们要像水一样柔绵万物，像楷模一样为人表率，像深谷一样包容一切。我们既要让人们崇尚高贵，达到"道德"的境界，也要尊重通过法律去保护弱势群体，当然这里的弱势群体不是指物质上的，而是指离"道德"境界比较远的。

　　法律是道德的底线，法律应当关注卑贱，为天下填平高贵和卑贱的鸿沟。为天下填平高贵和卑贱的鸿沟，法律才具有"常德乃足，复归于朴"的特性。

　　道与法治是什么关系？《尹文子》记载："道不足以治则用法，法不足以治则用术，术不足以治则用权，权不足以治则用势。势用则反权，权用则反术，术用则反法，法用则反道，道用则无为而自治。故穷则徼终，徼终则反始。始终相袭，无穷极也。"在尹文子看来，法治只是在特殊环

境下的一种手段，道在法治过程中起了指导和引领的作用，法治是道在治国理政中的具体实践和应用，法治的最终归宿还是道。

战国时期，政治名人喜欢养士。养士的标准也不一样，有的喜欢社会精英，有的讲究数量，还有的不论能力高低，一律平等对待，孟尝君养士就属于最后这种。遭受齐湣王排挤的孟尝君受秦昭王的邀请奔赴秦国。可是到了秦国后，秦昭王被小人教唆，将孟尝君关了起来。于是，孟尝君开始了其脱身历程。先是找到了秦昭王最宠幸的燕姬，望其劝说秦昭王放他回去，可燕姬要孟尝君将至宝银狐裘赠送于她，而这件银狐裘早已送给秦昭王了。孟尝君手足无措，不知如何是好，这时他的一个谋士说他有善偷的本领，果真在夜幕掩盖之下，在王宫之中偷回了银狐裘，送给了燕姬。孟尝君最后在燕姬的帮忙下，得到了秦昭王的赦令。孟尝君得到赦令后，又怕小人谗言、秦昭王反悔，于是急匆匆逃出咸阳城，到了函谷关下。此时，天未亮，鸡没有打鸣是不可以开关门的。孟尝君焦急万分，此时手下一名门客说他会学鸡叫，可使得秦人误以为是真的鸡叫，打开关门。孟尝君大喜，同意了他这个做法。最后，那个门客惟妙惟肖地学起了鸡叫，函谷关的秦兵听见鸡叫，遂开了关门，孟尝君顺利出关。此时，秦昭王的侍卫果真已经拿着秦昭王反悔的手令来抓孟尝君，可惜晚了一步。这则故事中，孟尝君相信天生我材必有用，对待自己的门客人人平等，视如己出。

那么什么样子的法律才能实现上面所说的功能和作用呢？老子提出了"朴"的概念。什么是"朴"？意为保护弱者，战胜邪气，回归到婴儿般的自然状态。因此，老子的法治思想在于通过法律来外在约束人们，致使人们达到"道德"的境界，这应该是全世界最早的法治思维。在道家学说中，修炼心法、自我进化是主要的，法治外在约束是辅助的，这就是"内化于心，外化于行"的来源。老子的这一辩证思想影响了后期的儒家和法家学派的思想。

东周末年，春秋战国，世道混乱，各种学说百家争鸣，精彩纷呈。儒家思想提倡的仁义道德是行不通的，因为当时的人们还处在生死边缘，吃不饱、穿不暖，天下混战，百姓岂会讲仁义道德。倒是为法家和兵家登上历史舞台创造了机会，孙武的《孙子兵法》，以及管仲、商鞅变法都是这一时期产生的。到了汉唐，天下太平，两朝君王贯彻道、儒两家思想，实现了盛世。

在军事上，法治思想的最佳体现就是军令和军政。何谓"军令"？我们常说军令如山。宋代释惟一在《偈颂一百三十六首》中将军队的军令比作皇帝的圣旨，言："寰中天子敕，塞外将军令。"在中国五千年文明中，军令文化也得到了发展。例如中国古代有个成语叫"三令五申"，这其实说的就是军令，出自《史记·孙子吴起列传》："吴王出宫中美女得百八十人；孙子分为二队；……乃设铁钺，即三令五申之。"宋代曾公亮撰《武经总要》，曾对"三令五申"有明确记载："所谓三令，一令观敌之谋，视道路之便，知生死之地；二令听金鼓，视旌旗，以齐其耳目；三令举斧钺，以宣其刑赏。所谓五申：一申赏罚，以一其心；二申视分合，以一其途；三申画战阵旌旗；四申夜战听火鼓；五申听令不恭，视之以斧钺。"很多兵书中都对军令有各种表述，例如《六韬·龙韬·立将》言："军中之事，不闻君命，皆由将出，临敌决战，无有二心。"军队中，不听国君的号令，而只听将帅的号令，这样在与敌军决战时，就不会有不知所从的事情发生，强调了军令的重要性。《孙子兵法》言："将在外，君命有所不受。"意思是指将领远征在外可以应急作战，不必事先请战或等待君主的命令再战。

军队要步调一致，令行禁止，离不开严明的军纪。而严明的军纪又必须依靠赏与罚这两种手段来保障。赏与罚的原则是公正严明，罚不避亲，赏不避过，"刑上极，赏下通"。唐朝开国皇帝李渊在运用奖赏手段方面做得颇为成功。

隋朝末年，天下纷扰，群雄并起，各霸一方。镇守太原的李渊乘机起兵，与群雄争夺天下。其所属州县陆续响应，广大民众纷纷前来应募，旬日之间就招募了一万多人。李渊对这些人不分贫富贵贱，统统以义士相称。由于李渊平等待人，部队很快发展到三万多人，且部队内部和睦相处，关系融洽，大家和衷共济，团结一心。

617年，李渊留下四子元吉镇守太原，亲率三万人马向隋都大兴进军。进至山西霍邑时，遇到隋将宋老生的抵抗。当时阴雨连绵，道路泥泞，粮饷供应困难，加上传来突厥进攻太原的消息，李渊顾虑重重，打算回师太原，待机再举。在一部分兵力已开始北撤时，李世民说服李渊收回了撤兵的命令。八月，天气晴朗，李渊率军一战取胜，斩杀宋老生，攻克霍邑，为向长安进军打开了通路。

李渊进入霍邑城后，立即下令各部评议军功。这时有人提出："虽然军中统称义士，但义士里面毕竟有贫富贵贱之别，奖励军功，难道能一样对待主人和奴隶吗？"李渊一听此言，暗自思忖：在我身边英勇作战、屡建功勋的钱九陇和樊兴等人都是奴隶出身；女儿留在关中，因得到家奴马三宝的帮助招募部众，发展到数万人；再者军中应募的奴隶为数众多，且作战都十分勇敢。如果在奖励军功时不能一视同仁，必将使他们心灰意冷，削弱部队的战斗力。于是，李渊当众宣布："两军争战中，刀枪箭矢从不分贫富贵贱，因此奖励战功也应一视同仁，论功行赏！"号令一出，全军上下无不欢呼雀跃。

由于李渊坚持贯彻论功行赏一视同仁的政策，极大地鼓舞了广大参战奴隶的斗志，他们英勇奋战，为唐朝的建立立下了汗马功劳，有些奴隶出身的人，因屡建战功而获得了很高的封赏。如钱九陇后来升任眉州刺史、巢国公，樊兴则升任左监门大将军、襄城郡公，马三宝升任左骁卫大将军。

黄石公《三略》对于军政法治建设做了分析，其认为："出君下臣，名曰命；施于竹帛，名曰令；奉而行之，名曰政。夫命失，则令不行；令不行，则政不正；政不正，则道不通；道不通，则邪臣胜；邪臣胜，则主威伤。"君主下达给臣下的指示叫"命"，书写在竹帛上叫"令"，执行命令叫"政"。"命"有失误，"令"就不能推行；"令"不能推行，"政"便出现偏差；"政"有偏差，治国之"道"便不能通畅；"道"不能通畅，奸邪之臣便会得势；奸邪之臣得势，君主的威信就会受到损害。可见老子说的法治对于国家的治理、军队的建设是如此的重要！

春秋时期，社会急剧动荡，各诸侯国之间争战不断。齐桓公为争夺霸权，任用管仲进行改革。在军制改革上，实行"作内政而寄军令"。也就是把军令寓于内政之中，寓兵于农，兵民合一。把军事组织和行政组织有机结合起来，平时生产，战时从征。十五个士乡的行政组织是：五家一轨，设一轨长；十轨一里，设一有司；四里一连，设一连长；十连一乡，设一良人。与此相应的军事组织是：每家出一人，一轨组成一伍，由轨长率领；一里五十人，组成一小戎，由里长有司率领；一连二百人，组成一卒，由连长率领；一乡二千人，组成一旅，由乡良人率领；五乡一万人，组成一军，立一元帅。这样十五个士乡可以组成三军，从而扩大了兵源，增强了军力。

围棋所展示的黑白"围而相杀"，就是战争、战场、战斗在棋盘上的演绎和诠释。"知白守黑"是《道德经》的重要观点，更是围棋的重要思想。老子认为人要学会做山谷、大海这些貌似低下的东西，让出了虚空的东西，来承接从高处来的一切，因此在下的人就能成就最伟大的一切，古往今来多少英雄豪杰、多少伟人圣人不就是这样的吗？

那么"知白守黑"在围棋上是如何理解的呢？东汉辞赋家李尤作了一篇《围棋铭》讲道："局为宪矩，棋法阴阳。道为经纬，方错列张。"意思是棋局是一种法式、典范，棋法遵循阴阳的道家原理；其法则在于经纬（纵横）间博弈，四处杀伐。

东汉著名经学家和文学家马融认为棋法和兵法有相通之处，在三尺见方的棋局中就可看到一个个战场。其《围棋赋》在围棋的进退、攻防的战术等方面提出了系统的见解。此赋把法家谨慎又积极进取的精神融入围棋思想，具有深刻的哲学思想。此赋讲道："略观围棋兮法于用兵，三尺之局兮为战斗场。陈聚士卒兮两敌相当，拙者无功兮弱者先亡。自有中和兮请说其方。先据四道兮保角依旁。缘边遮列兮往往相望，离离马首兮连连雁行。踔度间置兮徘徊中央，违阁奋翼兮左右翱翔。道狭敌众兮情无远行，棋多无策兮如聚群羊。骆驿自保兮先后来迎，攻宽击虚兮跄踉内房。利则为时兮便则为强，厌于食兮坏决垣墙。迫兼棋岳兮颇弃其装，已下险口兮凿置清坑。穷其中罥兮如鼠入囊，收取死卒兮无使相迎。当食不食兮反受其殃，胜负之策兮于言如发。乍缓乍急兮上且未别，白黑纷乱兮于约如葛。杂乱交错兮更相度越，守规不固兮为所唐突。深入贪地兮杀亡士卒，狂攘相救兮先后并没。上下离遮兮四面隔闭，围合罝散兮所对哽咽。韩信将兵兮难通易绝，身陷死地兮设见权谲。诱敌先行兮往往一室，捐棋委食兮遗三将七。迟逐爽问兮转相伺密，商度道地兮棋相盘结。蔓延连阁兮如火不灭，扶疏布散兮左右流溢。浸淫不振兮敌人惧栗，迫役踧踖兮惆怅自失。计功相除兮以时各讫，事留变生兮拾棋欲疾。营惑窘乏兮无令诈出，深念远虑兮胜乃可必。"

在《围棋赋》中，马融将棋局比作战术、战略，有着其独特的法则和规则。比如"先据四道兮保角依旁。缘边遮列兮往往相望"，意谓要先占据要点，即相当于棋盘上的星位；要先保角作为根据地，然后扩张地盘；再在边地发展，但要注意自己势力的呼应和联络，这就相对于现在所说的"金角，银边，草肚皮"。

明代名臣、诗人、散文家、书法家吴宽善弈棋，对围棋"黑白之道"作了一首诗，叫《观棋》："高楼残雪照棋枰，坐觉窗间黑白明。袖手自甘终日饱，苦心谁惜两雄争。豪鹰欲击形还匿，怒蚁初交阵已成。却笑面前歧路满，苏张何事学纵横。"其中的苏张就是春秋战国时期的苏秦和张仪，两人都是纵横家。吴宽将黑白比作纷争的年代，群雄之间相互争夺、征伐，不管是豪鹰还是怒蚁都各自摆出架势，故而才有了苏秦和张仪的远交近攻、合纵连横的历史精彩一笔。

围棋"合弈"文化之"知规知矩，黑白之道"。矩不正，不可为方；规不正，不可为圆。弈棋者应领会和遵守棋道弈理，不可妄为。同时在治国理政和为人处世方面更应该遵守法纪，恪守本分，不可做伤天害理、有违大道的事情。

第二十九章　是以圣人去甚、去奢、去泰

> 将欲取天下而为之，吾见其不得已。天下神器，不可为也，不可执也。为者败之，执者失之。是以圣人无为，故无败，故无失。夫物或行或随；或嘘或吹；或强或羸；或载或隳。是以圣人去甚、去奢、去泰。

"甚"的意思是极端，"奢"的意思是奢侈，"泰"的意思是过度。何以为圣人，就要去掉这些毛病，凡事不过分，一切要顺其自然。

我们要分析导致这些毛病的原因在于强制。"将欲取天下而为之。"想要治理天下，却又用强制的办法，结果是"为者败之，执者失之"。用强制统治天下，就一定会失败；强力把持天下，就一定会失去天下。所以"天下神器，不可为也，不可执也"，不能违背百姓的意愿啊！

老子告诫野心勃勃的统治者：如果想以国家作为事业的赌注，那么就会招致失败，想长久把持国家作为个人的私有财产，就会失去整个国家。

而作为世人来说，"夫物或行或随；或嘘或吹；或强或羸；或载或隳"。人们秉性不一，有的前行，有的后随；有的轻嘘，有的急吹；有的刚强，有的羸弱；有的安居，有的危殆。为什么？就在于没有准确理解"道"的精髓，为人处世过于强制。

这里的强制不仅是说过度上进，还包括无休止的懒惰和抱怨，两个极端都会导致不好的效果。作为一个管理者，更应该适才而用，资源放对了

地方才叫资源，放错了地方就是垃圾。正如《淮南子》曰：“天下之物莫凶于鸩毒，然而良医橐而藏之，有所用也。麋之上山也，大獐不能跂，及其下也，牧竖能追之。才有修短也。胡人便于马，越人便于舟。异形殊类，易事则悖矣。”

在尧的时候，舜为司徒，契做司马，禹做司空，后稷管农业，夔管礼乐，垂管工匠，伯夷管祭祀，皋陶管判案，益专门管理驯化用于作战用的野兽。这些具体的事情，尧一件也不参与，潇洒地只做他的帝王，而这九个杰出的人做他的臣子。而这九个人为什么会甘心为他的臣子呢？这是因为尧懂得这九个人的各自的才能，而且能量才使用，让他们都成就了一番事业。尧就是凭借他们的成就而统治了天下。以至后世，傅子曰：“士大夫分职而听，诸侯之君分土而守，三公总方而议，则天子拱己而正矣。”汉高帝曰：“夫运筹帷幄之中，决胜于千里之外，吾不如子房；镇国家、抚百姓、给馈饷、不绝粮道，吾不如萧何；连百万之军，战必胜，攻必取，吾不如韩信。三人者，皆人杰也。吾能用之，此吾所以有天下也。”

治军者当勤勉为尚。唐朝李白言：“不见征戍儿，岂知关山苦。”《木兰诗》亦有言：“将军百战死，壮士十年归。”就是因为行军作战极其艰苦，故而为将者更应该勤勉为尚。《道德经论兵要义述》言：“是以，圣人去甚、去奢、去泰，将欲立于中道，守之无怠戒之至也。”既不要冒进，也不能懈怠。正如俗语所说：“兵糊涂一个，将糊涂一群。兵熊熊一个，将熊熊一窝。”

岳飞，南宋时著名的抗金将领，他率领的岳家军，是一支令金人闻风丧胆的劲旅。每当军队休整，岳飞就督促将士爬斜坡、跳壕沟，都让他们穿着很重的铠甲来训练。士兵只要拿老百姓的一根麻绳绑草料，就立刻被斩首示众。士兵夜里宿营，老百姓开门表示愿意接纳，可是没有谁敢擅入的。岳家军号称“宁可冻死也不拆老百姓的屋子烧火取暖，宁可饿死也不抢老百姓的粮食充饥”。士兵生病了，岳飞亲自为他调药。将士远征，岳飞的妻子去他们的家慰问，有士兵战死，岳飞为他流泪痛苦并且抚育他的孤儿。朝廷有赏赐犒劳给岳飞的财物，他都分给手下官兵，一丝一毫也不占有。岳飞善于以少击众。凡是有所行动，就召集手下军官，商议确定然后作战，所以兵锋所向，都能取胜，突然遇到敌军袭击也毫不慌乱。所以敌人评论岳家军说："动摇山容易，动摇岳家军难。"张俊曾问岳飞用兵的方法，岳飞回答说："仁义、信用、智慧、勇敢、严厉，缺一不可。"每次调运军粮，岳飞一定皱起眉头忧虑地说："东南地区的民力快用尽了啊！"岳飞尊重贤能礼遇士人，平时唱唱雅诗，玩玩投壶游戏，谦逊谨慎得像个读书人。岳飞每次立功后朝廷给他加官时，一定辞谢说："这是将士们贡献的力量，我岳飞又有什么功劳呢？"但是岳飞对国事意见激进，谈论问题都没有给人留余地，以致因为这点惹了祸患。

围棋弈棋的场面和战场厮杀场面极其相似。围棋中两条大龙互相对攻，一方获胜一方悲壮战败，死伤棋子不下数十枚，颇似两军交战几十万大军搏杀。激战前调兵遣将的繁忙，短兵相接浴血奋战的残酷，千里奔袭的险巧，还有声东击西的诡诈，等等。

侯景之乱，又称"太清之难"，是指中国南北朝时期南朝梁将领侯景发动的武装叛乱事件。侯景本为东魏叛将，被梁武帝萧衍所收留，因对梁朝与东魏通好心怀不满，遂于548年以清君侧为名义在寿阳起兵叛乱，549年攻占梁朝都城建康，将梁武帝活活饿死，掌控梁朝军政大权。侯景起兵后相继拥立又废黜萧正德、萧纲和萧栋三个傀儡皇帝，最后于551年自立为帝，国号汉。梁湘东王萧绎在肃清其他宗室势力后，派徐文盛、王僧辩讨伐侯景，战局逐渐扭转；驻守岭南的陈霸先北上与王僧辩会师，于552年收复建康。侯景乘船出逃，被部下杀死，叛乱终于平息。侯景之乱后，江南地区的社会经济遭到毁灭性的破坏，加剧了南弱北强的形势。士族门阀在侯景之乱中不仅充分暴露了腐朽无能，而且受到了极其沉重的打击，从而大大加速了南朝士族的衰亡。起因于引狼入室的侯景之乱，败就败在不得人心，不合道义，私欲太重而强取豪夺。

纵观围棋发展史，曾经也有不少圣贤对围棋提出疑问。这是不可避免的，因为任何事物都会过犹不及，都需要具备老子所说的"泰"的原则，坚持一个度。就拿三国时期的吴国的围棋发展来说。

吴国时期，弈棋之风盛行，吴国出现了很多弈棋高手，严子卿和马绥明就是我国最早的棋圣。东晋葛洪《抱朴子·辩问》说道："世人以人所尤长，众所不及者，便谓之圣。故善围棋之无比者，则谓之棋圣，故严子卿马绥明于今有棋圣之名焉。善史书之绝时者，则谓之书圣，故皇象胡昭于今有书圣之名焉。善图画之过人者，则谓之画圣，故卫协张墨于今有画圣之名焉。善刻削之尤巧者，则谓之木圣，故张衡马钧于今有木圣之名焉。"将严子卿、马绥明称为"棋圣"。朝堂之上，上到孙权、周瑜、陆逊个个都是围棋高手，下到孙权的儿子孙和也是围棋高手，宫中翘楚。另外吴国时期还出现了棋谱集，晚唐诗人杜牧在送围棋高手王逢的《重送绝句》中也提道："绝艺如君天下少，闲人似我世间无。别后竹窗风雪夜，一灯明暗覆吴图。"这里的吴图就是棋谱。甚至有人认为《孙策诏吕范弈棋局图》是中国流传下来的最早的棋谱。

但是吴国时任太子中庶子的韦曜写的《博弈论》提出："今世之人多不务经术，好玩博弈，废事弃业，忘寝与食，穷日尽明，继以脂烛。当其临局交争，雌雄未决，专精锐意，心劳体倦，人事旷而不修，宾旅阙而不接，虽有太牢之馔，《韶》《夏》之乐，不暇存也。至或赌及衣服，徙棋易行，廉耻之意驰，而忿戾之色发，然其所志不出一枰之上，所务不过方罫之间，胜敌无封爵之赏，获地无兼土之实。技非六艺，用非经国；立身者不阶其术，征选者不由其道。求之于战阵，则非孙、吴之伦也；考之于道艺，则非孔氏之门也；以变诈为务，则非忠信之事也；以劫杀为名，则非仁者之意也；而空妨日废业，终无补益。是何异设木而击之，置石而投之哉？"其认为围棋不属于六艺，不能治理国家，不能指导军事，也不属于儒家之流，还违背了儒家提倡的忠信、仁义、廉耻思想，有害而无益。

另有一趣事，《宋史·李恽传》提到有这么一个当官的，叫李恽，说他喜欢下围棋，经常因此误事。顶头上司北汉王刘继元为此对他很不满意，甚至派人前来把他的棋盘给烧了。李恽倒不糊涂，立刻来到刘继元府邸赔罪，挨了一顿骂。但第二天，李恽就又做了个新棋盘，该下还下。

围棋"合弈"文化之"勤勉为尚，天道酬勤"。少年辛苦终身事，莫向光阴惰寸功。勤勉是一种自我的修养，当有"志士惜日短，愁人知夜长"的危机意识，"试玉要烧三日满，辨材须待七年期"的久久为功，"锲而舍之，朽木不折；锲而不舍，金石可镂"的坚持不懈。如此，才能像儒家所讲的"如切如磋，如琢如磨"，以至勤勉为尚。

第三十章　以道佐人主者，不以兵强天下，
其事好还

> 以道佐人主者，不以兵强天下，其事好还。师之所处，荆棘生焉。大军之后，必有凶年。善有果而已，不敢以取强。果而勿矜，果而勿伐，果而勿骄，果而不得已，果而勿强。物壮则老，是谓不道，不道早已。

这一章是老子军事思想的具体体现。要实现老子的美好蓝图，止兵是第一步，也是关键的一步。因此论兵成为《道德经》极其重要的一个议题。全书八十一章，直接论兵或涉及用兵的就有第三十、三十一、三十六、四十六、五十七、六十七、六十八、六十九、七十三、七十六、七十八等十余章。而哲理喻兵的比比皆是。涵盖战争观、战略观、战术观以及治军论等几乎所有的军事领域。其坚决反对穷兵黩武和争霸战争。"以道佐人主者，不以兵强天下，其事好还。"老子认为穷兵黩武必然是有报应的，应该依照"道"的原则辅助君子治理天下。

有什么样的报应呢？"师之所处，荆棘生焉。大军之后，必有凶年。"军队所到的地方，都会荆棘横生，十分萧条；大战之后，一定会出现荒年，天灾人祸不断。况且风无常顺，兵无常胜。没有经常顺吹的风，没有常胜不败的军队。

"善有果而已，不敢以取强。"善于用兵的人，只要达到用兵的目的就可以了。达到目的之后，不要不矜持、夸耀骄傲，也不要自以为是，不必逞强。因为"物壮则老"，事物过于强大就会走向灭亡。历史上不管是秦朝、隋朝灭亡，还是元朝灭亡，都是穷兵黩武的结果。

隋炀帝杨广，隋朝第二位皇帝。其仗着国力强大、兵力雄厚，对高句丽进行了三次战争，三次均为御驾亲征。第一次东征，因隋炀帝指挥错误，隋军遭遇惨败，损失惨重，隋朝国内开始发生农民起义。第二年正月，隋炀帝就开始筹划第二次东征，但因杨玄感叛乱而退兵。大业十年四月，隋炀帝第三次发动战争，高句丽国王遣使将去年叛隋投奔高句丽的斛斯政送还，隋炀帝班师还朝。但是高句丽国王却不按隋炀帝的命令入朝，还不放回其俘获的大批隋朝军民。唐初使节到高句丽时看到大量当年被高句丽俘获的隋人，可谓"隋人望之而哭者，遍于郊野"。三征高句丽给隋朝的统治带来了十分负面的影响。三次大规模的征战，不仅严重损耗了隋朝的国力，亦造成了民不聊生，激发了严重的阶级矛盾，最终导致了隋末农民起义的爆发。印证了老子所说的"大军之后，必有凶年"。

但有一点是需要解释清楚的，老子的意思不是不发展军队和国防了。富国强兵之道在于维护和平和抵御邪恶。老子反对侵略，绝不是反对一切战争。革命就需要战争，只有战争，才能解决矛盾，实现国泰民安。

庄子《徐无鬼》讲述了魏武侯和徐无鬼讨论爱民而为义的故事。魏武侯向徐无鬼请教，问："欲见先生久矣！吾欲爱民而为义偃兵，其可乎？"如果我爱惜民力并且为了道义而不发动战争，这样做就行了吧？徐无鬼说："不可。爱民，害民之始也；为义偃兵，造兵之本也。君自此为之，则殆不成。凡成美，恶器也。君虽为仁义，几且伪哉！形固造形，成固有伐，变固外战。君亦必无盛鹤列于丽谯之间，无徒骥于锱坛之宫，无藏逆于得，无以巧胜人，无以谋胜人，无以战胜人。夫杀人之士民，兼人之土地，以养吾私与吾神者，其战不知孰善？胜之恶乎在？君若勿已矣！修胸中之诚以应天地之情而勿撄。夫民死已脱矣，君将恶乎用夫偃兵哉！"遵循道义，不要通过战争去征服别人满足自己的私欲，但为了道义而不发动战争也是制造新的战争的根源。徐无鬼通过辩证的方法阐明了道家的战争理念，不轻易发动战争去侵略别人，但是要做好一切准备以抵御来犯之敌，为了真正的道也需要发动战争，不然只会迎来新的战争。

在对待战争的基本态度问题上，黄石公《三略》深受道家和儒家的影响，形成了强调慎战与义战的战争观念。一方面，其认为，战争具有很强的破坏性，会给社会政治秩序和民众生活带来巨大的灾难，因此对待战争的正确态度，是"不得已而用之"，而不能随意发动战争。"王者，制人以道，降心服志，设矩备衰，四海会同，王职不废，虽有甲兵之备，而无斗战之患。""圣王之用兵，非乐之也。"即使是进行战争，也必须以"恬淡"处之，尽量减少战争对人力物力的破坏，将战争的破坏性减至最低，否则就是"失道"。另一方面，黄石公《三略》又认识到战争毕竟是人类社会的客观存在，是不会因为人的好恶而自行消灭的，所以必须正视这一现实，在迫不得已的情况下，运用战争的手段，法天道，兴义师，以"诛暴讨乱""扶天下之危""除天下之忧"。在黄石公《三略》看来，这种"以义诛不义"的正义战争，是合乎天道的，因而一定会所向披靡，战无不胜，"夫以义诛不义，若决江河而溉爝火，临不测而挤欲堕，其克必矣"。义战必胜的关键，在于义战是能够得到民众的支持的，而民心向背是决定战争胜负的关键因素："与众同好靡不成，与众同恶靡不倾。"

孙武所创《孙子兵法》对战争持十分谨慎的态度，坚决反对在战争问题上轻举妄动，穷兵黩武。但孙武同时也要求加强备战，立足于未雨绸缪，有备无患。历史也一再证明，民无军不安，国无防不立，没有强大的国防，就没有国家的强盛、人民的幸福！汉蜀诸葛亮《兵法二十四篇》治军篇指出："是以有文事必有武备，故含血之蠹，必有爪牙之用，喜则共戏，怒则相害，人无爪牙，故设兵革之器，以自辅卫。"明朝刘伯温《百战奇略·忘战》讲："凡安不忘危，治不忘乱，圣人之深诫也。天下无事，不可废武，虑有弗庭，无以捍御。必须内修文德，外严武备，怀柔远人，戒不虞也。四时讲武之礼，所以示国不忘战。不忘战者，教民不离乎习兵也。法曰：'天下虽安，忘战必危。'"大凡国家处于和平安定时期，不可忘记还有发生战争的危险；社会处于治理有序时期，不可忘记还有发生祸乱的可能，这是古代圣贤哲人流传下来的深刻教诫。天下虽然太平无事，但不能废弃武备；考虑到周边还有尚未归顺且与朝廷为敌的国家，（一旦废弃武备）将无法在战争突然到来之时卫国御敌。因此，必须对内修明政治，对外加强战备，行仁德以怀服边远部族百姓，时刻警惕意外事件的发生。一年四季都要坚持武备教育的制度，以此表明国家时刻不忘战备。所谓"不忘战备"，就是教育全民经常习兵练武，搞好军政训练。诚如兵法所说：国家虽然处于和平安定，忘记战备必有覆灭危险。其认为从"忘战必危"的恶果出发，着重阐述和平时期加强战备的必要性。"安不忘危，治不忘乱"，这是古代圣贤留给后人的最为深刻的教诲和告诫。

唐玄宗李隆基统治后期，由于国家长期处于和平环境，因而出现废毁武器、放牧战马、罢黜将领、削减军队的状况，致使国家不知加强战备，人民不懂怎样作战。等到安史之乱突然爆发于人们毫无思想准备的时候，文官不堪充当将领指挥打仗，百姓不堪充当武士对敌作战，以致国家政权几乎崩溃，大好河山几乎沦丧。

弈棋是一种智力角逐之游戏，正如《尹文子》所讲："以智力求者，譬如围棋，进退取与，攻劫放舍，在我者也。"这是围棋史上第一次明确提出了围棋是智力角逐的游戏。其棋艺随着棋手不断练习和对弈而得以增长，也必然伴随着棋手的懒惰和不重视而退步，这就需要工匠精神，日复一日、年复一年的练习和对弈。

围棋"合弈"文化之"常伴随手，日渐增益"。学一门手艺要学精学透，就要持之以恒，久久为功，实现量变到质变的过程，这样才能日有所长、年有所得。

第三十一章　夫兵者，不祥之器

夫兵者，不祥之器，物或恶之，故有道者不处。君子居则贵左，用兵则贵右。兵者不祥之器，非君子之器，不得已而用之，恬淡为上，胜而不美，而美之者，是乐杀人。夫乐杀人者，则不可得志于天下矣。吉事尚左，凶事尚右。偏将军居左，上将军居右。言以丧礼处之。杀人之众，以悲哀莅之，战胜以丧礼处之。

在民间，有种说法是左眼跳好事将近、右眼跳凶事将近，为人做事要逢凶化吉，这其实源于老子《道德经》第三十一章的"吉事尚左，凶事尚右"。老子认为"夫兵者，不祥之器，物或恶之，故有道者不处"，即有"道"之人是不会使用兵器的，因为它是不祥之兆。

如何善"兵"，老子提出了三个态度。一是"兵者不祥之器，非君子之器，不得已而用之"。强调用兵不是君子经常所为，万不得已时才可以用。庄子提出："故无攻战之乱，无杀戮之刑者，由此道也。"因为"道"的缘故，才没有了相互攻占之动乱和杀戮之刑罚。二是"恬淡为上，胜而不美，而美之者，是乐杀人。夫乐杀人者，则不可得志于天下矣"。凡用兵必须淡然处之，胜利了也不能骄傲，不要喜好杀人。三是"言以丧礼处之。杀人之众，以悲哀莅之，战胜以丧礼处之"。战争中杀人众多，要用哀痛的心情参战；打了胜仗，也要以丧礼的仪式去对待战死的人。这里战死的人也包括敌人，还要优待俘虏。

西汉初年，天下已定。汉王刘邦封赏有功之臣，可总有些人因为功劳小，或者得罪过他而没有被封赏到。某日，刘邦看见这些武将打扮的人在角落里窃窃私语，便问随行的张良是何原因。张良说他们在聚众谋反。刘邦大惊地问为何要谋反。张良说："陛下从一个布衣百姓起兵，与众将共取天下，现在所封的都是以前的老朋友和自家的亲族，所诛杀的都是自己最恨的人，这是非常令人望而生畏的。今日不得受封，明日就可能被诛杀。他们自然担心得不得了，只好先下手为强，聚众谋反了。"刘邦顿时紧张了起来，说："我最恨的就是雍齿，我起兵时，他无故降魏，接着又降赵，最后还降了张耳。张耳投靠我的时候，我没有杀雍齿。现在灭楚不久，我找不到理由杀他，心里觉得实在可恨。"张良一听，立刻有了主意，他建议刘邦封雍齿为侯。刘邦一直以来把张良当作最信任的谋臣，便摆酒设宴封雍齿为侯。雍齿封侯，非同小可，让那些预谋造反的人转危为喜，就这样化解了一场危机。在这则故事中，张良深谙老子"夫乐杀人者，则不可得志于天下矣"的道理，劝说刘邦以包容之心对待叛臣降将，这样才能换取天下那些反对他的士子之心。

历代兵家虽苦心钻研兵胜之道，但自始至终反对无休止的战争，甚至将战争视为破坏和平的最为惨烈的方法，故而提倡为了正道和和平不得已而为之。早在战国时期，《尉缭子·武议篇》言："故兵者，凶器也。争者，逆德也。将者，死官也。故不得已而用之。"唐代赵蕤《长短经·出军篇》亦言："夫兵者，凶器也。战者，危事也。兵战之场，立尸之所。帝王不得已而用之矣。"晚清曾国藩在其《笔记·兵》中记载："兵者，阴事也。哀戚之意，如临亲丧；肃敬之心，如承大祭；庶为近之。……以人命为浪博轻掷之物，无论其败丧也，即使幸胜，而死伤相望，断头洞胸，折臂失足，血肉狼藉，日陈吾前，哀矜之不遑，喜于何有？故军中不宜有欢欣之象。有欢欣之象者，无论或为和悦，或为骄盈，终归于败而已矣。"用兵，是很冷酷的事。有哀痛悲愤之意，如同面对失去亲人；肃穆庄敬之心，如同身处祭奠仪式；这样才可以讲用兵，面临战场。如今杀猪狗牛羊之际，见它们嚎叫啼哭在刀割之时，痛苦挣扎在斧案之间，仁慈的人就不忍心看，何况眼见以人命来相搏杀的争战之事了。先不说战争失败的情形，即使幸运地获胜，看见战场上死伤的人彼此相望，遍地是断头洞胸、折臂失足、血肉狼藉的形象，哀痛悲切还来不及，哪里会有高兴欢喜的想法？所以在军队中不应有欢欣喜乐的情形。有欢欣喜悦情绪的，不论是高兴还是骄傲轻敌，终归在战争中必败无疑。田单在守即墨的时候，将军有赴死的心思，士兵没有生还的念头，这是能打败燕军的根本啊！等到进攻狄戎时，披着金甲玉带，驰骋在淄渑之间的土地上，有求生的乐趣，没有赴死的心思，鲁仲连认定他一定打不赢，果然言中。用兵打仗的事应当有凄惨的准备，不应有欢欣的妄想，也是很明了的。

《司马法》仁本篇记载："故国虽大，好战必亡；天下虽安，忘战必危。"《道德经论兵要义述》讲道："故曰：'忘战则危，好战则亡。'是知兵者可用也，不可好也；可战也，不可忘也。自轩辕黄帝以兵遏乱，少昊以降，无代无之，暨于三王之兴，虽有圣德，咸以兵定天下，则三王之兵，皆因时而动，动毕而后戢，戢即不复用也。"其意思是忘记战争，没有忧患意识，就会危险，但是如果喜欢打仗，喜欢杀戮，那么就会自取灭亡。故而懂得军事的必定是会用兵，但不喜欢用兵，在乱世的时候要会打仗，在太平的时候不要忘记做好战争准备，然后举了三皇五帝的故事来加以证明。

《军谶》讲道："兴师之国，务先隆恩；攻取之国，务先养民。"要进行战争，务必事先厚施恩惠；要进攻别国，务必事先与民休息。能以少胜多，是厚施恩惠的结果；能以弱胜强，是得到民众拥护与支持的结果。

赤壁之战结束后，周瑜率部欲攻打南郡。刘备、诸葛亮这边也蠢蠢欲动，想要先夺下南郡。根据诸葛亮的建议，刘备备上大礼到周瑜部中一探虚实。周瑜便以回礼的方式与鲁肃率三千骑兵径奔刘备大本营油江口而来。周瑜到了油江口见到刘备精心备战，心有不安。两方在谈论谁去攻打南郡的时候，刘备按照诸葛亮的计谋激将周瑜，给周瑜先攻打南郡的机会。这其实源于诸葛亮算定曹操败北之后，必然在南郡有所部署。周瑜当仁不让，率部攻打南郡。求胜心切的周瑜果真在南郡吃了亏，损兵折将，曹操阵营负责镇守南郡的大将曹仁所部也是拼杀到兵疲将乏。趁两军无力交战之时，诸葛亮派赵云率部打下了南郡，气得周瑜怨叹："既生瑜，何生亮？"在这场战斗中，周瑜就是凭借着自己的兵强马壮，自以为天下无敌，既没有把刘备放在眼里，更没有把曹仁放在眼里，结果赔了夫人又折兵。

墨子，春秋末期战国初期宋国人，中国古代思想家、教育家、科学家、军事家，墨家学派创始人和主要代表人物。墨子创立墨家学派后，大批的手工业者和下层士人开始追随墨子，逐步形成了墨家学派，成为儒家的主要反对派。墨子认为只要大家"兼相爱，交相利"，社会上就没有强凌弱、贵傲贱、智诈愚和各国之间互相攻伐的现象了。他对统治者发动战争带来的祸害以及平常礼俗上的奢侈逸乐，都进行了尖锐的揭露和批判。春秋战国时期，战争频仍，土地荒芜，死者遍野，民不聊生。天下百姓渴望统治者能弭兵息战，休养生息。墨子提出了"非攻"的主张，为了制止战争，不惜赴汤蹈火，死不旋踵，先后阻止鲁阳文君攻打郑国，说服鲁班而止楚攻宋。

围棋发源于上古，兴起于春秋、战国，当时以杀伐为典型时代特征的社会现实，对思想文化产生重大影响，因此，给围棋蒙上了浓厚的军事色彩，兵家思想开始成为指导围棋的重要思想之一，兵家提倡的"慎战""王战""奇战"等战略战术都成为围棋的重要指导思想。正如元代《玄玄棋经》中皮日休所作的《原弈》讲的："造端吒始于战国之时，若孙武、鬼谷、孙膑、庞涓、苏秦、张仪辈，各因战斗之法显名当时，是其模范想像而托兴于棋，以敷其义。故兵法十三篇，棋经亦十三篇，其战斗场阵之旨，不少差殊。况棋之布置，如兵之先阵而待敌也；棋之侵凌，如兵之强弱未分，形势鼎峙也；棋之用战，如兵之封疆端重，而全形胜也；棋之取舍，如兵之转战之后，取舍不明，患将及也。夫权舆、合战、虚实、自知、审局、度情，或奇或政，皆体其常而生其变也。至若有无相生、远近相成、强弱相形、利害相倾，非精于战斗者，又岂能纤悉以备其情哉！以是而观，此诚战国之诸君子取仙家消磨岁月之物，而与夫战阵之义也，讵不然欤？"据《中国兵书知见录》统计，存世兵书和存目兵书总共三千多部、两万多卷，数量之大举世无双。这些兵书所包含的战略思想，对围棋的战略思维的形成产生了重大作用。

　　围棋"合弈"文化之"弈棋止兵，唯和唯祥"。弈棋并不是真正的作战，但是可以在棋盘上厮杀，以此完成竞技的目的。若天底下的所有纷争都能通过弈棋来得到结果，岂不是和平所望、吉祥如愿。

第三十二章　譬道之在天下，犹川谷之于江海

道常无名，朴。虽小，天下莫能臣。侯王若能守之，万物将自宾。天地相合，以降甘露，民莫之令而自均。始制有名，名亦既有，夫亦将知止，知止可以不殆。譬道之在天下，犹川谷之于江海。

"道"永远是无名而质朴的。"天地相合，以降甘露，民莫之令而自均。"就好比甘露，只要天地阴阳之气相合，自然会均匀分布，不需要人们祈求上苍。"侯王若能守之，万物将自宾。"治理天下也是如此。侯王如果能依照"道"的原理治理天下，那么百姓自然就会归从于他。

那么如何依照"道"的原理治理天下呢？"始制有名，名亦既有，夫亦将知止，知止可以不殆。"老子在阐述法治的基础上提出了制度的概念。法治是一种理念，需要通过制度的制定得以实现。制度的根本在于人心，凡事都适可而止，便能抑制私心的产生。

当然了，老子说的制度绝不是统治者私心的体现，而是建立在"法律面前人人平等"基础上的制度，这种制度首先是道家思想的体现，其次是"法律面前人人平等"的法治思想理念的体现。

商鞅立木建信是发生在战国时期秦国国都的一个事件。当时商鞅变法推出新法令，怕民众不信任，就放了一根木头在城墙南门，贴出告示说："如有人将这根木头搬到北门就赏十金。"所有民众都不信。直到将赏金提升至五十金时，才有一壮士将木头搬到了北门，商鞅如约赏给了他五十

金。此举取得了民众对商鞅的信任，终于推行了新的法令。信用本身就是一种制度，制度不仅要制定，还要施行，取信于百姓，百姓才能相信制度，制度才具有真正的生命力。

在军事上，要制定严格的军事制度，简称"军制"。"军制"一词，在中国首见于战国时期。《荀子·议兵》："临武君曰：善！请问王者之军制？孙卿曰：将死鼓，驭死辔，百吏死职，士大夫死行列。"《吕氏春秋·节丧》："引绋者左右万人以行之，以军制立之，然后可。"以后，历代使用此词，含义均属军事方面的制度。南宋起，"兵制"一词盛行，但"军制""兵制"两词并用，含义相当。清末后，多用"军制"一词。

《军谶》对于军队制度的重要性进行了阐述，其曰："将之所以为威者，号令也；战之所以全胜者，军政也；士之所以轻战者，用命也。"将帅的威严源于号令，作战的胜利在于军政，士卒的敢战根于听命。因此，将帅要令出必行、赏罚必信，像天地时令那样不可更易，这样，将帅才能统御士卒。士卒服从命令，才可以出境作战。黄石公《三略》对此提出了"将无还令，赏罚必信"的理念。

经过几百年的发展，围棋逐渐被人们所熟知，更引起了官方的注意和热衷，因此一套关于围棋的制度也应运而生，这在其他竞技游戏中是绝无仅有的。

经历魏晋两百年的弘扬、传承，围棋在南北朝迎来了第一个黄金时代。皇帝倡导围棋，国手品评围棋，朝臣以围棋作为晋升之阶，整个南方知识阶层甚至有了把围棋当作天下的代表的观念。宋明帝参照了从魏晋时代开始的九品中正制的选官方法，别出心裁地设置了"围棋州邑"制度，根据围棋棋手具体的下棋水平，按照一品到九品的顺序，从高到低划分和评定九个品级，即入神、坐照、具体、通幽、小巧、用智、斗力、若愚、守拙，再参考其他条件，分别授予大小不等的官职。

唐朝最有名的两位皇帝太宗李世民、玄宗李隆基对围棋的提倡功不可没，棋手在唐朝第一次得到了通过围棋进入朝堂、获封为棋待诏的机会。唐玄宗首创了翰林棋待诏制度，选拔专门侍奉皇帝下棋的人，至此，朝廷有写词的、研究学问的和下棋的。

贞观五年，李世民突然定下一条法律，一旦有人被处以"斩立决"，需要五次复议才行。也就是说，李世民知道大臣劝不住自己，所以定下一个法律，即使自己要杀人，也要在两天之内复议五次，才可以行刑。从贞观二年卢祖尚被杀，到贞观五年制定这条法律，李世民为何时隔三年突然制定一条这样的法律呢？这要从一个围棋高手的遭遇说起，此人名叫张蕴古。

张蕴古，河南人，因为博闻强记、擅长律法被李世民任命为大理寺丞。在唐朝，大理寺掌刑狱案件审理，大理寺丞负责审理全国的重大刑事案件，相当于现在的"大法官"。据《资治通鉴》记载："河内人李好德得心疾，妄为妖言，诏按其事。大理丞张蕴古奏：'好德被疾有征，法不当坐。'"贞观五年，大理寺设立一起"谋逆案"，一个叫李好德的人，常常说一些狂悖之言，被人举报有"谋反"的嫌疑，最终被送往大理寺由张蕴古亲自审理。张蕴古审理此案，最终以"李好德有病，长期被疾病折磨，所以才胡言乱语"的结论，赦免了李好德的死罪。《贞观政要》也有记载："蕴古言：'好德癫病有征，法不当坐。'太宗许将宽宥。"此案在复核时，查证李好德确实有病，李世民认为张蕴古的审理非常合理，下旨宽恕李好德。

但过了一日，事态突然逆转，有一个叫权万纪的御史，捅出来一个内情。据《资治通鉴》记载："蕴古贯在相州，好德之兄厚德为其刺史，情在阿纵，按事不实。"李好德有个哥哥，担任相州刺史，而张蕴古恰好是相州人。换句话说：张蕴古救李好德，可能并非出于公心，而是为了送老家的父母官（李厚德）一个人情。这件事被捅出来后，御史们纷纷弹劾张蕴古徇私舞弊。更有甚者，挖出了另一个细节：太宗许将宽宥，蕴古密报其旨，仍引与博戏，即，在李世民打算宽恕李好德的时候，张蕴古急忙到狱中，以私人身份将李世民的旨意偷偷透露给了李好德，而且还和他博戏（赌博的一种形式）。李世民认为张蕴古身为大理寺丞，如此徇私舞弊，严重渎职，一怒之下，将张蕴古斩于东市。

纵观此案，李好德确实有病，应该得到宽宥。张蕴古也确实存在徇私卖好的嫌疑，但即使张蕴古罪行确凿，按照唐律，也罪不至死，李世民却因为愤怒而杀了他。在张蕴古被斩后，李世民渐渐后悔，开始抱怨宰相房玄龄，据《贞观政要》记载："朕当时盛怒，即令处置。公等竟无一言，所司又不复奏，遂即决之，岂是道理？"李世民的意思是：房玄龄你身为宰相，食朝廷俸禄，如果朕有什么错误，你应该立即指出来，我当时气昏了头，所以才下旨杀张蕴古，你们竟然没一个出来相劝的，这是何道理？

房玄龄等人被李世民劈头盖脸一顿数落，十分委屈。房玄龄最后和李世民说出了这件事最核心的问题：皇帝拥有至高无上的权力，包括将犯罪嫌疑人斩立决。李世民听完后，觉得房玄龄所说非常有道理，琢磨良久，定下一条规定，据《贞观政要》记载："凡有死刑，虽令即决，皆须五覆奏。"

从此之后，如果有人被判了斩立决，也不能立即斩首，而是要复议五次。如此，门下省、御史台和大理寺在两天内多次复议，就最大范围内避免误判。这样下来，贞观年间被斩立决处死的犯人越来越少。死刑复议的政策，一直延续到后世，到目前为止，还在使用，可见影响之大。

明代文学家王思任文笔放纵诙谐，时有讽刺时政之作。时人评说他："嬉笑怒骂，略无顾忌；入魔入鬼，何伤大雅。"他的诗文，被汤显祖称作"文中仙品"。曾以诙谐之笔调，将明代法律用于弈棋规则，对种种违规行为、不良习气，作抨击讽刺，所定之律"分笞、杖、徒三等，纳赎有差，凡四十二条"。

围棋"合弈"文化之"国有国法，邦有邦规"。军有军法，棋有棋规。制度是两面性的，既有约束的一面，也有保护的一面。我们每个人都要遵循制度，在制度的框架下，发挥自己的主观能动性，这就是围棋的智慧所在。

第三十三章　知人者智，自知者明

> 知人者智，自知者明。胜人者有力，自胜者强。知足者富，强行者有志，不失其所者久，死而不亡者寿。

老子认为能够理解判断外事和外物的人只能被称为拥有庸俗的智慧，而通过外事外物反观自己，从而悟出生命的本来面目的人才配被称为有大智慧，也就是明。因此提出了"知人者智，自知者明"。人要自知，这是老子对于人应该怎么样的第一层理解。

西汉时，曹参当相国，仍然行无为之治，每日饮酒，几乎什么事都不干。长此以往，不但同僚不能理解，就连汉惠帝也沉不住气了。相国的职责，乃是治理国家，干预朝政大事，为皇帝排忧解难，现在曹参身为相国而不治事，莫非是因为我年轻而看不起我吗？当时曹参的儿子也在朝中为官。汉惠帝让他回家质问父亲：先帝当年托付重臣辅佐当今皇上，皇上现在还年轻，你曹参身为相国，却每日饮酒，也不向皇上请示汇报，这样怎么考虑天下大事啊？曹参之子机灵，回家劝谏父亲，隐瞒了惠帝的话，只当是自己的意见。曹参一听，勃然大怒，狠狠地打了儿子两百皮鞭，叱道："你小子知道什么？也敢谈论天下大事！赶快给我进宫伺候皇上去！"曹参责打的是自己的儿子，得罪的却是皇帝老子。这下汉惠帝当真生气了，在朝会上当面谴责曹参。曹参自然装糊涂，马上脱帽谢罪，然后发言："请陛下自己考虑一下，陛下的圣明神武比得上高帝吗？"惠帝说："我怎敢与先帝相比！"曹参又问："陛下看我与萧何，哪一个更加高明？"惠帝说："依我看，你似乎不及萧何。"于是曹参继续说道："陛下说得是！高帝与萧何平天下，定法令，一应俱全，明确无误，现在陛下只需垂衣拱手，无为而治，我等一班朝臣守住职位，按部就班，遵循原有法度而不改变，不也就可以了吗？"惠帝无言以对，只得说："好！曹参！现在你可以回去休息了。"

"胜人者有力，自胜者强。"能够战胜自我的人，是具有天地之志者，具有这种意志的人，必定能战胜一切困难。人要自胜，这是老子对于人应该怎么样的第二层理解。

车胤，生于晋朝，本是富家子弟，后来家道中落，变得一贫如洗。可是他在逆境中却能自强不息。车胤年轻时就很懂事，也能吃苦耐劳。他因为白天要帮家人干活，就想利用漫漫长夜多读些书，好好充实自己。然而，他的家境清贫，根本没有闲钱买油点灯，有什么办法可以突破客观条件的限制呢？最初，他只得在夜间背诵书本内容，直到一个夏天的晚上，他看见几只萤火虫在飞舞，点点萤光在黑夜中闪动。于是，他想出了一个好法子：他捉来许多萤火虫，把它们放在一个用白夏布缝制的小袋子里，因为白夏布很薄，可以透出萤火虫的光，他把这个布袋子吊起来，就成了一盏"照明灯"。车胤不断苦读，终于成为著名的学者，后来还成了一名深得人心的官员。南朝的祖冲之，在当时极其简陋的条件下，靠一片片小竹片进行大量复杂的计算，一遍又一遍，历经无数次失败，终于在世界上第一个把圆周率精确到小数点后第七位。这两个战胜外在窘迫条件实现自胜的故事，都说明了自胜的重要性。

"知足者富，强行者有志。"有着丰富内心世界的人，是与道为伍的，既有美妙的精神世界，又有充实愉快的现实生活，自然感到满足。但是，没有心灵做依托的人，是永远不会满足的，继而产生人生的无尽的痛苦。有坚强意志的人，并不是为了自我名利而拼搏的人，而是心存大道、甘守质朴、豪情满怀之人。这样才是人生有追求，并在追求中获得幸福的人。知足和大志绝不是矛盾的关系，而是相辅相成的关系，既要自身对于物质的满足，也要在心里立下修身齐家治国平天下的志向。人要知足和有大志，这是老子对于人应该怎么样的第三层理解。

结合"自知、自胜、大志"三层理解，老子提出了"不失其所者久，死而不亡者寿"的理念。认为人生的目的在于追求幸福、健康和长寿，这既是目标也是本分。既然是本分，追求幸福、健康和长寿自然不能建立在别人的痛苦之上，这就是道德的思想。即便为了大道牺牲，虽亡却长寿，英灵长存。唯有如此，才能实现天地之志，与世长存，恩泽千秋。

韩信很小的时候就失去了父母，主要靠钓鱼换钱维持生活，经常受一名靠漂洗丝絮为生的老妇人的施舍，屡屡遭到周围人的歧视和冷遇。一次，一群恶少当众羞辱韩信。有一个屠夫对韩信说：你虽然长得又高又大，喜欢带刀佩剑，其实你胆子小得很。有本事的话，你敢用你的佩剑来刺我吗？如果不敢，就从我的裤裆下钻过去。"韩信自知硬拼肯定吃亏，也没有必要逞能，与这般人计较。于是，他当着许多围观人的面，从那个屠夫的裤裆下钻了过去。史书上称"韩信胯下之辱"。但是，受胯下之辱的韩信并没有失去"大志"，随后他投奔项梁、项羽，未得重用。转投刘邦，经夏侯婴推荐，拜治粟都尉；经萧何保为大将，制定"汉中对策"，申军法，设还定三秦之计。擒魏、取代、破赵、胁燕、击齐、灭楚，名闻海内，威震天下，成为古代军事思想"兵权谋家"的代表人物，被后人奉为"兵仙""神帅"。

《鬼谷子》讲道："故知之始己，自知而后知人也。其相知也，若比目之鱼。其伺言也，若声之与响；其见形也，若光之与影也；其察言也，不失若磁石之取针，舌之取燔骨。其与人也微，其见情也疾。如阴与阳，如阳与阴；如圆与方，如方与圆。未见形圆以道之，既见形方以事之。进退左右，以是司之。己不先定，牧人不正。事用不巧，是谓忘情失道。己审先定以牧人，策而无形容，莫见其门，是谓天神。"所以，知人必先知己，不了解自己，也无从了解对方。人们之间的相知，像比目鱼一样形影相随；获得对方的言辞，像声音和回声一样呼应；弄清对方的实情，像光生而影见。圣人侦察对方的言辞，绝无失误，像磁石吸引钢针，像舌头吮食肉骨。与人相处，言行幽深、精妙。窥察实情，迅疾有道。既像阴阳变化，又像圆方转化，相互依存。在对方形迹未显前，用圆滑的方法诱导其说出实情；

在对方形迹已显后，对其已有充分了解，不妨用已定的原则对待他。或进或退，或左或右，由此掌握。自己不能先定下主意，就不能正确地支配他人。处理事情不灵活没有技巧，叫作"不顾真实情况，违背客观规律"。自己先确定策略统领别人，计策谋略就不露形迹，让人看不清门户所在，叫作"天神一样圣明"。

汉蜀诸葛亮《兵法二十四篇》察疑篇指出："明君之治，不患人之不己知，患不知人也。不患外不知内，惟患内不知外；不患下不知上，惟患上不知下；不患贱不知贵，惟患贵不知贱。"诸葛亮的这段话源自《论语·学而篇》，讲的是不仅要对自己的实力准确掌握，还要对敌方的实力予以准确掌握，这样才能知彼知己、百战百胜，这一点和《孙子兵法》是相一致的。

在《吴起兵法》中讲述了吴起和魏文侯的一次对话。魏文侯说自己不爱好军旅之事，因此请教吴起。"臣以见占隐，以往察来，主君何言与心违。"吴起从魏文侯的一些言行举止说起，讽刺了魏文侯一通："若以备进战退守，而不求能用者，譬犹伏鸡之搏狸，乳犬之犯虎，虽有斗心，随之死矣。"如果说您准备用来作战，却又不去寻求会使用它们的人，这就好像孵雏的母鸡去和野猫搏斗，吃奶的小狗去进犯老虎，虽有战斗的决心，随之而来的必然是死亡。吴起最后指出："明主鉴兹，必内修文德，外治武备。"贤明的君主有鉴于此，必须对内修明文德，对外做好战备。在这段话中，吴起提出了自己"内修文德，外治武备"的战略指导思想。

弈棋者不仅要提高自己的弈棋能力，还要有熟悉对手的能力，这个能力就包括弈棋过程中的走棋能力、反应能力以及心理状态。

《棋经十三篇》之《自知》讲道："夫智者见于未萌，愚者暗于成事。故知己之害而图彼之利者，胜。知可以战不可以战者，胜。识众寡之用者，胜。以虞待不虞者，胜。以逸待劳者，胜。不战而屈人者，胜。《老子》曰：'自知者明。'"富有智慧的人，在事物发生前就能看出动向；愚昧的人，即使事情已经完成也不明白其中的道理。所以，清楚我方所常受到的威胁，再来谋划占对方的便宜，能够取胜；知道何时可以战、何时不可以战，能够取胜；清楚多子与少子的用场，能够取胜；做好充分的准备，迎战准备不充分的，能够取胜；采取守势，养精蓄锐，等到来攻的对手势头减弱后再出击，能够取胜；不在局部激烈争夺而从整体上压倒对方的棋势，能够取胜。正所谓：自己了解自己的人是明智的。

说到围棋棋手中没有自知之明的当属孙皓，即孙权之孙，吴文帝孙和之子，东吴末代皇帝。孙皓在位初期，施行明政，后沉溺酒色，专于杀戮，变得昏庸暴虐，名声很大，惊动华夏，令晋武帝感到惶恐。据《晋书·王济传》记载："帝尝与济弈棋，而孙皓在侧，谓皓曰：'何以好剥人面皮？'皓曰：'见无礼于君者则剥之。'济时伸脚局下，而皓讥焉。"皇帝曾与王济下棋，孙皓在旁边，皇帝对孙皓说："你为什么喜欢剥人的脸皮？"孙皓说："我见到对国君无礼的人就剥了他。"王济当时把脚伸到了棋盘下，因而孙皓讥讽王济。作为亡国之君的孙皓因为王济的一个伸脚行为掩盖自己的暴行，欲置别人于死地。后来我们就用"伸脚"一词来表示"讥讽不知亡国之耻者"的意思，意谓正应当剥其皮。

围棋"合弈"文化之"知彼胜己，百战百胜"。弈棋者不仅要深谙棋道，更要注重对棋手的把握，知道棋手的过去、现在和将来，因为弈棋弈的是人与人的能力，唯有如此才能百战百胜。治国理政和为人处世也是如此，在对一件事和一个人做出评判之时，要全面了解情况方可下定论。同时，面对竞争之时，更要做到自我强大，只有内外因素全面具备的时候，才能达到老子所说的"长存"的境界，这就是我们常说的大志。

第三十四章　以其终不自为大，故能成其大

> 大道汜兮，其可左右。万物恃之以生而不辞，功成而不有。衣养万物而不为主，常无欲，可名于小；万物归焉而不为主，可名为大。以其终不自为大，故能成其大。

在上一章中我们讲到要知彼胜己，这一章老子给出了胜己达到大志的办法，那就是处理好"小"与"大"的关系。道是非常伟大的，但是从不自以为大。道决定万物的生长，但是从不加以干涉；大功告成，道却从不邀功。道就是自然，人人各有其分，各有其位，也必须各尽其责，这便是道法自然的真义。万物依据大道而生长有成，却不认为自己有功，恩泽万物却不做万物的主宰，因其"小"而成其"大"。

庄子《逍遥游》中讲："有鸟焉，其名为鹏，背若泰山，翼若垂天之云，抟扶摇羊角而上者九万里，绝云气，负青天，然后图南，且适南冥也。斥鴳笑之曰：'彼且奚适也？我腾跃而上，不过数仞而下，翱翔蓬蒿之间，此亦飞之至也。而彼且奚适也？'此小大之辩也。"无论是天池的鱼鲲还是鸟鹏，都是秉持道的化身，他们或是大到无边，或是背负着青天向南飞，对于井底之蛙的斥鴳来说都是无法理解的，总是自以为是和用浅见薄识来衡量别人的力量。这就是小和大的关系啊。

曾国藩和左宗棠都是清朝后期的封疆大吏，曾国藩更是被学术界称为"帝制时代儒家最后一位精神领袖"。咸丰二年，曾国藩见到了左宗棠，

此时正是攻打太平军最艰难的时候。左宗棠以其经世致用之才为湖南战事做出了不少贡献。很多人将左宗棠推荐给曾国藩，可曾国藩对左宗棠的态度很谨慎，因为他们两个人的性格完全不同。但是曾国藩并没有因此忘记左宗棠，而是向咸丰皇帝推荐左宗棠做知府。左宗棠心高气傲，认为官太小，不受领，曾国藩也没有记仇。咸丰十年，攻打太平军进入了最关键的时刻，曾国藩再次起用左宗棠，左宗棠也没有让曾国藩失望，身先士卒，很快攻打下了杭州。曾国藩见时机成熟，举荐左宗棠担任浙江巡抚，主掌一省军政大权。后来左宗棠却因为洪秀全之子洪天贵失踪案的事情和曾国藩在朝廷上打起了笔墨官司，在皇帝面前含沙射影地状告曾国藩欺君罔上。曾国藩平生注重诚信，心中不快。但是曾国藩的涵养和心胸比左宗棠深厚得多，没有和左宗棠计较。后来，左宗棠奉命出兵平定新疆，曾国藩倾尽全力帮助左宗棠。有一次，左宗棠问身边的侍卫，为什么外面的人都把他和曾国藩称作"曾左"，而不是"左曾"。侍卫回答："曾公眼中常有左公，而左公眼中则无曾公。"左宗棠思绪良久才恍然大悟，愧疚不已。这则故事中，何为"大"，又何为"小"，一眼便能看出。

老子论证"大"和"小"的关系，提醒我们不要自以为大，要懂得谦虚和谨慎，警惕一着不慎满盘皆输的教训。

历史上因小失大的教训比比皆是。东汉末年，董卓挟持汉献帝入驻中原以后，诛杀与自己意见不合的大臣、夜宿龙床、淫乱后宫嫔妃。人人皆有好色之心，董卓的好色可不单单是人类原始的欲望，而是一种竭尽所能的发泄。翻看董卓历史，董卓入驻长安以后好像除了纵欲再无其他追求和建树。恰巧在董卓最为得意纵欲的时候，王允巧用连环计把自己的艺伎献出来，在董卓和吕布之间来回挑唆，董卓和吕布本来就是狼狈为奸、沆瀣一气。为了满足自己的色欲肯定不会彼此善罢甘休。在吕布看来，自己把董卓扶上位，区区一个女人都不舍得赠予自己。董卓恰巧也是这种心态，觉得天底下自己说了算，吕布怎敢和自己争女人。于是，双方兵戎相见，就上演了吕布刺杀董卓一幕。明末，闯王李自成带兵攻入明朝紫禁城，闯王手底下这帮人原本就是些乌合之众。一进紫禁城，将士们的黑眼珠子全都盯着白银子，这些人根本没有任何政治操守，更别提政治远见。刘宗敏是李自成手下部将，到紫禁城后第一时间闯到吴三桂的家里，烧杀掠夺，把吴三桂家里扫荡一空。吴三桂的家人赶紧跑到山海关汇报，说吴老太爷被绑了。吴三桂说："这是误会，我跟闯王说一下就好了。"没几天，家人们再来汇报说，所有家当都被李自成部下霸占了。吴三桂继续安慰说："肯定是误会，都别慌。"又过几天，家人们又来汇报说，刘宗敏把陈圆圆抢走了。吴三桂一听怒了，直接投靠清朝，带领三十万山海关大军与李自成决一死战。所以，后人写诗"三军缟素俱痛哭，冲冠一怒为红颜"来形容吴三桂和李自成之间因为陈圆圆被霸占而反目成仇。

古往今来，但凡有成就之人皆是秉持"大道"，自始至终从不自我炫耀以求显赫和伟大，而是默默无闻。反观，很多人取得成绩之后，不是沾沾自喜就是好大喜功，结果一败涂地。

汉蜀诸葛亮《兵法二十四篇》纳言篇指出："故君有谏臣，父有谏子，当其不义则诤之，将顺其美，匡救其恶。……故有道之国，危言危行；无道之国，危行言孙，上无所闻，下无所说。故孔子不耻下问，周公不耻下贱，故行成名著，后世以为圣。是以屋漏在下，止之在上，上漏不止，下不可居矣。"诸葛亮通过孔子和周公的例子讲明了一个人谦虚的重要性和必要性，说明作为一个圣君，听取民意和虚心求教的重要性和必要性。

冒顿刚刚自立为单于不久，东胡王派使者对冒顿说："我们东胡想要头曼单于生前所骑的千里马。"冒顿故意激起群臣的怒火，问群臣怎么办，群臣都说："这是匈奴的宝马，不能给他们！"冒顿说："咱们和东胡是邻国，怎么能为了一匹马伤了和气呢？"于是就把宝马送给了东胡。没过多久，东胡王又派使者来对冒顿说："我们的国君看上了你的后妃，要你把她让给我们国君。"冒顿又问左右群臣的意见，左右群臣愤怒地说："东胡太霸道了！竟敢侮辱我们的单于皇后！我们要求攻打东胡！"冒顿说："我们和东胡是友好邻邦，怎么能为了一个女人伤了两国的和气呢！"于是又把他宠爱的后妃给了东胡。

得到了这两次好处，东胡王得意扬扬，骄傲狂妄，认为匈奴软弱可欺。东胡和匈奴两国之间，有一千多里的缓冲地，没有人居住。东胡王再次派使者对冒顿说："这是无用的缓冲地，我们要占有。"冒顿再问群臣的意见。群臣中有人说："这是不用的土地，给他们没关系，不给他们也可以。"冒顿大发脾气地说："土地是国家的根本，怎么能随便送给别人。"那些主张把土地送给东胡的大臣，都被冒顿斩杀了。

冒顿骑上战马，对早已训练好的将士们下命令说："我们国内如果有人不跟随攻打东胡的，一律斩杀。"于是匈奴上下群情激奋，杀向东胡。东胡一直轻视匈奴，没有防备，被冒顿率领的如狼似虎的军队消灭了。

说到谨慎，其对于围棋的重要性不言而喻，一着不慎满盘皆输自古就是每个弈棋者对自己的提醒，更是对他们为人处世的警醒。北宋大臣范仲淹中进士后，累官至参知政事。范仲淹一生丰富多彩，为相，是一个贤相；为将，是一个儒将；为吏，是一个能吏；做学问，是一个良师。范仲淹有一首《赠棋者》，气魄宏伟，可比将军出塞："何处逢神仙，传此棋上旨。静持生杀权，密照安危理。接胜如云舒，御敌如山止。突围秦师震，诸侯皆披靡。入险汉将危，奇兵翻背水。势应不可隳，关河常表里。南轩春日长，国手相得喜。泰山不碍目，疾雷不经耳。一子贵千金，一路重千里。精思入于神，变化胡能拟。成败系之人，吾当著棋史。"前两句是说，围棋中包含着非常深刻的内容，不是一般人能琢磨出来的吧，莫不是在什么地方遇到了神仙，神仙将这样好的东西传到了人间，让人们来开发自己的思想。范仲淹描写围棋，想到了在西北军事生活的感受：下围棋虽然是静静地坐在那里，但下棋人也是有生杀大权的。在棋盘上，隐隐约约也表现出如战场上一样的安危规律。范仲淹描写围棋，简直就像描写战场：获胜的一方，就像云一样慢慢扩张；而在对方进攻的时候，防御阵地就像山一样岿然不动。围棋的突围就像当初项羽破釜沉舟大破秦军一样，以致各路诸侯不敢仰视。孤军深入的打入就像当初韩信背水列阵诱敌攻击而有奇妙招数制胜一般。围棋的大势不可混乱，棋子与棋子之间要有内在的联系。棋手是这样的有见地，他们观察整个棋盘，不会让眼前的小利而忘却一局；也不会由于受到突然的攻击而惊慌。棋手每落一子都是郑重其事的，对每一路的计算，都不草率。他们是这样的全神贯注，因为围棋的变化，是不能穷尽的。

这一点在南朝围棋高手王景文身上体现得淋漓尽致。据《南史·王彧传》记载，王景文风度端庄，姿貌秀美，喜欢谈论玄理和与友弈棋，年轻时与陈郡谢庄齐名。太祖对他十分敬重，所以替太宗（明帝刘彧）娶王景文的妹妹，而且用王景文之名为太宗取名。高祖第五个女儿新安公主原先嫁给左原王景深，后来离婚，太祖便要把新安公主嫁给王景文，王景文以自己有病为由坚决拒绝，所以婚事没有成功。太宗即位，王景文加领左卫将军。当时六军警戒，严密防备意外，王景文率领三十名甲士进入六门。众将都说："平定殄灭小小的奸贼，比拾起掉在地下的东西还要容易。"王景文说："敌人本来就无所谓大小，小小的蜂也都有毒，哪可轻视呢？全军应当面临大事戒惧谨慎，善于谋划而能把事情办成，先从不能取胜的角度做准备。这才是制服敌人取得胜利的策略啊。"不久，王景文迁丹阳尹，他遭逢父亲丧事，不等服丧期满朝廷就命他为冠军将军、尚书左仆射、丹阳尹，王景文坚决拒绝仆射之职。太宗剪除暴虐的昏君，又平定了四方，想要招致朝中有声望的名臣辅佐自己成就大业。于是下诏说："安南将军、江州刺史王景文，风度淳美，情怀清远，理智通畅，既有名望，又有实绩，可共安乐，也可共患难。我刚刚登上帝位，他暗中帮助重整朝纲，妖徒扰乱朝政，他进献谋略卫护朝廷。王景文可封江安县侯，食邑八百户。"王景文坚决推辞，皇上没有同意，于是他就接受了五百户的封赏。

围棋"合弈"文化之"不自为大，能成其大"。现实生活中，我们往往对自己的预判高于我们现有的水平，这是一种骄傲和自负的预兆。只有把自己当作一颗螺丝钉，准确地定位自己，这样才不会好高骛远、不会挑肥拣瘦；只有踏踏实实地工作，勤勤恳恳地务业，你才能成为一个被人敬仰的人物，成就自己的"大"。

第三十五章　执大象，天下往

执大象，天下往。往而不害，安平泰。乐与饵，过客止，道之
出口，淡乎其无味，视之不足见，听之不足闻，用之不足既。

"执大象，天下往。""大象"是大道的意思，若天下人都秉持"道"，
就能相安无事，就会和谐。我无害物之心，物无害我之意，自然就能镇定
自若，泰然处之，相安无事。

庄子《田子方》讲述了庄子见鲁哀公的故事。鲁哀公说鲁国崇尚儒学
的人很多，尊崇道术的人很少。庄子却说鲁国儒学之士很少。鲁哀公说大
家都穿儒服，怎么能说少呢？庄子给鲁哀公出了一个主意，让他下令穿儒
家服饰却不懂儒术的予以处死，结果发现整个鲁国只有一人穿着儒家服饰。
鲁哀公担心这个人也是徒有外表，是个想得到重用的投机分子，结果问了
一堆国事没有难住他。庄子之所以这样做，并不是想证明鲁国学儒的人很
少、学道的人很多，而是告诉鲁哀公，看人不能看外表，不要被表象所迷惑，
而应该遵循实际。

喜欢战国历史的人，大多都对张仪骗楚怀王的事情耳熟能详。当时，
张仪说："如果楚国与齐国断交，就送给楚国六百里的土地。"楚怀王对
土地早已垂涎三尺，于是，按照张仪所说的去做。可是，等到楚怀王来到
秦国向张仪要地时，张仪却坚持说不是六百里，而是六里。受到欺骗的楚
怀王恼羞成怒，于是，命令军队攻打秦国。但是，此时楚国与齐国的同盟

已经瓦解，楚军根本不是秦军的对手。最终，楚军在秦军面前一败涂地。而楚怀王也被作为鼠目寸光的典型，被一代又一代的人嘲笑着。

"淡乎其无味，视之不足见，听之不足闻，用之不足既。"老子认为道是看不见、听不见的，但是用起来却是无穷无尽的。老子告诉我们不要被眼前的表象所迷惑，不要觉得成功了就是得道了，不要觉得位高权重就是得道了，其实不然，真正的道是自然的。为人处世切不可被世俗的名利等表象所诱惑。

《鬼谷子》讲道："物有自然，事有合离。有近而不可见，有远而可知。近而不可见者，不察其辞也；远而可知者，反往以验来也。"世间万物都有自身的法则和规律，任何事情或聚或离，皆有其内在原因。有些事发生在身边却不被察觉，有些事距离很遥远却能知道。发生在身边却不被察觉，是因为对眼前的事习以为常，没有足够的留心；距离很远却能知道，是因为善于反顾历史并预测未来。

兵法上讲究诱敌深入。《军谶》曰："香饵之下，必有悬鱼。"《兵经百篇·法篇》云："行兵用智，必相其利。"

三国时期，诸葛亮就使用了诱敌深入的计谋将司马懿逼入绝境。这是一场诸葛亮第四次北伐祁山，蜀军和魏军在卤城锋刃相接的战役。建兴九年二月，诸葛亮率领大军进攻祁山。当时魏国的大司马曹真刚刚病逝，魏明帝慌忙下令司马懿前来救火。司马懿命令费曜和戴凌领兵四千帮郭淮守上邽，上邽是魏军的后勤基地。自己则率领大军直接奔祁山而去，因为他觉得诸葛亮这个人谨慎，必然不敢过分分兵来攻上邽。而且他怕留太多人守上邽，可能就难以抵抗诸葛亮兵锋。但是诸葛亮却看透了司马懿的心思，他知道司马懿知道他谨慎。他料定司马懿不会留太多人守上邽。于是直接分兵，留下一部分军队继续进攻祁山，他亲自率领另一部分军队去偷袭上邽。上邽被攻，魏军大惊。大军不可一日无粮，司马懿当机立断下令回军救援上邽。从现在开始节奏已经完全掌握在诸葛亮手中了。他早知道上邽不可能一时半会被攻克，他的目的不是在上邽而是在魏军主力。

司马懿领军奔袭两天两夜，不眠不休终于抵达上邽。按理来说诸葛亮此时应该趁司马懿立足未稳、兵疲马乏之际大举进攻。司马懿对此早有警惕，并且做好了防范。他的士卒还保留了一定的体力，并且做好迎击准备。上邽的守军也准备和他们配合来个夹击。诸葛亮却看见魏军的援军一出现就跑了。司马懿白准备了，他难以理解诸葛亮为什么不伏击他？于是他对他手下人说诸葛亮不懂军事，既没有以逸待劳攻击他，又没有凭借地势阻击他，说明诸葛亮根本没有正面交战的勇气。于是司马懿顾不上多休息，就又追了上去。司马懿领军玩命狂奔，终于在汉阳追上了诸葛亮。他急忙发动进攻，但士兵才交手，诸葛亮又跑了。因为诸葛亮设下的伏地并不在此，虽然司马懿的魏军要比蜀军累得多，但是数量却多于蜀国，此时交战仍然不能保证必胜。于是两军又一跑一追到了卤城，这一次诸葛亮不跑了。因为这里有他想要的地利：诸葛亮占卤城，据南北二山，断水为重围。司马懿行军至此恍然大悟，原来诸葛亮早在这里等着他了。所以他被包围之后也没有选择突围，而是坚守。他认为蜀军远道而来，只要他坚持够久，蜀军粮草必定不济。但是他没有想到诸葛亮早就抢收了上邽附近的小麦。于是他等啊等，等了很久也没有等到蜀军粮尽，反而魏军自己的粮草要用尽了，于是他决定拼死突围。

司马懿兵分两路，一路让张郃带领攻击南边的王平。司马懿自己则率领大军攻击北方的诸葛亮。他认为这一定是蜀军主力，他想凭拼死一搏的锐气一举攻破蜀军主力。没想到蜀军的北部防线迅速被破，诸葛亮又跑了。他已经急昏了头，没有想起来自己之前怎么上的当。诸葛亮真正的主力当然埋伏起来了，等诸葛亮将他引来时，跳出来以逸待劳将他打得大败。诱敌深入这一计的关键当然是在这"诱"上。这是一种心理战，就是要靠主帅对另一方人心的把握。而在卤城之战，诸葛亮简直算尽了司马懿的心思，把他溜得团团转。

围棋形制博大广阔、纵横交错，展开了充分的战略空间。围棋把交战博弈的战场放在宽广、逼真的天文地理空间，使子力的投放机会有无穷多的选择。全局的胜利来自众多局部战斗的积累。来自不同方向行动的配合，来自各种利益的取舍和转换，要求棋手必须具备全局意识和战略思维能力。这种全局意识就包括整体联动、精准搏杀、高效极限、实地取向、灵活变换等。

与兵法里讲的"行兵用智，必相其利"对应，弈棋过程中也有诱敌深入的计谋，称为"虎穴得子"。刘禹锡，唐朝时期大臣、文学家、哲学家，有"诗豪"之称。其爱好围棋，而且棋艺水平还比较高，他结交了不少围棋高手，他的诗中涉及围棋的也不少，如《海阳湖别浩初师》："爱泉移席近，闻石辍棋看。"《浙西李大夫述梦》："茶炉余绿笋，棋局就经梅。"《游桃园》："往往游不归，洞中见博弈。"不过最著名的还是《观棋歌送儇师西游》："长沙男子东林师，闲读艺经工弈棋。有时凝思如入定，暗覆一局谁能知。今年访予来小桂，方袍袖中贮新势。山人无事秋日长，白昼懵懵眠匡床。因君临局看斗智，不觉迟景沉西墙。自从仙人遇樵子，直到开元王长史。前身后身付余习，百变千化无穷已。初疑磊落曙天星，次见搏击三秋兵。雁行布阵众未晓，虎穴得子人皆惊。行尽三湘不逢敌，终日饶人损机格。自言台阁有知音，悠然远起西游心。商山夏木阴寂寂，好处徘徊驻飞锡。忽思争道画平沙，独笑无言心有适。蔼蔼京城在九天，贵游豪士足华筵。此时一行出人意，赌取声名不要钱。"

观棋者，于局外俯瞰风云，亦魄动心寒。初有疑义，以为平静。自然，三五黑白方布，难免做出磊落之状。次而见杀气渐至，双方互战正酣。见那阵中，排兵布阵皆是高着，观者如何知晓盘中用意？正在一片恍惚之际，一方于虎穴得子，其惊险绝妙，实在惊煞众人也。对弈如对战、观棋同观战，何由得不惊心动魄乎？正如南唐后主李煜诗言："若算机筹处，沧沧海未深。"

围棋"合弈"文化之"整体联动，精准搏杀"。弈棋应当进行作战的构想和设计，弈棋过程中，既要注重局部的排兵布阵，更要讲究整体协同应对，将每一个子力的方向和结果都融汇于一个统一的作战意图之中。既要用好每一个棋子，达到利益最大化，更要为了整体布局，不计较一兵一卒的得失。同时要抓住时机，提高计算能力，实现复杂战斗、复杂变化下的精准设计和组织搏杀。弈棋者更应当在人生中学会长远规划和整体部署，将自己的每一个努力都化作实现最高目标的向心力，在关键时刻抓住机遇，让实现目标的进程实现质的飞跃。

第三十六章　是谓微明，柔弱胜刚强

> 将欲歙之，必固张之；将欲弱之，必固强之；将欲废之，必固兴之；将欲取之，必固与之。是谓微明，柔弱胜刚强。鱼不可脱于渊，国之利器不可以示人。

前面我们讲述了很多"以柔制刚，吃亏是福"的道理。这一章中老子则讲述了以柔制刚的办法。

"将欲歙之，必固张之；将欲弱之，必固强之；将欲废之，必固兴之；将欲取之，必固与之。"想要收敛它，必先扩张它；想要削弱它，必先加强它；想要废除它，必先抬举它；想要夺取它，必先给予它。可以说，"与之"是一种手段，"取之"才是目的。达到"鱼不可脱于渊，国之利器不可以示人"的目标，也是修炼道德功的循序渐进的自然过程，其中包括事物的两重性和矛盾转化辩证关系。其实，这种观点是贯彻《道德经》全书的，任何事物在其发展过程中，都会走到某一个极限，就会往相反的方向发展变化，旨在告诉人们物极必反的道理，古语有言："张极必歙，盛极必衰。"凡是有生命力的事物都有柔弱的特征，正因为如此才有前途和发展的潜力。

周文王开辟了周朝，临终前找来了姜太公，询问："先圣之道，其所止，其所起，可得闻乎？"姜太公回道："见善而怠，时至而疑，知非而处，此三者，道之所止也。柔而静，恭而敬，强而弱，忍而刚，此四者，道之所起也。"见到善事却懈怠不做，时机来临却迟疑不决，知道错误却泰然处之，这三种情况就是先圣治国之道所应废止的；柔和而清静，谦恭而敬谨，强大而自居弱小，隐忍而实刚强，这四种情况是先圣治国之道所应推行的。

清朝初期，三藩之乱兵起，王辅臣叛于宁羌，击杀莫洛。豫亲王多铎之子董额用兵无方，攻平凉八个月不下，康熙后请图海前往陕西平叛。康熙十五年，正式任命图海为抚远大将军，取代董额。图海号令全军："仁义之师，先招抚，后攻伐。今奉天威讨叛竖，无虑不克。顾城中生灵数十万，覆巢之下，杀戮必多。当体圣主好生之德，俟其向化。"后抵平凉，坚持执行康熙用恩招抚的策略，围而不攻，围而不战，攻心为上，劝诱其降，派周培公前去劝降。周培公冒着被箭和石头打中的风险，七次去劝说王辅臣，最后招降了王辅臣。在这个故事中，康熙及图海坚持柔弱胜刚强的原则，成功劝降了王辅臣，平息了一场叛乱。要知道当时王辅臣已经先后攻破兰州等地，秦陇危急，若是以刚制刚，别说一场生灵涂炭的仗不可避免，刚建立的清王朝都有可能葬送在这场战争中。

用兵作战，讲究诡诈多变。如何诡诈多变？《孙子兵法》言："兵者，诡道也！故能而示之不能，用而示之不用，近而示之远，远而示之近。利而诱之，乱而取之，实而备之，强而避之，怒而挠之，卑而骄之，佚而劳之，亲而离之，攻其无备，出其不意。"孙子提出要能攻却要装作不能攻，要打却要装作不打，欲从近处攻打却要装作从远处打，欲从远处攻打却要装成从近处打。对方贪利就要用利益来诱惑他，对方混乱就要趁机攻取他，对方充实就要防备他，对方强大就要躲避他，对方容易暴躁恼怒就要骚扰他，对方自卑谨慎就要使他骄傲自大，对方休整充分就使其疲惫，对方内部团结就要设法离间他。攻打对方没有防备之处，在对方没有料到的时候发动进攻。兵家思想和道家思想如出一辙，都蕴含了反其道而行之的道理。

正如《鬼谷子》讲道："用之有道，其道必隐。"明朝刘伯温《百战奇略·骄战》讲："凡敌人强盛，未能必取，须当卑辞厚礼，以骄其志，候其有衅隙可乘，一举可破。法曰：'卑而骄之。'"大凡在敌人力量强大，我军没有必胜把握的情况下作战，应当用卑恭的言辞和厚重的礼物，麻痹敌人使其志骄意惰；待到敌人有隙可乘之时，便可一举而击破它。

夷陵之战，又称"彝陵之战""猇亭之战"，这是中国古代战争史上一次著名的积极防御成功的战例。221年，刘备以替关羽报仇为理由，出兵攻打孙权。孙权求和不成后，决定一面向曹魏求和以避免两线作战，另一面派陆逊率军应战。

陆逊上任后，通过对双方兵力、士气以及地形诸条件的仔细分析，指出刘备兵势强大，居高守险，锐气正盛，求胜心切，吴军应暂时避开蜀军的锋芒，再伺机破敌，耐心说服了吴军诸将放弃立即决战的要求。果断地实施战略退却，一直后撤到夷道、猇亭一线。然后在那里转入防御，遏制蜀军的继续进兵，并集中兵力，准备相机决战。

这样，吴军完全退出了高山峻岭地带，把兵力难以展开战斗的数百里长的山地留给了蜀军。222年正月，蜀汉吴班、陈式的水军进入夷陵地区，屯兵长江两岸。二月，刘备亲率主力从秭归进抵猇亭，建立了大本营。这时，蜀军已深入吴境两三百里，由于开始遭到吴军的阻遏抵御，其东进的势头停顿了下来。在吴军扼守要地、坚不出战的情况下，蜀军不得已乃在巫峡、建平至夷陵一线数百里地上设立了几十个营寨。

为了调动陆逊出战，刘备遣前部督张南率部分兵力围攻驻守夷道的孙桓。孙桓是孙权的侄儿，所以吴军诸将纷纷要求出兵救援，但陆逊深知孙桓素得士众之心，夷道城坚粮足，坚决拒绝了分兵援助夷道的建议，避免了分散和过早地消耗兵力的行为。从正月到六月，两军仍然相持不决。刘备为了迅速同吴军进行决战，使将军冯习为大督，张南为前部，辅匡、赵融、廖淳、傅肜等各为别督，先遣吴班带领数千人于平地立营，到阵前辱骂挑战。但是陆逊均沉住气不予理睬。后来刘备又派遣吴班率数千人在平地立营，另外又在山谷中埋伏了八千人马，企图引诱吴军出战，伺机加以聚歼。但是此计依然未能得逞。

陆逊坚守不战，破坏了刘备倚恃优势兵力企求速战速决的战略意图。蜀军将士逐渐斗志涣散松懈，失去了主动的优势地位。六月正值酷暑时节，暑气逼人，蜀军将士不胜其苦。刘备无可奈何，只好将水军舍舟转移到陆地上，把军营设于深山密林里，依傍溪涧，屯兵休整，准备等待到秋后再发动进攻。由于蜀军是处于吴境两三百里的崎岖山道上，远离后方，故后勤保障多有困难，且加上刘备百里连营，兵力分散，从而为陆逊实施战略反击提供了可乘之机。决战开始后，陆逊即命令吴军士卒各持茅草一把，乘夜突袭蜀军营寨，顺风放火。顿时间火势猛烈，蜀军大乱。刘备见全线崩溃，逃往夷陵西北马鞍山，命蜀军环山据险自卫。陆逊集中兵力，四面围攻，又歼灭蜀军近万之众。

在夷陵之战中，陆逊善于正确分析军情，大胆后退诱敌，集中兵力，后发制人，击其疲惫，巧用火攻，终于以五万吴军一举击败气势汹汹的蜀军，创造了由防御转入反攻的成功战例，这正体现了道家讲的"柔弱胜刚强"及兵家的"能而示之不能，用而示之不用。……实而备之，强而避之，怒而挠之，卑而骄之。……攻其无备，出其不意"的思想理念。至于刘备的失败，也不是偶然的。他"以怒兴师"，恃强冒进，犯了兵家之大忌。在具体作战指导上，他又不察地利，将军队带到难以展开战斗的两三百里的崎岖山道之中；同时在吴军的顽强抵御面前，又不知道及时改变作战部署，而采取了错误的无重点处处结营的办法，终于陷入被动，导致悲惨的失败，自食"覆军杀将"的恶果，令人不胜感慨。

人所共知，山外青山楼外楼，强中更有强中手。世事变幻，三十年河东，三十年河西，任何人都不会永远处于一个绝对的优势地位。如果对方的实力明显强于你，那么你没有必要为了面子或意气用事与他竞争。因为一旦硬碰硬，固然也有打败对方的可能，但毁了自己的可能性却很大。

相辅相成的辩证思想贯通围棋的始终。弈棋的过程中充满了辩证关系，辩证法的基本要素、范畴和规律，包括矛盾双方的相互斗争、相互依存、相互关联以及相互转化，都在围棋中有充分的体现。例如《弈墨·后序》云："用弈之道，柔以克刚，弱以制强。"清代围棋国手施襄夏也有诗云："静能制动劳输逸，实本功虚柔克刚。"

我国古代棋手中被称为神童的有两个人，一个是在家喻户晓的《三字经》中提到的唐朝的李泌，七岁时就显示了极高的围棋天赋，受到唐玄宗的夸奖；另一个是明代万历年间的扬州人方渭津。与吴伟业、龚鼎孳并称"江左三大家"的钱谦益为后世留下了晚明几位围棋国手的珍贵史料，对围棋国手方渭津，有着生动的描述。他说："渭津为人，渊静闲止，神观超然。对弈时，客方沉思怒目，手颤颊赤，渭津闭目端坐，如入禅定。良久，客才落子，信手敌应，两棋子声响铿然，目但一瞬尔。……渭津下一子，如钉着局上，不少挪动，亦未尝有错互。如他人按指咖咻，局罢覆数，一、二多少，怡不为意，如未曾措手者。"作为一个围棋国手，方渭津真正达到了老子所说的以柔克刚的境界。

围棋"合弈"文化之"示假隐真，以柔克刚"。弈棋者在弈棋过程中要学会避开对方锋芒，用温和手段取胜，不能因为一时的赌气和豪气而乱下一子，不然满盘皆输。

第三十七章　道常无为而无不为

> 道常无为而无不为。侯王若能守之，万物将自化。化而欲作，吾将镇之以无名之朴，镇之以无名之朴，夫将不欲。不欲以静，天下将自定。

"无为"是指不妄为，那么，"无不为"是什么意思呢？是没有一件事所不能为的。这是老子对"道"再一次的阐述。"道"虽看不见、听不着，也不妄为，但是每件事情都是"道"所能为的。

庄子《至乐》讲道："万物职职，皆从无为殖。故曰天地无为也而无不为也！"在作者看来，本章是对"道"的总结，即老子"朴"治思想，也是老子思想体系中局域核心地位的命题。

"侯王若能守之，万物将自化。"侯王如果能按照"道"的原则来治理天下，那么天下万物就会自我化育，自生自灭而得以充分发展。这里有三层意思，第一层意思是自我化育，就是自然界万物都会自己按照自己的生长规律去生长；第二层意思是自生自灭，道家和道教不同，道家是一种哲学思想，道教是一种宗教，道家认为生死是必然的，也是"道"之所在，不必刻意强求；第三层意思是得以充分发展，这是"道"的最大功效，也是秉持"道"的时候，这个世界最美好的状态，正所谓"花开花落花满天，自生自灭自成长"。

宋真宗赵恒，是宋朝第三位皇帝。宋真宗继位后，继续推行宋太宗晚年以来的无为而治、与民休息的治国理念，任用李沆、吕端等为相，勤于政事，减免赋税、改革财政、劝课农桑、平抑粮价、改革司法，开创了又一个盛世——"咸平之治"，使整个国家出现了经济繁荣、政权巩固、百姓安居乐业的局面。

本章是老子《道经》的最后一章，在本章中，老子再次强调，治国的根本在于无为，治民的根本在于无欲。但是这里需要强调的是，治民的无欲不是愚民，这两者有着本质的区别。

庄子《达生》讲述了梓庆削木为镶的故事。鲁侯见到梓庆做出来的镶犹如鬼斧神工，便问："子何术以为焉？"梓庆说："臣将为镶，未尝敢以耗气也，必齐以静心。齐三日，而不敢怀庆赏爵禄；齐五日，不敢怀非誉巧拙；齐七日，辄然忘吾有四肢形体也。当是时也，无公朝，其巧专而外骨消。"不敢有一点分散精神，一定要斋戒使得心志安静专一，在这个时候，心中不存在朝见君主的想法，专心致志于制作技巧，而外界的扰乱全部排除。梓庆之所以能做出鬼斧神工的镶，就在于不受外界的诱惑和影响，以至于达到"则以天合天"的境界。

晋文公，文治武功卓著，是春秋五霸中第二位霸主，也是上古五霸之一，与齐桓公并称"齐桓晋文"。晋文公为重耳公子时，因受晋献公妃子骊姬的迫害，先后逃亡辗转列国，最后来到了齐国。重耳到了齐国，齐桓公厚礼招待他，并把同家族的一个少女齐姜嫁给重耳，陪送二十辆驷马车，重耳在此感到很满足，在齐国住了五年，爱恋在齐国娶的妻子，慢慢忘记了自己的鸿鹄大志，也没有离开齐国的意思了。而齐姜是一个有远见、识大体的奇女子，她希望重耳回到晋国，登上王位，重振国威。有一天赵衰、狐偃在一棵桑树下商量如何离齐之事，齐姜的侍女在桑树旁听到他们的密谈，回屋偷偷告诉了齐姜。齐姜竟把此侍女杀死，劝告重耳赶快离开齐国。重耳说："人生来就是为了寻求安逸享乐的，管其他的事干吗，我不走，死也要死在齐国。"齐姜说："您是一国的公子，走投无路才来到这里，您的这些随从把您当作他们的生命。您不赶快回国，报答劳苦的臣子，却贪恋女色，我为你感到羞耻。况且，现在你再不去追求，何时才能成功呢？"她和赵衰等人用计灌醉了重耳，用车载着他离开了齐国。临走时，狐偃和众豪杰向齐姜拜辞，齐姜望着远去的君臣，潸然泪下。正所谓："公子贪欢乐，佳人慕远行。要逞鸿鹄志，生割凤鸾情。"后来，重耳在狐偃等人的帮助下，登上了王位，成就了千秋霸业。但他没忘记齐姜，派人去接她。齐姜却不愿意走，说："我并不是不贪恋夫妻之间的感情，之所以那天灌醉你，就是为了今天啊！"在这个故事里，作为一个乱世之中的女子，齐姜深明大义，深知什么是可以为的，什么是不可以为的，什么又是不能妄为的。如果她不决绝地送重耳出齐国，沉迷酒色的重耳又怎么会从温柔乡里走出来呢；如果齐姜和他一起回晋国，或者等重耳来接她回到晋国，她又势必会卷入后宫的争斗，所以她选择独处其身，将名利和地位抛之脑后，让重耳放开手脚地南征北战，成就千秋霸业，这样的女人是何其伟大！

作为一个兵家，在指挥军事行动的过程中，更要谋定而后动，不可贪功、不可奢恋，要因时制宜，在变化中寻找和掌握战机。

《鬼谷子》讲道："圣人常为，无不为，所听无不听。"圣人常做的是无所不能做的，常听的是无所不能听的。又言："非至圣人达奥，不能御世；非劳心苦思，不能原事；不悉心见情，不能成名。"所以，如果不能达到圣人那样洞悉深奥道理的境界，就不能治理天下；不费心竭思，就不能推本溯源，弄清事情的根本；不悉心探究自己的才情，就不能宣扬声名。鬼谷子认为要达到无为的境界，无不为就是一种办法，这就像佛家所讲的，要顿悟必须苦修一样，要遵循天道而尽其所为。

《道德经论兵要义述》讲道："王者当行天之道。凡天下之害，知之尽无为也；天下之利，知之即无不为也。夫天下之害，莫大于用兵；天下之利，莫大于戢兵。言王侯但能守此自然之道，则物无不自化者，既而化成，又有嗜欲将作者，即当镇以无名之朴，无名之朴亦以不欲为根静而归根。"意思是统治者应该遵循天道治理国家。凡是对天下百姓有害的，要了解而且不要去做；对天下百姓有利的，要了解并且要主动作为。天底下对百姓一大害的就是战争，反之不战争就是对百姓有利的。如果王侯将相能明白其中的道理，就自然能明白道的所在，内化于心；如果有人为了欲望而成了始作俑者，就可以通过道来教化他，使之清静无欲而终。

围棋注重棋品，弈棋者当洁身自好、品行兼优，走天下正道。安重霸，五代云州人，前蜀、后唐武将。其一生辗转反复，卖主求荣，善于取悦他人，喜欢送礼贿赂，当时秦人把他看作"捣蒜佬"。据《北梦琐言》记载："蜀简州刺史安重霸渎货无厌。州民有油客者姓邓，能棋，其家亦赡。重霸召对敌，只令立侍。每落一子，俾其退立于西北牖下。俟我算路，乃始进之，终日不下十数子而已。邓生倦立且饥，殆不可堪。次日又召，或有讽邓生曰：'此侯好赂，本不为棋，何不献赂而自求退。'邓生然之，献中金三锭。获免。"安重霸贪得无厌。在百姓中，有一个年轻的油商，姓邓，善于下棋。安重霸将他找来一起下棋，但只让他站着下棋，不许他坐下。邓油商每布下一子后，安重霸立即让他退到西北窗下站在那里，等待自己盘算好棋路才布子，一整天只能布下十几个子。邓油商又累又饿，几乎到了不能承受的程度。第二天，安重霸又派人召见邓油商继续下棋。有人劝告邓油商说："这个刺史喜爱受贿，他找你本来不是为了弈棋啊，你怎么不向他献上贿赂而求得脱身呢？"邓油商认为那人的话是对的，就献给安重霸成色中等的金子三锭，这才得以免去站着弈棋之苦。欧阳修评价说："盖自天子皆以贿赂为事矣，则为其民者其何以堪之哉！"薛居正评价说："惟重霸以奸险而仗旄钺，盖非数子之俦也。"

　　宋朝理学思想的开山鼻祖，文学家、哲学家周敦颐对围棋也颇有研究，写有一篇寓言故事《猴弈》。据明代王兆云《说圃识余》记载："西番有二仙，弈于山中树下，一老猴于树上日窥其运子之法，因得其巧。国人闻而往观，仙者遁去，猴即下与人弈，遍国中莫之胜。国人奇之，献于朝。上诏征能弈者与之较，皆不敌。或言杨靖善弈，时杨靖以事系于狱，诏释出之。靖请以盘贮桃，置于猴前，猴心牵于桃，无心弈，遂败。"西番有两位神仙，在山中的树荫下下围棋，一只老猴子每天都在树上偷偷看他们运用棋子的方法，于是就获得了他们运用棋子的技巧。国人听说这件事都前往观看，等他们到时神仙已经隐去了，老猴就下树和人下棋，全国上下没有人能赢它。国人对这件事感到奇怪，就把猴子献给朝廷。皇上召集善于下棋的人和它较量，但他们全部不是老猴的对手。有人说有个叫杨靖的人擅长下棋，当时杨靖因为犯法被囚禁在监狱中，皇上下令释放他。杨靖请求用盘子装满桃子，放在老猴的面前，老猴的心思被桃子牵绊，没有心思下棋，于是便被杨靖打败。周敦颐通过猴子棋艺高强却败在对果子的渴望上的故事，说明了虽然能力过硬，但在运用时要专心致志，切不可心不在焉、分心他用的道理，比喻做事不能一心两用。

明末清初经学家、史学家、思想家、地理学家、天文历算学家、教育家黄宗羲对周敦颐的思想概括为："周子之学，以诚为本，从寂然不动处握诚之本，故曰主静立极。"周敦颐的《猴弈》蕴含了棋士如何达到最高道德境界。

但是，现实生活中的人往往会在自生自长的过程中产生贪欲。这就改变了万物原有的生长过程，打乱了原有的秩序。那么怎么办呢？"吾将镇之以无名之朴，镇之以无名之朴，夫将不欲。"要用"道"的原理镇守住它。如此，"不欲以静，天下将自定"。万物没有贪欲之心，天下就自然稳定和谐了。

围棋"合弈"文化之"阅历通达，品行兼优"。我们的天赋可以与生俱来，棋艺可能因为后天的勤奋而增进，幸福可能会因为不断地创造而实现。阅历必须经历磨炼和时间的洗涤，这是快不得的。阅历积累到一定时候，人的内心就会通透，正所谓"四十而不惑，五十知天命"，人的品德和修行达到一个新的境界，变得更加成熟和稳重，从而达到老子所讲的"化而欲作"的境界。

第三十八章　夫礼者，忠信之薄，而乱之首

上德不德，是以有德；下德不失德，是以无德。上德无为而无以为；下德无为而有以为。上仁为之而无以为；上义为之而有以为。上礼为之而莫之应，则攘臂而扔之。故失道而后德，失德面后仁，失仁而后义，失义而后礼。夫礼者，忠信之薄，而乱之首。前识者，道之华，而愚之始。是以大丈夫处其厚，不居其薄；处其实，不居其华。故去彼取此。

姬朝之乱牵连了老子。前516年，姬朝出逃楚国前夕，曾率兵攻下刘公之邑，周敬王危在旦夕之时被晋国所救。这时，老子蒙受失职之责，受牵连而弃官，牵着一头牛欲出函谷关，西游秦国。老子离开周王朝的都城洛邑，但见田野一片荒凉，四处都是断垣残壁、井栏摧折、阡陌错断、枯草瑟瑟，想到周王室自相残杀、奢侈无度，天下诸侯为自己的欲望而互相争霸，让天下无法得到大治，故而不得不惊叹这些王侯将相标榜的仁义多么荒唐。

故而老子在这一章中辩证地分析了道、德、仁、义、礼之间的关系，是《德经》的开篇。"道"是用来力行的，我们应该一步一步，从实践当中明道。人生的价值即在行道。何谓"不德"？这里的"德"指的是形式上的德，可以理解为虚情假意，"不德"可以理解为不是形式上的德。老子认为"上德"不是我们所理解的表面上的德。何谓"下德"？意指表现

为外在的不离失"德"。

综合起来，就是"上德"之人是顺应自然无心作为，"下德"之人是顺应自然而有心作为。

庄子《山木》讲述了一个市南宜僚见鲁侯的故事。鲁侯有忧色。市南宜僚曰："君有忧色，何也？"鲁侯将其困惑告知市南宜僚，市南宜僚和他举了一个建德国的例子，说："南越有邑焉，名为建德之国。其民愚而朴，少私而寡欲；知作而不知藏，与而不求其报；不知义之所适，不知礼之所将；猖狂妄行，乃蹈乎大方；其生可乐，其死可葬。吾愿君去国捐俗，与道相辅而行。"这个建德国无义无礼，其人民却能很幸福，原因就在于其遵循"上德"的理念。

在老子看来，"故失道而后德，失德而后仁，失仁而后义，失义而后礼"。失去了"道"而后才有"德"，失去了"德"而后才有了"仁"，失去了"仁"而后才有了"义"，失去了"义"而后才有"礼"。道、德、仁、义、礼都是一种秩序的状态，没有了"道"或者失去了"道"，人们就想办法用"德、仁、义、礼"制定社会规矩。

礼出于最底层，是一种外在、形式上的"道"，是最肤浅的、最忠信不足的，因此老子说："夫礼者，忠信之薄，而乱之首。"历史上礼崩乐坏事件很多，单独秉持有礼，容易发生秩序的破坏，最后发生战争，比如东汉末年三国鼎立和明末清兵南下入关，都是因为礼崩乐坏导致的结果，这也是儒家思想最大的弊端。但是"礼"一旦实现了内化，就会往"义、仁、德、道"四个层面上升。因此一个人、一个社会、一个国家要遵从礼，必须是内化成道的礼。

众所周知，在中国历史上，曾经出现过一个思想自由旷达、文化光辉夺目、名士奇人辈出的被称作"绝响"的时代，那便是魏晋时代。现代人更是赋予其一个充满了向往之情的名字——魏晋风流。之所以如此，是因为当时的众多知识分子在思想上和行为上所表现出来的豪放不羁、淳朴自然。

例如，竹林七贤之一的阮籍，因看不惯司马家族的统治，便做起了隐士。有一天他的嫂子要回娘家，他自己跑来和嫂子告别。有人讥讽他"叔嫂不相援"，你与嫂子告别不合礼数，阮籍却说："礼法难道是为我设的吗？"邻家有个少妇长得颇有几分姿色，在街上开设酒馆，阮籍经常到她的酒馆喝酒，喝醉就躺在她边上，这显然也是不合适的，但是阮籍并不避嫌。阮籍还曾为未嫁而死的陌生的"有才色"女子"径往哭之，尽哀而还"。《晋书·阮籍传》非但没有指责，反而赞他"其外坦荡而内淳至"。

　　还有同样是竹林七贤之一的刘伶，经常大白天裸体躺在屋子里，有人看到便讥讽他，他却说："我以天地为栋宇，屋室为裤衣，你们怎么跑到我的裤裆里了？"刘伶嗜酒如命，经常抱着一壶酒出门野游，并让一个仆人拿着铲土的工具跟在后面，他对仆人说："我如果死了，就地把我埋了就是。"

　　再比如魏文帝曹丕，其好友、建安七子之一的王粲死了，他悲伤欲绝，亲自为其主持葬礼。仪式结束后，轮到曹丕念悼词了。当所有人沉浸在悲伤中，毕恭毕敬地等他念悼词的时候，曹丕却说："我们就不要来那些虚的套路了，王粲生前喜欢听驴叫，我们就一起学驴叫，送他最后一程吧。"就这样，王粲在众人的驴叫声中下葬了。

　　上述的例子，与传统的道德伦理不符合，但是人们还向往，这是为什么呢？这里其实便涉及了老子所说的"上德""下德"之辩。魏晋人士的风流虽然不合儒家礼数和正统思想，但是要知道，儒家所说的"德"其实只是一种充满人为痕迹的"下德"，更遑论"德"之下的"仁""义""礼"了，魏晋人士的思想和行为虽然违反了儒家的"德"和"礼"，却是与老子所说的"上德"相暗合的。

　　以阮籍为例，根据《晋书·阮籍传》记载："籍虽不拘礼教，然发言玄远，口不臧否人物。性至孝，母终，正与人围棋。对者求止，籍留与决赌。既而饮酒二斗，举声一号，吐血数升。"其在下棋的时候听到母亲逝世的消息，还坚持要把棋下完，在母亲的葬礼上还喝酒唱歌，如同庄子在妻子死后敲着瓦盆唱歌一样，但这并不能说明他不孝顺，有谁知道他知道母亲逝世后竟然吐出数升血。人们用儒家的准则去衡量一个和儒家理论完全不一样的人，自然就会认为这是不对的。手在动，子在落，心死寂，最深切的悲痛往往没有眼泪。可现实中，我们往往都不知道人家经历了什么，就站在自己所认为的道德高地去评价人家和人家的事情，这是一件很愚蠢的事情。

"前识者，道之华，而愚之始。"能够从人们的外观所看到的，都是表面现象，具有虚伪性和欺骗性。舍弃本质而重视现象，是人类走向愚昧的开始。故而，老子说："是以大丈夫处其厚，不居其薄；处其实，不居其华。故去彼取此。"要实现天地之志，就必须证悟大道，配天地之德。

在此需要说明的是，老子并不否认"德、仁、义、礼"，而是将其与"道"形成一个辩证关系。在老子看来，一个社会也需要礼，这种礼不是风尘俗礼，不是西周时期部分人为了满足自己的私欲而建立的礼。而是敬畏自然、敬畏天下苍生的生存需求，这才是真正的礼，这是普天之下最大的礼。老子要求人们追求最真实的德、仁、义、礼，这样才能实现"道"，只有正确地利用"下德"，才能实现"上德"。

"前识者，道之华，而愚之始。是以大丈夫处其厚，不居其薄；处其实，不居其华。"所谓的"先知"，不过是"道"的虚华，由此愚昧开始产生。所以大丈夫立身敦厚，不拘泥于浅薄；存心朴实，不居于虚华。

郦食其是秦末楚汉时期刘邦部下，中国历史上的著名说客。以三寸不烂之舌游说列国，为刘邦建立灭秦抗楚"统一战线"做出了重大贡献。话说当时郦食其自告奋勇前往齐国劝降，到了齐国之后，郦食其这么说："当初约好了谁先攻进咸阳谁就是天下之主，刘邦先攻入咸阳当然就是名义上的主宰。现在汉王刘邦手下兵多将广，又有着很好的军事基地，成就大业指日可待，现在你投降了还能保全齐国，要是再等，齐国就完了。"齐王被说得一愣一愣的，于是就相信了郦食其，撤下了防守。韩信听说郦食其仅凭三寸不烂之舌便取得了齐国七十余座城池，便带兵越过平原攻打齐国。齐王田广听说汉兵已到，认为是郦食其出卖了自己，便对郦食其说："如果你能阻止汉军进攻的话，我让你活着，若不然的话，我就要烹杀了你！"郦食其说："干大事业的人不拘小节，有大德的人也不怕别人责备。我不会替你再去游说韩信！"这样，齐王便烹杀了郦食其，带兵向东逃跑而去。郦食其本来就知道韩信率军伐齐，但是还是向刘邦自荐要去齐国游说，其目的就在于想在韩信攻打齐国之前讨得一份功劳。功名本是虚华的东西，郦食其追求形式上的功名，最终却为功名所累，为功名而死。

　　在军事中，行军作战讲究谋略，但治军治兵不仅要讲仁义礼智信，更要讲道。《军谶》讲道："霸者，制士以权，结士以信，使士以赏；信衰则士疏，赏亏则士不用命。"霸主用权术统御士，以信任结交士，靠奖赏使用士。失去信任，士就会疏远了。缺少奖赏，士便不会用命了。黄石公《三略》辩证地分析了道、德、仁、义、礼的关系。"道、德、仁、义、礼，五者一体也。道者人之所蹈，德者人之所得，仁者人之所亲，义者人之所宜，礼者人之所体；不可无一焉。故夙兴夜寐，礼之制也；讨贼报仇，义之决也；恻隐之心，仁之发也；得己得人，德之路也；使人均平，不失其所，道之化也。"道、德、仁、义、礼，五者是一个整体。道是人们所应遵循的，德是人们从道中所得到的，仁是人们所亲近的，义是人们所应做的，礼是人们的行为规范。这五条缺一不可。所以，起居有节，是礼的约束；讨贼报仇，是义的决断；怜悯之心，是仁的发端；修己安人，是德的途径；使人均平，各得其所，是道的教化。由此可见，孔子所期盼的世界大同最终取决于道。

　　东周威烈王十八年，魏文侯任命乐羊为大将，率军讨伐中山国，乐羊率领军队攻入中山国后，遇到了顽强的抵抗，进展十分缓慢，用了一年时间，仍没有取得胜利。因此国内流言四起，蜚语纷纷。有人说："乐羊无能，应尽早撤换，以免劳民伤财，徒损国威。"有人说："乐羊本是将才，久战不决，必定是别有用心，有意拖延。"更有人说："乐羊是利用时间争取民心，以便在灭亡中山后自立为王。"还有不少人上书说："常言虎毒不食子，而乐羊竟能忍心吞食自己的亲生骨肉，这种人如不趁早撤换，必将养虎为患。"魏文侯听到这些流言蜚语，看了这类奏章，心中暗想，乐羊在开始进攻中山国时，他的儿子被中山国国王烹杀，并将羹汤送给乐羊，乐羊毫不迟疑地一饮而尽。这一举动，只是为了表明对我的忠诚和必胜的决心，这样的人决不会背叛我。我如轻信流言，临阵易将，不仅会使大将蒙冤，更重要的是贻误军机。于是，便将那些奏章放入一个匣子，照旧给乐羊补充兵员，输送补给，支持乐羊继续进攻。随着时间的推移，检举乐羊的奏章也越来越多，魏文侯认定全是捕风捉影的不实之词，照例放入匣子。时经三年，检举信件竟装满了整整一个匣子。

乐羊苦战三年，终于取得胜利，灭亡了中山国。他带领军队回朝后，魏文侯张灯结彩，大摆宴席，庆贺胜利。在宴会上，乐羊自觉劳苦功高，满脸喜色，频频举杯，并等待文侯封赏。但文侯绝口不提封赏之事，直到宴会结束时，才令人送给乐羊一个匣子。乐羊认定封赏定在匣中，兴高采烈地回到家中，打开匣子一看，既无加官晋爵的诏旨，也没有金银珠宝之类的贵重物品，只有满满一匣书信。乐羊看完全部书信，心情激动不已，自言自语地说："没有文侯的信任和支持，我乐羊早就身陷囹圄，哪能得到今天的战功呢？"随即穿上朝服来到王宫，一见文侯纳头便拜："微臣浅薄无知，只想到自己出生入死的功劳，却不知大王信任和支持的重大作用。如今才知灭亡中山全靠大王的英明决策，乐羊不过略尽犬马之劳而已！"魏文侯见乐羊收敛了恃功倨傲的情绪，才重重地奖赏了他。魏文侯任贤拒谗、信任将帅的事迹，常为后人所称道。

《晋书·裴遐传》就记载了这么一件事。说的是裴遐在平东将军周馥家与人下棋，有人向裴遐敬酒。裴遐正专心于棋局，没有马上喝。这时那人已醉醺醺的，见裴遐竟敢不喝他敬的酒，勃然大怒，一把抓住裴遐，将他推倒在地。只见裴遐慢慢地从地上爬起来，回到自己的座位上，神色没丝毫变化，接着下他的棋。这充分展现了裴遐专心弈棋、弃虚求实的境界。

围棋之境界，分为九品。《说郛》引三国魏邯郸淳《艺经·棋品》："夫围棋之品有九：一曰入神，二曰坐照，三曰具体，四曰通幽，五曰用智，六曰小巧，七曰斗力，八曰若愚，九曰守拙。九品之外，今不复云。"对于围棋九品之含义，明人许仲诒《石室仙机》中，尝有解释。文曰："一品入神：高瞻远瞩，变化不测，而能先知，精义入神，不战而屈人，无与之敌者，是为上上。二品坐照：入神饶半先，则不勉而中，不思而得，有至虚善应之本能，是为上中。三品具体：入神饶一先，临局之际，造型则悟，其入神之体而微者也，是为上下。四品通幽：受高者两先，临局之际，见形阻能善应变，或战或否，意在通幽，是为中上。五品用智：受饶三子，未能通幽，战则用智以到其功，是为中中。六品小巧：受饶四子，不务远图，好施小巧，是为中下。七品斗力：受饶五子，动则必战，与敌相抗，不用其智现而专斗力，是为下上。"然下中若愚和下下守拙，《石室仙机》

中却未做解说。明汪廷讷《弈薮》则云："八品若愚：暗于弈理者，愚也。今则局势已败而不觉，岂不若无知之愚人耶！九品守拙：不知攻守，随手而应，以图自全，乃守拙之徒也。"细细品之，妙味无穷。

盛寅，明朝医学家，受业于郡人王宾，善医善弈。据《明史·盛寅传》记载："会成祖较射西苑，太监往侍。成祖遥望见，愕然曰：'谓汝死矣，安得生？'太监具以告，因盛称寅，即召入便殿，令诊脉。寅奏，上脉有风湿病，帝大然之，进药果效，遂授御医。一日，雪霁，召见。帝语白沟河战胜状，气以甚厉。寅曰：'是殆有天命耳。'帝不怿，起而视雪。寅复吟唐人诗'长安有贫者，宜瑞不宜多'句，闻者咋舌。他日，与同官对弈御药房。帝猝至，两人敛枰伏地，谢死罪。帝命终之，且坐以观，寅三胜。帝喜，命赋诗，立就。帝益喜，赐象牙棋枰并词一阕。帝晚年犹欲出塞，寅以帝春秋高，劝毋行。不纳，果有榆木川之变。仁宗在东宫时，妃张氏经期不至者十月，众医以妊身贺。寅独谓不然，出言病状。妃遥闻之曰：'医言甚当，有此人何不令早视我。'及疏方，乃破血剂。东宫怒，不用。数日病益甚，命寅再视，疏方如前。妃令进药，而东宫虑堕胎，械寅以待。已而血大下，病旋愈。当寅之被系也，阖门惶怖曰：'是殆磔死。'既三日，红仗前导还邸舍，赏赐甚厚。"成祖在西苑比射箭，太监去侍奉。成祖看到这个曾患脑涨病的太监，惊讶地问道："我以为你死了，怎样活过来的？"太监把盛寅如何为他治病的事据实陈奏。成祖立即把盛寅召入便殿，为他诊脉。盛寅奏称："皇上有风湿病。"成祖十分相信，吃药后就好了，于是授盛寅为御医。有天，雪霁，成祖召见盛寅，同他讲白沟河打胜仗的情形，讲得有声有色。盛寅说："恐怕是有天命。"成祖不高兴，起来看雪。盛寅吟唐人诗句："长安有贫者，宜瑞不宜多。"闻者为他捏了一把冷汗，不敢作声。有一天，盛寅正在御药房与同僚下棋，成祖突然到来，两人收捡棋盘，伏地请罪。成祖命他俩下完，并坐在一旁观看。盛寅战胜三局。成祖很高兴，命他赋诗。盛寅立即写成，成祖更加高兴，赐象牙棋一副，并词一阕。成祖晚年还要出塞，盛寅认为成祖年岁已高，劝他不要去。成祖不听，果然在归途中于榆木川病逝。仁宗在东宫时，其妃张氏有十个月没来月经，众医认为是有孕，都来祝贺。唯独盛寅不以为然，出宫后说了妃子的病情。妃子听到后对身边的人说："医生说的是，何不早令他来为我诊治。"盛寅开的药方，是破血剂。太子怒，不用。数日后妃子病情加重，太子命盛寅再去诊视，盛寅开出的药方与前一样。妃子进药，太子怕是堕胎，把盛寅囚禁起来以待后果。其后妃子血大下，病立即好了。当盛寅被囚禁时，看守者惶恐地说："怕是要受分尸之刑。"过了三天，太子以红仗为先导送盛寅回邸舍，赏赐甚厚。盛寅就是因忠信于自己的专业、忠信于他人，才免遭杀身之祸。

围棋"合弈"文化之"忠信为本，礼仪为先"。忠诚敦厚，人之根基也。忠诚是人生的本色，守信是人生的底色。这是治国理政、为人处世的根基所在，必须持之以恒予以贯彻。礼仪是忠信的外在表现，礼仪应当与忠信内外一致，相辅相成，以至真诚。

第三十九章　贵以贱为本，高以下为基

　　昔之得一者，天得一以清；地得一以宁；神得一以灵；谷得一以盈，万物得一以生；侯王得一以为天下正。其致之也，谓天无以清，将恐裂；地无以宁，将恐废；神无以灵，将恐歇；谷无以盈，将恐竭；万物无以生，将恐灭；侯王无以正，将恐蹶。故贵以贱为本，高以下为基。是以侯王自称孤、寡、不谷。此非以贱为本邪？非乎？故至誉无誉。是故不欲琭琭如玉，珞珞如石。

　　道德是中华儿女共同的最高信仰，也是人类最为宝贵的价值。"道"便是"一"，乃是万物之初、之本、之始。"天得一以清；地得一以宁；神得一以灵；谷得一以盈，万物得一以生；侯王得一以为天下正。"天与道相合便会变得清明，地与道相合便会变得宁静，神与道相合便会变得灵验，河谷与道相合便会变得盈满，王侯与道相合便会变得天下大治。老子用天、地、神、河谷及万物正反两面的结果来证明持"道"的重要性。并指出古往今来的君王称自己为"孤、寡、不谷"的原因，是自我贬低，"故至誉无誉"。

　　高贵与卑贱是对立统一的，离开了卑贱，就没有高贵，更没有伟大。只有将自己卑贱了，谦逊了，才能体现出自己的伟大。故而老子提出"故贵以贱为本，高以下为基"。

　　庄子《山木》讲了阳朱看见两个小妾的故事。"逆旅人有妾二人，其一人美，其一人恶，恶者贵而美者贱。"阳朱于是问店家，店家回答说："其美者自美，吾不知其美也；其恶者自恶，吾不知其恶也。"那个漂亮的自以为很漂亮，我却不知道她哪里漂亮；那个丑陋的自以为丑陋，我却不知道她哪里丑陋。阳朱最后感叹："弟子记之！行贤而去自贤之行，安往而不爱哉！"我记住了，品行贤德而又能丢掉自以为贤的想法，哪里不会受爱戴呢？这则故事也符合第二章的第一句话"天下皆知美之为美，恶已；皆知善，斯不善矣"的观点，告诉世人，要学会谦逊才能被人喜欢，才能彰显自己的优势。

有的学者认为，这些自称"孤、寡、不谷"的君王是一种欺骗世人之把戏，其目的在于维护自己的统治。无论是哪一种观点，其实都在证明"贵以贱为本，高以下为基"的原理所在。

治国者应贱毋贵，宁下毋高，只有这样才能维护自己的统治，如果不能做到，必然被人民所抛弃。

年羹尧是清代康熙、雍正年间人。他曾配合各军平定西藏乱事，率清军平息青海罗卜藏丹津，立下赫赫战功，高官显爵集于一身，得到雍正帝特殊宠遇，位极人臣。可其自恃功高，妄自尊大，擅作威福，丝毫不知谦逊自保，不守为臣之道，做出超越臣子本分的事情，已为舆论所不容；而且他植党营私，贪赃受贿，"公行不法，全无忌惮"，为国法所不容，也为雍正所忌恨。这就犯了功臣之大忌，势必难得善终。《清史稿》评价曰："隆、年二人凭借权势，无复顾忌，罔作威福，即于覆灭，古圣所诫。"

老子所言的"贵以贱为本，高以下为基"落实到生活中，首先便在于时刻保持一种谦卑、朴实的心态，不要因为自己身份的尊贵、财富的富足或者其他优越的东西而产生洋洋得意的心理。我们试想一下，如老子所说的，世界上最尊贵的莫过于王侯了，他们尚且不敢倨傲，更何况他人呢？反观今天，我们有些富翁、暴发户、有权势的官员仗势欺人，他们目中无人，居功自傲，或者端架子、摆谱、讲排场，越来越脱离老百姓，脱离本心，最终船翻人淹，成为时代的弃儿。俗语说得好："骡子架子大有力气，人架子大了不值钱。"对摆架子者无疑是个辛辣的讽刺。架子是扔在地上也没人捡的东西，真正厉害的人，从来不会摆架子。

有这么一则古代笑话：有个才子家道中落，从之前的三餐大鱼大肉沦落到吃不饱睡不暖的地步，但他拼命掩饰自己的贫穷，还时常装阔气。于是被一个小偷盯上了，小偷到他家里才发现，原来这只是个穷困潦倒的人，不禁破口大骂。才子听到后，赶紧出来跟小偷理论："我可是本地大名鼎鼎的才子，能来到我家是你的荣幸。""不稀罕。"小偷不屑地说完后转身准备离开。才子连忙掏出仅剩的家传之宝，塞给小偷说："我这么有名，怎么可能没钱，这个给你。你到外面可千万不要说我家很穷啊！"很多人看完后，都笑这位才子竟爱慕虚荣到这程度，实在是活得太不通透了。笑完一想，才发现生活中因为太有身份感而死要面子、硬摆架子的人其实不少。

在军事上，我们前面强调不得已而为之，即尽量不要损害人民的利益，同时在这一章中更要强调的是要爱民，要保护人民的利益。

姜尚，吕氏，名尚，字子牙，号飞熊，商末周初政治家、军事家、韬略家，周朝开国元勋，兵学奠基人，相传其著有兵书《六韬》。《六韬·国务》记载了姜尚向周文王解答了"欲使主尊人安，为之奈何"的问题，其言："民不失务，则利之；农不失时，则成之；省刑罚，则生之；薄赋敛，则与之；俭宫室台榭，则乐之；吏清不苛扰，则喜之。民失其务，则害之；农失其时，则败之；无罪而罚，则杀之；重赋敛，则夺之；多营宫室台榭以疲民力，则苦之；吏浊苛扰，则怒之。故善为国者，驭民如父母之爱子，如兄之爱弟。见其饥寒，则为之忧；见其劳苦，则为之悲；赏罚如加于身，赋敛如取己物。此爱民之道也。"民众不失去职业，就是得到利益；不耽误农时，就是促成了民众的事情；减省刑罚，就是保护了民众生存；少征收赋税，就是给予民众实惠；少修建宫室台榭，就是使民众安乐；官吏清廉不苛扰盘剥，就是让民众喜悦。反之，使民众失去职业，就是损害了他们的利益；耽误农时，就是败坏民众的事情；民众无罪而妄加惩罚，就是杀害他们；横征暴敛，就是对民众的掠夺；大兴土木修建宫室台榭而疲劳民力，就会增加民众的痛苦；官吏贪污苛扰，就会激起民众的愤怒。所以，善于治国的君主，统驭民众像父母爱护子女、兄长爱护弟妹那样，看到他们饥寒就为他们忧虑，看到他们劳苦就为他们悲痛，对他们施行赏罚就像自己身受赏罚，向他们征收赋税如同夺取自己的财物。这些就是爱民的道理。

唐朝贞观年间，"远夷率服，百谷丰稔，盗贼不作，内外安静"。这一和平繁荣的大治景象的出现，同唐太宗李世民的爱民政策密切相关。唐朝是在隋朝的废墟上建立起来的。隋末农民起义推翻隋王朝的事实，给李世民留下了极为深刻的印象。他当皇帝后，经常和臣下总结隋亡的历史教训，注意以隋亡为戒。他把君主比作舟，把民众比作水，认为水能载舟，也能覆舟。"君依于国，国依于民。刻民以奉君，犹割肉以充腹，腹满而身毙，君富而国亡。"治国必先安民，"为君之道，必须先存百姓"。因此，他把"存百姓"作为治国的大政方针。"凡事皆须务本。国以人为本，人以衣食为本。凡营衣食，以不失时为本。""存百姓"的关键是与民休息，发展生产。所谓"国以民为本，人以食为命，若禾黍不登，则兆庶非国家所有。既属丰稔若斯，朕为亿兆人父母"。从这一思想出发，唐太宗采取了许多重农措施。如推行均田法，奖励垦荒，实行租庸调法，轻徭薄赋，防止滥征民力，反对劳役无时，去奢省费，躬行节俭。当时群臣再三建议营造一座高燥的台阁，以改善"宫中卑湿"的状况，但唐太宗坚决不答应。因为"崇饰宫宇，游赏池台，帝王之所欲，百姓之所不欲"，"劳弊之事，诚不可施于百姓"。劝课农桑，不夺农时，设置义仓，救灾备荒，增殖人口，发展生产，兴修水利，等等。

由于上述政策的推行，经济迅速恢复，社会趋向稳定，几年之后，便出现了"天下大稔，流散者咸归乡里，斗米不过三、四钱，终岁断死刑才二十九人。东至于海，南极五岭，皆外户不闭，行旅不赍粮，取给于道路焉"的太平盛世景象。

在围棋上，老子的"贵以贱为本，高以下为基"应该理解为坚守本分，打好基础，切勿好高骛远，贪慕虚荣。

祖纳也是东晋时期的围棋好手。他的弟弟祖逖在北伐中因孤立无援而告失败，为这事他很悲伤，终日下棋。朋友王隐劝他爱惜时间，不要全部花费在下棋上，祖纳回答："我是借围棋来使自己忘记忧愁。"王隐说："你可以通过建树功勋或著书立说来实现自己的理想，何必借围棋来忘记忧愁呢？"祖纳喃喃道："你的话我同意，可我没有那种力量。"祖纳的隐忍、自知，由此可见一斑。

　　同样的事例还有宋朝的陈造。其为南宋淳熙二年进士，官至淮南西路安抚使参议。南宋朝廷偏安江南，陈造自己觉得在昏庸无为的南宋小朝廷中不会有什么作为，遂退居江湖，自己号称"江湖长翁"，并著有《江湖长翁集》四十卷。

　　陈造非常喜欢下围棋，他有一首关于围棋的诗《与其子师是棋》足以表达其心迹："投醪士或醉，说梅人不渴。穷途余乐事，不受忧患遏。诗可供呻吟，棋亦识死活。朝来喜雪句，神药胎可夺。一枰与儿悟，段无市声聒。既免沉舟谖，不作赌墅谒。指冷良易忍，眼花苦为孽。疏置乃作卦，随思略细阅。瓜葛胜负间，时亦近屑屑。策几奇兵麾，地比弱王割。吾非江左管，甜牍犹爱说。升沉作丰瘁，今古无成说。家居鼓吹具，藉以保晚节。掀髯得一笑，为汝倒蕉叶。袖手听残更，红鳞噎晴雪。"从这首诗中，我们看到陈造在内忧外患中把国事放在心中，但是爱莫能助。他看自己一个人的力量太微不足道，无济于事，只好通过围棋来消磨时光、写诗来排遣胸中的郁闷。在陈造的墓志铭中称其："于诲诱则良师，无抚字则循吏，身笃操修，道兼体用，亦末世勇退贤哲，借棋诗以韬养者也。"这段话的意思是："陈造教育别人时，是一个优秀的老师；行政执法时，是一个很称职的官员。他品德优良，言行高尚。他是在乱世中急流勇退的具有大智大慧的人，凭借写诗、下棋静观世变。"如此的盖棺定论无疑是对他很高的评价。

　　围棋"合弈"文化之"务实基础，取下为上"。操千曲而后晓声，观千剑而后识器。人生和事业的成功绝不是一蹴而就的，而是一步一个脚印踏踏实实地走出来的，每走一步都是一次积累。要重视基础的重要性，棋局能走多远，人生能走多远，往往取决于脚下的每一步。

第四十章　反者道之动，弱者道之用

> 反者道之动，弱者道之用。天下万物生于有，有生于无。

中国哲学思想家认为物极必反，无论什么事物，当他发展到极点的时候，必然朝相反方向发展，这是宇宙自然发展的基本规律。人类作为大自然的一部分，人类社会的发展也就不可能违反大自然的规律。

"反"是人们认识了客观规律，充分发挥能动作用的具体体现。我们在前面讲过，"反"是一个循环往复的过程，能够让人们认识客观规律，充分发挥主观能动性，是"道"的运动。而"道"总是表现为柔弱的一面，就如同水一样，这一点老子在第八章就讲过。天下万物得益于此，"天下万物生于有，有生于无"，看得见的来自看不见的。

大道的德行就是循环往复和柔弱顺应。老子贵柔贵弱，一再强调柔弱者的作用，并非希望万事万物都永远处在弱势。任何事物都是发展的，都有强大的一天，但是如何实现由柔变刚，由弱变强，就需要把握好柔弱的特点，这是一个动态的过程，更是一个循环往复的过程。

老子提倡贵柔贵弱，一再强调柔弱者的作用，并非希望事物永远处于弱势，而是希望事物完成由弱变强的转化，共同统一到强上来。就比如一个人，从哇哇哭的婴儿变成儿童，从儿童变成少年，从少年变成青年，从青年变成壮年一样。

有人会说，壮年之后不久变成老年了，不是由强变成弱了吗？对的，这恰恰是老子的哲学原理所在，万事万物都有自己的规律，要顺其自然。两者并不矛盾，一个是过程，一个是规律。浩瀚的宇宙也是如此，其之所以如此丰富多彩，生生不息，和谐有序，绝不是哪一个星球统治宇宙的结果，而是其有无相生的结果。对于治理天下而言，更要充分利用弱者，推翻不道统治，走"朴"治主义道路。

大泽乡起义，又称"陈胜吴广起义"，是秦末农民战争的一部分。此次起义沉重打击了秦朝，揭开了秦末农民起义的序幕，是中国历史上第一次大规模的平民起义。那么是什么理念和口号让平民能够跟随陈胜和吴广一道起义呢？"王侯将相宁有种乎"，其意初为：那些称王侯拜将相的人，天生就是好命、贵种吗？按当时的情况，这句话的意思是那些称王侯拜将相的人，难道就比我们高贵吗？这一句口号喊进了万千平民的心里，表达了他们翻身做主的理想，致使陈吴二人可以"率疲弊之卒，将数百之众，转而攻秦，斩木为兵，揭竿为旗"。

对于为人处世而言，何谓"柔"，何谓"弱"？老子认为做任何事情的时候都要不冲动、不莽撞，而是要沉着、冷静，遇事不乱，处理事情要谨慎小心。正如儒家所讲的"修己安人"，告诫人们不妄想、不执着；佛家主张的"六根清净"——有眼不看，有耳不听，有鼻不闻，有舌不尝，有手不拿，有意根不用。

中国古代有句谚语："谨慎能捕千秋蝉，小心驶得万年船。"湘人曾国藩，早年赴京赶考后中进士，留京任职七年，奇迹般地连升十级。后又因组织"湘军"平定太平天国起义，成为清代以汉人封侯的第一人。

曾国藩出身农家，毫无政治背景，却能游刃于险恶的政治之中官运亨通，最大的秘诀是"小心"。在曾国藩的日记中，记载了这样一个故事：一天晚上，曾国藩做了一个梦，梦见自己的朋友得了一笔意外之财，他心动了。早上醒来想起梦中的情景，觉得自己非常可耻，好利之心居然在梦里表现出来了。到了中午吃饭的时候，又有人说起另外一个人发了一笔横财，他的心又为之一动。他为自己的行为感到羞愧，觉得自己是一个卑鄙的人。他对于意念上的"越轨"尚且如此，那么在现实生活中更是严苛了。

曾国藩在朝廷中当了大官后，起居非常简朴。有一次，他的小女儿到京师看望他，小女儿穿了一条织有花纹的裤子，曾国藩看了，觉得这是锦衣，要求小女儿马上换掉，待小女儿换上了一般的布衣，曾国藩才满意。曾国藩之所以这样做，是为了不事张扬，以这样的"小心"来保全自己，求得身家性命。当年他组建"湘军"，势力强盛，有人暗中称曾国藩可能谋反。换作其他汉人，不一定需要证据，肯定早已贬官甚至身首异处了，但他的"小心"救了他，朝廷不相信这样一个"小心"的人会谋反，他的"湘军"也不会对朝廷有威胁。

曾国藩的"小心"还从淡泊权位中体现出来。有一次他看文件，见公文中写着自己长长的一串官衔，他觉得字数太多了，自己删去了许多，再看还是觉得多，又让人删去了十四个字。并为此作了一首打油诗："官儿尽大有何荣，字数太多看不清。删去几条重刻过，留将他日写铭旌。"正是这样"慎独"，让曾国藩在险恶的官场中清者自清，成为一颗苍蝇叮不进的蛋。曾国藩总结了一条居于高位而全身而退的经验，主要是五个字：诚、敬、静、谨、恒。"诚"是不自欺，也不欺人；"敬"是为人谦虚，不得罪人；"静"是为人处世不张扬；"谨"是说话谨慎；"恒"是持之以恒，意志坚强。一个人的成功都有其成功的道理，曾国藩的为官之道，其实就是中国传统文化中的"中庸"之道，不偏不倚，温文尔雅，与世无争。曾国藩的人生经验对我们的职业生涯大有裨益，唯有小心翼翼，方能驶得万年船。

兵法本身的意义在于为后来的军事活动提供借鉴。《鬼谷子》讲道："古之大化者，乃与无形俱生。反以观往，覆以验来；反以知古，覆以知今；反以知彼，覆以知己。动静虚实之理，不合来今，反古而求之。事有反而得覆者，圣人之意也，不可不察。"古时圣人，以大道教化万物，与道同生共长。因此，他们回首以往，便能验证将来；考察历史，就会了解现在；观察对方，返照自身真实。对于动静虚实的真相，如果和当今的情况不符，就要回到过去探求前人的经验。对事情的考察，经历由此及彼、由彼及此、由古到今、由今到古的反复探求，才能找到答案，这是圣人的思维方式，不可不仔细考察。

"反者道之动"在兵法上应该理解为正确使用反向思维。成语"围魏救赵"就是一个反向思维的典型例子。说的是战国时，魏将庞涓率军围攻赵国都城邯郸。赵国求救于齐国，齐王命田忌、孙膑率军前往救援。孙膑认为魏军主力在赵国，内部空虚，就带兵攻打魏国都城大梁，因而魏军不得不从邯郸撤军，回救本国，路经桂陵要隘，又遭齐兵截击，几乎全军覆没。同样的战法还发生在三国时期，不管是曹操还是诸葛亮都用过此计谋，尤其是曹操，不仅用过此计，也深受其害。

《三国演义》第三十回："曹军劫粮，曹操必然亲往。操即自出，寨必空虚，可纵兵先去曹操之寨。操闻之，必速还。此孙膑'围魏救赵'之计也。"再者，曹操杀了马腾之后，又想趁周瑜新死之际，进兵东吴，消灭孙权。就在这时，有探马向曹操报告说，刘备正在训练军队，打造兵器，准备攻取西川。曹操听后大惊，他深知刘备如果占据西川，就会羽翼日益丰满，到那时再攻刘备可谓难上加难。曹操有心攻打刘备，又怕失去灭吴的大好时机。正犹豫不决之时，谋士陈群献计说："现在刘备和孙权结为唇齿之盟，若刘备攻取西川，丞相您可以命人带兵直趋江南，孙权一定会求救于刘备。而刘备只想着西川，必定无心救援孙权。这样，我们先攻下东吴，平定荆州，然后再慢慢图谋西川。"曹操听罢，茅塞顿开，遂率领大军三十万人，去进攻东吴的孙权。面对曹操咄咄逼人的气势，孙权惊慌失措，立即命鲁肃派人前往荆州的刘备处告急。刘备收到孙权的求援信，感到左右为难：如果只取西川，不顾东吴，必定导致孙刘联盟的瓦解；如果支援孙权，放弃西川，岂不可惜？正在刘备拿不定主意的时候，刚刚从南郡赶回荆州的诸葛亮献计说："主公不必出兵东吴，也不必停止攻打西川，只修书一封，劝说马超进攻曹操，使曹操首尾不得兼顾，让他自动从东吴撤兵。"

刘备闻言大喜，连忙派人带着他的亲笔书信劝说马超进攻曹操。马超是西凉马腾之子，马腾当年被曹操所杀，马超正切齿痛恨曹操，时刻打算杀死曹操，为父报仇。一见刘备来信，马超立即率二十万大军浩浩荡荡杀向关内，连续攻下长安、潼关，曹操急忙回师西北，根本无心攻打东吴了。

《烂柯经》云："博弈之道，贵乎严谨。高者在腹，下者在边，中者在角，此棋家之常法。法曰：'宁输一子，不失一先。'击左则视右，攻后则瞻前。有先而后，有后而先。两生勿断，皆活勿连。阔不可太疏，密不可太促。

与其恋子以求生，不若弃之而取胜；与其无事而独行，不若固之而自补。彼众我寡，先谋其生；我众彼寡，务张其势。善胜者不争，善阵者不战；善战者不败，善败者不乱。"《僧宝传》云："浮山法远禅师，欧公闻其奇逸，造其室，未有以异之。与客棋，远坐其旁，欧公收局，请远因棋说法，乃鸣鼓升坐，曰：'若论此事，如两家着棋相似，何谓也？敌手知音，当机不让，若是缀五饶三，又通一路始得。有一般底，只解闭门作活，不会夺角冲关，硬节与虎口齐彰，局破后徒劳连斡；所以道肥边易得，瘦肚难求，思行则往往失粘，心粗则时时头撞，休夸国手，谩说神仙。赢局输筹即不问，且道黑白未分时，一着落在什么处？'良久云：'从前十九路，迷悟几多人。'欧公嘉叹久之。"

据《梁书·朱异传》记载，朱异十岁时，喜好和人聚在一起赌博，乡里人都把他看作祸害。他长大之后，才立志改变恶习从师学习，《五经》全部学过，尤其熟悉《礼》《易》，又广泛读过文史著作，更通晓各种技艺，博戏围棋书法算术，都是他所擅长的。二十岁时，朱异来到京城建康，尚书令沈约当面考过他，接着和他开玩笑说："你小小年纪，为什么就不讲廉洁呀？"朱异听了心中迟疑不懂沈约的意思。沈约便说："天下文史经义围棋书法这些技艺，全都让你占去了，这可以说是不廉洁吧。"原有的制度规定，年龄到二十五岁才能做官。当时朱异刚到二十一岁，朝廷特别下令破例提拔他做扬州议曹从事史。不久下诏征用有杰出才能的人士，五经博士明山宾上表举荐朱异说："我发现钱塘朱异虽然年纪还轻，但是品德完美、志向老成，一个人独处的时候没有涣散闲逸的想法，神色恭谨如对宾客，胸襟度量博大深沉，风采仪表高雅严肃。譬如万丈金山，难于登上它的巅峰；千里玉海，无从窥测它的边际。再譬如皂璋刚刚琢磨加工，锦缎刚刚上机编织，一旦制成就会敲出铿锵的声响，发出绚烂的光彩。观察朱异的信实品行，他不只是乡里所少有，假如让他担当任重道远的要职，也必定能表现出千里马一样的才干。"梁武帝召见朱异，让他讲《孝经》《周易》的义理，听后很高兴，对左右臣下说："朱异确实异于常人。"后来见到明山宾，对他说："你推荐的人，确实是个人才。"于是召朱异在西省值差，不久兼任太学博士。

围棋"合弈"文化之"左右兼顾，瞻前顾后"。弈棋者在弈棋过程中既要谨慎周到，更不能犹豫不决，以此得心应手。治国理政和为人处世，眼光要远、脚步要近，要对事物发展的规律、未来可能出现的各种情况进行预判，要摸清近期的做法，把来龙去脉吃透。借鉴过去好的做法，扬弃落后的理念和措施。

第四十一章　明道若昧，进道若退，夷道若纇

> 　　上士闻道，勤而行之；中士闻道，若存若亡；下士闻道，大笑之。不笑不足以为道。故建言有之：明道若昧，进道若退，夷道若纇。上德若谷；大白若辱；广德若不足；建德若偷；质真若渝。大方无隅；大器晚成；大音希声；大象无形；道隐无名。夫唯道，善贷且成。

　　这一章老子讲述了世人对"道"的态度。"上士闻道，勤而行之；中士闻道，若存若亡；下士闻道，大笑之。"上士听了道的理论，会努力去践行；中士听了道的理论，将信将疑，停滞不前；而下士听了道的理论，哈哈大笑，不以为真。但是恰恰这种现象证明了道的存在和至高无上性。

　　老子在这一章中提出人们对"道"的三个态度，而庄子在《知北游》中提出了对"道"的理解的三个层次。其讲述了知询问无为谓、狂屈和黄帝什么是道的故事。知先问无为谓，什么是"道"，怎么样思考才能认识大道，如何居处、如何行事才能持守大道，以何种途径、用何种方法能够获得大道？结果问了三次，无为谓居然不知道要回答。知又去问狂屈同样的问题，狂屈说知道，可是当要回答的时候又好似忘记要说的话，没有回答。最后，知便去问黄帝，黄帝说："无思无虑始知道，无处无服始安道，无从无道始得道。"得到黄帝的回答之后，知又陷入迷茫，他和黄帝都知道这些，无为谓和狂屈难道不知道吗，为什么没有告诉他？于是问及黄帝，黄帝说："彼无为谓真是也，狂屈似之，我与汝终不近也。夫知者不言，

言者不知，故圣人行不言之教。"无为谓、狂屈和黄帝分别代表着对道的理解的三个层次：知道"道"的人是不说什么是"道"的，接近"道"的人是不知道怎么说"道"的；而只有自以为懂"道"的人才会告诉你什么是"道"。

"明道若昧，进道若退，夷道若纇。上德若谷；大白若辱；广德若不足；建德若偷；质真若渝。大方无隅；大器晚成；大音希声；大象无形；道隐无名。"老子引用古人说过的话来证明"道"的存在，辩证法的存在。他提出平坦的德好似崎岖，崇高的德好似峡谷，广大的德好像不足，刚健的德好似怠惰，质朴和纯真的德好像混沌未开。

明朝还初道人洪应明《菜根谭》中有语云："建功立业者，多虚圆之士。"古来建立功业、成就功勋的全都是谦虚圆融的人士，那些执拗固执、骄傲自满的人往往与成功无缘。其言："处世让一步为高，退步即进步的张本；待人宽一分是福，利人实利己的根基。"为人处世最高的境界就是以退为进，学会进退自如的人，才活得潇洒。但有些人，不懂得进退，不懂得分寸，就算摆在眼前的东西，都能够弄没了。待人宽容一分是福气，渡人就是渡自己，给人方便，就是给己方便，不要丢失了分寸，没给人留余地，自己也会吃亏。每个人都是有尊严、好面子的，如果做人太苛刻，不懂得给人留台阶下，那么就会得罪别人，自己也得不到好处。

有一位满腹经纶的学者，为了了解禅学的奥妙，不远千里去拜访一位禅师。禅师在桌上准备了两只斟满茶水的杯子，然后坐下，开始讲解佛学的精义。

这位学者听着听着，觉得其中某些话似曾相识，好像也不是什么高深的理论。他曾听人说这位禅师道行高深，从他的话语中能够得到很多启发，但是交谈之下并不觉得他有什么特殊之处，于是认为这位禅师不过是浪得虚名，骗骗一般凡夫俗子而已。

学者越想越觉得心浮气躁，坐立不安，不但在禅师的讲道中不停地插话，甚至轻蔑地说："哦，这个我早就知道了。"

禅师并没有出言指责学者的不逊，他只是停了下来，拿起茶壶再次替这位学者斟茶，尽管茶杯里的茶还剩下八分满，禅师却没有把杯子里的茶倒出，只是不断在茶杯中注入温热的茶水，直到茶水不停地从杯中溢出，流得满地都是。

这位学者见状，连忙提醒大师说："别倒了，杯子已经满了，根本装不下了。"禅师听了放下茶壶，不愠不火地说："是啊！如果你不先把原来的茶杯倒干净，又怎么能品尝我现在倒给你的茶呢？"

"道"高深莫测，怎么帮助像"下士"这样的人了解"道"呢？老子提出了"德"。"夫唯道，善贷且成。""道"是幽隐的，只有借助德来加以辅助，德不立则道不成。

"进道若退，此言地之德也。虽蒸蒸在下，常如卑退也。夷道若纇，此言人君之德也。"兵法上在遇到强敌或者不明敌军的情况下，往往会选择以退为进。正如《鬼谷子》讲道："人言者，动也；己默者，静也。因其言，听其辞。言有不合者，反而求之，其应必出。"对方说话，表现为动；自己沉默，表现为静。从动静的哲学看待交往双方的言谈。根据对方的话语揣测他的真实意思。"若张置网而取兽也，多张其会而司之。道合其事，彼自出之，此钓人之网也。"就像张网捕兽一样，在野兽出没处多设一些网，等待野兽落网。如果把这个方法用到人事上，对方就会自动说出实情，这就是钓人实情的网。

历史上因不懂得虚怀若谷，得意忘形而灭亡的例子数不胜数。楚国项燕，中计败亡，其间秦军故意示弱，数次胜利后，项燕骄而傲，防备日下，被秦军突袭，败亡。唐代黄巢起义，攻入长安后，未及时追击唐皇，反而沾沾自喜，建立大齐，后被唐皇率军打败，最终自尽于泰山。五代后唐李存勖，在完成父亲所交代的三件事后，整日玩乐，不思进取，最终为戏子所杀，后唐亡国。明末李自成，起义军攻入北京后，建立大顺，但很快腐化，沾沾自喜，致使军队蜕化，很快便败于清军之手。

唐代中期的大诗人元稹和白居易，并称"元白"。他们不仅以诗齐名，而且都酷好围棋。白居易的很多诗歌中涉及围棋，例如《刘十九同宿》："红旗破贼非吾事，黄纸除书无我名。唯共嵩阳刘处士，围棋赌酒到天明。"《官舍闲题》："职散优闲地，身慵老大时。送春唯有酒，销日不过棋。"《郭虚舟相访》："朝暖就南轩，暮寒归后屋。晚酒一两杯，夜棋三数局。

寒灰埋暗火，晓焰凝残烛。不嫌贫冷人，时来同一宿。"

长庆元年，元稹请许多朋友到自己府中举行棋会，并写下了《酬段丞与诸棋流会宿敝居见赠二十四韵》：

鸣局宁虚日，闲窗任废时。琴书甘尽弃，园井讵能窥。

运石疑填海，争筹忆坐帷。赤心方苦斗，红烛已先施。

蛇势萦山合，鸿联度岭迟。堂堂排直阵，衮衮逼赢师。

悬劫偏深猛，回征特崄巇。旁攻百道进，死战万般为。

异日玄黄队，今宵黑白棋。斫营看迥点，对垒重相持。

善败虽称怯，骄盈最易欺。狼牙当必碎，虎口祸难移。

乘胜同三捷，扶颠望一词。希因送目便，敢待指纵奇。

退引防边策，雄吟斩将诗。眠床都浪置，通夕共忘疲。

晓雉风传角，寒丛雪压枝。繁星收玉版，残月耀冰池。

僧请闻钟粥，宾催下药卮。兽炎余炭在，蜡泪短光衰。

俯仰嗟陈迹，殷勤卜后期。公私牵去住，车马各支离。

分作终身癖，兼从是事躚。此中无限兴，唯怕俗人知。

全诗四十八句，是我国吟咏围棋的长诗之一。作者热情地歌颂了这次棋赛，将围棋的博杀斗智的特性及弈棋乐而忘忧的心情描写得淋漓尽致。诗中写围棋的布局、打劫、征子和攻杀，"堂堂排直阵，衮衮逼赢师。悬劫偏深猛，回征特崄巇。旁攻百道进，死战万般为"。棋会整整进行了一夜，"通夕共忘疲"，一直下到"晓雉风传角"，月残星稀。吃了早点后，才"公私牵去住，年马各支离"，依依惜别地散去。有人问元稹："围棋有什么乐趣？"元稹作诗回答道："此中无限兴，唯怕俗人知。"围棋的无穷乐趣是凡夫俗子无法知道的。

据清《宁波府志》记载："范洪，字元博，别号全痴，世居鄞城之南。生而颖异，赋性清介。幼习举业，数奇不偶，遂有高士之志，弈棋以自娱。于是挟技游京师，时李公东阳，杨公一清，乔公宇当朝，每延致当局，备极欢洽。而洪亦不为脂韦，故见礼益甚。其与人弈，常随其人高下，不求大胜，然终不一挫衄，遂名国手。"在参加科举考试失利后，范洪并不自卑，而是挟棋艺北上京城，以布衣之身遨游京师，却被名公大臣所敬重，纷纷邀他做客，与之对枰手谈。范洪生性随和，与人对弈时从不恃才傲物，其弈法随人而异，不求大胜，但弈遍京城内外，从无一局失误告负。在高手如云的明代棋坛上，他收放自如，纵横无敌却绝无傲气，并以他高超的棋艺称雄全国，在明代中前期的棋坛上和相子先、楼得达并称为围棋"三派四大家"的"三派"。其一生行谊，光明磊落，人品、棋品皆臻妙境。时人盛传其名，就将他与原先已在京城扬名的鄞县人连在一起，于是就有了金忠之卜、袁珙之相、吕纪之画、范洪之弈并称为"四绝"之说。

现实中，最完美的美德就是虚怀若谷，只有这样才能海纳百川，然而人们往往并不这样认为，反而是只有一杯水就以为自己得到了大海，只要有一块石头就以为自己拥有了天下，只要有一点成绩就以为自己能成就伟大事业，从而沾沾自喜，停滞不前。

围棋"合弈"文化之"虚怀若谷，不求大胜"。容器满溢，则将倾覆，事物发展超过一定界限就会向相反方面转化，正如《易经》讲的"亢龙有悔"。我们不必追求极致，遗憾或许是另一种完美，成就了自己也成就了别人。

第四十二章　万物负阴而抱阳，冲气以为和

> 道生一，一生二，二生三，三生万物。万物负阴而抱阳，冲气以为和。人之所恶，唯孤、寡、不谷，而王公以为称。故物或损之而益，或益之而损。人之所教，我亦教之。强梁者不得其死，吾将以为教父。

司马迁《史记·律书》说："数始于一，终于十，成于三。""道"只有一个，那就是宇宙大道，内涵十分丰富。"十"代表全，故而我们说十全十美，但是终归于"三"。何谓"三"？古代中国人认为"三"是最圆满的。自汉代始，三出阙成为帝王威仪的象征，例如唐代大明宫的含元殿前树三出阙、李治与武则天合葬的乾陵前的三出阙遗址，至今历历可辨。在民间谚语中有"三个臭皮匠，顶个诸葛亮"和"三人成虎"的说法；再如礼俗中的三鞠躬，发誓中的三击掌等做法。在远古时，我们的祖先最早只有"一"和"二"这两个数，"三"的概念是经过长期的认识和思辨之后才产生的。故而《道德经》说："道生一，一生二，二生三，三生万物。"这是说，统一的事物可分成对立的双方，对立的双方产生第三者，新生的第三者产生了千差万别的东西（万物）。儒家学派也重视三，《论语》中"吾日三省吾身""三思而后行"等，都十分强调这个"三"。其实这个"三"并不单单是数量上的"三"，而是一种思辨的优选法。

众所周知，《周易》讲的是阴阳相生相成的理论。阴阳理论就是源于《道

德经》。"道生一，一生二，二生三，三生万物。"道是独一无二的，但是道本身包含阴阳二气，一、二合而为"三"，从而生出了"万物"。儒学讲究仁义道德，就是看到了阴阳的两面性。阴阳二气相交形成了适匀的状态，万物在这种状态中产生。"万物负阴而抱阳，冲气以为和。"老子说，万物生长都背阴而向阳，并且阴阳二气互相激荡而生成新的和谐体。

世间万物都有阴阳之分，各种生物也都有雌雄之别，也就是我们所说的阴阳。雄性具有阳刚之气，雌性拥有阴柔之气，阳刚和阴柔是万物的特征，也是万物得以延续的基础。阴阳是对立统一的关系，宛如天地，对此，《周易》中的"乾坤"二卦推出来的爻辞是"天行健，君子以自强不息。地势坤，君子以厚德载物"，阴阳中和而生成和气。无论是王公贵族还是平民百姓都要遵循阴阳的规律，切不可肆意妄为，坏事做尽。

从而老子提出"故物或损之而益，或益之而损"。所有一切的事物，如果减损它却反而得到增加；如果增加它却反而得到减损。正如上章所讲的，强弱是可以转化的，矛盾的双方也可以转化。颜之推说："欲不可纵，志不可满。"人要懂得克制自己的欲望。他还说，先祖靖侯曾经告诫子侄说："你们家是读书人家，世世代代没有出现过大富大贵之人；从今以后，做官不可超过太守这个职位，缔结婚姻不要攀附权力显赫的人家。"这些话，颜之推时刻铭记在心中，并将其当作至理名言。颜之推明白，只有不放纵欲望，不去刻意追求功名利禄，才不会招致祸害，也才能静下心来专心做学问，这样，整个家族才能得以存续。而一旦有了欲望，有了对名利的追求，就容易被名利拖进深渊。

"强梁者不得其死，吾将以为教父。"老子将弱者比于百姓，明确表达了他反对反动统治、保护人民自由和权利的观点。

商纣王是我国历史上有名的暴君，然而这个暴君在一开始的时候却堪称是一个明君，那么是什么让他从明君的神坛上跌下来成了暴君呢？就是内心的欲望。相传纣王有一次命人为他琢一把象牙筷子。他的大臣同时也是他叔父的箕子听到这件事之后，立即进谏说："象牙筷子肯定不能配瓦器，要配犀角之碗、白玉之杯。玉杯肯定不能盛野菜粗粮，只能与山珍海味相配。吃了山珍海味就不肯再穿粗葛短衣，住茅草陋屋，而要衣锦绣，乘华车，住高楼。国内满足不了，就要到境外去搜求奇珍异宝。我不禁为此担心。"纣王听了箕子的话很是不以为然，箕子见劝谏无效，就带着族人奔辽东去了。后来，事情的发展果真如箕子所料，纣王荒淫无度，造肉林酒池、鹿台炮烙，终于激起国人的怒火，最后死于不义。

《六韬·文韬·守国》记载了周文王向姜尚请教如何守国的问题。姜尚言："天生四时，地生万物，天下有民，仁圣牧之。故春道生，万物荣；夏道长，万物成；秋道敛，万物盈；冬道藏，万物寻。盈则藏，藏则复起，莫知所终，莫知所始，圣人配之，以为天地经纪。故天下治，仁圣藏；天下乱，仁圣昌；至道其然也。圣人之在天地间也，其宝固大矣；因其常而视之，则民安。夫民动而为机，机动而得失争矣。故发之以其阴，会之以其阳，为之先唱，天下和之，极反其常。莫进而争，莫退而让。守国如此，与天地同光。"天有四时，地生万物。天下有民众，民众由圣贤治理。春天的规律是滋生，万物都欣欣向荣；夏天的规律是成长，万物都繁荣茂盛；秋天的规律是收获，万物都饱满成熟；冬天的规律是贮藏，万物都潜藏不动。万物成熟就应收藏，收藏之后则又重新滋生。如此周而复始、循环往复，既无终点，也无起点。圣人参照效法这一自然规律，作为治理天下的普遍原则。所以天下大治时，仁人圣君就隐而不露；天下动乱之时，仁人圣君就奋起拨乱反正，建功立业。这是必然的规律。圣人处于天地之间，他的地位作用的确重大。他遵循常理治理天下，使民众安定。民心不定，是动乱发生的契机。一旦出现这种契机，天下权力之争夺也必然随之而起。这时圣人就秘密地发展自己的力量，待到时机成熟就公开进行讨伐。首先倡导除暴安民，天下必然群起响应。当变乱平息一切已恢复正常时，既不要进而争功，也无须退而让位。这样守国，就可以与天地共存，与日月同光了。这就是老子所讲的"万物负阴而抱阳，冲气以为和"的道理。

《孙膑兵法》言："阴阳，所以聚众合敌也。"运用阴阳变化配合的规律，是为了集结兵力和敌人交战。而在兵法上，注重阴阳并且将阴阳之道发挥到极致的莫过于鬼谷子。鬼谷子是春秋战国时期道家代表人物，为纵横家之鼻祖。他通天彻地，智慧卓绝；他精通兵法、占卜、武术、养生、修道，可谓无人能及。人如其名，颇具传奇色彩，是一代奇才。司马迁《史记》

有相关记载："苏秦者，东周洛阳人也，东事师于齐，而习之于鬼谷先生。张仪者，魏人也。始尝与苏秦俱事鬼谷先生。"鬼谷子的主要著作《鬼谷子》就是根据道家阴阳思想而演变出来的权谋策略和言谈辩论之技巧，被后世称为"智慧禁果，旷世奇书"，历代被列为禁书。其主要思想为"捭阖"，何谓"捭阖"？"捭"是开启的意思，"阖"是关闭的意思，所谓的"捭阖"就是大开大合、大起大闭的意思。鬼谷子将"捭阖"之道与道家的阴阳学说融会贯通，并将之运用于纵横游说的说述言略中，使之成为战国策士们立身处世、说诸侯、干人主、掌机变、握形势的总原则，进而衍生出那个时代的纵横风云。《鬼谷子》开篇就讲道："变化无穷，各有所归，或阴或阳，或柔或刚，或开或闭，或驰或张。是故圣人一守司其门户，审察其所先后，度权量能，校其伎巧短长。"世间万物是千变万化的，各有特定的归宿；有的表现为阴，有的表现为阳；有的柔弱，有的刚强；有的开放，有的紧闭；有的松弛，有的紧张。所以，圣人能够始终把握事物间的阴阳变化，并以此审查先后，权衡轻重缓急，比较人才的优劣短长，以便任贤使能，君临天下。"捭阖者，天地之道。捭阖者，以变动阴阳，四时开闭，以化万物。纵横反出，反覆反忤，必由此矣。"捭阖之道可以使阴阳发生转变，从而使四季循环往复，进而孕育世间万物。由此可知万物纵横变化，无论离开、归复、反抗，都离不开捭阖之道。"捭之者，开也，言也，阳也；阖之者，闭也，默也，阴也。阴阳其和，终始其义。"通过"开启"或"闭合"之术可以有效控制他人。"开启"就是开放自己，表现为公开，可以用言词来表述，是阳谋；"闭合"就是封闭自己，表现为闭合，沉默不语，是阴谋。阴阳两方相互调和，才能始终符合捭阖之道。

汉朝时期辞赋家、思想家杨雄《法言》曰："断木为棋，椀革为鞠，亦皆有法焉。"明代文人许仲治的《石室仙机》解释得更为详细："白黑各一百八十，阳明而显，故白子；隐晦而暗，故黑子。是定阴阳之义也。"《烂柯经》云："棋盘为地子为天，色按阴阳造化全。下到玄微通变处，笑夸当日烂柯仙。"在围棋中处理好阴阳矛盾，把握好阴阳变化，必须合乎道，而道的根本点就是讲究阴阳平稳、阴阳相错、阴阳相抵，最终达到阴阳平衡。现实生活也是如此，无论是治国理政还是为人处世，都要讲究一个平衡。例如有的人会为自己的事业感到骄傲和开心，那是因为找到了平衡点；有的人总觉得不如人家，总觉得上天是不公平的，那就是没有找到自己的平衡点。

清代文学家纪晓岚，道号观弈道人、孤石老人。从纪晓岚的道号，便可知晓纪晓岚对围棋的热爱和独特的理解。纪晓岚一生中有很多作品是有关围棋的，包括《阅微草堂笔记》《尼古者》《赤城山老翁》《凿井筑城》《夜闻琴棋声》《卜者先知》《道士魔术》《乩仙论棋》。纵观纪晓岚的一生，也是命运坎坷的。其曾被贬乌鲁木齐，后戴罪入仕途，还遭到乾隆皇帝的猜疑和斥责。纪晓岚在深刻体会到世事无常和人生艰难之后，心中产生对前途莫测的恐惧，对出世和入世的矛盾。为此，他只能寄情围棋，在下棋中体悟官场、世道、人心的变幻莫测，最终厌倦了官场，看破了红尘，幻想着能超脱世外去出世修行。

在围棋发展历史上曾经发生过一个弈棋事件，这个事件发生在汉朝。汉文帝时，吴王太子刘贤入朝，由此得以陪伴皇太子刘启（后来的汉景帝）饮酒玩乐。吴太子在和皇太子玩博戏的时候，在棋桌上争胜，态度不恭，太子刘启愤而拿起棋盘重砸吴太子头颅，当场将他砸死。汉文帝敕命尸体送回吴国埋葬，到了吴国，吴王大怒，说道："天下都是刘家的，死在长安就埋在长安，何必送回吴国埋葬！"遂又把尸体送回长安埋葬。儿子被太子刘启误杀后，吴王从此不遵守诸侯对天子的礼节，称病不朝。朝廷以为他是因为失去儿子真的病了，但经过查实，确证吴王并没有什么病，就拘押了吴国使者。吴王惶恐不安，开始起了反叛之心。后来，吴王派使者代他秋季朝觐，皇帝又问起吴王，使者回答说："吴王实际上并没有生病，只是因为朝廷禁锢了好几个吴国使者，吴王害怕，所以才假装生病。请陛下捐弃前嫌，给他一个改过自新的机会。"于是汉文帝就赦免了吴国使者，又赐给吴王几案和手杖，体谅他年老，可以不再朝觐。朝廷的谦让让吴王愈发骄横了。而这个吴王就是后来起兵造反的刘濞，叛乱史称"七国之乱"。在这个事件中，吴王太子不懂围棋的博弈之道和道家的阴阳和气之道，肆意妄为，顶撞皇太子，终而死于非命，为后来的七国之乱埋下了祸因。

　　围棋"合弈"文化之"阴阳变化，须合于道"。一个新的事物的成长必然是从幼小到强壮再到死亡的过程，这是自然界的规律。无论是人还是事物都要尊重这个变化的规律，掌握好阴阳之间的变化，讲究阴阳平稳、阴阳相错、阴阳相抵，最终达到阴阳平衡。

第四十三章　天下之至柔，驰骋天下之至坚

天下之至柔，驰骋天下之至坚。无有入无间，吾是以知无为之有益。不言之教，无为之益，天下希及之。

"驰骋"形容马奔跑的样子。"天下之至柔，驰骋天下之至坚。"天下最柔弱的东西，却能像马一样，穿行于最坚硬的东西中。那么天地中最柔弱的东西是什么呢？有的学者认为是水，有的认为是气，不管是水还是气，它们都有一个共同的特点，就是柔和。在天地万物和谐之时，谁也不在乎它们的存在和作用，它们却始终默默无闻地发挥着柔和者的本能。例如水，风平浪静之时，行走在山谷之间，流向低洼处，世间万物都可以使用它，也可以抛弃它。水却与世间万物不离不弃，始终自然无争地发挥着软弱者的本能。当暴风雨到来之时，它一改往日的平静和柔和，奔腾咆哮，一泻千里，甚至引起洪水泛滥。气也是如此，天昏地暗，狂风不断，即便是"强梁者"也无法阻挡。可见世界上做柔弱的东西是多么的厉害，它们可以摧枯拉朽，可以涤荡污垢，其巨大威力势不可挡。

前面讲老子把柔弱比于天下百姓。"不言之教，无为之益，天下希及之。""不言"的教导，"无为"的熏陶，会柔静刚动，弱必胜强，让老百姓自然提高觉悟，提高维护自身利益的力量。于统治者而言，不可不察。

我们都知道水滴石穿的故事。它最早出自东汉·班固《汉书·枚乘传》，

曰："泰山之溜穿石，单极之绠断干。水非石之钻，索非木之锯，渐靡使之然也。"是指水滴不断地滴，可以滴穿石头；比喻坚持不懈，集细微的力量也能成就难能的功劳。

宋朝时，有个叫张乖崖的人，在崇阳县担任县令。当时，崇阳社会风气很差，盗窃成风，甚至县衙的钱库也经常发生钱、物失窃的事件。张乖崖决心要抓住一个机会，好好杀一杀这股歪风。有一天，他终于找到了一个机会。这天，他在衙门周围巡视，忽然看到一个管理县衙钱库的小吏，慌慌张张地从钱库中走出来。张乖崖急忙把库吏喊住，问："你这么慌慌张张干什么？""没什么。"那库吏回答道。张乖崖联想到钱库经常失窃，判断库吏可能监守自盗，便让随从对库吏进行搜查。结果，在库吏的头巾里搜到一枚铜钱。张乖崖把库吏押回大堂审讯，问他一共从钱库偷了多少钱。库吏不承认另外偷过钱，张乖崖便下令拷打。库吏不服，怒冲冲地乱叫："偷了一枚铜钱有什么了不起，你竟然这样拷打我？你也只能打我罢了，难道你还能杀了我？"张乖崖看到库吏竟敢这样顶撞自己，也不由得十分震怒，他毫不犹豫地拿起朱笔，宣判说："一日一钱，千日千钱，绳锯木断，水滴石穿。"判决完毕，张乖崖吩咐衙役把库吏押向刑场，斩首示众。这个判决起到了很强的震慑作用。从此以后，崇阳县的偷盗风被刹住，社会风气也大大地好转了。

这则故事寓意我们要从细节处发现细微力量，折射出的力量可以像水一样，持之以恒、永不懈怠地摧毁其他事物。如果这股力量是好的，顺应历史发展规律和民意的，要让其星星之火成燎原之势；如果这股力量是不好的，就要从中察觉危害，将其抹杀。

中国古代还有一个"四两拨千斤"的说法，最早见于王宗岳《太极拳论》，是以小力胜大力之意，主要体现在四个方面。第一个是以柔对刚，"极柔软然后极坚硬""欲刚先柔，欲扬先抑""柔能克刚，以退为进""刚而归之于柔，柔而造至于刚，刚柔无迹可见"。第二个是借力，"机由己发，力从人借""擎起彼身借彼力"。第三个是引进落空，"引进落空合即出，沾连粘随不丢顶""粘依能跟得灵，方见落空之妙""每一动，唯手先着力，随即松开""欲要引进落空，先要舍己从人，知己知彼，触之则旋转自如"。第四个是用意不用力，"中气贯足，精神百倍""心中一物无所著，一念无所思""动静缓急，运转随心""意气君来骨肉臣""意气须换得灵""劲断意不断""彼有力我亦有力，我力在先；彼无力我亦无力，我意仍在先"。太极拳法的思想就是源于道家的阴阳思想，其遵循的就是"天下之至柔，驰骋天下之至坚"的柔顺之道。

《鬼谷子》讲道："物有自然，事有合离。有近而不可见，有远而可知。近而不可见者，不察其辞也；远而可知者，反往以验来也。巇者，罅也。罅者，涧也；涧者，成大隙也。巇始有朕，可抵而塞，可抵而却，可抵而息，可抵而匿，可抵而得，此谓抵巇之理也。"世间万物都有自身的法则和规律，任何事情或聚或离，皆有其内在原因。有些事发生在身边却不被察觉，有些事距离很遥远却能知道。发生在身边却不被察觉，是因为对眼前的事习以为常，没有足够的留心；距离很远却能知道，是因为善于反顾历史并预测未来。所谓"巇"，就是"罅隙"。小的裂痕会逐渐扩大，最终变得不可收拾。当裂痕开始出现的时候，会有一定的征兆。在裂痕刚出现时，可以通过"抵"使其闭塞，可以通过"抵"使其退回，可以通过"抵"使其停止，可以通过"抵"使其消失，可以通过"抵"而获取。以上就是"抵巇"的原则和方法。

《六韬·文韬·兵道》讲述了周武王询问姜尚关于"两军相遇，彼不可来，此不可往，各设固备，未敢先发，我欲袭之，不得其利，为之奈何"的问题，姜尚说："外乱而内整，示饥而实饱，内精而外钝，一合一离，一聚一散，阴其谋，密其机，高其垒，伏其锐。士寂若无声，敌不知我所备。欲其西，袭其东。"要外表佯装混乱，而内部实际严整；外表伪装缺粮，而实际储备充足；实际战斗力强大，而装作战斗力衰弱。使军队或合或离，或聚或散，装作没有节制以迷惑敌人。隐匿自己的计谋，保守自己的意图，加高巩固壁垒。埋伏精锐，隐蔽肃静，无形无声，使敌人无从知道我方的兵力部署。想要从西边发起攻击，则先从东边进行佯攻。

211 年，庞统建议刘备取益州，刘备犹豫地说，现在我全靠与曹操反着来，才有立身之地，才能治民理政。"操以急，吾以宽；操以暴，吾以仁；操以谲，吾以忠。每与操反，事乃可成耳。今以小利而失信义于天下，奈何？"庞统就说大乱之时，治民理政，"固非一道所能定也"。意思是，宽与急、刚与柔，要变通运用。

宋白，北宋学者、藏书家。学问宏博，几三典贡举、称将后进，如苏易简、王禹偁等人皆出于他的门下。善弈棋，曾写《弈棋序》："投壶博弈，皆古也，《礼》经有文，仲尼所称。弈之事，下无益于学植，上无裨于化源。然观其指归，可以喻大者也，故圣人存之。观夫散木一枰，小则小矣，于以见兴亡之基；枯棋三百，微则微矣，于以知成败之数。是故弈人之说，有数条焉：曰品，曰势，曰行，曰局。品者，优劣之谓也；势者，强弱之谓也；行者，奇正之谓也；局者，胜负之谓也。品之道，简易而得之者为上，战争而得之者为中，孤危而得之者为下；势之道，宽裕而陈之者为上，谨固而陈之者为中，悬绝而陈之者为下；行之道，安徐而应之者为上，疾速而应之者为中，躁暴而应之者为下；局之道，舒缓而胜之者为上，变通而胜之者为中，劫杀而胜之者为下。品之义有浅深，定浅深之制，由乎从时；势之义又有疏密，分疏密之形，由乎布子；行之义又有利害，审利害之方，由乎量敌；局之义又有安危，决安危之理，由乎得地。时有去来，乘则得之，过则失之；子有向背，远则断之，蹙则穷之；敌有动静，缓则守之，急则攻之；地有废兴，多则破之，少则开之。能从时者无不济，能布子者无不成，能量敌者无不勇，能得地者无不强。然从时之权戒乎迁，布子之权戒乎欺，量敌之权戒乎忽，得地之权戒乎贪。无谓品高而怠其志，怠即将卑；无谓势大而骄其心，骄即将羸；无谓行长而泄其机，泄即将疲；无谓局盛而忘其败，忘即将危。若然则制术于未形之前，识宜于临事之际，转祸于垂亡之间。具此道者，为善弈乎！"

序中，宋白从"品""势""行""局"四个方面来分析围棋的奥妙之处。无论是"简易而得之者为上，战争而得之者为中，孤危而得之者为下""宽裕而陈之者为上，谨固而陈之者为中，悬绝而陈之者为下""安徐而应之者为上，疾速而应之者为中，躁暴而应之者为下"，还是"舒缓而胜之者为上，变通而胜之者为中，劫杀而胜之者为下"，都在强调老子"柔静刚动，弱必胜强"的理念。

　　围棋"合弈"文化之"厚积薄发，舒缓而胜"。博观而约取，厚积而薄发，只有准备充分才能办好事情，应秉持一种谦虚、博学、慎取、精授的态度和思想，在弈棋或为人处世过程中，戒骄戒躁，舒适而适缓地取得胜利。

第四十四章　甚爱必大费，多藏必厚亡

　　名与身孰亲？身与货孰多？得与亡孰病？甚爱必大费，多藏必厚亡。故知足不辱，知止不殆，可以长久。

　　在整部《道德经》中，老子每次讲完道用，都会回过头来强调一下道体。其目的就是告诉我们，道和术都很重要，不要重视小术而忽略大道，更不要因为学习小术而执着结果，要知道，结果是暗合于道的，你执着不了。在这一章中，老子提出了困扰世人几千年的三个问题，可以说是直面心灵的灵魂拷问。名利、身体、财富哪一个更重要？获取重要还是丢失重要？老子身处私欲熏天的周朝，看尽了世人追逐名利和财富而不择手段，多少的爱恨离愁，多少的家破人亡？老子发出感慨："故知足不辱，知止不殆，可以长久。"人要在名利和财富面前学会满足，学会适度原则，这样才能确保自己和家人的平安无事。

　　但老子不是否定名利和财富对于人的意义，这里是指那些过分追求名利和财富以致伤害自己生命健康及其他利益的人。老子反对的是贪得无厌，反对的是不择手段，提倡的是质朴和纯真，这样才能平安。

　　庄子《人间世》里讲了颜阖问蘧伯玉的故事。颜阖问："有人于此，其德天杀。与之为无方则危吾国，与之为有方则危吾身。其知适足以知人之过，而不知其所以过。若然者，吾奈之何？"蘧伯玉回答道："善哉问乎！戒之慎之，正女身也哉！形莫若就，心莫若和。虽然，之二者有患。就不欲入，和不欲出。形就而入，且为颠为灭，为崩为蹶；心和而出，且为声为名，为妖为孽。彼且为婴儿，亦与之为婴儿；彼且为无町畦，亦与之为无町畦；彼且为无崖，亦与之为无崖；达之入于无疵。"蘧伯玉说做事情要谨慎。首先要站稳脚跟。外表不如表现亲近的样子，内心却要存着诱导的思想，虽然这样，这两种方法仍有隐患。亲近他但不要太密切，诱导他不要心意过于显露。外表亲近到关系密切，就要颠覆毁灭。内心诱导太显露，将被认为是沽名钓誉，就会招致灾祸。他如果像天真的孩子那样烂漫，那么你就姑且任他像个孩子那样烂漫；他如果没有界限，那么你就姑且随他那样不分界线；他如果跟你无拘无束，那么你也姑且跟他无拘无束。慢慢地引导，就可以使他免于到达错误的地步。这则故事讲述的是一个人如何去引导别人、帮助别人的道理，做事情要讲究适度原则，否则螳臂当车，过犹不及。

司马迁《史记·孙子吴起列传》言："兵法，百里而趣利者蹶上将，五十里而趣利者军半至。使齐军入魏地为十万灶，明日为五万灶，又明日为三万灶。"兵法上说，急行军百里与敌人争利的有可能损失上将军，急行军五十里与敌人争利的只有一半士兵能赶到。命令齐国军队进入魏国境内后先设十万个灶，过一天设五万个灶，再过一天设三万个灶。军争有有利的一面，同时军争也有危险的一面。如果全军整装去争利，就不能按时到达预定位置；如果轻装去争利，辎重就会丢失。这就是一个适度的原则，以能确保全军安全为原则。

在军事中，其实并不提倡长途奔袭的做法，尽管古往今来有很多长途奔袭的胜利案例，例如项羽的彭城之战、霍去病的河西之战、元狩四年的漠北之战、东汉窦宪的平匈奴之战、唐朝李靖的定襄之战、高仙芝的坦罗斯之战、明朝蓝玉的捕鱼儿海之战。但长途奔袭的战法大部分是一种贪功冒进之举。正如明朝还初道人洪应明《菜根谭》言："磨砺当如百炼之金，急就者非邃养；施为宜似千钧之弩，轻发者无宏功。"

1409 年，明成祖朱棣命丘福为征虏大将军，率精骑十万，讨伐谋叛的鞑靼可汗本雅失里。大军出发前，明成祖朱棣考虑到丘福平素爱轻敌，特意告诫说："出兵要谨慎，到达鞑靼地区虽然有时看不到敌人，也应该做好时时临敌的准备。"还进一步指出："不要丧失战机，不要轻举妄动，不要被敌人假象所欺骗。"等到丘福率师北进后，朱棣又连下诏令，反复叫丘福要谨慎出战，不能轻信那些关于敌军容易打败的言论。八月，丘福的军队来到了胪朐地区。他自己亲率一千多骑兵先行，当行进到胪朐河一带时，与鞑靼军的散兵游勇遭遇。丘福挥师迎战，将他们打败，接着乘胜渡河，又俘虏了一名鞑靼小官。

丘福向他询问本雅失里的去向，因为这个人是鞑靼人派出侦察明军情况的奸细，便编造说："本雅失里闻大军南来，便惶恐北逃，离这里不过三十里地。"丘福听了便信以为真，就决定率先头部队去攻杀。各位将领都不同意丘福的这一决定，建议等部队到齐了，把敌情侦察清楚再出兵。但是，丘福却坚持己见，拒不采纳。他率部直袭敌营，连战两日，鞑靼军每战总是假装败走。这就更加助长了他的轻敌思想。丘福一心想要生擒本雅失里，于是孤军猛追。

这时，他的部将纷纷劝丘福不可轻敌冒进，并提出或战或守的具体措施。但是，丘福根本听不进去，一意孤行，并下令说："不从命者斩！"随即率军攻在前面，诸将不得不跟着前进。不久，鞑靼大军突然杀过来，将丘福所率领的先头部队重重包围了。丘福等军士拼命抵抗，无济于事，最后在突围时战死。丘福死后，明朝后续部队不战而还。

三国两晋南北朝时期，是中国历史上的乱世。政治黑暗，政权频繁更迭，权力斗争残酷而血腥。在社会动荡、出仕无望、崇尚道家"无为"的社会背景下，一大批隐逸之士出现在历史舞台上，他们怡情山水，独爱琴棋，道家思想和围棋文化出现了中国历史上的第一个"蜜月期"。其中，竹林七贤就是这批隐逸之士中最杰出的代表。竹林七贤将自己的政治理想和人生抱负寄情于山水棋画之中。《晋书·王戎传》说王戎是个孝子，母亲去世后，辞官回家，为母亲守孝。他每天沉浸在悲痛之中，茶不思，饭不想，以致越来越憔悴。他的妻子很着急，就让他去看别人下棋，以分散注意力。过了一段时间，果真好多了。这或许就是围棋被称为"忘忧"的缘故吧，能让人放下心里的杂念和负担。《晋书》中也有阮籍借着下棋来抑制住丧母痛苦的记载，可是终究有棋终人散的时候。由此可见，在魏晋南北朝时期，弈棋成了他们追求精神自由、排解人生痛苦的一种方式，好比佛家的禅坐。明代的高启就写过这样一首诗，叫《围棋》："偶与消闲客，围棋向竹林。声敲惊鹤梦，局里转桐阴。坐对忘言久，相攻运意深。此间元有乐，何用橘中寻。"

唐太宗李世民嗜好围棋，围棋对其一生产生过很大的影响。民间还有李世民观虬髯客与刘文静下棋的传说，《西游记》中也写到太宗与魏徵下棋的场面。据《旧唐书·裴寂传》记载："高祖留守太原，与寂有旧，时加亲礼，每延之宴语，间以博弈，至于通宵连日，情忘厌倦。时太宗将举义师而不敢发言，见寂为高祖所厚，乃出私钱数百万，阴结龙山令高斌廉，与寂博戏，渐以输之。寂得钱既多，大喜，每日从太宗游。见其欢甚，遂以情告之，寂即许诺。寂又以晋阳宫人私侍高祖，寂从高祖饮，酒酣，寂白状曰：'二郎密攒兵马，欲举义旗，正为寂以宫人奉公，恐事发及诛，急为此耳。今天下大乱，城门之外，皆是盗贼。若守小节，旦夕死亡；若举义兵，必得天位。众情已协，公意如何？'高祖曰：'我儿诚有此计，既已定矣，可从之。'及义兵起。"在这个故事里，唐朝的由来还要归功于围棋呢。

李世民即位后，励精图治，勤于政事，但弈兴有增无减，偶尔还能抒发情感，吟诗两首。例如《咏棋一》："手谈标昔美，坐隐逸前良。参差分两势，玄素引双行。舍生非假命，带死不关伤。方知仙岭侧，烂斧几寒芳。""昔美""前良"皆指前代的围棋高手及棋艺，"标"即标举，"逸"即超逸。以下写到具体的棋局，势在棋局中既指广义的形势，也指具体的定式、战术。"玄素"即黑白棋子。这两句写出了棋局中黑白棋势相互缠绕、犬牙交错的复杂局面。而棋盘上争斗虽然激烈，却又有别于现实生活中的争战，舍生不用付出生命的代价，赴死也不会遭受伤害。领悟了其中的乐趣，也就知道王质当年为什么会观棋烂柯了。

《咏棋二》："治兵期制胜，裂地不要勋。半死围中断，全生节外分。雁行非假翼，阵气本无云。玩此孙吴意，怡神静俗氛。"以兵法言棋，围棋如同用兵，目的当然在于谋取胜利，但攻城略地，割据称雄，却并不需要功勋。后四句，以三尺之局为战斗场，棋在包围中被断开，情势紧急，却又忽然柳暗花明，得以全身而退，这里的"节外"与"围中"相对，可理解为冲出重围的另一天地，也似可解为"劫"，在"劫"中谋生路。而棋势的伸展，就如那雁阵，却无须凭借翅膀；列阵作战，虽气氛紧张，但并无杀气如云般聚集。枰上谈兵，既关谋略，从中能体会孙子、吴起的兵家之意，又别有意趣。"怡神静俗氛"，谓围棋可以令人精神愉快，驱散世俗之气。

当然，作为真正爱棋之人，少不了对胜负的异常执着，这是"争"的一面。据张鷟《朝野金载》记载，李世民与礼部尚书唐俭下围棋，输棋后恼羞成怒，命尉迟恭去搜集材料证明唐俭有不恭之言行以从严治罪，最后却发现唐俭并没有这方面的过错。冷静下来后，唐太宗没有怪罪任何人，反而进行自我反思，可见李世民深知"甚爱必大费，多藏必厚亡"的道家教诲。

围棋"合弈"文化之"胜负循序，不可贪功"。道家大道犹如一个无名英雄，从来都是默默无闻地向前发展的，从来都不贪功，更不表功，功成而不有。弈棋者更是如此，弈棋过程中不可贪功冒进，在现实生活中更应该遵循大道，顺其自然，不可贪功，更不可冒进，任何进步都是建立在无数的积累之上的。

第四十五章　清静为天下正

> 大成若缺，其用不弊；大盈若冲，其用不穷。大直若屈，大巧若拙，大辩若讷，大赢若绌。静胜躁，寒胜热。清静为天下正。

　　本章和第四十一章一样，都在强调辩证的关系。第四十一章中讲"明道若昧，进道若退，夷道若纇。上德若谷；大白若辱；广德若不足；建德若偷；质真若渝"，这一章中讲"大成若缺，其用不弊；大盈若冲，其用不穷。大直若屈，大巧若拙，大辩若讷，大赢若绌"。老子从万事万物的方方面面来讲述道的阴阳辩证关系。

　　老子通过阴阳生克原理论证了治国之道和为人处世之道。前面我们已经讲了很多治国之道，这里我们讲讲如何准确理解老子这段话在为人处世方面体现的道理。我们都知道，一个好用的东西看似不够完美，在使用的时候却是那么得心应手；一个有才能的人，虽然已经经营了很多事情，但是还是那么游刃有余。老子认为有智慧的人，应该具备"大成若缺""大盈若冲""大直若屈""大巧若拙""大辩若讷""大赢若绌"的品质，以至"大器晚成"。

　　唐代大诗人白居易才高八斗，刚直耿介。他在朝为官时，常有无才无德的小人攻击他。一次，唐宪宗召见白居易，对他说："你诗名很大，为人忠直，不像是个奸诈之人，可为什么总有人弹劾你呢？"白居易说："皇上自有明断，我说什么也是无用的。不过依我看来，我和那帮人道不同不相为谋，一定是他们嫉恨我的才华与忠直。否则我和他们无冤无仇，他们为什么会无端诬陷我呢？"白居易自知难与小人为伍，却不屑掩饰锋芒，他对那些无能之辈常出口讥讽，绝不留半点情面。一次，朝中一位大臣作了一首小诗，奉承他的人不在少数。白居易看过小诗，却哈哈一笑，说："如果说这是一首好诗，那么天下人都会写诗了。"事后，白居易的一位朋友劝他说："你身处官场，不应该当众羞辱别人。你不是和朋友谈诗论道，在朝堂上若讲真话，人家只会更加恨你。"白居易说："我最看不惯不懂装懂之人，本来我不想说，可还是压抑不住啊。"白居易自恃有才，说话办事往往少了客气。他对皇上也大胆进言，只要他认为不对的事，就直言上谏，全无禁忌。河东道节度使王锷为了晋升官职，大肆搜刮百姓，他向朝廷献上了很多财物，唐宪宗于是准备让他当宰相。朝中大臣都没有意见，只有白居易站出来反对。唐宪宗生气地说："你是个才子，就该与众不同吗？你每次都和我唱反调，你是何居心呢？"皇上发怒了，嫉恨白居易的小人趁势说他恃才傲物，目中无人。一时，白居易的处境更加恶劣，格外孤立。大臣李绛同情白居易，劝他收敛锋芒，对他说："一个人如果因为才高招来八方责难，他就该把自己装扮得平庸了。你的见识虽深刻远大，但不可显示出来，你为什么总也做不到呢？这也是为官之道，不可小看。"最后，白居易还是因为上谏惹祸，被贬出朝廷。白居易的才能人所共知，他尽忠办事，见解高明，却不能建功，只因他的才能过于外露，优点反变成了缺点。从白居易的经历中我们可以看出，道德有成之人，虽有"大直"之德、"大巧"之能、"大辩"之才、"大赢"之获，却从不自我炫耀，留给别人的印象是"屈""拙""讷""绌"。这正是自我的不争之德，无为之德。

那么如何正确处理这些阴阳关系呢？"静胜躁，寒胜热。清静为天下正。"清静克服躁动，寒冷克服暑热，清静无为才能统治天下。唐朝贾至《虙子贱碑颂》就讲道："鸣琴汤汤，虙子之堂，清静无为，邑人以康。"宋朝范仲淹《答赵元昊书》也讲道："真宗皇帝奉天体道，清净无为。"

传说列子生活贫困，经常面带饥色，看起来很穷的样子。有人见列子如此窘况，便跟郑国的国君郑子阳说起列子的事情："列御寇（列子的姓名）是一位有道的人，您治理的国家一派兴旺的景象，而他却如此贫困，是不是因为你不喜欢像他这样贤达的士人？"郑子阳听来人这么说，自问从未怠慢过有道之人，知道列子如此穷困，便马上派官吏给列子送去了米粟。列子见到郑子阳派官吏送来的东西，再三言谢，但最终还是推辞了郑子阳的好意。郑子阳派来的官吏离开后，列子回到屋子里，列子的妻子眼看着可以接济自家的米粟就这样被列子拒之门外，不免有点埋怨丈夫。列子的妻子捶胸顿足地说："我听说，有道之人的妻子儿女都能够跟着他享受到安逸欢乐，可是如今我们明明已经忍饥挨饿，你却仍然将国君好心赠送给我们的食物拒绝了。你如此拒绝不肯接受，是命中注定我们要跟随你过苦日子吗？"列子笑着对他的妻子说："国君并没有真正地了解我，就送了东西给我，他是因为听闻别人对我的谈论而派人送来了米粟。若是有天他想要怪罪于我，那么他也会在不了解我这个人的情况下，轻易听取别人的言论。这就是我不愿意接受他的恩惠的原因。"后来没多久，郑国发生了变乱，郑子阳在变乱中被发难的百姓所杀，郑子阳的党众也被牵连致死，而列子却得以安然无恙。从这个故事中我们可以发现列子的心胸之淡泊。作为道家思想的主要代表人物之一，列子虽然家中贫穷，却仍然有富贵不移、宠辱不惊的心态，非常符合道家的文化。列子的弟子曾经问列子："所有闻道者为富乎？"列子答曰："桀纣唯轻道而重利是亡。"列子认为，闻道之人就算穷，也要穷得有骨气，求道之人应该摆脱人世间的贫贵束缚，不再受到贵贱、名利的羁绊。列子的道家思想认为，修道之人应顺应大道，淡泊名利，才能做到清净地修道，提高自身"道"的修养。

《鬼谷子》讲道实意法腾蛇"实意者，气之虑也。心欲安静，虑欲深远。心安静则神明荣。虑深远则计谋成。"要坚定意志思想充实，就要效法腾蛇。这是在五气和思想上下功夫。内心要保持安静，思考要深谋远虑。内心安静，精神才充沛；思考深谋远虑，计谋才能成功。

周襄王十四年，宋襄公听说郑国支持楚成王做诸侯霸主，于是就决定攻打郑国。郑国得到了宋襄公要攻打自己的消息，便向楚国求救；而楚国则派大将成得臣率兵向宋襄公发起进攻，计划得到围魏救赵的效果。宋襄公果然担心国内有失，只好从郑国撤退，而从郑国撤退的宋襄公军队，正好在泓水碰上了楚国的军队。楚军看见了宋襄公的军队，于是开始渡泓水河，打算向宋襄公的军队发起进攻；而宋襄公的智囊团则表示楚国军队人数多，自己一方的军队人数少，应该趁楚国的军队还在渡河的时候就发起进攻，这样就可以借助对方渡河，以寡击众。这时宋襄公却说自己是仁义之师，要等对方渡河后再击打对方。过了一会儿，楚军渡河完毕，公孙固又请宋襄公趁楚军立足未稳，发动攻击，又被宋襄公拒绝，说："寡人听说，君子将兵，不向未成阵形的敌军发动进攻。"公孙固及众将士都暗暗叫苦。楚军列阵完毕，击鼓进攻，戈矛如林、箭矢如雨，宋军无法抵挡。宋襄公身边的侍卫大夫中箭身亡，虎贲卫士尽数战死。宋襄公也右腿中箭，血流如注，无法站立。宋军大败，辎重车仗损失无数。宋襄公因君子治军原则，失去战机，导致宋军大败，自己也受了伤。那沽名钓誉、愚昧迂腐的"仁义"，让争霸成了千古笑柄。

围棋是两个人之间的博弈，虽然古往今来，作为一种博弈游戏，在弈棋之时，观棋者甚多，在旁说说点点也是常有之事，那只不过是把弈棋看作一种闲情雅致的生活方式罢了。但是真正的弈棋，应该是两个对手之间在棋盘上的搏杀，搏杀场面自然是肃静和诡秘的，也要求弈棋者保持绝对的冷静，周边的环境自然不能影响到他们。

在中国围棋发展史上，兄弟、父子都是棋手的名人圣贤很多。例如曹氏父子、谢安兄弟、苏东坡兄妹。谢安，东晋时期政治家、名士，太常谢裒第三子、镇西将军谢尚堂弟。谢安出身陈郡谢氏，自少以清谈知名，屡辞辟命，隐居会稽郡山阴县之东山，与王羲之、许询等游山玩水，并教育谢家子弟。

后谢氏家族于朝中之人尽数逝去，谢安才出仕，历任征西大将军司马、吴兴太守、侍中、吏部尚书、中护军等职。在淝水之战中，谢安作为东晋一方的总指挥，以八万兵力打败了号称百万的前秦军队，使晋室得以存续。谢安在这场战役中前后两次下围棋，广为流传，颇有影响。

《晋书·谢安传》记载："时苻坚强盛，疆场多虞，诸将败退相继。安遣弟石及兄子玄等应机征讨，所在克捷。拜卫将军、开府仪同三司，封建昌县公。坚后率众，号百万，次于淮淝，京师震恐。加安征讨大都督。玄入问计，安夷然无惧色，答曰：'已别有旨。'既而寂然。玄不敢复言，乃令张玄重请。安遂命驾出山墅，亲朋毕集，方与玄围棋赌别墅。安常棋劣于玄，是日玄惧，便为敌手而又不胜。安顾谓其甥羊昙曰：'以墅乞汝。'安遂游涉，至夜乃还，指授将帅，各当其任。玄等既破坚，有驿书至，安方对客围棋，看书既竟，便摄放床上，了无喜色，棋如故。客问之，徐答云：'小儿辈遂已破贼。'既罢，还内，过户限，心喜甚，不觉屐齿之折，其矫情镇物如此。以总统功，进拜太保。"

其时，前秦苻坚强大，边境多战事，东晋众将接连败退。谢安派弟谢石及侄儿谢玄等出兵伺机征讨，连战连捷。谢安被拜为卫将军、开府仪同三司，封建昌县公。后苻坚率领大军，号称百万，开进淮河、淝水，东晋京师震恐，朝廷加封谢安为征讨大都督。谢玄向谢安问应敌之计，谢安神情泰然，毫无惧色，回答道："朝廷已另有主意。"过后默默不语。谢玄不敢再问，便派张玄再去请示。谢安于是驾车去山中别墅，亲朋好友聚集在周围，然后才与谢玄坐下来下围棋赌别墅。谢安平常棋艺不及谢玄，这一天谢玄心慌，做谢安的敌手却败给了谢安。谢安回头对外甥羊昙说："别墅给你啦。"说罢便登山游玩，到晚上才返回，部署将帅，面授机宜。谢玄等人已大败苻坚，喜信送到谢安手里，谢安正与客人下围棋，看罢信便丢在床上，全无喜色，下棋如故。客人询问，才慢慢答道："小儿辈已打败敌寇。"下完棋回内室，内心抑制不住激动，过门槛时猛地折断了屐齿，而在人前竟能如此镇定自若掩饰真情。因统率作战有功，谢安晋封太保。在这则故事中，我们可以看出，谢安能在大战来临之前神情泰然，毫无惧色，恰恰是因为其胸有成竹，并且能保持清醒，这才有了退敌之策，真正做到了老子所说的"大成若缺""大盈若冲""大直若屈""大巧若拙""大辩若讷""大赢若绌"，以至"大器晚成"。

围棋"合弈"文化之"清静为正，大器晚成"。"安禅未必需山水，灭却心头火自凉。"清静使人保持头脑清醒和理智，不失方寸。弈棋者应当谨记，"心静即声淡"，弈棋切不可被外界事物所打扰，如此才能持之以恒，纵使没有天赋，也终有大器晚成之时。

第四十六章　祸莫大于不知足，咎莫大于欲得

天下有道，却走马以粪；天下无道，戎马生于郊。祸莫大于不知足，咎莫大于欲得。故知足之足，常足矣。

老子主张守虚不盈，凡事不能太过圆满，要留有余地，否则就会走向反面。淫欲是世界上最大的不知足，道德功的修炼都是从克制淫欲开始的。如何克制淫欲？老子举了一个战争的例子："天下有道，却走马以粪；天下无道，戎马生于郊。"天下行"道"就可以安定，战马都用于耕种；不行"道"，就连那些临近产子的母马都要上战场，可见有多悲惨。这是因为"祸莫大于不知足，咎莫大于欲得"，任何灾难和过失都是在于不知足、贪得无厌。懂得适可而止能有效阻止人们欲望贪念的膨胀以及由此而来的无穷斗争，从而避免堕入灾祸。

"故知足之足，常足矣。"老子从大道的立场教人知足敛欲，以防物极必反。我们常说知足常乐，就是源于此。欲望的外向性，决定了我们对外界事物的贪婪欲求只能是一个无底洞，如果我们深陷其中，所付出的代价将是无法估量的。因此，贪婪是一切灾祸的根源。统治者为了满足贪婪的欲望而发动战争，结果人们深受其害；我们普通人为了满足贪婪的私欲，同样也要付出沉重的代价。

权力像是一坛香醇的美酒，它让人沉醉而迷恋；权力更像是一种春药，它让人欲罢不能，直到耗尽精元。权力带给人的快感，可以让当事人视死

亡如草芥。长孙无忌，历仕三朝，做宰相三十多年，有文武之才，为唐初有名的政治家。只可惜不知足，贪婪权力，最终窃弄威权，构陷良善，嚣张跋扈，最后落得个自杀的地步。

作为李世民儿时的好伙伴，长孙无忌一直以来都位高权重，李世民继位以后，他的地位就更高了，因为他的妹妹成了李世民的老婆。有了这一层姻缘关系以后，宫里没有人敢惹他，在这样的生存环境之下，长孙无忌越来越肆意妄为，但是他无论怎么嚣张跋扈都会尊重皇帝的意见，所以李世民并不憎恨他。李世民还在位的时候，长孙无忌还是很低调的，他为了避免引起纷争，主动辞去了宰相的位置。他递交辞表的时候，李世民非常不愿意，一直在挽留长孙无忌，可是长孙无忌心意已决，所以就放弃了。

长孙无忌回去了以后，李世民又后悔了，他还是想让长孙无忌回来做官，可是再次被拒绝了。本以为长孙无忌就这样沉寂了，谁知他突然又冒出来了，因为皇帝要传位了。在李世民的眼中，皇帝的最佳人选应该是李恪，可是长孙无忌不同意，他觉得李恪不如李治，所以在他的坚持之下，李世民立了李治为太子。李世民死后，李治当上了皇帝，由于皇位是长孙无忌给的，所以李治一直都很害怕他，于是，国家大权也都掌握在长孙无忌手中，这让本就嚣张的他，越来越嚣张了。

在一次谋反案件中，长孙无忌诬陷李恪和李宗道，说他们想要造反。李恪因曾是太子人选，所以长孙无忌一直都对他很有敌意。李宗道就很冤了，因为他被抓的时候已经不在宫里了。李治心里知道长孙无忌为什么要抓他的兄弟，所以就想去帮自家兄弟说几句话，长孙无忌不但没有理会，还臭骂了李治一顿，然后直接处理了他们两个。兄弟被处理了以后，李治看透了长孙无忌的心思，长孙无忌之所以会这样完全是为了夺权，并不是为了保护他，所以李治就准备对长孙无忌动手了。

为了能够彻底铲除长孙无忌，李治也给了他一个谋反之罪，长孙无忌想要求情，可是李治不愿意见他，而且把长孙无忌交给别人处理，所以他连个求情的地方都没有。长孙无忌的案件审理了一段时间以后，李治就判定了罪名，直接下令要处死他。长孙无忌知道自己活不久了，所以就在家中自杀了。张唐英评价："无忌其后卒被流窜死于黔南，天下以为冤，然而亦疑其诬杀吴王恪之报应也。"王夫之评价："挟私而终之以戕杀，无忌之恶稔。"贪得无厌是导致祸患的重要因素，历史上很多人物都无法冲破名利的羁绊，不知道知足而止的道理，长孙无忌就是如此。

战争是敌我双方真刀真枪的交锋，打败敌人赢得胜利是战争永恒的法则。从战略上讲，任何对手都是强大的，只有高度重视敌人，周密地考虑战争全局，严阵以待，才有必胜的机会。如果自恃强大，轻视敌人，随意出战，败亡之祸就在眼前。《道德经论兵要义述》讲道："嗜欲至而不知止足之分，则天下之人皆受祸矣！又人君所欲尽得，则天下之人悉罹于殃咎矣！"兵凶战危，每一次战争都是一场浩劫。《诗经·小雅·采薇》有两句诗："靡室靡家，猃狁之故。"说的就是猃狁部落南下侵略的故事。

西周中期以来，黄土高原上群翟部落中的猃狁不断南下侵扰，他们掠夺财物，杀害百姓，给泾渭一带的民众带来严重的灾难。没有了房子，没有了亲人和家园，该是多么无奈和无助啊。《盐铁论·未通篇》以西汉武帝北逐匈奴、南讨闽越和南越的战争实例，给老子的这四句话做了最好的注脚：据说以前没有征伐胡、越的时候，徭役赋税都较轻松，老百姓因之而丰衣足食，吃的都是往年的陈粮，新打的粮食总是储藏起来，用来做衣服的布帛也十分充足，原野上更是牛马成群。农夫们都是用马来耕种庄稼，或运载粮食以及其他物品，同时人们没有不骑马或乘坐马车的，这个时期称得上是"却走马以粪"。可是后来军队屡屡出征打仗，雄壮的公马已不足军用，只好把母马也征入军阵，所以出现了"驹犊生于战地"的情景。频繁的战争还造成了"六畜不育于家，五谷不植于野"，农牧业生产均受到严重影响，民众没有足够的粮食，只能以糟糠维持生计。每当战争爆发时，身强力壮者被征遣入军参战，妇孺及老弱病残则为躲避战乱逃离家园。原本生机盎然、充满希望的肥田沃土，在烽火狼烟之后变成了凋残破败、荆棘丛生的荒原。同时，战争的后遗症无穷无尽地折磨着天下苍生，因此老子痛彻地感到"师之所处，荆棘生焉"，断言"大军之后，必有凶年"。

同时，在战术上应该讲究穷寇勿追。老子在《道德经》第三十章中讲："善有果而已，不敢以取强。"御敌自卫战争的根本目的在于将来犯之敌驱逐出本土，保家卫国。一旦敌人被打败而撤离逃遁，便说明战争的目的已经达到，这时就应该及时果断停止军事行动。司马光《道德真经论》注："果，犹成也，功成则已。"《孙子·军争》："归师勿遏，围师必阙，穷寇勿迫，此用兵之法也。"总而言之，在实际战斗中，战胜即止，及时鸣金收兵，是一条基本的战术原则，切不可亡命追击溃逃的残敌。但穷寇勿迫并不代表不消灭敌人，这和"宜将剩勇追穷寇"并不矛盾，对陷入绝境的敌人不要逼得太近或太紧，避免敌人做困兽之斗，留出空间给敌人逃跑。那样敌人就无心恋战，自然容易击溃。使其放弃决一死战的决心，成为斗志尽失的溃兵，然后不战而胜。如果敌人只是跑不投降，那在敌人逃跑之后，自然要去追的。霍去病追匈奴，孔明追孟获，蓝玉追蒙古，历史上的名将对穷寇都是穷追猛打的，穷寇莫追仅仅是一种缓兵之计的战术，而不是战略。

围棋博弈者，当心无外物，内无杂念，否则就会举棋不定。《左传·襄公二十五年》载："卫献公自夷仪使与宁喜言，宁喜许之。大叔文子闻之，曰：'呜呼……今宁子视君不如弈棋，其何以免乎？弈者举棋不定，不胜其耦，而况置君而弗定乎？必不免矣！'"这段话的大意是说，下棋的人举棋不定，尚且不能赢下自己的对手，何况是对待国君的废立问题，更不能犹豫不决。

当年宁惠子驱逐卫献公，并立献公的弟弟为国君。宁惠子死后，逃亡在外的卫献公派人和宁喜谈判，希望回国。对此，大叔文子深感不安，曾力劝宁喜不要让献公回国，以免惹上杀身之祸。后来果然被他言中，卫献公回国后对宁喜不满，找个借口杀掉了他。这是历史上关于围棋的第一次正式记载，也是"举棋不定"这个成语的来历。下棋时，棋手应该在思考清楚后才去拿棋子，并且简洁明了地把棋子放在正确的位置，尽量避免多余的动作。但有人总是在落子时犹豫不决，手在棋盘上方游移不定，甚至在一次落子的过程中多次重复这样的动作，这是一种很不尊重对手的行为。正如《孟子·告子上》讲的："今夫弈之为数，小数也；不专心致志，则不得也。弈秋，通国之善弈者也。使弈秋诲二人弈，其一人专心致志，惟弈秋之为听；一人虽听之，一心以为有鸿鹄将至，思援弓缴而射之。虽与之俱学，弗若之矣。"下棋作为技艺，是小技艺；不专心致志，就学不到手。弈秋是全国的下棋圣手，让他教两个人下棋。一个专心致志，只听弈秋的话；另一个呢，虽然听着，但心里却想着有只天鹅快要飞来，要拿起弓箭去射它。

这样，即使跟人家一道学习，他的技艺水平也一定不如人家。

弈棋中除了专心致志以外，还要随机应变。有"中国思想启蒙之父"之誉的黄宗羲对此提出了"权度在我"的理念。蔡洪在《围棋赋》中讲："尔乃心斗奔竞，势使挥谦，携手诋欺，朱颜妒嫌，然局不弘席，子不盈卷，秉二仪之极要，倔众巧之至权，若八卦之初兆，逐消息乎天文。"意谓棋局虽小，棋子虽少，但变化无穷，至巧莫测。据《明儒学案》言："某尝看棋谱，局局皆奇，只是印我心体之变动不居。若执定成局，亦受用不得，缘下了二三十年棋，不曾遇得一局棋谱。不如专心致志，勿思鸿鹄，勿援弓矢，尽自家精神，随机应变，方是权度在我，运用不穷。"强调弈棋过程中不可"执定成局"，既要专心致志，更要随机应变，"权度在我""尽自家精神"，无论是从围棋而言还是从人生而言，这都是必然的要求和格局。黄宗羲的人生观符合围棋"千古无同局"的规律，充分表现出了主体思维的重要性，令人受用无穷。

围棋"合弈"文化之"专而不专，变而不变"。这是辩证统一的关系。"专"在于专心，无杂念、无外欲；"变"在于权度，既要学会穷寇莫追，又要懂得"宜将剩勇追穷寇"。"不专"在于莫要痴迷过度，"不变"应该保持"变"的恒心。弈棋者博弈的过程其实是将自己当作自己的对手，归根结底是一场战胜自我的过程，对手何其多，唯有自身存。

第四十七章　其出弥远，其知弥少

不出户，知天下；不窥牖，见天道。其出弥远，其知弥少。是以圣人不行而知，不见而明，不为而成。

在上一章中我们讲到了"专而不专，变而不变"的理念，在这一章中，强调的是如何实现这一理念。常言道："秀才不出门，便知天下事。"秀才能知天下事，凭借的是他掌握的书本知识；圣人不出门，能知天下事，凭借的是他自身的修养功夫。道家哲学强调内修，反观内视，修德悟道，不停留在事物的表面认识上，所以才能"不出户，知天下；不窥牖，见天道"。就比如我们探索宇宙奥秘一样，面对浩瀚的宇宙，我们无从下手，但是我们可以从细胞开始研究其基因构造，就能探索出生命奥秘和宇宙信息。因其小而见其大，这才是老子提倡的修炼之法。

"是以圣人不行而知，不见而明，不为而成。"有"道"的圣人不出行却能推算出万千事物的奥秘，不看外面却能明白天下之道，不妄为却可以有所成就。因此，通晓大道的人，不看重外在的经验，而十分重视内在的直观体验，可以洞察外界的情况和变化趋势。

前601年，周朝大夫单襄公受周定王的委托，前往宋国、楚国等国访问，中间从陈国借道经过。回到周朝后，单襄公向周定王介绍了借道陈国的过程，并向周天子说道："不出意外的话，陈国将要灭亡了。"周定王不解地问道："爱卿何出此言，你在陈国都看到了些什么呢？"单襄公回答道："我路经陈国，看到那里杂草丛生，不能行走；田野里的谷物在露天堆放着，打谷场还没有修整完毕；边境上也没有迎送宾客的官吏；到了国都，又看见陈灵公征调百姓，为寡妇夏姬修建高台，并丢下周天子的代表不接见。这些都是陈国不注重农事、不修朝政的证明啊！"周定王听完，不以为然地说："难道仅仅凭此，爱卿就断言陈国必亡吗？"单襄公见周定王不相信，便借周朝先王的遗教，给周定王上了一课，他说："雨水稀少的时候，就要修整道路；河流干枯了，就要趁机架设桥梁；草木枯落时，应当预备储藏粮食；霜降之时，就要备好冬衣，以迎接冬天的来临；寒风吹起时，就要修缮城郭房舍。然而，这些适当地从事农业生产的规律，陈国一条也没有遵守，违背了先王的教导，陈灵公荒于农事，必定导致民生凋敝。根据这些观察和经历，因此我敢断言陈国必亡。"果然，单襄公的预言很快应验了。两年后，即公元前599年，与夏姬私通的陈灵公因在谈笑中侮辱夏姬的儿子夏征舒，最终被夏征舒射死。再过一年，楚庄王攻破陈国，几乎将陈国纳为楚国的郡县，后虽复立陈国，但陈国已经名存实亡。

　　单襄公的先见之明不止一次。前575年，楚、晋两国交战，结果楚军大败。晋国取得胜利后，派使者至向周天子告捷。在朝见周王之前，王叔简公设宴款待使者至，并与他互赠厚礼，谈笑甚欢，并认为至一定能在晋国得到重用。酒宴进行到一半时，至有些微醉了，他在周朝大臣邵桓公面前自夸功大，说道："晋国这次之所以能打败楚国，完全是出于我的精心谋划。"酒宴结束后，邵桓公来到单襄公的府中，并把宴会上的谈话内容告诉了单襄公，他说道："王叔简公在宴会上对至大加称赞，认为他一定能在晋国掌权。因此，王叔简公劝在场的大臣们多赞美至几句，以便今后在晋国能有所照应。"单襄公听后，叹了一口气。君子从不自吹自擂，这不是为了谦让，而是怕掩盖了别人的长处。大凡人的天性，总喜欢比别人优胜，但不能用无视别人长处的手段。越是要掩盖别人的长处，在他压制下的人也就反抗得越厉害，所以圣人都知道谦让的道理。现在至位居晋国七卿之下，但是他无时无刻不想超过他们，那就必然会引起那七个人的怨恨，至将借助什么来应付呢？所以我说，刀已经架在至的脖子上了，但是他还浑然不知呢！"一年之后，也就是前574年，鲁成公与晋、齐、宋、卫、曹、邾等国在柯陵会盟。单襄公也来参加这次会盟。在柯陵盟会上，单襄公看到晋厉公一直心不在焉，又看到晋国的大臣总是绕着弯子说话，而至还是像以前那样吹嘘自己，齐国的大臣国佐说话时也毫无顾忌。于是，单襄公对身旁的鲁成公说道："晋国很快就要发生内乱了，国君和至恐怕都要遭殃了。甚至齐国的国佐也会遇上灾祸，因为现在齐国奸人当权，而他却喜欢讲直话，明指他人的过失，这就很容易招人忌恨。在我看来，只有善良正直的人才不会介意别人的随意指责，齐国还有这种人吗？"鲁成公听后，以为单襄公是随口说的，也就没有在意，孰料单襄公的话很快就应验了。不久，晋厉公回到晋国，他对至骄纵的作风很不满，于是找了个借口把他杀掉了。第二年，即前573年，晋国大臣又诛杀了晋厉公，葬礼只用了一车四马。同年，齐灵公杀死了直言敢谏的国佐。这样，单襄公的预言不到三年就全部得到应验了。

在古代，车战是主要的战争方式，故而对战斗力的部署形成了很多的阵法。老子就生活在那诸侯争霸、战乱频仍的春秋时期，自然熟悉那些传统阵法作战以及由此产生的缺陷和弊端。所以他才能提出以奇用兵的著名论断，而以奇用兵的根本思想就是"变化"。比如，从排兵布阵的角度来讲，不拘守陈规，不固执于某种阵法，而是根据战场随时变化的实际情况，采用灵活多变的战术，积极调兵遣将，有效地打击敌人，直至消灭敌人。从春秋以后，一大批军事大家相继出现，吴起、孙武、诸葛亮、韩信、刘伯温等就是代表人物。就如《武经总要》讲的："废阵形而用兵者，败将也；执阵形而求胜者，愚将也。"

《司马法》定爵篇讲："阵，巧也。"三国时期，面对陆逊的追击，诸葛亮使用了其自创的八阵图而取胜。《三国志·蜀书卷五·诸葛亮传》讲："推演兵法，作八阵图，咸得其要云。"作为古代战争中一种战斗队形及兵力部署图，诸葛亮的原图今虽不见，但其并不是根据孙膑兵法的八种阵法演化，而是在黄帝时期的风后八阵兵法基础上创新演变而来的，做到了"四头八尾"奇正相生，循环无端，彼此照应，一处受敌，几方救援的效果。唐代诗圣杜甫曾作诗以赞孔明："功盖三分国，名成八阵图。""江上阵图犹布列，蜀中相业有辉光。"

年羹尧曾运筹帷幄，驰骋疆场，曾配合各军平定西藏乱事，率清军平息青海罗卜藏丹津，立下赫赫战功。其中，最为著名的就是征讨西海之战。根据《郎潜纪闻》记载：年羹尧在青海和敌军决战的前一天，突然下令让士兵明天各带一块木板，一束枯草。士兵们非常不解，但不敢违逆。到了第二天，一片沼泽地挡住了大家的行军路线，年羹尧命将士们将枯草扔入沼泽，再铺上木板，道路顿时畅通，因而打了胜仗。

变化，是围棋的生命。围棋有黑白两色，能够表现出事物的矛盾，能够表现出事物的对立和统一两个方面。这就能代表老子所讲的辩证法的理念和方法论。在围棋棋局三百六十一个有限的格子里，就能变化出无穷无尽的棋局，这一点就符合道家所讲的阴阳两分、虚实若判的概念。

简单来讲，围棋的棋子在棋盘中的落子顺序能表现出事物的发展过程。棋盘上充满着矛盾，从简单的两子相争，到最复杂的"势"和"地"的平衡，攻与防的节奏，取与舍的价值，点目在一定的时候是不能判断形势的，而"大"和"小"的判别在什么时候都是存在的，局部和全局的对立是一局棋的胜负之要。

围棋的变化还在于关键点的把握。围棋的过程一般有开局、布局、中盘、中盘后期到大官子、官子这样几个阶段。一盘盘棋跌宕起伏的过程，各不相同，就像《周易》里的六十四卦一样，都是一个"简易，变易和不易"的过程。有的棋局，如同一个渔夫在急流中张网捕鱼；有的棋局，又像两个性格不同的武术高手，使出自己的绝命撒手锏，一边攻，又一边防。同时，自古以来留下来的很多棋谱，犹如阵法，这些棋谱是古代棋手的实践成果通过师徒相授、口耳相传以及编纂成书流传下来的，包括棋手对局、局部妙手和死活解题，为弈棋者提供了学习的素材。弈棋者应充分学习这些棋谱的奥秘，但不能局限于棋谱，否则就会陷入固定的思维。

尤侗，长洲人，明末清初诗人、戏曲家，曾被顺治誉为"真才子"，康熙誉其为"老名士"。其好弈，著有《与一乘上人弈偶成》四首，其中一首说："拈子寻思且吃茶，手谈殊胜话周遮。休疑山里樵柯烂，残局才完日已斜。"其更将中国军事历史与围棋相结合，作《棋赋》："棋之为物也，体方而用圆。方法地，圆效天。乾坤二策，当期之日，而挂一焉。

四方列国，千亩井田。角立五岳，脉贯三川。白帝蕞尔，黑子弹丸。本由平路，遂起争端。若乃一局开疆，两军对垒，揖让既终，征诛伊始。弱肉强食，远交近攻；秦人连横，六国合纵。四面重围，双劫互打。汉夺鸿沟，楚奔垓下。连冈忽断，死地重生。新莽篡窃，建武中兴。此界肥边，彼疆瘦腹。吴魏巴蜀，三分鼎足。南北并吞，东西割据。反覆六朝，纷纭五季。大势已定，余着还填。唐宋一统，闰以蒙元。至如李靖七军，孔明八阵，太公六韬，武子三令。击首击尾，得尺得寸。先下为强，多算必胜。又如智斗苏张，力争廉蔺。"棋法犹如兵法，棋局犹如战局！

明朝著名文学家朱应登，才思泉涌，落笔千言，诗宗盛唐，格调高古，与李梦阳、何景明等称"十才子"，又为"弘治七子"之一，还与顾璘、陈沂、王韦并称"金陵四家"。善弈棋，曾作《观弈赋》："览斯戏之元旨，会三尺之方局，秉二仪之极要，列四象之殊俗。审吾意之所投，乃握子之在掬。始周章其未盈，终联翩以相属，静全神理，动则变迁。体希微之奥旨，趣众功之至权。鉴奇正之两途，遂消息乎道间。乐每生于功逸，智恒炳于机先。类戏鹤之干霄，拟神龙之出渊。信尺蠖之已屈，迅狡兔之将潜。神既周于维防，数罔遁于参伍。候彼谋之既诎，乃怡情于暇豫。或设虚而慎乘，或寻罅而自补。从智力之匪剂，故进退之维旅。然盛名难居，大言不詟，即多取而自负，必遭衄而速愆。或宣辞以扬己，亦近夸而非谦。故马融以贪作戒，陈轸以智自全。庶执卑而擅美，固明哲之所虔。"在这篇赋中，朱应登讲到围棋是"体希微之奥旨，趣众功之至权。鉴奇正之两途，遂消息乎道间"。棋盘上棋局变化莫测，列举了四种情况，通过"类戏鹤之干霄，拟神龙之出渊。信尺蠖之已屈，迅狡兔之将潜"，提出"多取而自负，必遭衄而速愆。或宣辞以扬己，亦近夸而非谦。故马融以贪作戒，陈轸以智自全"的警醒。

据《婺源县治》记载，江用卿，字君辅，婺源人。江用卿小时候有一个奇怪的毛病，就是每次他出门玩耍，只要看见有人下棋他就不走了，站在那儿盯着棋局看，一看就几个小时。他父母都觉得这孩子这点挺怪的，也不知道是跟谁学的。江用卿稍长，能看得懂棋局进程，懂得棋理了，于是就更爱看棋了。每次白天看完了棋，晚上回到家就自己琢磨，琢磨着琢磨着竟然棋力大进，在围棋方面，很快就成了远近闻名的少年天才。甚至不知是不是看棋看多了还总结出了规律，少年江用卿有一项绝技，就是看到一局棋的布局就能断定这棋下完谁胜谁负，颇有点当年颜伦"布局数子便知胜负几道"的意思。而江用卿与人对弈，更是每每把对手杀得摸不着头脑。原来这江用卿的棋路，是自己在家琢磨出来的，他没怎么系统学习过古谱的传统招法。一到对弈，他便把自己脑中琢磨过的棋招用出来，对手却无人见识过这种下法——因为古谱里没有啊！于是这江用卿稀奇古怪的下法常常把对手下得莫名其妙，败得一塌糊涂。

人生的过程又何尝不是这样的一个博弈的过程？在人的一生中，我们都不是观棋者和下棋者，而是其中的一颗棋子，会遇到无数的困难和挫折，这些困难和挫折都源自自己和自己、自己和别人、自己和社会、自己和世界的一种博弈。有的进一步，可能寸步难行，而退一步海阔天空，但无论手段和方法如何，目的就只有一个，都是为了自己所认为的胜利，自己与自己、与别人、与社会、与世界的一个平衡点。这既是道家理论的"不为""不争"精髓要义所在，更是棋道带给世人的道理，正如汉代著名文学家班固的《弈旨》讲的："局必方正，象地则也；道必正直，神明德也，棋有白黑，阴阳分也；骈罗列布，效天文也。四象既陈，行之在人，盖王政也。成败臧否，为仁由己，危之正也。"

围棋"合弈"文化之"以贪作戒，以智自全"。切勿有贪念，这是作为一个持道者、统兵者、弈棋者实现"变而不变"最重要、最起码的要素，在这个基础上，开拓思维，强化创新，发挥智慧，突破变局，从而扭转乾坤。

第四十八章　为学日益，为道日损，损之又损， 以至于无为

> 为学日益，为道日损，损之又损，以至于无为。无为而无不为，取天下常以无事；及其有事，不足以取天下。

在上一章中我们讲到了持道者、统兵者、弈棋者都应该具备智慧。在这一章中老子着重提出了智慧的概念。老子将学文和学道进行了比较：为学，学的是知识，是世俗的东西；为道，学的是智慧，是哲学的东西。"为学日益，为道日损。"求学的人，其政教礼仪、知见智巧一天比一天多；但是，求道的人的情欲文饰却是一天比一天少，直至"损之又损，以至于无为"，越来越少，最终达到"道"的无为的境界。

"道"首先是一种境界，这一境界是跳出了自我的圈子，跳出了有形世界的圈子，然后进入客观的、忘我的、无形的心灵世界。要想达到这一境界，单纯从概念的细致理解是不够的，要获得大智慧，就必须进入这一境界。"不识庐山真面目，只缘身在此山中。"说的就是人们仅限于求学的阶段，知其然而不知其所以然。

"无为而无不为，取天下常以无事；及其有事，不足以取天下。"治理国家的人要不妄为和有所作为当以不扰民、不害民为之根本。否则，"及其有事，不足以取天下"。如果苛政猛于虎，实施的是暴政，就不配治理

国家了。

我们都知道，认识自己是哲学的根本目的。但是，如何认识自己，这是人类所处的困境。老子说只有大智慧的人、得道的人才可以认识自己。这是非常困难的，正如苏格拉底说的，智慧是神才具有的。

何谓"日损"？一天天去掉自己主观的妄念、幻想，而接近于道的自然法则。和"吾生也有涯，而知也无涯"的为学理念不同，为道则需要我们时刻剔除心中的杂念，保持一颗平常心，这颗"平常心"指的就是道。平常心，说起来简单，因为平常之人的心能大到哪里去？在忙碌中寻得一颗平常心，却并不是一件容易的事，因为人对世间的美好，直白点讲就是在获得或者失去的过程中，所表现出来的心态是各不相同的。有的人欢愉，有的人痛苦，有人不舍，也有人怨恨……总是搞得人心里爱恨情仇很别扭。常言道：以平常心做人，以进取心做事。保持自我的真性，不陷于贪欲和争斗，对于一个悟得平常心的人来说，即正确而明智的抉择。

因此，"智慧"并不是"小聪明"，也不是一般所说的"明智"，它指示着宇宙自然之最深邃、最根本的奥秘，代表的是一个至高无上、永恒无限的理想境界，这才符合道家"无为而无不为"的智慧的最高要求。

有一个人曾经问慧海禅师："禅师，你可有什么与众不同的地方吗？"慧海禅师答道："有！""那是什么？"这个人问道。慧海禅师回答："我感觉饿的时候就吃饭，感觉倦的时候就睡觉。""这算什么与众不同的地方，每个人都是这样的呀，有什么区别呢？"这个人不屑地说。慧海禅师答道："当然是不一样的了！"那人继续问："这有什么不一样的？"慧海禅师说："他们吃饭的时候总是想着别的事情，不专心吃饭；他们睡觉的时候也总是做梦，睡不安稳。而我吃饭就是吃饭，什么也不想；我睡觉的时候从来不做梦，所以睡得安稳。这就是我与众不同的地方。"慧海禅师继续说道，"世人很难做到一心一用，他们总是在利害得失中穿梭，囿于浮华的宠辱，产生了'种种思量'和'千般妄想'。他们在生命的表层停留不前，这成为他们最大的障碍，他们因此而迷失了自己，丧失了'平常心'。要知道，生命的意义并不是这样，只有将心融入世界，用平常心去感受生命，才能找到生命的真谛。"

　　自古以来，"兵法"都是战争中一个重要组成部分。在古人看来，"得兵法者得天下"，正确灵活地运用兵法是战争取得胜利的关键，但兵法的运用并非纸上谈兵，它需要将领随机应变、审时度势并做出正确的判断。

　　可以说，兵法是无数次战争过后的结晶，是先人在无数次行军打仗过程中积累的智慧，这一智慧的结晶留给我们的不仅仅是一本兵书，更是潜藏在书中人类智谋的精髓。

　　《孙子兵法》是我国最古老、流传最广的一部军事专著，它不仅在我国被推崇为"兵家百世之师"，而且也被现代各国军事家所推崇。在现代社会中，它已经不再仅限于军事领域的指导，而是被广泛运用于政界、商界甚至是我们的日常生活中。《孙子兵法》共分"计、作战、谋攻、形、势、虚实、军争、九变、行军、地形、九地、火攻、用间"十三篇，总结归纳可以看出孙子的军事思想主要包含了"天、地、人"三大方面，将天时、地利、人和有机结合，才能在战争中取得先机，从而取得战争的胜利。

　　举一个简单的兵法例子，就可知兵法智慧之奥妙。《司马法》仁本篇就极具道家阴阳辩证之智慧："战道：不违时，不历民病，所以爱吾民也；不加丧，不因凶，所以爱夫其民也；冬夏不兴师，所以兼爱其民也。"作战之道，在于不违背农时，不在疾病流行时对外作战，这样就是为了保护自己的百姓；也不要趁着敌方国丧时候进攻，也不要趁着对方闹灾荒的时候进攻，这样是为了爱护对方的百姓；不要在冬天和夏天去兴兵讨伐，这样是为了保护双方的民众。"故国虽大，好战必亡；天下虽安，忘战必危。"因此，国家虽然强大，喜欢频繁地发动战争，就一定会灭亡；天下虽然安定太平，如果忘掉了战争的来临，就十分危险。"杀人安人，杀之可也；攻其国，爱其民，攻之可也；以战止战，虽战可也。"杀掉一个坏人，而使得众人都得到安宁，那么这样做是可以的；进攻一个国家，而去爱护其中的人民，进攻是可以的；用战争来制止战争，即使进行了战争，也是可以的。"凡从奔勿息，敌人或止于路则虑之。"凡是追击溃败的敌人，就切勿停息；敌人如果在进攻途中停止了，就需要慎重考虑它的意图。"凡战，背风背高，右高左险，历沛历圮，兼舍环龟。"凡是作战，一定要选择背着风向、背靠高地的地方；如果遇到沼泽和崩塌之地，一定要快速通过离开。

宿营也要选择四周有险可守，而中间高凸的地方。"凡战，先则弊，后则慑，息则怠，不息亦弊，息久亦反其慑。"作战，如果行动过早，就会使得士兵有疲惫感；如果行动缓慢，会使得军心畏怯；只注意休整军队便会懈怠；如果不休整军队便会疲劳；如果总是休息，便会产生怯战心理。"三军之戒，无过三日；一卒之警，无过分日；一人之禁，无过瞬息。"对三军下达命令，不要超过三日便要落实；对于一个百人团队下达的命令，半天就需要落实；对于一个人下达的命令，需要立刻执行。"凡大善用本，其次用末。执略守微，本末惟权。战也。"战争最好的方法就是用谋略取得胜利，其次才是用武力取胜。必须抓住全局的形势，抓住具体问题的每一个环节，来决定是选择用谋略取胜还是用战斗取胜，这就是在作战时，应该权衡的问题。"凡战，既固勿重。重进勿尽，凡尽危。"凡是作战，如果战斗力强大，就不要持重。兵力强盛时的进攻也不要一次便把力量使尽，如果把力量都使完，那就很危险了。本篇主要论述兴兵作战的目的是"除暴安人"，推行"仁政"。在进行战争中，也要以仁为本，采取合宜的手段的思想。司马穰苴第一次在军事战斗中提出了"仁政"的兵家思想，推行"仁政"的最终目的是赢得战争、赢得民心、赢得主导权，这一点将军事首长的视野和格局进行了无穷的扩延。

岳飞之所以能从一个普通士兵成长为支撑南宋半壁河山的著名将帅，不是偶然的，首先是因为他作战勇敢。岳飞有一句名言："文官不爱钱，武官不惜死，则天下太平。"每次作战时，他总是以身作则，冲锋陷阵。"每战尝自为旗头，身先士卒。"但岳飞并不是逞匹夫之勇，而是勇而有谋。他曾说："勇不足恃也，用兵在先定谋。谋者，胜负之机也。故为将之道，不患其无勇，而患其无谋。"正因为勇而有谋，他才能屡创金军，建立奇勋。

围棋也充满了智慧，这种智慧有着无限的光芒，也必将更多绽放。可以说，围棋中注入了中国人的人生智慧，棋盘就是世界，棋子就是一个个流动的活的生命。人们用棋子来说人生。一盘棋局，就是一个激昂飞动而妙趣横生的天地。

"松下围棋，松子每随棋子落；柳边垂钓，柳丝常伴钓丝悬。"世事纷扰，人心难以安宁，围棋将人们引入一个新世界。在这里，一切人世的纷争，种种的烦恼，都忘得干干净净，只有两个对弈的人和眼前一盘棋。就像那位王质，时间对于他来说完全凝固了，他是一个忘忧人。北宋黄庭坚有诗说："世上滔滔声利间，独凭棋局老青山。心游万里不知远，身与一山相对闲。"这是衢州烂柯山的故事，世界围棋圣地的智慧。

"摊书昼卧黄梅雨，围棋坐隐落花风。"围棋可以抚慰人的心灵。或者在白天，气清天朗，万籁俱寂，客人来了，陈上围棋，遣万年之孤兴，畅超然之高情；或者在夜晚，月明星稀，曲径幽深处，茶香淡淡起，围棋摊于灯下，酣斗至于淋漓，夜月窥窗，朱栏鸟下，此时宠辱皆忘，天地自宽，日月自长。静谧的棋局中，只有落子的声音。

围棋不是世事，但世事尽在棋中，下棋人和观棋人就在棋局中体味世界的奇妙。围棋是"方圆黑白世界"——棋盘是方的，棋子是圆的，棋子中黑子有一百八十一枚，白子有一百八十枚。这黑白方圆，就是一个自足的世界。天圆地方，围棋犹如广阔的天地，地是有形的，天是无形的，以无形之象落有形之身。世事有黑有白，有显有露，就在这天地中尽显出来。围棋中隐藏着深邃的人生哲理：优势占尽而举棋不定会满盘皆输，四面楚歌还要逞匹夫之勇必然大败，大功将成时得意忘形会招致祸害，患得患失最终必有所失，步步进逼不知适时进退最终会溃败，处处不给对手生路最终自己也无生路。围棋的高手下棋时常有一种人生感慨：有时如纵马远行，有时又如勒缰收缩；有时侧翼回旋，有时又正面相迎……手拈一颗小小棋子，回答的是人生难题。这是围棋落子的智慧。

围棋对中国人的竞争哲学有出神入化的体现，在一定程度上可以说它是对中国竞争胜败思想的概括：第一，围棋中的胜利者，不是消灭对方，不是剥夺对方的生存权，而是平等竞赛，多得为胜；第二，围棋的胜利不是零和游戏，而是在竞争中，营造共同生存的格局。实际上，一盘围棋结束，双方还是共存于棋盘之上，双方都有大片的活棋（不能被提取的棋，都是活棋，活棋有两只或两只以上的"眼"），只是双方所占的地盘有差异罢了，有时输赢只有极微小的差距，这差距可以精确到四分之一子，即半目。赢了半目，也是赢。但这与其他争斗中剿灭对手的赢，却是完全不同的。这是围棋棋局的智慧。

　　下围棋，不仅是为了取胜，还是为了从中汲取智慧。中国哲学本来就对胜败有独特的理解，如老子说："大成若缺。"胜利和失败仅一点之差，而且互相包含。不能以胜败看世界，不能以胜败论英雄，中国哲学强调，胜败无定，亏成相转。"莫将世事扰真情，且可随缘道我赢。战罢两奁分黑白，一枰何处有亏成。"围棋的胜败是短暂的，没有永远的胜利。这是围棋"合弈"的智慧。

　　围棋"合弈"文化之"为学日益，智慧达道"。学习智慧，日渐增长，这是获取智慧的必经过程，从来没有所谓的天赋异禀，每个人获取智慧的环境、条件不同，到达智慧的境界的时间和程度自然就不同。

第四十九章　圣人常无心，以百姓之心为心

> 圣人无常心，以百姓之心为心。善者，吾善之；不善者，吾亦善之，德善。信者，吾信之；不信者，吾亦信之，德信。圣人在天下，歙歙焉为天下浑其心，百姓皆注其耳目，圣人皆孩之。

　　这一章讲了圣人"德善""德信"的境界，老子在这章告诉了我们，圣人应该如何让百姓向"道"：一个是善，一个是信。一个前提是圣人自己要做到，一个目标是天下人都做到。

　　"善者，吾善之；不善者，吾亦善之，德善。"对于善良的人，我们要善待他；对于不善良的人，我们也要善待他、团结他、爱护他，使他也变得善良起来。"信者，吾信之；不信者，吾亦信之，德信。"对于讲信用的人，我们信任他；对于不讲信用的人，我们也可以信任他，久而久之，他就会信任我们。

　　圣人以大道为根本，不因为环境和人情的改变而改变，所以对善和不善、信与不信的人都一样地以善良之心和诚信之心相待，达到"为天下浑其心"的善良境界。

　　如此，"圣人在天下，歙歙焉为天下浑其心，百姓皆注其耳目，圣人皆孩之"。"圣人在天下"，讲道在天下，就是入世行道之法，圣人和百姓之间，形成一个一对多的局面。从心念上讲，"百姓之心"，这是一个多元的东西，圣人要做的，是"浑其心"，浑然如一，以为常心。而"百

姓皆注其耳目"，百姓所闻便是圣人所闻，百姓所见便是圣人所见，圣人把百姓当作孩子看。

孙叔敖，春秋时期楚国令尹，历史治水名人。其辅佐楚庄王施教导民，宽刑缓政，发展经济，政绩赫然，主张以民为本，止戈休武，休养生息，使农商并举，文化繁荣，翘楚中华。《孟子·告子·下》记载："舜发于畎亩之中，傅说举于版筑之间，胶鬲举于鱼盐之中，管夷吾举于士，孙叔敖举于海……然后知生于忧患而死于安乐也。"司马迁《史记·循吏列传》列其为第一人。

据西汉刘向《新序》记载："孙叔敖为婴儿时，出游，见两头蛇，杀而埋之。归而泣。其母问其故，叔敖对曰：'闻见两头之蛇者死，向者吾见之，恐去母而死也。'其母曰：'蛇今安在？'曰：'恐他人又见，杀而埋之矣。'其母曰：'吾闻有阴德者天报以福，汝不死也。'及长，为楚令尹，未治而国人信其仁也。"孙叔敖小的时候，到外面游玩，看见一条长有两个头的蛇，就杀了蛇并把它埋了。他哭着回家。他的母亲问他哭的原因。叔敖回答说："我听说见了两头蛇的人一定会死，刚才我见到了它，我害怕离开母亲而死去。"母亲说："蛇现在在哪里？"回答说："我害怕别人又见到这条蛇，已经把它杀了并埋了。"他的母亲说："我听说暗中做好事的人，上天会给他福气的，你不会死的。"等到孙叔敖大了以后，做到了楚国的国相，他还没开始治国，但是国人就已经相信他是一个仁义的人了。

从孙叔敖的故事中我们明白一个道理，善良绝不是一味退让，而是有原则地选择最大利好的一面。孙叔敖为了大家的利益，而杀死了两头蛇，这是一种大的善良、大的仁义，称之为"大道"。

黄石公《三略》讲道："夫为国之道，恃贤与民。信贤如腹心，使民如四肢，则策无遗。所适如支体相随，骨节相救；天道自然，其巧无间。"治理国家的原则，在于依赖贤士与民众。信任贤者如同自己的心腹，使用人民如用自己的手足，政令便不会有什么纰漏了。这样，行动起来便会像四肢与躯干一样协调，像各个关节一样互相照应，像天道运行一样顺乎自然，灵巧得没有一点造作痕迹，这就是大的善良，符合老子"天地不仁"

的思想理念。《道德经论兵要义述》讲道："德信又在犹察也。圣人察天下常惵惵然，不停不息，而为浑同其心，皆使去恶从善，是以，百姓悉倾注其耳目，而视听圣人之思意，而圣人咸子爱之。"

元朝统治后期，政治黑暗，统治阶级内部政局动荡，数十年间连续换了十个皇帝。皇帝大多不问朝政，只图享受；大臣争权夺利，钩心斗角。元王朝实行民族歧视和阶级压迫政策，横征暴敛，土地高度集中，"贫者愈贫，富者愈富"，阶级矛盾愈来愈激化。于是，起源于宋代的白莲教，到元代逐渐流行，成为各族人民进行宣传和组织起义的秘密教会组织。元朝末年，黄河泛滥成灾，殃及冀、鲁、豫广大地区，造成"里人乏食，草木为粮"，人民流离失所，饿殍遍野，广大民众饥寒交迫，忍无可忍，一次全国规模的农民起义正在酝酿之中。

至正十一年，元朝征发十五万民众修治黄河。这些劳工被征发到工地后，既要承担繁重的劳动，还要受官吏的凌辱鞭打，怨恨满腹。早已利用白莲教秘密进行起义准备的白莲教领袖韩山童、刘福通等人，认为这是发动起义的绝好机会，便在劳工中积极鼓动，宣传天下就要大乱，号召起义。他们暗地里做了一个独眼石人，埋在即将开凿的河道上，同时派人到处散布歌谣："石人一只眼，挑动黄河天下反！"劳工们掘出石人，认为歌谣灵验，群情震动。他们辗转传告，很快遍及附近乡村，韩山童、刘福通觉得发动起义的时机已经成熟，便在河北永年杀黑牛白马，聚众宣誓，准备举起反元大旗，各地同时起义。但由于秘密泄露，韩山童被捕遇害，刘福通逃回颍州率众起义。他们头裹红巾，被称为红巾军。由于红巾军所到之处，尽杀元朝官吏，"开仓济贫"，对人民"不杀不淫"，得到民众的热烈拥护，因此各地纷纷响应，起义迅速发展。元王朝的统治在农民起义的冲击下土崩瓦解。至正二十八年，朱元璋率领的一支起义军攻占元朝都城大都，元朝的统治宣告结束。

在中国的围棋发展史上，曾有一段"商山四皓"棋手保刘盈太子的故事。中华自古不乏一些奇人异士，他们隐居山野，淡泊名利，不过问世间的俗事，只顾自己的一亩三分地，享受自我修行的乐趣，或居住山间，或寄情竹林，粗茶淡饭，在世人看来，他们无欲无求，是标准的隐士高人，而历朝历代，对于此类人物，又无比非常地尊崇，但凡获知有此隐士，必定会发出出山帖，想请入朝堂，为国效力。汉朝年间，刘邦宠幸戚夫人，因此爱屋及乌，对戚夫人所生的儿子刘如意更是越看越喜欢，便想着废掉太子刘盈，立刘如意为太子。获悉刘邦有此心思的吕雉顿时慌了神，连忙请教张良怎么办？为了汉朝的长治久安，张良出了一个计策，那就是让太子刘盈去请大名鼎鼎的"商山四皓"出山，吕雉听后，半信半疑，毕竟这"商山四皓"非一般人。要知道，刘邦曾多次请他们出山为官，屡屡被婉拒，更别说刘盈能请得动了。但令人没想到的是，在刘盈动之以情、晓之以理的劝说下，那"商山四皓"竟然同意下山辅佐他了，而当病重的刘邦看到了刘盈身后站着"商山四皓"时，顿时蒙了，自言道："太子羽翼丰满，难动他了。"遂放弃了废太子的想法。那么，这"商山四皓"到底是何人，有何本事，能让刘邦打消念头呢？据记载，这"商山四皓"是秦末汉初的四位信奉黄老之学的博士：东园公唐秉、夏黄公崔广、绮里季吴实、甪里先生周术。他们都有一个共同点，那就是学识渊博，通古晓今，是朝廷梦寐以求的辅佐良臣，他们隐居在商山，均是德高望重之人，不管是秦始皇，还是刘邦，均多次请他们出山为官，可是都被婉拒。四人结庐于山间，或著书立说，或行医下棋，或修身养性。不得不说的是，刘盈最后能请得动"商山四皓"的原因，是他们看中了刘盈的仁厚孝顺，恭敬爱士。而刘邦看到了他们四人出山，放弃了废立太子的原因，则是有他们四人辅佐太子，大汉无虞，必定稳如泰山。在这个故事中，刘盈之所以能保住自己太子的位置，就在于能屈身去求"商山四皓"，让"商山四皓"看到了刘盈身上的闪光点，这些闪光点恰恰是道家思想的体现。

围棋"合弈"文化之"善棋善者，为善之道"。善良是一种天性，善意是一种选择。善意能消戾，善意能得缘，善意能带业往生，善意能回头是岸，善意能够帮人捕捉并建立起独特的幸福感。弈棋者应当保持一颗善心，做一个善良的人，并且一直善良无悔，如此爱出者爱返，福往者福来。

第五十章　夫何故？以其生生之厚

> 出生入死，生之徒，十有三；死之徒，十有三；人之生，动之于死地，亦十有三。夫何故？以其生生之厚。盖闻善摄生者，陆行不遇兕虎，入军不被甲兵。兕无所投其角，虎无所措其爪，兵无所容其刃。夫何故？以其无死地。

人的寿命，长寿的有十分之三，短命的有十分之三，还有本来长寿，却自我走向死亡的十分之三。老子认为出生入死是天地之间的规律，是道法自然的东西，如果我们明白"生生之厚"的道理就会长寿。

在看待生死问题上，老子道家学说后继之人庄子和列子则给出不同的看法，庄子是混同生死，认为："生也死之徒，死也生之始，孰知其纪。人之生，气之聚也，聚则为生，散则为死。若死生为徒，吾又何患！"人生就是一步一步走向死亡的过程；死是生的始，死后会回到没出生前的世界。出生前你在哪里，死后还会回到哪里。但是列子不同，其认为万物出于机，入于机，生则顺之，死则捐之，落实在人间，不求任何虚幻。生前则顺心从欲，不留任何遗憾。死后也不求珠玉陪葬，一抔黄土掩风流。正所谓"生年不满百，常怀千岁忧"。

"盖闻善摄生者，陆行不遇兕虎，入军不被甲兵。兕无所投其角，虎无所措其爪，兵无所容其刃。夫何故？以其无死地。"善于保护生命的人，无论是碰到犀牛、老虎等猛兽，还是在战场上短兵相接，都是安全的。

　　老子在这章中提倡我们要遵循"道"的原理保护生命，无论是自然灾害还是人为的战争，当这些都无法避免的时候，要学会保护自己的办法。

　　庄子《人间世》讲了颜回和孔子的一段对话，颜回想去帮助横行霸道的卫国国君治理国家，孔子便劝说道："若殆往而刑耳！夫道不欲杂，杂则多，多则扰，扰则忧，忧而不救。古之至人，先存诸己而后存诸人。所存于己者未定，何暇至于暴人之所行！"恐怕你去了之后会遭受杀戮。推行道是不能过于庞杂的，一旦庞杂，就会产生许多纷扰，纷扰多了就会产生忧患，忧患多了就会难以救治。古时的智者，首先保全自己，如此才能去保全别人，连自己都保全不了，还怎么去制止暴君的恶行！

　　善终最典型的人物就是越国的范蠡。勾践卧薪尝胆，三千越甲吞吴之后，便开始横征暴敛，残害忠良，先是灭掉了帮助其灭吴的姑蔑国，然后又开始猜忌曾经帮助他复国的忠臣范蠡。范蠡是春秋时越王勾践的主要谋臣。他为勾践策划一切，并指挥军队，灭了吴国，称霸中原。他深知"勾践为人，可与共患，难与处安"，为了避免"鸟尽弓藏，兔死狗烹"的命运，他功成身退，弃官经商，到了陶地改名换姓，叫作"陶朱公"，得以善终。《史记·越王勾践世家》对这段历史进行了生动描述以此告诫后人。

　　《道德经论兵要义述》讲道："夫圣人之道，利而不害，物岂能伤，故虽之原陆，亦不畋猎而求遇虎兕以杀之；虽入军中，亦不被带甲兵而求杀其敌。是以终无角爪锋刃之患者，以其能和光同尘，调养元气，存绵绵之道，得生生之理。"

　　人们对死亡是充满恐惧的。因为一个人的生命来之不易，具有很大的偶然性，所以应该好好珍惜生命。但是必须清醒地认识到，珍惜生命并不是用单纯的害怕死亡来表现的。古语有言："人固有一死，或重于泰山，或轻于鸿毛，用之所趋异也。"应该让生命释放能量，实现价值，以此来表达对生命的尊重。

　　《六韬·武韬·文启》讲述了周文王向姜尚询问"圣人何守"的故事。姜尚说："何忧何啬，万物皆得。政之所施，莫知其化；时之所在，莫知其移。圣人守此而万物化，何穷之有，终而复始。优而游之，展转求之；求而得之，不可不藏；既以藏之，不可不行；既以行之，勿复明之。夫天地不自明，故能长生；圣人不自明，故能明彰。"无须忧虑什么，也无须制止什么，天下万物就能各得其所；不去制止什么，也不去忧虑什么，天下万物就会繁荣滋长。政令的推行，要使民众在不知不觉中受到感化，就像时间在不知不觉中自然推移那样。圣人遵循这一原则，则天下万物就会被潜移默化，周而复始，永无穷尽。这种从容悠闲无为而治的政治，君主必须反复探求。既已探求到了，就不可不藏于心中；既已藏于心中，就不可不贯彻执行；既已贯彻执行，就不必将其中的奥秘明告世人。天地不宣告自己的规律，而万物自会按其规律生长；圣人不炫耀自己的英明，而自能成就辉煌的功业。

谈到生死长寿之理，受儒家思想的影响，古往今来多少爱国志士、文人先哲对生死有着独到的见解。文天祥就是其中一个。提起文天祥，我们首先想到的是他"人生自古谁无死，留取丹心照汗青"的千古绝唱，这铿锵有力的诗句出自《过零丁洋》。写作此诗的当时，文天祥因不愿归顺元朝而被元军抓捕，张弘范劝说其投降，文天祥坚辞不允，奋笔写下这首流传千古的佳作，表明自己舍生取义的心迹。

就是这样一位民族英雄，其一生酷爱围棋，据《宋史·忠义传》记载："天祥好弈，……穷思忘日夜以为常。"而且文天祥喜欢在水中下盲棋，据《文山集·纪年录》记载："暑月喜溪浴，与弈者周子善于水面以意为枰，行弈决胜负，愈久愈乐，忘日早暮。"文天祥围棋诗《又送前人琴棋书画四首》中写道："不知甲子定何年，题满柴桑日醉眠。意不在言君解否，壁间琴本是无弦。我爱商山茹紫芝，逍遥胜似橘中时。纷纷玄白方龙战，世事从他一局棋。蔡邕去后右军死，谁是风流入品题。只少蛟龙大师字，至今风骨在浯溪。欲觅龙眠旧时事，相传此本世间无。"

作为状元宰相，文天祥的才华和为人被元世祖忽必烈赏识。抗元失败被捕后，忽必烈降劝降谕旨，文天祥的回答是："国亡，吾分一死矣。傥缘宽假，得以黄冠归故乡，他日以方外备顾问，可也。若遽官之，非直亡国之大夫不可与图存，举其平生而尽弃之，将焉用我？"决心以身殉国。忽必烈最后没有办法，只好下诏赐死，文天祥向南方拜别，从容赴死，写下了著名的《衣带赞》："孔曰成仁，孟曰取义，惟其义尽，所以仁至。

读圣贤书，所学何事？而今而后，庶几无愧！宋丞相文天祥绝笔。"文天祥以他的生命践行了他的信念——为国尽忠。他的民族气节正如他的不朽名篇《正气歌》所言："天地有正气，杂然赋流形。下则为河岳，上则为日星。于人曰浩然，沛乎塞苍冥。皇路当清夷，含和吐明庭。时穷节乃见，一一垂丹青。"

　　围棋"合弈"文化之"生之有道，死得其所"。哲学的目的就在于明白生存的价值和意义。人活着就应该秉持道义，坚持公理，珍惜生命，追求幸福。但不要惧怕死亡，更不要逃避死亡。死并不可怕，但要死得其所，这样才是围棋所讲的"合"之道，老子道家所讲的"厚"之道。

第五十一章　是以万物莫不尊道而贵德

道生之，德畜之，物形之，势成之。是以万物莫不尊道而贵德。道之尊，德之贵，夫莫之命而常自然。故道生之，德畜之，长之育之，亭之毒之，养之覆之。生而不有，为而不恃，长而不宰，是谓玄德。

在这一章中老子讲明白了"道"和"德"对于万事万物的作用。"道生之，德畜之，物形之，势成之。""道"生成万事万物，"德"养育万事万物，万事万物千姿百态是因为在"道"和"德"作用下形成的环境使然。

"道之尊，德之贵，夫莫之命而常自然。"在"道"生万事万物、"德"养育万事万物的过程中，"道"和"德"既不横加干涉，更不主宰，而是让万事万物顺应自然规律的成长。例如，作为父母，生养自己的孩子，也不要横加干涉和主宰他的命运，只要孩子是发展的、进步的、按照规律办事的，就可以了。这样才会受到孩子的尊重和孝顺，这是玄之又玄的奥妙啊。

作为道家学派主要代表人物之一的庄子，在其妻子死了之后，不但没有悲伤，反而是"方箕踞鼓盆而歌"。前来吊唁的惠子很是不解，说："与人居，长子老身，死不哭亦足矣，又鼓盆而歌，不亦甚乎！"死了妻子不悲伤也就罢了，还敲着瓦盆歌唱，太过分了。庄子则说："察其始而本无生，非徒无生也而本无形，非徒无形也而本无气。杂乎芒芴之间，变而有气，气变而有形，形变而有生，今又变而之死，是相与为春秋冬夏四时行也。"指出"死生如昼夜"，这是顺应自然规律啊！

　　总结起来，大道的深厚无私是值得人学习的，是人行事的楷模。大道遵循自然，无欲无求，即便在付出的时候也从来没有要求过得到回报。大道没有分别之心，所以也就没有付出和回报的分别了。当大道付出了很多却得不到回报的时候，它也不会感到烦恼和怨恨。

　　可是我们人类却不同，现今的社会，我们很多人就看不明白这一点，追求"礼尚往来"，爱恨分明，甚至恩将仇报。一旦付出多于回报，或者欲望得不到满足的时候，就会感到烦恼和怨恨，甚至做出极端的事情来，这样不但伤害别人，也会伤害了自己。如果我们因为怨恨曾伤害过我们的一个人而憎恨起整个社会来，就会变得愤世嫉俗、心胸狭窄起来。而以充满仇恨的眼睛看社会，势必会影响我们的判断力。试想，任何人都不是完美的，谁能保证从未伤害过别人呢？既然我们也曾伤害过别人，又怎么能奢望不被别人有意或无意地伤害呢？所以要冷静地看待一切得失，学会付出不求回报这一处世哲学！正如韩愈《左迁至蓝关示侄孙湘》讲的："欲为圣明除弊事，肯将衰朽惜残年。"著名教育家陶行知说的："捧着一颗心来，不带半棵草去。"说的就是这个道理。

　　淮阴孤儿韩信靠在淮河边钓鱼为生，经常因为钓不到鱼而要饿肚子，一个漂洗丝絮的老大娘见他可怜，经常把自己的饭分一半给他吃。韩信说以后有发达之日必定感谢她，可是她生气地说："大丈夫不能自己维持生活，我是可怜你才给你饭吃的，哪里指望回报？"韩信后来成为楚王，特地找到当年的漂絮大娘，送给她一千金酬谢。这就是"漂母饭信"典故的由来。

　　但是有一点要注意的是，道家强调的自我修炼，不是说人家不要求回报，我们就不需要感恩。

　　在军事上，我们强调慎战的原则就是一种对大自然敬畏和谦让精神的体现。《道德经论兵要义述》讲道："夫乾道无情而生，坤德无情而畜，是以物得流形，势得化成。故万物莫不尊道而贵德，道尊德贵皆自然受天之爵禄也。其孰能有封建者乎，于是王侯则而象之！言王者，当宜生畜长育成熟养覆万物而不失，其时仍不有其功、不恃其力，绝其宰割、息其斗争。"

　　但是，军事斗争中却不能犹豫不决，不能一味地妥协或者放弃。典型的形式就是为利用时间因素的围城之战。中国军事历史上有很多成功的围城之战，例如睢阳保卫战、襄樊保卫战、钓鱼城之战。

张巡守睢阳堪称历史上最出色、最惨烈的一次守城战役。守军只有几千人，而叛军最多时达二十余万，其中包括安禄山最精锐的归、檀及同罗、奚等塞外胡兵十三万人。睢阳军民在外无援军、内无粮草的情况下空守孤城十个月之久。在长达十个月的保卫战中，睢阳军民经历大小血战四百余次，共杀敌士兵十二万人，杀敌将领三百人，擒叛将领六十余人。最后因粮尽援绝，被迫宰食马匹，掘鼠捕雀充饥。但这些还远远不够，在大批士卒将要饥饿而死的危急关头，万般无奈中，许远杀了家奴，张巡杀了爱妾给士卒充饥，以誓死抵抗到底。战斗到最后，全城出现了人相食的惨景，共有三万多百姓被吃掉，睢阳守军也仅剩四百来个饿得已经爬不动的士兵，城池最终陷落。张巡阻挡了安史叛军的南下，使得富庶的江淮地区得以保全，保住唐朝的税赋重镇；此外牵制了大量叛军，又为唐军组织战略反攻赢得了宝贵时间。

刘璟，刘伯温之子。自小好学，通诸经，喜谈兵，究韬略，论说英侃。刘璟不但继承了父亲的谋略，帮助延安侯唐胜宗平定温州叶丁香之乱，还同时继承了父亲"性刚嫉恶"的性格，凡事讲求礼法规矩。据《明史·卷一百二十八·列传第十六》记载："尝与成祖弈，成祖曰：'卿不少让耶？'璟正色曰：'可让处则让，不可让者不敢让也。'成祖默然。"刘伯温经常与朱元璋下围棋，而刘璟也经常与朱元璋的四子，当时为燕王、后为明成祖的朱棣对弈。朱棣棋力稍逊，输得较多，时间长了就不高兴了，问刘璟："你就不能稍微让着我点儿？"刘璟则正色回答："殿下，可让处则让，不可让处不敢让。"这正是刘璟守礼信念的体现，这样的对答，一方面表明刘璟棋艺高超，另一方面也说明刘璟不像其他人一样诚惶诚恐，对燕王卑躬屈膝，以讨其开心。他不会因权贵而屈服，失去自己的做人原则。而燕王沉默不语，或许因刘璟隐约点破了他的图王之心而震惊所致。

几年后燕王朱棣起兵造反，打败建文帝而自己称帝，便是著名的明成祖、永乐大帝。传说朱棣称帝后第一件事竟然是召刘璟下棋，看他这次还让不让棋。据《明史·刘基传》记载："成祖即位，召璟，称疾不至，逮入京，犹称殿下。且云：'殿下百世后，逃不得一篡字。'下狱，自经死。"

朱棣登上帝位,征召刘璟,既是觉得人才难得,又是考验时代背景变了,刘璟是"可让"还是"不可让"。他没想到,刘璟不但称病不应征召,即使被逮捕,依然称呼他为燕王殿下,否认朱棣皇位取得的合法性,而且预言:朱棣叔篡侄位的行为将牢牢留在史书的耻辱柱上,让后人鄙视。

刘璟对礼法规矩坚持的代价,是牺牲自己的性命。但后来嘉靖年间朝廷旌表刘璟为"靖难死节忠臣",敕建长史公祠,并配享钦建诚意伯庙;崇祯年间赐谥"刚节";乾隆年间晋谥"忠节"。不同朝代对刘璟一致的表彰,都证明他的气节让人敬仰。刘璟"不可让处不敢让"不仅是对围棋的尊重,更是对自己人生信念的尊重。

围棋"合弈"文化之"让而不让,贞下起元"。不让是争之理,让是不争之道。古人言"路要让三分,味须减三分",即遇狭桥,留人先行,争逐必伤;甘味好吃,不可私自全部吃光,得留三分给别人享受。但"让"绝不是一种无休止的妥协,是有原则的,是有更大格局的包容和进取。

第五十二章　见小曰明，守柔曰强

天下有始，以为天下母。既得其母，以知其子；既知其子，复守其母，没身不殆。塞其兑，闭其门，终身不勤。开其兑，济其事，终身不救。见小曰明，守柔曰强。用其光，复归其明，无遗身殃；是为袭常。

始是"道"的意思。"道"是世界的本原，是万物之母。老子认为，天下万物都有一个开始，而这个开始就是所谓的"道"。"既得其母，以知其子；既知其子，复守其母，没身不殆。"如果知道根源，就能认识万物。认识万物了，就能把握万事万物的规律，那么就不会有危险了。

本章是老子的微观认识论。老子的认识规律和我们现在所遵循的认识规律不一样。老子所遵循的规律是"一般—个别"，强调透过微观直接掌握世界的本质和规律。知子守母，强调了本质对现象的认识指导作用。

有一天，孔子的一个学生在门外扫地，来了一个客人问他："你是谁呀？"他很自豪地说："我是孔老先生的弟子！"客人说："那太好了，我能不能请教你一个问题？"学生很高兴地说："可以呀！"他心想："你大概要提什么奇怪的问题吧？"客人问："一年到底有几季？"学生心想："这种问题还用问吗？"于是便回答说："春夏秋冬，四季。"客人摇摇头说："不对，一年只有三季。""哎，你搞错了，四季！""三季！"两个人争执不下，最后就决定打赌：如果是四季，客人向学生磕三个头；如果是三季，学生向客人磕三个头。孔子的弟子心想："我赢定了。"他正准备带客人去见孔子，恰好孔子从屋子里走了出来，学生向前问道："老师，一年有几季？"孔子看了客人一眼，说："一年有三季。"这个学生惊呆了。客人马上说："磕头，磕头！"学生没法，只好乖乖地磕了三个头。客人走后，学生迫不及待地问："老师，一年明明有四季，你怎么说是三季呢？"孔子说："你没看到刚才那个人全身都是绿的吗？他是蚂蚱，蚂蚱是春天生，秋天就死了，他从来就没有见过冬天，你讲三季他会满意，你讲四季就算和他吵到晚上也讲不通。你吃点亏，磕三个头，无所谓。"正是因为孔子的入微观察，才知道对方说一年三季的原因。

因此，"见小曰明，守柔曰强。用其光，复归其明，无遗身殃；是为袭常"。能够观察到细微的，才能算是明；能坚持柔弱的，才能叫作强。运用大道所开启的智慧之光返照内在的明，不会给自己带来灾难；相反，正如孔子所说的，凡外重者，内拙。这就是老子所说的"道"。汉朝张上《西京赋》："街谈巷议，弹射臧否，剖析毫厘，擘肌分理。"及宋朝欧阳修在《伶官传序》中说的"夫祸患常积于忽微，而智勇多困于所溺"，说的就是这个道理。

如何在军事上做到老子所说的"见小曰明，守柔曰强"，最重要的在于掌握军事作战的规律。《道德经论兵要义述》讲道："治国治军，无害于物，何殃之有！故曰：'袭常！'袭，犹密用也。言王者常当密用斯道也已。"

《六韬·龙韬·军势》记载周武王询问姜尚攻伐之道奈何。姜尚说："圣人征于天地之动，孰知其纪。循阴阳之道而从其候；当天地盈缩因以为常；物有死生，因天地之形。故曰：未见形而战，虽众必败。善战者，居之不挠，见胜则起，不胜则止。故曰：无恐惧，无犹豫。用兵之害，犹豫最大；三军之灾，莫过狐疑。善者见利不失，遇时不疑，失利后时，反受其殃。故智者从之而不释，巧者一决而不犹豫，是以疾雷不及掩耳，迅电不及瞑目，赴之若惊，用之若狂，当之者破，近之者亡，孰能御之？"圣人观察天地的变化，反复探求其运行的规律，根据日月的运行、季节的变化、昼夜的长短，推断出事物变化的普遍规律。万物的生死，取决于天地的变化。所以说，没有弄清战争的形势就贸然作战，虽然军队众多，也必定失败。善于指挥作战的人，按兵待机不被假象所干扰，看到有胜利把握就进攻，没有获胜的可能就停止。所以说，不要恐惧，不要犹豫。用兵的害处，最大的是犹豫；军队的灾难，最大的是狐疑。善于打仗的人，看到有利的情况决不放过，遇到有利的战机决不迟疑；否则，失掉有利条件放过有利战机，自己反而会遭受祸殃。所以，明智的指挥者抓住战机就不放过，机智的指挥者一经决定就绝不迟疑。所以投入战斗就要像迅雷使人不及掩耳，像闪电使人不及闭目，前进有如惊马奔驰，作战有如狂风迅猛。阻挡它的就被击破，靠近它的都被消灭，这样的军队谁还能抵抗呢？

"用兵之害，犹豫最大；三军之灾，莫过狐疑"，这是历代兵家极为重视的至理名言。将领在指挥作战时，能否根据敌我双方的情况，沉着冷静、果断正确地下定决心，对部队的行动和作战的胜负有着重大的关系。

大业十三年二月，刘武周杀马邑太守王仁恭，起兵归降突厥，被突厥封为"定杨可汗"。刘武周自称皇帝，改元天兴。武德二年三月，在突厥的支持下，刘武周南侵并州，四月接受大将宋金刚的建议，"入图晋阳，南向以争天下"。宋金刚率兵两万，"又引突厥之众，兵锋甚盛"。相继攻陷唐并州、介州、浍州、晋州等地，关中大震，"人情崩骇，莫有固志"。在此险恶形势下，李渊打算放弃河东之地，谨守关西。李世民坚决反对，认为"太原工业所基，国之根本，河东殷实，京邑所资"，不能"举而弃之"，并主动请缨，率师三万前往讨伐。

十一月，正值隆冬季节，李世民率军自龙门渡河，在柏壁扎营，与宋金刚对垒相持。针对敌"悬军千里，深入吾地，精兵骁将，皆在于此"的实际情况，李世民采取了坚壁不战以挫其锐的方针，仅令偏师乘间抄掠敌军。经过长达五个月的对垒相持，敌军气势日衰，供应困难，运输线又被唐军切断。武德三年二月，宋金刚被迫后撤，李世民率军尾追，一昼夜行军二百余里，战斗数十回合。进至高壁岭时，由于长途奔袭，连续作战，士卒饥疲交加。总管刘弘基执马而谏说："粮粮已竭，士卒疲顿，愿且停营，待兵粮咸集而后决战。"但是李世民却说："功者，难成易败；机者，难得易失。金刚走到汾州，众心已沮。我反其未定，当定其势逐之，此破竹之义也。如更迟留，贼必生计，此失机之道。"于是李世民"策马而去，诸军乃进"，最后"直驱金刚，贼众大溃"。

　　刘武周得知全军溃败，便带了百余骑亲信，从太原逃走，投奔突厥，唐失地全部收复。此战，李世民坚壁待机，当战机出现时，又能坚决抓住，终于取得了最后胜利。

　　根据《世说新语补》记载："江仆射年少，王丞相呼与共棋。王手尝不如两道许，而欲敌道戏，试以观之。江不即下，王曰：'君何以不行？'江曰：'恐不得尔。'傍有客曰：'此年少戏乃不恶。'王徐举首曰：'此年少非唯围棋见胜。'"左仆射江彪年轻时，丞相王导招呼他来一起下棋。王导的棋艺比起他来有两子左右的差距，想试图拿这事来观察他的为人。江彪并不马上下子，王导问："您为什么不走棋？"江彪说："恐怕不行呢。"旁边有位客人说："这年轻人的技术原来不错。"王导慢慢抬起头来说："这年轻人不只是围棋胜过我。"

　　围棋"合弈"文化之"谦礼有节，为人之道"。谦逊最直接的表现在于有礼，彬彬有礼是个人的修养和作风，是一个人立身处世的前提和基础。谦虚温谨，不以才地矜物。自谦则人愈服，自夸则人必疑。

第五十三章　大道甚夷，而人好径

使我介然有知，行于大道，唯施是畏。大道甚夷，而人好径。朝甚除，田甚芜，仓甚虚，服文采，带利剑，厌饮食，财货有余，是谓盗夸。非道也哉！

"道"是宇宙万物、一切一切的总根源，是所有现象背后的唯一主体，天地万物的共同基因，正如《观尹子》讲："宇者，道也。"所以万物同源，能够融洽共存。"使我介然有知，行于大道，唯施是畏。"让真我介入自我和大道之间，使自我获得真知，遵循大道行事。

唯一要担心的就是在大道上走偏了。

从古至今，对于统治者而言，得道的圣人和无道的强盗的区别在于是否在"道"上走偏。"大道甚夷，而人好径。朝甚除，田甚芜，仓甚虚，服文采，带利剑，厌饮食，财货有余，是谓盗夸。非道也哉！"老子将"道"比作道路，是平坦的，但是很多统治者却偏爱走偏，不是因为他们不知道"道"，而是因为私欲的存在。朝政腐败，民不聊生，统治者却贪慕虚荣，耗尽天下物力，搜刮百姓财货，这和强盗有什么区别，简直就是无道。因此老子强调统治者要严于律己、宽以待人，爱戴百姓、苛刻自己，这样就像水是凉的、火是热的，并未自己标明却能被人记住。

具体来说，统治者要遵循国家法令和世俗道德，不过奢侈的生活，诚实守信，孝亲仁爱，等等，如此，就走上了大道。反之，过分贪婪，恃强凌弱，使用伎俩追逐名利，违背道德，违法犯罪，舍本逐末，等等，如此，就等于走上了邪径。

南北朝时期是中国历史上的乱世，也是昏君、暴君层出不穷的时期，后赵太祖石虎就是一个有名的昏暴之君。延熙元年，其自称天王，将后赵明帝石勒的妻妾、子孙屠杀殆尽。统治时期极度荒淫残暴，肆意屠杀大臣、百姓，致使民不聊生，社会生产遭到严重破坏，人民起义不断。不久后因子孙自相残杀导致后赵灭亡。

中国有个古典成语叫完璧归赵。据《史记·廉颇蔺相如列传》记载：蔺相如带宝玉去秦国换取城池，见秦王有诈，便凭着大智大勇，终于使宝玉完好回归赵国。秦王本应该信守承诺，用城池换和氏璧，结果不走正道，最终被蔺相如识破，最后得不偿失，在天下人面前丢尽了脸面。

《道德经论兵要义述》讲道："言其大道坦然、甚平易而人不行，但好趋其斜径以求捷速之幸。盖欲速必不达，故深戒之！又言朝廷公署，虽甚扫除洁然，而田野亦甚荒芜，仓廪亦甚空虚，而戎臣武将不限有功、无功，皆被服罗纨、横带刀剑，属厌饮食、多藏货贿，专取不足之人。奉有余之室，此诚所谓盗贼之矜夸，岂可谓大道也哉。"

在军事斗争中，双方是否坚持道义，是否秉持以人民为中心，直接决定战争是否取得胜利。新朝王莽的昆阳之战便是一个典型的案例。

昆阳之战是新朝末年，新汉两军在中原地区进行的一场战略决战。这是中国历史上著名的以少胜多的战例之一，它决定了未来中原王朝的国运与兴衰，是中国历史上一次有深远影响的战略决战。明代大思想家顾炎武赞扬昆阳之战中的刘秀："一战摧大敌，顿使何宇平。"

王莽面临北方赤眉、南方绿林两大起义集团的进攻，认为赤眉军声势更大，于是新莽王朝便把进攻的重点放在围剿北方的赤眉军上，而以纳言将军严尤、秩宗将军陈茂拼凑的郡县军和临时招募的部队对付南方的绿林起义军。新莽大军进到昆阳，开始围攻昆阳城。六月初一，李轶、刘秀所率领的定陵、郾城等地的汉军到达昆阳地区。刘秀为鼓舞大家的斗志，自率步骑兵一千多人为前锋，李轶率主力跟进。刘秀等在昆阳外围与新军作战，取得节节胜利的情况下，再进一步瓦解新军的战斗士气，鼓舞昆阳城内汉军军民的斗志，故意渲染宛城汉军的胜利。他把写有宛城汉军已获胜"宛下兵到"的密信射进昆阳城内，同时也转送到新军手中，引起新军统帅王邑、王寻的恐慌。新军将士看到，一个小小昆阳，大兵压境，苦战一个多月，都没能攻破，如若再加上宛城的十万汉军，则更无法对付。刘秀率领汉军，奋勇冲击，并一鼓作气打垮了王邑、王寻的部队，斩杀了王寻。新莽军本是强迫征来的贫苦百姓，早已对王莽政权痛恨至极，经起义军内外夹攻，自然弃阵而逃。溃逃的莽兵相互推挤，"走者相腾践，伏尸百余里"。碰巧又遇上大风和大雷雨，屋瓦被大风刮走，大雨倾盆而下，河水暴涨，王邑军随队的虎豹都吓得发抖，新军士卒掉入水中淹死的有万余人，滍川被尸体堵塞得几乎断流。王邑、严尤、陈茂等人仅带少数长安精骑，踏着死尸渡河才得以逃脱。昆阳大捷后，更始帝遣王匡攻洛阳，申屠建、李松急攻武关，三辅震动，各地豪强纷纷诛杀新朝牧守，用汉年号，服从更始政令。不久绿林军攻入长安，王莽被杀，新朝灭亡。

　　在昆阳之战中，王莽军的兵力号称百万，而更始起义军守城和外援的总兵力加在一起也不过两万人。然而在兵力对比如此悬殊的情况下，起义军竟能取得全歼敌人的辉煌胜利，这绝不是偶然的，最重要的在于王莽及其新政不得人心。王莽暴政统治使得人民生活水深火热，生灵涂炭，反抗暴政符合广大民众的愿望和要求，因而起义军得到民众的拥护和支持。在一场持久的军事斗争中，道义对于胜利的作用不言而喻。

　　《棋经十三篇》讲道："或曰：'棋以变诈为务，劫杀为名，岂非诡道耶？'予曰：'不然。'《易》云：'师出以律，否臧凶。'兵本不尚诈，谋言诡行者，乃战国纵横之说。棋虽小道，实与兵合。故棋之品甚繁，而弈之者不一。得品之下者，举无思虑，动则变诈。或用手以影其势，或发言以泄其机。得品之上者，则异于是。皆沉思而远虑，因形而用权。神游局内，意在子先。图胜于无朕，灭行于未然。岂假言辞喋喋，手势翩翩者哉？《传》曰：'正而不谲。'其是之谓欤？"

　　有人说："围棋致力于权变欺诈，以劫杀命名，这难道不是诡诈之道吗？"我回答道："不是这么回事。"《易》说军队出师，必须遵循一定的法则。不按法则办事，则会暗藏凶险。用兵本来不崇高又阴谋欺诈，倡诡诈之道的，本是战国时代纵横家的论调。围棋尽管属于小道，究其实质，确与兵法相合。所以，围棋的品类很多，而下棋的方式也多种多样。下品的棋手，完全没有周密的考虑，动不动就是权变欺诈，有的用手来比画棋势，有的说话泄露心机。上品的棋手则与此不同，无不经过深思熟虑，根据具体情况而随机应变，其精神活动于棋局之内，在投子之前已拿定主意，所以总是在没有征兆的情况下谋划取胜之道，在未成为现实的时候消除输棋的可能性，哪里用得着喋喋不休地说话、故作洒脱地打手势呢？文字记载："正直而不欺诈。"指的就是这种情况吧！

徐星友，清顺治、康熙间棋手，名远，钱塘人。他的书法绘画都很好，尤其擅长围棋。据说徐星友学棋时间较晚，最初师从黄龙士。星友专心致志，刻苦用功，所以棋艺进步很快。当他达到和黄龙士相差二子的程度时，黄龙士仍以三子相让与徐星友下了十局棋。这十局棋下得异常激烈，当时就被人们称为"血泪篇"。之后徐星友棋艺猛进，终于达到了与先生齐名的水平。

徐星友出名后，和历代名手一样，开始游历京城，一班闲极无聊的达官贵人如获至宝，徐星友取代前人，成了他们的座上客。对徐星友来说，京城只意味着更多的对手和机会，其棋艺则有了更广大的发展天地。进京不久，徐星友就听说一位高丽使者自称棋弈天下第一，徐星友前去会棋，结果一连赢了他好几局，从此声价更高。

徐星友在京城要站稳脚，自然也少不了与前辈棋手的一番恶斗。当时老棋手周东侯尚在，著名戏剧家孔尚任就曾在某显贵家观看过周、徐两人对弈。这盘棋从吃完早饭时下起，每着一子，双方都沉思良久，琢磨再三，直下到中午方下完。计算结果，周东侯输了两子。孔尚任观此局有感，写了一首诗："疏帘清簟坐移时，局罢真教变白髭。老手周郎输二子，长安别是一家棋。"记下这件事。

徐星友在棋坛上大约风云了四十余年，康熙末期，徐星友在京遇到棋坛新星程兰如，这回是徐星友落入周东侯当年的境地，成了程兰如手下败将。徐星友自知大势已去，从此隐归故乡，开始他的著作生涯。

在围棋手中，当然也有贪婪之辈，正所谓林子大了，什么鸟都有。东晋后期，有名的棋手有袁羌、尹仲堪、桓玄等人，而桓玄就是一个贪婪的棋手。桓玄是东晋权臣、大司马桓温之子，桓楚开国皇帝，先后消灭殷仲堪和杨佺期，除掉执政司马道子父子，把持朝政大权。永始元年，遭到北府兵将领刘裕讨伐，兵败逃回江陵，遭西讨义军击败。试图进入益州，被益州督护冯迁杀死，年仅三十六岁。《晋书卷九十九列传第六十九》记载："性贪鄙，好奇异，尤爱宝物，珠玉不离于手。人士有法书好画及佳园宅者，悉欲归己，犹难逼夺之，皆蒱博而取。遣臣佐四出，掘果移竹，不远数千里，百姓佳果美竹无复遗余。信悦谄誉，逆忤谗言，或夺其所憎与其所爱。"《晋中兴书》记载："桓玄强与人博弈，取其田宅。"因为棋艺高超，经常强迫他人下棋，通过输赢占取别人田地房屋，实属巧取豪夺，贪婪成性。终究兵败他手，毁于一旦。

围棋"合弈"文化之"或欺或诈，终不得果"。一时的欺骗或者诈取或许能赢得一时的胜利，但终究不能赢得完全的胜利。尤其欺诈人民，换来的终究是百姓的唾弃。于己更是如此，不能因为欺诈成功而欢喜，因为骗得了别人一时，骗不了别人一世。再者，终究将自己骗进去。

第五十四章　善建者不拔，善抱者不脱

　　善建者不拔，善抱者不脱，子孙以祭祀不辍。修之于身，其德乃真；修之于家，其德乃余；修之于乡，其德乃长；修之于邦，其德乃丰；修之于天下，其德乃普。故以身观身，以家观家，以乡观乡，以邦观邦，以天下观天下。吾何以知天下然哉？以此。

　　"善建者不拔，善抱者不脱，子孙以祭祀不辍。"一个善于建立功业的人必定是从自我修养开始的，他不会好高骛远，像拔苗助长一样地做超出自我能力的事情。一个善于守住朴的人，必须要有正确的社会意识，不能脱离社会、脱离人民，做所谓的自我超脱。这样，我们才能做到与社会同呼吸共命运，以此达到"祭祀不辍"，即子孙不会断绝。

　　老子强调人应该处于社会之中，并且用自身去影响社会。不食人间烟火或者自我超脱而不婚不嫁甚至出家，都是逃避的行为，不合乎道家的阴阳之道。

　　老子的这一思想与佛家超脱思想有着本质的区别，也和现在人所理解的出世哲学有着本质的区别。现在人理解的出世哲学都认为与世无争，恰恰相反，老子强调个人融入社会、影响社会、改变社会，只是这一切都要在"道"的指导下进行而已。

　　老子的社会观和儒家的社会观有着本质的区别，老子强调用德来修身、齐家、睦邻、治国及平天下。以自然无为的理念修身，那么每个人都会变得纯真，这就消除了人心的险诈；以自然无为的理念齐家，那么家庭也会变得富裕起来；以自然无为的理念与乡邻相处，那么乡邻之间也能亲密和睦；以自然无为的理念治理国家，那么国家也能兴旺发达起来；以自然无为的理念治理天下，那么天下百姓都会获得自由。总而言之，读书人当以天下为己任，坚持大道，修身齐家治国平天下。

梁朝全盛时期，士族子弟多数没有学问，以至有俗语说："上车不落就可当著作郎，体中无货也可做秘书官。"没有人不讲究熏衣剃面，涂脂抹粉，驾着长檐车，踏着高齿屐，坐着有棋盘图案的方块褥子，靠着用染色丝织成的软囊，左右摆满了器用玩物，从容地出入，看上去真好似神仙一般，到明经义求取及第时，那就雇人回答考试问题；要出席朝廷显贵的宴会，就请人帮助作文赋诗。在这种盛世时期，也算得上是个"才子佳士"。等到发生战乱流离后，朝廷变迁，执掌选拔人才的职位，不再是从前的亲属；当道执政掌权，不再见当年的私党，他们求之自身一无所得，施之世事一无所用。如同外边披上粗麻短衣，而内里没有真正本领；外边失去虎皮外表，而里边肉里露出羊质；呆然像段枯木，泊然像条干涸的水流；落拓兵马之间，辗转死亡沟壑之际，在这种时候，他们也就真成了驽才。只有有学问才艺的人，才能随处安身。战乱中，即使世代寒士，懂得读《论语》《孝经》的，还能给人家当老师；虽是历代做大官，不懂得书牍的，只能去耕田养马，从这点来看，怎能不自勉呢？如能经常胸中有几百卷的书，过上千年也不会成为小人。

《道德经论兵要义述》讲道："且自古天皇以降，至于五帝子孙，承继其位者，多至数万年，少亦数千岁，暨于三代，虽有辟王伤之，犹得八九百年，然后分崩离析，以丧其国。由是而言，岂有历数时运、干戈强力者耶！必不然矣！又文王之《诗》曰：'刑于寡妻，至于兄弟，以御于家邦。'又曰：'文王孙子，本支百世。'故经曰：'吾何以知天下之然哉！以此。'岂不谓然乎！"

商朝末期，由于奴隶主贵族阶级对奴隶和平民进行残酷的剥削和压迫，阶级矛盾日益尖锐。特别是纣王帝辛，更是暴虐淫侈，他自恃才智，大兴土木，营造离宫别馆。调动了许多奴隶，修建方圆三里、高达千余尺的鹿台，里面装满了从全国各地搜刮来的金银财宝；同时又修建了一个大仓库，把从各地搜刮来的粮食全部装在里面。

纣王对都城雄伟的宫殿还不满意，又在南到朝歌、北到邯郸的范围内修建了许多高耸入云的离宫别墅，投放很多珍禽异兽。他还"以酒为池，悬肉为林"，过着极其奢侈腐朽的生活。纣王的倒行逆施，激起了广大奴隶和平民的刻骨仇恨。为了镇压奴隶和平民的反抗，纣王制定了许多酷刑苛法。残忍的炮烙之刑就是其中之一，该刑是先用铜做成大圆柱子，上面涂油，用火烧热，然后让犯人在又热又烫的铜柱上爬行；再如醢刑，就是把人剁成肉酱；还有一种脯刑，将犯人割成一条一条晒成肉干。

纣王的残暴，激起了全国人民更加强烈的反抗。纣王的叔父比干见他淫虐无度，国势危殆，冒死劝谏，劝他修善行仁，被纣王剖腹验心。许多大臣看见商已无可挽救，纷纷逃亡。纣王众叛亲离，成了独夫民贼，整个社会出现了"如蜩如螗，如沸如羹，小大近丧"的混乱局面。

与日薄西山、摇摇欲坠的商王朝形成鲜明对照的是，商的西方属国周的国势正如日中天，蒸蒸日上。特别是文王姬昌即位后，"阴谋修德以倾商政"，暗中积蓄力量，积极准备推翻商朝。周在政治经济上修德行善，裕民富国，广罗人才，发展生产，形成了"耕者九一，仕者世禄，关市饥而不征，泽梁无禁，罪人不孥"的清明政治局面。姬昌采取的"笃仁、敬老、慈少、礼下贤"的政策，赢得了民众的广泛拥护，从而使周的势力迅速壮大。

文王逝世后，他的儿子武王继承其父遗志，遵循既定的方针。在做好一切准备后，向商发动了进攻。周军在牧野击败商军，商朝土崩瓦解，纣王见大势已去，在鹿台举火自焚，落了个死无葬身之地的可耻下场。商朝六百年的统治宣告结束，在商的废墟上，一个新兴的王朝周朝诞生了。

围棋之中不仅有对弈，还有独弈。何谓"独弈"？独，独立于群而不受其乱，始异于人，而终异于人！弈，亦及大也，即运筹帷幄，布战略之局，独施自主之策，也能独成一大。据清朝魏禧的《独弈先生传》记载："胶山黄氏，有隐君子曰'在龙'，性不治生产，绝世务而好弈。常闭户居，户外人闻子声丁丁然。窥之，则两手各操白、黑子，分行相攻杀，或默然上视而思，或欣然笑也，人称曰'独弈先生'……魏禧曰：古嗜弈者众矣，未有独弈者？曰：有之。弈，攻围冲劫，变化通于兵法。诸葛武侯卧隆中时，未闻有十夫之聚，指挥旌帜，教坐作也。一出而战必胜。以仲达之智，畏之如虎。吾意其独居抱膝时，日夜之所思，手所经营，未尝不在两阵间也。非独弈而何哉。"

无论春风夏雨秋雾冬雪，或白昼敲棋子，或月下听棋声，心与心交谈，没有胜负之间的苦恼和名利之中的疲惫，这是怎样的大隐者。拒人于门外，或煮上一壶清茶，或点上一盏孤灯，独弈是一种寂寞。忘记时间，离开世俗，自得于黑白之间，独弈无疑是一份自在和陶醉。其实独弈何尝是独弈先生之所为，为人者皆常有独弈之时。或从一次喧嚣的晚宴中退场，或从一次众人的闲聊中离开，或从一次烦琐的工作中脱身，回到只身一人的书房，或反省或沉思或回忆，这何尝不是一次独弈呢？

围棋"合弈"文化之"独弈于心，成其广大"。在围棋中，棋局便是宇宙。弈棋者应修心于棋，不随和、不逢迎，做到专心致志。治国理政和为人处世亦是如此，远离苦恼和名利，做到不随波逐流、不与世浮沉，更不可见风使舵、同流合污。

第五十五章　含德之厚，比于赤子

含德之厚，比于赤子。毒虫不螫，猛兽不据，攫鸟不搏。骨弱筋柔而握固。未知牝牡之合而脧作，精之至也。终日号而不嗄，和之至也。知和曰"常"，知常曰"明"，益生曰祥，心使气曰强。物壮则老，谓之不道，不道早已。

"含德之厚，比于赤子。"老子将有"道"之人比作纯朴的婴儿，毒虫、猛兽还有凶恶的鸟都不会伤害他。他虽然骨弱筋柔，握起拳头来却非常有力气；虽然不知道男女之合的事情，生殖器却能勃起来；整天啼哭，声音却没有嘶哑。这是精力旺盛的原因啊。

"知和曰'常'，知常曰'明'，益生曰祥，心使气曰强。物壮则老，谓之不道，不道早已。"世界瞬息万变，但并不表示一切都在改变，我们反而应该特别重视某些永恒不变的"常"，不可以盲目或任性地"求新求变"，以免"妄为"而招致凶祸。就像事物过于旺盛就必然会走向衰老，这是不合于"道"的，很快就会衰亡。

这一章老子着重阐述人的生命观，通过把握人的生长规律，来揭示养生能长寿的道理。作为一个人，我们最强壮的时期应该是在二十岁左右，紧接着就会像中午的太阳逐渐日落西山。人们都认为这是自然规律，其实不然。老子认为这是人们不懂得养生之道的结果，就如第五十章所说的，寿命就会缩短十分之三。人们没有认识客观规律，一边过度、超负荷地使用自己的身体，另一边陷入人生短命的宿命论。

长寿的方法很多，但终归于无欲则刚的养生。切不可放纵欲望、执着名利，或者损人利己，或者终日提防，结果疲惫不堪。切不可追求感官刺激、贪慕虚荣、吸烟吸毒，以致内损元气、阴阳失和，各种疾病随即而生。

庄子《养生主》着重探讨了养生问题，将老子提出的养生原则进一步发展成了一套完整的养生理论，其主旨就是要求人们弃绝世事，顺乎自然，以恬淡虚无为养生之本。将过分的物质享受、烂肠穿胃的饮食及沉迷美色不能自拔定义为养生的三大祸患。

反观现代社会，又有多少人无病而安、无疾而终呢？尽管我们渴望纯真，但是为了生存，不得不抛弃自然无为的生存方式，每个人都不是完美的，任何人的身上都是有缺点的，不可能像老子那样达到完美的境界。如果我们不能及时纠正自己的缺点，不克制自己的欲望，就会变得骄纵、暴躁，缺少或者散失应有的和气。故而，要做到为人处世无欲则刚，就要以和为贵。

《道德经论兵要义述》讲道："明其使气者不可久也。又强者为壮，壮者则老。师老为曲，义亦在兹。故戒之早止，令勿复行也。"

尽管战争破坏了和平，但战争最后以和平结束的例子也不少。比如齐桓公伐楚，《左传·僖公四年》记载：齐桓公在打败蔡国之后，又联合诸侯国军队大举进犯楚国。在大兵压境的情况下，楚成王先派使者到齐军中质问齐桓公为何要侵犯楚国，随后又派屈完到齐军中进行交涉，双方先后展开了两次针锋相对的外交斗争，最终达成妥协，订立盟约。再比如澶渊之盟，宋真宗时期辽国大举侵宋，宋真宗亲赴前线督战，宋军坚守辽军背后的城镇，又在澶州城下射杀辽将萧挞览。辽害怕腹背受敌，提出和议。宋真宗畏敌，历来主张议和，先通过降辽旧将王继忠与对方暗通关节，后派曹利用前往辽营谈判，于 1005 年一月与辽订立和约，规定宋每年送给辽岁币银十万两、绢二十万匹。此后宋、辽之间百余年间不再有大规模的战事，礼尚往来，通使殷勤，双方互使共达三百八十次之多，辽边地发生饥荒，宋朝也会派人在边境赈济，宋真宗崩逝消息传来，辽圣宗"集蕃汉大臣举哀，后妃以下皆为沾涕"。在这个案例中，我们就能发现宋朝的绵绵之功，尽显汉族文化的绵绵之功、柔化之力。

围棋文化与道家文化本是一体，都源自"易"。《周易》即《易经》，是中国传统思想文化中自然哲学与人文实践的理论根源，是古代汉民族思想、智慧的结晶，被誉为"大道之源"。其内容极其丰富，对中国几千年来的政治、经济、文化等各个领域都产生了极其深刻的影响。在古人的知识体系中，《周易》哲学思想具有世界观和方法论的地位，古人往往把《周易》作为观察世界、理解世界的范式，用以解读现实事物。在这一维度上，当围棋进入古人的视野，当探究围棋的意义和棋理成为需要，以《周易》哲学思想解读围棋就成为古人的自然选择。班固为阐明围棋的价值和意义，以《周易》哲学思想对围棋进行了解读，建构了具有易学内涵的围棋义理。经过这样的解读和建构，围棋之道得以确立，并且实现了与《周易》之道、天地之道的相通。

早在南北朝时期，围棋高手袁羌就能一边下棋一边谈《周易》，而且对答如流。可见围棋既是一种充满竞技性、趣味性的游戏，又富含道家哲理意味，能给人以愉悦的精神享受和艺术的审美体验。

清朝钱塘人徐星友的棋风，最重要的特点是"平淡"。这大概是因为他师承黄龙士的缘故。在徐星友写的《兼山堂弈谱》中，他对自己的棋风，有这样的论述："冲和恬淡，浑沦融和""制于有形，不若制于无形""善战而胜，曷若不战屈人""闲谈整密，大方正派"，等等。其中最重要的一点就是"不战屈人"，这是"平淡"的根结。所谓"不战屈人"，就是不靠激烈的厮杀获胜，而是一点一点地侵蚀，直到取得最后胜利。这可说是所有围棋战略战术中最难掌握的。这种含蓄、不露锋芒而又坚强有力的棋术，非一般人所能达到，徐星友的棋风对后世影响甚大。

姚启圣，清朝康熙年间政治家、军事家、名臣、名将，收复台湾的决定性人物之一。其非常喜爱围棋，同时对《周易》深有研究，认为围棋与《易经》相通，是圣贤用以教"全生之义"的媒介。在其为吴贞吉所编辑《不古编》作序的时候提出："予喜爱读《易》，性亦爱棋，即军中不废。尝玩《师》卦，有悟于经世圣贤以教全生之义。于是知棋又通于《易》。……吴生瑞徵，有得于棋者也，……生使能进而学《易》，推广弈之道焉，予知生以之治民而民常静，用兵而兵莫测矣。"

以入世的积极态度对待围棋，又以棋局的实践与心得返照人生，建立了围棋与政治、军事、哲学、人事、艺术等的融合。世界上没有一种游戏技艺能像古代围棋这样，同外部事物发生如此广泛的联络，在社会生活中产生如此深邃的反响。

据近代黄铭功《棋国阳秋》记载，说有位叫芙卿的女子，下棋的功夫是一流的好，她也很有自信，宣布若有人下棋赢过她，她就嫁给他。想来芙卿一定不止棋艺高强，她的容貌必然也有芙蓉之姿、艳丽过人，所以就吸引了非常多的人来跟她比试，结果在许多对手中，只有两个人赢了她，还有一个跟她打成平手。赢她的两人中，一个是侍郎齐召南的公子；一个是还俗的和尚秋航，这位秋航是当时京城的名人，也是清代十八国手之一。另外一个战成平手的是一位姓金的秀才。本来她要嫁也应该嫁给赢过她的人，但这位大小姐巧妙地作了一首诗说道："齐大非吾偶，禅心本自空。金兰如有契，白首一枰同。"所以她当然选择了跟她平手的金秀才，说打成平手两人一般，才是跟她永结同心的人。这狡猾的小姐，也成就了这段围棋佳话。

围棋"合弈"文化之"阴阳复始，绵绵之功"。绵绵之功是老子整部《道德经》最深刻的哲学感悟。其根本原因在于阴阳之间相辅相成，相互转化。前因后果，后果再因。世间万物都会随之成为前因或者后果，故而物物相成，物物相克。弈棋者当深知此间之道，无论弈棋还是为人，皆应懂得绵绵之道，顺柔而进，否则刚而崩折，强而颓败，壮者则老。

第五十六章　知者不言，言者不知

> 知者不言，言者不知。塞其兑，闭其门；挫其锐，解其纷；和其光，同其尘，是谓玄同。故不可得而亲，不可得而疏；不可得而利，不可得而害；不可得而贵，不可得而贱；故为天下贵。

何谓"知者不言，言者不知"？"知"通"智"，这句话的意思是有智慧的人既不会夸夸其谈，更不会谈论是非，相反，就不是智者了。正如一句谚语说的："来说是非者便是是非人。"

那么，如何成为一个智者？"塞其兑，闭其门；挫其锐，解其纷；和其光，同其尘。"控制住自己的欲望，不露锋芒，消解纷争，收敛光耀，混同于世。以至"不可得而亲，不可得而疏；不可得而利，不可得而害；不可得而贵，不可得而贱"。没有亲疏、利害、贵贱，这就是一个智者该有的风范，圣人之天下贵的品质！

庄子《齐物论》中说："大知闲闲，小知间间。大言炎炎，小言詹詹。其寐也魂交，其觉也形开。与接为构，日以心斗。缦者、窖者、密者。小恐惴惴，大恐缦缦。其发若机栝，其司是非之谓也；其留如诅盟，其守胜之谓也；其杀如秋冬，以言其日消也；其溺之所为之，不可使复之也；其厌也如缄，以言其老洫也；近死之心，莫使复阳也。喜怒哀乐，虑叹变蜇，姚佚启态——乐出虚，蒸成菌。日夜相代乎前而莫知其所萌。"庄子在这篇文章中列举了"小知间间"和"小言詹詹"的人的一系列表现，进一步证明了"知者不言，言者不知"的道理所在。

可现实生活中，总有些人见人便大肆鼓吹自己，夸赞自己的才华和能力，生怕别人不知道他有多厉害，其实这是没有必要的，有句话说得好，是金子总是会发光的。大可不必到处炫耀自己。

说到自我炫耀才华的人，莫过于三国时期的杨修。在罗贯中《三国演义》中这样评价杨修："聪明杨德祖，世代继簪缨。笔下龙蛇走，胸中锦绣成。开谈惊四座，捷对冠群英。"足以见，杨修的确才华横溢。然而奇怪的是，求贤若渴、礼贤下士的曹操，遇到才华横溢的杨修，却没有产生化学反应，最终曹操将杨修诛杀。原因就在于杨修善于揣摩曹操心思，其心智堪比诸葛亮。曹操的兴趣爱好以及内心当中的想法，杨修都能猜到。要提杨修对于曹操心思的揣摩，就不得不提起《三国演义》当中的经典桥段"一人一口酥"。小说当中写道：有一日，塞北送酥一盒至。操自写"一合酥"三字于盒上，置之案头。修入见之，竟取匙与众分食讫。操问其故。修答曰："盒上明书'一人一口酥'，岂敢违丞相之命乎？"操虽喜笑，而心恶之。罗贯中用一句"操虽喜笑，而心恶之"来表现出曹操内心的阴沉以及他对于杨修的厌恶。枭雄曹操最忌讳的就是自己没有秘密，他们的内心当中隐藏着许多不愿意别人知道的事情以及想法，而这些就是他们的逆鳞。可是杨修却屡次触犯曹操的逆鳞，事实上曹操手下的谋士能揣摩曹操心思的不在少数，荀彧、郭嘉、贾诩，他们都是才智近妖之人，想猜到曹操的心思不难。然而荀彧等人知道收敛，他们不会主动炫耀自己的小聪明，让曹操难堪。可是杨修不同，他在《三国演义》当中堪称作死，明明被曹操委以重任，却轻浮骄傲，屡次让曹操下不来台，搞得曹操十分难堪。在曹操与刘备相持不下、进退两难时，曹操叹息道："鸡肋而已。"没有人知道曹操这句话的意思，然而杨修却说道："夫鸡肋，食之则无所得，弃之则如可惜，公归计决矣。"杨修让大家准备退军，当曹操得知以后震怒，随即以扰乱军心为由将杨修斩杀。

另外还有一些人，为了打击别人，赢得自己的胜利，到处说别人的坏话，什么反间计、离间计、苦肉计的无所不用其极。其实也没有必要，因为大道其行，逞能一时，却得不了一世。

春秋晋国有一名叫李离的狱官，他在审理一起案子时，由于听从了下属的一面之词，致使一个人冤死。真相大白后，李离准备以死赎罪，晋文公说："官有贵贱，罚有轻重，况且这件案子主要错在下面的办事人员，又不是你的罪过。"李离说："我平常没有跟下面的人说是我们一起来当这个官，拿的俸禄也没有与下面的人一起分享。现在犯了错误，如果将责任推到下面的办事人员身上，我又怎么做得出来？"他拒绝听从晋文公的劝说，伏剑而死。

《道德经论兵要义述》讲道："故圣人之师，以战则胜，以守则固，非天下之所敌也。然而不敢轻天下之敌，是以远近者不可得而亲疏，惠怨者不可得而利害，等夷者不可得而贵贱，故为天下之所贵重也。"

《三国演义》第四十五回"三江口曹操折兵，群英会蒋干中计"就描述了周瑜两次设计蒋干致使曹操兵败赤壁的故事。赤壁大战前夕，曹操亲率百万大军，驻扎在长江北岸，意欲横渡长江，直下东吴。东吴都督周瑜也带兵与曹军隔江对峙，双方剑拔弩张。曹操手下的谋士蒋干，因自幼和周瑜同窗读书，便向曹操毛遂自荐，要过江到东吴去做说客，劝降周瑜。结果周瑜设下计策，令蒋干盗得假冒曹操水军都督蔡瑁、张允写给周瑜的降书。蒋干献书曹操，令斩了蔡瑁、张允。周瑜识得曹操计谋，将计就计，设下反间计，算计了曹操一回。大战在即，当即稳重，恰是蒋干的自我作践，断送了曹操百万大军，使之差点命丧赤壁。

侯孝恭，无师自通的北宋围棋天才。到了京城之后，他和孙侁、李伯祥弈棋，总是下不过，而且两三年不见其棋艺增长。后来因为生活困窘，便做了当时棋待诏刘仲甫的随从，出入权贵之家教棋谋生。看着刘仲甫从启蒙到入门，侯孝恭并没有往心里去。忽然有一天，刘仲甫对侯孝恭说，你已经可以和孙侁、李伯祥一决高下了。一朝被蛇咬、十年怕井绳的侯孝恭还不相信自己能赢，可结果真的赢。侯孝恭不明其由，回去就问刘仲甫。刘仲甫说："因为你天赋高，之前你会的都是高妙的下法，却不知普通的基础招式，所以下不过他们两个人。你跟着我教棋之后，对基础招法都了然于胸，当然就赢了。"我们可以得出这样的结论，任何领域都一样，没有牢固的基础，不可能走得稳、走得远。任何人在任何领域，想要出类拔萃，只靠天分是不够的，还必须要有扎实的基础。

　　围棋"合弈"文化之"以战则胜，以守则固"。"天地一浮云，此身乃毫末。""谁能九层台，不用累土起。"基础是一步步积累而成的，这是量变的过程，是发生质变的前提所在。无论是弈棋还是处事，皆应步步为营，稳扎稳打，凡事都要注重积累。

第五十七章　以正治国，以奇用兵，以无事取天下

以正治国，以奇用兵，以无事取天下。吾何以知其然哉？以此：天下多忌讳，而民弥贫；人多利器，国家滋昏；人多伎巧，奇物滋起；法令滋彰，盗贼多有。故圣人云："我无为，而民自化；我好静，而民自正；我无事，而民自富；我无欲，而民自朴。"

老子所处的年代，国与天下是有区别的，国是天子封侯的领地，而天子坐拥的才是天下，所以才有"修身齐家治国平天下"的说法。

"以正治国，以奇用兵，以无事取天下。"老子对于治国、用兵、取天下给出了自己的格局和谋虑。治理一个国家需要的是无为、清静之道，用兵打仗需要的是奇巧、诡秘的手法，而取得天下，得民心就需要不干扰的"道"。

总体来说，无论是治国还是取天下都需要道，只是"道"的境界不同，前者只要无为、清静，后者还需要不干扰。这是一种递进的哲学关系。而对于用兵，老子却认为需要奇巧和诡秘，因为用兵在于取胜，取胜在于天下定，这恰恰是老子辩证统一的哲学光芒所在。

那么，老子为什么认为治国取天下需要的是无为、清静和不干扰的"道"呢？"天下多忌讳，而民弥贫；人多利器，国家滋昏；人多伎巧，奇物滋起；法令滋彰，盗贼多有。"天下的禁忌越多，老百姓就会越陷于贫穷；人们锐利武器越多，国家就会陷入混乱；人们的"伎巧"越多，邪风怪事就会

越多；法令越是森严，盗贼就会越多。

因此，老子提倡"我无为，而民自化；我好静，而民自正；我无事，而民自富；我无欲，而民自朴"。无为以至人民自我化育，好静以至人民自我富足，无欲以至人民自然淳朴。这几句话也是老子治国取天下的思想精髓所在。

《道德经论兵要义述》讲道："君率以正，孰敢不正？用兵者以奇；奇者，权也。权与道合，庸何伤乎！""以奇用兵"是老子的军事思想。《道德经》虽然不是一部兵书，但是其中包含着无穷无尽的军事思想。虽然老子向来反对战争，但是也深知战争是不可避免的，不会因为一个人的好恶而不发生，战争的最终目的是和平。

针对这种现实，老子设计出了"以奇用兵"的思想，为弱者和正义的统治者提供借鉴。那么什么是"以奇用兵"呢？老子认为，用兵就应该采用非常规的战术，要用奇法、奇谋、奇计去迷惑对方，从而达到出奇制胜的效果。明朝刘伯温《百战奇略·奇战》讲："凡战，所谓奇者，攻其无备，出其不意也。交战之际，惊前掩后，冲东击西，使敌莫知所备。如此，则胜。"大凡战争中所说的用"奇"，指的是进攻敌人所无防备之处，出击敌人所未意想之时。在与敌人交战之际，要采用惊扰其前而掩袭其后、声冲其东而实击其西的佯动战法，使敌人迷茫失主而不知道怎样进行防备。这样作战，就能胜利。王弼说："以道治国，崇本以息末。以正治国，立辟以攻末，本不立而末浅，民无所及，故必至于奇用兵也。"范应元讲："兵以禁乱除暴，不得已而用之，不可以为常也。运筹帷幄之中，决胜千里之外，以奇异之谋也。然而以正治国，以奇用兵，不若以大道而取天下也。"憨山德清讲："奇巧豪夺诈术，是为诡道。但可用之于兵，不可以治国。"

邓艾，三国时期曹魏名将。其人文武双全，深谙兵法，对内政也颇有建树。三国后期，魏蜀吴三国中，魏国地广人多，实力最强。263年，司马昭执政，准备一举灭蜀。于是派出三路人马：邓艾和诸葛绪各统率三万大军，钟会带领十万大军，分路出击。此时的邓艾已是一位身经百战、经验丰富的大将了。魏军攻势凶猛，连连获胜，不久就攻占了蜀国许多座城池。邓艾一直攻到阴平一带。钟会合并了诸葛绪的人马，兵力更强。他率大军直逼剑阁。蜀军统帅姜维，带领将士，依凭着剑阁险要的地势，顽强地抵挡住了钟会大军的进攻。钟会兵力虽强，却奈何姜维不得，加上军粮供应跟不上，就想退兵回去。这时，邓艾从阴平赶来。当时，邓艾手下只有三万人马，而钟会却统领着十三万大军。钟会自恃兵多将广，根本不把邓艾放在眼里。邓艾早已闻知钟会在剑阁受阻。他心里暗自盘算：剑阁过不去，能否找到别的通道可直通蜀国都城呢？于是，在阴平时，他派出许多探马，让他们查明当地地形、环境，终于探得一条从阴平通往成都的小路。这条小路，四面都是奇山峻岭，很难行走，据说是汉武帝南征时开凿的，已有三四百年无人通行了。

邓艾闻报，心中大喜，心想：真乃天助我也，此路既是有好几百年无人行走，那蜀军必定做梦也想不到我能率军从此路偷袭成都，更不会加以防范了。于是，他先赶到剑阁，把他的想法告诉了钟会。钟会本来就瞧不起邓艾，又听他讲出这种异想天开的计策，更是只限于嗤之以鼻。但他很想看邓艾出丑，于是也不加阻拦。邓艾不理会钟会的瞧不起，一心想着完成自己的计划。他马上率人马回到阴平，集合队伍，给大家讲清了他的打算。众人士气很高，都表示愿听邓艾吩咐，为国立功。邓艾派儿子邓忠率五千名精兵，手执斧头、铁凿，做开路先锋。他带领大军，备足了干粮、绳索，紧随其后。途中道路非常险阻，但每个人都坚持下来了。大军每前进一百里，就留下几千士兵扎下一个营寨，以保证前进的军队能与后方保持联系，大军最后只剩下两千余人。这一天，邓忠匆匆地跑来向邓艾报告说前面碰到一座陡峭的悬崖，人马难以通过。邓艾忙带领将士前去察看，果然看见那悬崖十分陡峭，崖下山谷深不见底。有些士兵胆怯了，心里直打退堂鼓。有人说："白费了这么多工夫，撤回去算了！"邓艾见状，严厉地说："我们已经克服了那么多困难，现在胜利在望，成功与否，就在此一举了。我们要坚持住，就算再难过去，也一定要设法通过。"说到这儿，他忽然计上心来，转身下令让大家先把行装、兵器扔下悬崖，然后自己拿过一条毡毯，裹住身子，高喊一声："大家照我的样子，滚下悬崖！"话音未落，带头滚了下去。

将士们深受感动，都像邓艾那样，纷纷越过了悬崖。邓艾重新集合队伍，未伤一兵一卒，轻而易举地拿下了江油城。接着又向绵竹进发，经过一番苦战，又胜利地占领了绵竹。这时，邓艾大军已迫近成都。蜀国皇帝刘禅接到战报，想调回剑阁姜维的人马，已经来不及了，只得出城投降。邓艾一举灭亡了蜀国。此时的钟会，还在剑阁城外攻城呢。

围棋既讲"正"，也讲"奇"，"正"在于围棋是一门哲学艺术，一门充满人生智慧的博弈游戏，影响和指导着治国理政和为人处世，自然要秉持大道。"奇"在于弈棋过程中，犹如一场厮杀的战斗，极富博弈的色彩，自然少不了奇谋战术。因此，综合围棋的"正"与"奇"，形成了"合"的思想。

古往今来，多少关于围棋的经典都在阐明这个哲学思维。《烂柯经》云："夫棋始以正合，终以奇胜。凡敌无事而自补者，有侵绝之意；弃小而不救者，有图大之心。随手而下者，无谋之人；不思而应者，取败之道。"《棋经》云："棋者，以正合其势，以权制其敌。故计定于内而势成于外。战未合而算胜者，得算多也。算不胜者，得算少也。战已合而不知胜负者，无算也。兵法曰：'多算胜，少算不胜，而况于无算乎？由此观之，胜负见矣。'"

自古以来，在"以正治国，以奇用兵"之间也出现过恍惚，这个人就是宋高宗。宋高宗赵构，南宋开国皇帝。赵构其实是看不上以棋艺谋生的棋待诏的。但是因其在政治和经济上的有效作为，临安的繁华还是极大地促进了围棋的发展。宋高宗自己都经常以棋理来比喻天下大势。据清代毕沅《续资治通鉴》记载："辛巳，韩世忠奏已还军楚州。帝因谕：'淮阳取之不难，但未易守。'张守曰：'必淮阳未可进，故世忠退师。'张浚曰：'昔西伯戡黎，祖伊恐，奔告于受，以要害之地不可失也。淮阳，今刘豫要害之地，故守之必坚。'帝曰：'取天下须论形势，若先据形势，则余不劳力而自定矣。正如弈棋，布置大势既当，自有必胜之理。'""天下事全在致思。思之须有策，穷则变，变则通。譬如弈棋，视之如无着，思之既久，着数自至。""事全在人区处。譬之弈棋，到窘迫处自别有转身一路，只是思虑不至。"

"别转一路"是围棋的大忌，也是人生的大忌。宋高宗一路南逃，不思北取的"别转一路"导致了"合议"的格局占据了南宋时期的政治立场，导致韩世忠、张浚、岳飞等武将饮恨黄泉，南宋也在面临战机时候不能出手，在半壁江山中"安乐死"。

围棋棋运自古与国运密切相连，宋朝的李纲就曾以棋道比喻国势。李纲，两宋之际抗金名臣，民族英雄。作为抗金派领袖人物，李纲爱好围棋，对棋道颇有见解，在艰难时局中，多次以弈棋为喻，阐明他对局势的判断和应采取的措施。最著名的就是他的《论天下之势如弈棋》所说："凡定天下者，如弈棋之取势。得势而奄有局中者多胜；失势而求生边隅者多败。善任人者，如弈棋之置子。夫置子不定，不足以胜地，而况于任人乎？……观四方之形势于一枰之上，任人材之智巧于枯棋之间，而天下不难定矣。"李纲高超的棋艺才使得他能够将国家大势与围棋之道融会贯通，也是他一生抗金爱国的真实写照。

围棋"合弈"文化之"正奇各宜，恍惚为道"。治国理政、为人处世要讲正，即清静的大道，要崇尚爱民、顺道、正义、平等、和谐等社会价值观。而施行计划，操持事情，则要讲究权变、协同、谋略、眼光、格局等，提高办事效率和办事质量。正奇各自事宜，辩证统一，在这恍惚间推行大道以至万丈光芒。

第五十八章　祸兮，福之所倚；福兮，祸之所伏

> 其政闷闷，其民淳淳；其政察察，其民缺缺。祸兮，福之所倚；福兮，祸之所伏。孰知其极：其无正也。正复为奇，善复为妖。人之迷，其日固久。是以圣人方而不割，廉而不刿，直而不肆，光而不耀。

"祸兮，福之所倚；福兮，祸之所伏。"又是老子辩证统一思想的体现。老子用这一思想深刻揭示事物的对立转化规律，包括"正复为奇，善复为妖"都在讲明福祸、正奇、善妖之间都是可以相互转化的。依据《易经》哲学，宇宙万事万物都是源自一"道"，道为流行义，其流行乃为圆道周流，如盛衰、生死、寒暑、昼夜、刚柔之相往来，乃自然之流行，人力无能为力。物极必反，当时之盛、人之生、岁之暑、日之昼、物之刚臻于极致之际，及自然而变衰、变死、变寒、变夜、变柔。例如有一句俗话：事出反常必有妖，就蕴含了这一道理。

刘安，西汉皇族，淮南王。汉高祖刘邦之孙，淮南厉王刘长之子。博学善文辞，好鼓琴，才思敏捷，奉武帝命作《离骚传》。招宾客方术之士数千人，编写《鸿烈》（亦称《淮南子》），其内容以道家的自然天道观为中心，认为宇宙万物都是由"道"所派生。他善用历史传说与神话故事说理，如《共工怒触不周山》《女娲补天》《后羿射日》等。喜聚书，与

河间献王刘德皆以藏书知名。因深得武帝尊重，经常获得武帝的赐书。这些书中有一个故事便是塞翁失马，讲的是有位擅长推测吉凶掌握术数的人居住在靠近边塞的地方，他们家的马无缘无故地跑到了胡人的住地。人们都前来慰问他，那老人却说："这为何不会是一种福气？"过了几个月，那匹马带着胡人的良马回来了。人们都前来祝贺他们一家。那老人又说："这说不定就是一种灾祸呢？"老人的儿子喜欢骑马，结果从马上掉下来摔断了大腿骨。人们都前来慰问他。那老人说："这为何不会是一种福气？"过了一年，胡人大举入侵边境一带，壮年男子都拿起弓箭去作战。靠近边境一带的壮年，绝大部分都战死了。唯独老人的儿子因为腿瘸的缘故免于征战，父子得以保全生命。塞翁失马通过一个循环往复的极富戏剧性故事，阐述了祸与福的对立统一关系，揭示了"祸兮福所倚，福兮祸所伏"的道理。

为此，在章首老子提出了一个总起的政治方针，是对第五十七章"以正治国，以奇用兵，以无事取天下"政治主张的细化。"其政闷闷，其民淳淳；其政察察，其民缺缺。"政治宽厚清明，人们就会淳朴忠诚。如果政治昏暗、苛刻，人们就会不满足，变得抱怨起来，即祸福之立义，乃以是否从于道为准，顺从于道即福，违逆于道即祸。可"人之迷，其日固久"的道理虽然简单，但是古往今来，很多统治者都被迷惑了，这是因为他们不知道矛盾辩证转化的原理。

前179年，周勃诛灭吕氏集团，拥立汉文帝刘恒，被封为右丞相。正当他志得意满之时，有一小官偷偷劝告："您诛诸吕，立代王，威震天下，现在又受厚赏，做高官，我看您马上就要家破人亡了。"周勃一愣，暗思自己有拥立之功，如今被封为右丞相，食邑一万户，居百官之首。连汉文帝都对自己恭恭敬敬，每次退朝目送自己第一个离开朝堂。自古以来，又有几位臣子，能有如此待遇，自己位高权重，皇帝给面子，又能有什么祸端呢？但周勃毕竟行走官场多年，也是老手，抚须沉思，他数十年练就的敏锐观察力告诉他，这个小官的话必定暗藏玄机！于是，周勃单独将小官带入后堂，亲切询问缘由。

"您已经诛灭了诸吕，拥立代王为皇帝，威震天下，而您得到了厚赏，又身处高位，已经很受宠信了，所谓物极必反、盛极必衰，时间长了，灾祸要降临您的身上的。"

周勃问："依先生高见，我该如何是好？"

"你可以找个机会向皇上请辞，然后交出权力，兴许可以保你一命。"

周勃不是傻子，以前被权力蒙蔽了双眼，但被小官一点拨，立马就看清了自己刀尖起舞的凶险！刘恒想都没想，就批准了周勃的辞职请求。可是没过多久，陈平死了，周勃又回来当了宰相。

刘恒终究是对周勃不是很满意，过了一段时间，又罢免了他的宰相之职。刘恒还对他说："丞相，你给诸侯做个表率，回封国去吧。"

周勃回到封地养老。自从告老还乡后，周勃一下子就清闲了，整天东想西想。他一想到韩信、彭越、英布的下场，心里就慌，生怕哪天刘恒会派人来抓他。

每年，河东郡的官员会到下面各县视察，有时候，他们会到周勃家里慰问。周勃心里不踏实，便披上铠甲，令家丁们拿起武器保护自己。

于是有人诬告他谋反，汉文帝下令让廷尉处理此事，结果周勃被抓到了长安的监狱，接受审讯。周勃这辈子见过不少大场面，可却没吃过朝廷的牢饭，不知道该怎么跟审讯人解释自己的事情。幸好薄太后相救，这才得以回到封地。周勃心有余悸地对二儿子周亚夫说："为人臣，功多震主者必死。"

无论是治国取天下还是为人处世，都应该秉持辩证转化的哲学原理。"祸兮，福之所倚；福兮，祸之所伏。"遇到幸运、幸福的事情，要多想想存在的不足和潜在的隐患。遇到挫折、困难的事情，要多想想存在的机遇和潜在的发展。凡事要往好的方向想，也要做最坏的打算，那样你的心境就会自然于"道"了。

在行军打仗过程中，更要注意阴阳之变化，随时观察敌人的行军变动。《鬼谷子》讲道："阳动而行，阴止而藏；阳动而出，阴隐而入。阳还终始，阴极反阳。"明朝刘伯温《百战齐略好战》说："夫兵者，凶器也；战者，逆德也，实不获已而用之。不可以国之大，民之众，尽锐征伐，争战不止，终致败亡，悔无所追。然兵犹火也，弗戢，将有自焚之患；黩武穷兵，祸不旋踵。法曰：'国虽大，好战必亡。'"兵器是杀人害命的凶险器具，战争是违背德治的暴力行动，只有在迫不得已的时候才使用它。国君不能以自己的国家大、人口多，就倾尽全力地进行征伐，使战争无休无止，最后导致国家败亡，到那时后悔也来不及了。发动战争如同玩火一样，不熄灭它，必将带来自我焚毁之祸，正如李白《战城南》言："野战格斗死，败马号鸣向天悲。乌鸢啄人肠，衔飞上挂枯树枝。士卒涂草莽，将军空尔为。乃知兵者是凶器，圣人不得已而用之。"所以，恃强好战，用兵不止，其祸患将产生于来不及转身的瞬间。诚如兵法所说："国家虽然强大，好战必定灭亡。"

围棋是最具变换的博弈游戏，棋局未到最后一刻，都有可能反败为胜或功亏一篑，这是在于围棋本身的弈理的深奥和活跃。

《棋经十三篇》之《洞微》讲道："凡棋有益之而损者，有损之而益者。有侵而利者，有侵而害者。有宜左投者，有宜右投者。有先着者，有后着者。有紧觑者，有慢行者。粘子勿前，弃子思后。有始近而终远者，有始少而终多者。欲强外先攻内，欲实东先击西。路虚而无眼，则先觑。无害于他棋，则做劫。饶路则宜疏，受路则勿战。择地而侵，无碍而进。此皆棋家之幽微也，不可不知也。《易》曰：'非天下之至精，其孰能与于此。'"围棋中有种种应该考虑到的情形：有时候表面上得益而实际上受损，有时候表面上受损而实际上得益；有时候侵占地盘得到好处，有时候侵占地盘反而受害；有时候应该在左边投子，有时候应该在右边投子；有时候先下子，有时候后下子；有时候紧紧压住对方，有时候不慌不忙地行棋。粘子不要太急，弃子须考虑有什么好处。有时候开始显得近而最终远了，有时候开始显得少而最终却多了。打算加强外围就先在里面进攻，打算充实东部就先在西部进攻。棋路虚而无眼则先看看势头，如果对其他的棋没有妨害便做劫。给对方让路则行棋应疏，接受对方的让路就不要争斗。选择合适的地方加以侵占，如果没有妨害便继续推进。这都是棋家的深微之处，不能不认真了解。《易·系辞上》说："不是天底下技艺极为精巧的人，谁能领略到其中的奥妙呢？"

围棋"合弈"文化之"福祸相依，患而转向"。坏事可以引出好的结果，好事也可以引出坏的结果。天欲福人，必先以微祸儆之，所以祸来不必忧，要看他会救；天欲祸人，必先以微福骄之，所以福来不必喜，要看他会受。福气来的时候不焦躁，灾祸来的时候不气馁，这是我们应该有的一种状态。

第五十九章　是谓根深固柢，长生久视之道

> 治人事天，莫若啬。夫唯啬，是谓早服；早服谓之重积德；重积德则无不克；无不克则莫知其极，莫知其极，可以有国；有国之母，可以长久。是谓根深固柢，长生久视之道。

有的学者说"天"是自然的意思，有的学者说"天"是心的意思，作者认为"天"是"道"的意思，因为自然和心不是分裂的，是自然内化于心的道，这符合老子以小见大、修炼心法的说法。

"治人事天，莫若啬。"这一章老子认为修养自我、培育真朴还需要俭德，无论是治理百姓还是个人修"道"。因为只有你爱惜、节俭，就会早做准备。你早做准备就会不断地积德。不断积德就没有什么不能攻克的。没有什么不能攻克的，就说明你有了无穷的力量。如此无论是修身齐家，还是治国安邦都能长久，根深蒂固。

对于统治者来说，节俭具有重大的意义；而对于个人来说，节俭同样意义重大。无论是荀况的"强本而节用，则天不能贫"，韩非子的"侈而惰者贫，而力而俭者富"，诸葛亮的"静以修身，俭以养德"，魏徵的"不念居安思危，戒奢以俭；斯以伐根而求木茂，塞源而欲流长也"，还是李商隐的"历览前贤国与家，成由勤俭破由奢"，都在告诫人们应该将节俭提升到治国治家的格局上来。

宋朝司马光不仅对史学有卓越的贡献，而且以远见卓识，精心教育下

一代，在一篇题为《训俭示康》的文章里，深刻分析了为何要节俭的道理。他说："俭能立名成业，侈必随落自败。"这篇文章是写给他的儿子司马康看的。看似信笔写来，却条理清晰，寓意深刻。由于他是著名的历史学家，以历史事实说话，很有说服力。

"众人皆以奢靡为荣，吾心独以朴素为美"，他平生"衣取蔽寒，食取充饥"。为何要"俭素"？司马光以丰富的史实做了论证。例如，晋代的何曾当了太傅，喜欢奢侈，"日食万钱"，还说"无下箸处"，到了他孙子这一代便因骄奢而家业败落；又如"石崇以奢靡夸人"，便引来了杀身之祸。司马光从这些史实中得出结论：讲奢侈者，"居官必贿，居乡必盗"，必然落得个"败家丧身"的下场。司马光还举了许多正面的事例，讲明节俭是"大贤之深谋远虑"。

唐宋八大家之一的苏轼二十一岁中进士，前后共做了四十年的官，做官期间他总是注意节俭，常常精打细算过日子。1080年，苏轼被降职贬官来到黄州，由于薪俸减少了许多，他穷得过不了日子，后来在朋友的帮助下，弄到一块地，便自己耕种起来，维持生活。为了不乱花一文钱，他还实行计划开支：先把所有的钱计算出来，然后平均分成十二份，每月用一份；每份中又平均分成三十小份，每天只用一小份。钱全部分好后，按份挂在房梁上，每天清晨取下一包，作为全天的生活开支。拿到钱后，他还要仔细权衡，能不买的东西坚决不买，只准剩余，不准超支。积攒下来的钱，被苏轼存在一个竹筒里，以备意外之需。

《鬼谷子》讲道："盛神法五龙，盛神中有五气，神为之长，心为之舍，德为之人。养神之所归诸道。道者天地之始，一其纪也，物之所造，天之所生，包容无形，化气，先天地而成，莫见其形，莫知其名，谓之'神灵'。故道者，神明之源。一其化端，是以德养五气，心能得一，乃有其术。术者，心气之道所由舍者，神乃为之使。"要做到养神，就要效法五行之气。精神旺盛的人，体内的五脏精气较强，其中，神在五气中处于首位。心是神的居所，道德在其中起着重要作用。养神的方法最终归结于道。

道是天地的开端，亦是天地的基础。万物都由道创造，天地也由道产生。道可以包容一切，没有形体。化育万物的气，先于天地而生，不能看清它的面目，不能知道它的名称，只能称为"神明"。据此可知，道生"神明"。道亦是万物变化的开始。因此，依靠品德培养五脏之气，内心做到清静无为，就能专注于一点，就有了一定的方法。心气是神的通道，把心气导引出来，神也能受其使唤。《道德经论兵要义述》讲道："夫仁爱之道行焉，则天下早服；天下早服，故谓之重积德；重积德者，以战则胜，以守则固。"

在朱元璋扛起反元大旗时，旗下有一叫朱升的谋士，给朱元璋提了九个字的建议"高筑墙、广积粮、缓称王"。高筑墙，是指建立一个强大而巩固的根据地；广积粮，虽然朱元璋占据的江淮之地是富庶之地，但当时自然灾害严重，更重要的是，战争的成败，在很大程度上取决于战略储备；缓称王，元朝末年，各地烽烟四起，缓称王能够在很大程度上避免单独面对元朝的镇压，同时，利用小明王的声势，为自己争取更多的支持。这三句话正是老子"是谓根深固柢，长生久视之道"的准确应用。

明朝刘伯温《百战奇略·计战》讲："凡用兵之道，以计为首。未战之时，先料将之贤愚，敌之强弱，兵之众寡，地之险易，粮之虚实。计料已审，然后出兵，无有不胜。"大凡用兵作战的法则，都是把战略谋划放在首位。没有开战之前，先要判明将帅是贤明还是愚钝，敌人力量是强大还是弱小，兵员数量是众多还是寡少，战区地形是险峻还是平坦，粮草供应是困乏还是充足。把敌我双方这些情况都判断清楚了，然后再出兵攻战，便没有不胜利的了。《计战》是《百战奇略》的开宗首篇，它取义于《孙子兵法·计篇》，着重从战略高度阐述实地战争谋划对于赢得作战胜利的重要性。

三国时期，诸葛亮依据对曹操、刘备、孙权三方以及刘表、刘璋等势力的政治、军事、经济、地理诸种条件的精辟分析，为刘备的生存与发展制定了"联孙抗曹"的总战略。为了实现这一战略计划，诸葛亮提出首先要向薄弱方向发展，夺取荆、益二州以建立稳固基地，安抚西南各族，联合孙权，整顿内政，加强实力；而后待条件成熟时，从荆、益两路北伐曹操，夺取中原，统一中国。显然，这是一个比较符合客观实际的既稳健而又有进取精神的战略构想。刘备后来虽因条件所限而未能实现统一中国的计划，但他恰恰是依据诸葛亮"联孙抗曹"的战略谋划，而建立了蜀汉政权，成为三足鼎立者之一。

"建安七子"之一王粲《围棋铭》云："清灵体道，稽谟玄神，围棋是也。"

《棋经十三篇》之《杂说》讲道："夫棋边不如角，角不如腹。约轻于捺，捺轻于避。夹有虚实，打有情伪。逢绰多约，遇拶多粘。大眼可赢小眼，斜行不如正行。两关对直则先觑，前途有碍则勿征。施行未成，不可先动。角盘曲四，局终乃亡。直四板六，皆是活棋，花聚透点，多无生路。十字不可先纽，势子在心，勿打角图。弈不欲数，数则息，息则不精；弈不欲疏，疏则忘，忘则多失。胜不言，败不语。振廉让之风者，君子也；起忿怒之色者，小人也。高者无亢，卑者无怯。气和而韵舒者，喜其将胜也；心动而色变者，忧其将败也。赧莫赧于易，耻莫耻于盗。妙莫妙于用松，昏莫昏于复劫。凡棋直行三则改，方聚四则非。胜而路多，名曰赢局；败而无路，名曰输筹。皆筹为溢，停路为节。打筹不得过三，淘子不限其数。劫有金井、辘轳，有无休之势，有交递之图。弈棋者不可不知也。凡棋有敌手，有半先，有先两，有桃花五，有北斗七。夫棋者有无之相生，远近之相成，强弱之相形，利害之相倾，不可不察也。是以安而不泰，存而不骄。安而泰则危，存而骄则亡。《易》曰：'君子安而不忘危，存而不忘亡。'"

围棋以追求全局行棋的总体效益、利益和胜利为根本目的，反映在博弈思想上，就形成了特别重全局、顾大局的战略意识。弈棋者占边不如占角，挂角不如拥有腹地；遮拦不如抑制，抑制不如紧压。夹有虚实，打有真假。遇到对手侵占我方棋路则加以遮拦阻挡，遇到对手压迫我方虚眼则粘上一子。大眼可胜过小眼，斜行比不上正行。两关正对则先察看情形，前面的路上有障碍就不要征子。如果还未实行，万不可先动。曲四位于角端，到棋局结束才会失去。直四、板六，都是活棋。花聚透点，大多没有生路。四角的十字，不能先纽。势子位于中心，不要在角上多打主意。下棋不应太频繁，频繁就不免倦怠，倦怠则棋艺不精；下棋也不应次数太少，太少就容易忘记，忘记则失误较多。胜了不多话，败了不唠叨。发扬清廉、礼让之风的，才是君子；因输棋而怒形于色的，不过是小人。棋艺高的不要傲慢，棋艺低的不要怯懦。气韵温和而舒展，这是为即将取胜而高兴；心跳加速而脸上的表情发生变化，这是为即将失败而忧虑。最令人惭愧的事莫过于悔子，最令人耻辱的事莫过于偷子，最为美妙的棋莫过于宽纵不逼，最为糊涂的棋莫过于反复打劫。凡是下棋，直行三着就要改变，正方小块达到四子便是错误。胜而路多名为赢局，败而无路名为输筹。全是筹嫌多余，停路则属于和棋。打筹不得超过三次，淘子不应限其数目。劫的名目颇多，有所谓金井辘轳，有所谓无休之势，有所谓交递之图，下棋的人不可不知。棋的名目也很多，有所谓敌手，有所谓半先，有所谓先两，有所谓桃花五，有所谓北斗七。说到下棋，有与无相互赖以生存，远与近相互补充促进，强与弱相互映衬烘托，利与害相互倾斜移动，下棋的人不可不察。因此棋局安稳但并不大意，取得优势但并不骄傲。棋局安稳而大意就会出现危险，取得优势而骄傲就会导致输棋。《易·系辞下》说："君子在太平或安定时不忘危难，在生存时不忘灭亡的危险。"

围棋"合弈"文化之"根深固柢，长生久视"。无论是弈棋还是治国理政和为人处世，不谋万世者，不足谋一时；不谋全局者，不足谋一域。弈棋者应具备长远的眼光，扎实自己的根基，以图将来。

第六十章　治大国，若烹小鲜

治大国，若烹小鲜，以道莅天下，其鬼不神。非其鬼不神，其神不伤人。非其神不伤人，圣人亦不伤人。夫两不相伤，故德交归焉。

"以道莅天下，其鬼不神。非其鬼不神，其神不伤人。"正所谓："天下无道，妖魔横生；天下有道，鬼魅藏形。"用"道"治理天下，鬼神起不了作用，就算起作用也伤不了人。老子在这一章中再次强调了道的作用。

"治大国，若烹小鲜。"治理国家就像烹小鲜一样，是个精细活。烹制过小鲜的人都知道，小鲜的鱼类在锅里，如果肆意地翻动会导致食物破碎，而且还要掌握火候，不然会焦掉。老子的这句话寓意做事情就要从小事和细节出发，正所谓"人心惟危，道心惟微"。

一个人的言行举止和自己的情绪，都会在细节当中表现出来。细节是非常重要的关键，想要成就一番事业，细节就必须做好。很多事情都要提前考虑方方面面的细节才能做到万无一失，才不会失败。有时候急中生智的确可以作为一种救急的办法，但是却不能长期依赖临场的发挥，而是要提前就做好准备，最大限度地去把过程中的细节考虑进去，这样才能提高自己的成功率。

东晋时期的大将军陶侃是一个非常注重细节的人物，他原本出身就非常微寒，所以奋斗之路也相当艰难。但是这并没有影响陶侃的发展，他还是成就了一番功名。陶侃之所以能取得成功，就在于对细节的把控。在陶侃担任官员的时候曾经主持造船，造船肯定会遗留下非常多的木屑和竹头。陶侃要求士兵不要把这些木屑和竹头给丢了，而是留着另有用处。后来天降大雪的时候，这些木屑正好可以撒在雪地里防滑使用。至于那些竹头则被当时的桓温大将军用作伐蜀船只的竹钉。可见正是因为陶侃留心的小细节，成就了他之后的成功，就这样陶侃才一步步成长为一个出色的将领。

汉蜀诸葛亮《兵法二十四篇》视听篇讲："视听之政，谓视微形，听细声。形微而不见，声细而不闻，故明君视微之几，听细之大，以内和外，以外和内。故为政之道，务于多闻，是以听察采纳众下之言，谋及庶士，则万物当其目，众音佐其耳。"《道德经论兵要义述》讲道："治天下国家之人，皆似烹煮小鱼也。当以安静不挠为本，既以安静为本，自然不失其道。道既不失，阴阳大和；阴阳大和，则风雨时若；风雨时若，则百灵获安；百灵既安，则妖精之徒不能为变'心在'之事。"

据《六韬·龙韬·五音》记载，周武王询问姜尚："律章之声，可以知三军之消息、胜负之决乎？"姜尚言："深哉！王之问也。夫律管十二，共要有五音——宫、商、角、徵、羽，此其正声也。万代不易，五行之神，道之常也，可以之敌金、木、水、火、土，各以其胜攻之。古者三皇之世，虚无之情以制刚强。无有文字，皆由五行。五行之道，天地自然。六甲之分，微妙之神。其法：以天清净，无阴云风雨，夜半，遣轻骑往至敌人之垒，去九百步外，遍持律管。有应志管，其来甚微。角声应管，当以白虎；徵声应管，当以玄武；商声应管，当以朱雀；羽声应管，当以勾陈；五管声尽，不应者，宫也，当以青龙以五行之符，佐胜之征，成败之机。"律管共有十二个音阶，其中主要的有五个，即宫、商、角、徵、羽。这是最基本的声音，千秋万代都不会改变。五行相生相克，神妙无比，乃是天地变化的自然规律，借此可以预测敌情的变化。金、木、水、火、土五行，各以其相互生克取胜。用兵之道也是以其胜攻不胜啊！古代三皇的时候，崇尚虚无无为，以克制刚强暴虐。当时没有文字，一切都按照五行生克行事。五行相互生克的原理，就是天地演变的自然规律。六甲懒分合是十分微妙的。运用五音五行的方法是：当天气清明晴朗，没有阴云风雨时，于半夜派遣轻骑前往敌人营垒，在距离敌营九百步以外的地方，都手拿律管对着耳朵，向敌方大声疾呼以惊动他们。这时，就会有来自敌方的回声反应于律管中，这回声非常微弱。如果是角声反应于律管中，就应当根据白虎所代表的方位从西方攻打敌人；如果是徵声反应于律管中，就应当根据玄武所代表的方位从北边攻打敌人；如果是商声反应于律管中，就应当根据朱雀所代表的方位从南边进攻敌人；如果是羽声反应于律管中，就应当根据勾陈所代表的方位从中央攻打敌人；所有律管都没有回声的是宫声的反应，应当根据青龙所代表的方位从东边攻打敌人。所有这些就是五行生克的应验，辅佐制胜的征兆，胜败的关键。

雍正元年秋，清朝大将年羹尧率军前往青海平定叛乱，到达西宁附近时，安营扎寨，饭后就寝。夜入三更，一群大雁从营帐上空飞鸣而过。年羹尧披衣而起，反复思忖：今夜天黑无光，大雁应群宿水边，倘无人惊动不会夜间飞行；且雁群飞行疾速，鸣声凄厉，起飞地点距此不会太远。白天哨探报告，前去不远有群山水泊，是叛军经常出入之地。想必是叛军乘我远道而来，士卒疲困，夜中前来劫寨，以致惊动雁群。于是，他当即定下设伏以待、消灭袭营之敌的计策。然后，年羹尧召集将士说："四更时分，叛军将前来劫我营寨，尔等设伏，需沉着果敢，奋勇杀敌，消灭乱军。"诸将率领军队设伏就绪不久，即见叛军骑兵朝清军设伏地域急驰而来。待叛军进入伏击圈后，清军骤然发起攻击，全歼前来袭营的叛军。天将破晓，将士凯旋。

当日，年羹尧下令休整三天，犒赏三军。席间，众将纷纷询问他何以得知叛军前来袭营的消息。年羹尧当即讲述了昨夜闻雁即警的经过。众将齐声感叹："大将军真乃神将！"年羹尧却说："不然。带兵征战，不能仅逞匹夫之勇，还必须时时戒备。戒备妙法，没有定论。为将者必先料敌，上通天文地理，下知敌我之短长，即使是禽兽生存习性的蛛丝马迹，也要细心体察，从中悟出道理。比如各类禽兽，都有自己奇特的预警灵性和防卫本领，如狡兔三窟，狡狐三穴，即是藏身避祸的例子。常言道，打草则蛇惊，兔警则鹰袭，马嘶则虎近，此即见微而知著也。我昨夜之所以闻雁即警，设伏至胜，就是前后联系，再三揣摩才定下的计策。诸位只要处处留意，用心研讨，长此以往，不难料兵如神。"诸将听完，无不点头称是。

三天后，年羹尧率军继续西进。经数次交锋，大获全胜，终于平定了叛乱。

方新，字子振，扬州人，明代传奇式天才棋手。中国围棋发展到明清时期，蔚为兴盛，流派纷呈，国手辈出。尤其是在明代中后期，围棋不再是士大夫的专利，越来越多的平民开始成为棋坛上的新星。其中，方子振就是万历年间最为知名的围棋国手之一。明代李维桢的《弈微序》记载："方子振父故善弈，子振五六岁时旁睨，辄若有会。试令为之，出人意表……遂以弈名江南，好事者延致无虚日。"上海辞书出版社出版的《围棋辞典》中说："方新，扬州人，嘉庆至万历年间名手，幼年知弈，六七岁时观父与来客对局，即能指摘局中有可攻瑕，复局布子，不差一路，稍长，同郡无人可敌。"

时人对方子振小小少年如此手段大惑不解，以为是得到仙助，于是编出一个与张良拜师一模一样的方子振学棋的故事。据《甲乙剩言》记载："人多言：方子振小时嗜弈，尝于月下见一老人，谓方曰：'孺子喜弈乎？诚喜，明当俟我唐昌观中。'明日方往，则老人已在。老人怒曰：'曾谓与长者期，而迟迟若此乎？当于明朝更期于此。'方念之曰：'圯上老人意也。'方明日五鼓而往，观门未启，斜月犹在。老人俄翩然曳杖而来，曰：'孺子可与言弈矣。'因布局于地，与对四十八变，每变不过十余着耳。由是海内遂无敌手。"人们常说方子振小时候喜欢下棋，曾经在晚上见到一位老人，对方说："小子你喜欢下棋吗？如果你真的喜欢，明天在唐昌观中等我。"第二天方子振到观中时，老人已经在了。老人愤怒地说："你曾和长辈约定了时间，怎么来得这么迟？应当于明日重来这里。"方子振说："我明白老人家的意思了。"方子振第二天五鼓时分前往，看门还未开，斜斜的月光还在。不一会儿老人拄着拐杖翩然到来，说道："小子是可以与其谈论下棋的人。"于是老人在地上布开棋局，和方子振下了四十八种变化，每种变化不超过十多手棋。于是方子振在海内没有对手了。

这个故事在当时广为流传，以至于明代著名学者胡应麟专程去拜访方子振，询问事情的真伪。方子振说："这是喜欢多事的人所说的。我八岁的时候就喜欢下棋。当时已经在念书，每当我上课时，必然先学完功课，然后和老师说：'我学有余力，请老师允许我下棋。'老师起初也责打惩罚我，后来也就不禁止了。我每天在桌案下布局计算。到十三岁时，天下就没有对手了。"虽然关于方子振的故事只是一个传说，但是通过这个传说，我们可以得到启示，作为一个弈棋者，要注重细节，勿以善小而不为，勿以恶小而为之。

围棋"合弈"文化之"细而精作，出人意表"。注意细节是一种日积月累的功夫，作为博弈的围棋，更需要弈棋者久久为功练出至广大而精细微的棋艺。治国理政和为人处世方面，更需要做事不贪大，做人不计小，机会往往蕴藏在细节之中。

第六十一章　故或下以取，或下而取

> 　　大邦者下流，天下之牝，天下之交也。牝常以静胜牡，以静为下。故大邦以下小邦，则取小邦；小邦以下大邦，则取大邦。故或下以取，或下而取。大邦不过欲兼畜人，小邦不过欲入事人。夫两者各得所欲，大者宜为下。

　　老子生活在周朝分封天下的年代，诸侯国林立。对于如何处理好天下和国之间的关系以及大国与小国的关系，老子在这一章中给出了答案。老子把天下或大国比作大海，把国和小国比作河流，用海和河流来说明彼此之间的关系。

　　"大邦者下流，天下之牝，天下之交也。"大国要像居于江河下游那样，使天下百川河流交汇在这里，处于雌柔的位置。"牝常以静胜牡，以静为下。"因为雌柔常以安静胜过雄强。

　　所以，老子认为，大国对小国谦下忍让，就可以取得小国的信任和支持；小国对大国谦下忍让，即可以包容大国而安然无事。同样对于同盟也是如此，要学会"欲兼畜人"和"欲入事人"，彼此之间各取所需，尤其是大国要懂得大气、谦让和包容。

　　而作为个人，更需要对周边的事物和人保持一种谦恭、柔和、甘居下位的态度，这样才不至于愧对人的作为万物之灵，才能拥有真正的聪明才智。明朝还初道人洪应明《菜根谭》中说："涉世浅，点染亦浅；历事深，机械亦深。故君子与其练达，不若朴鲁；与其曲谨，不若疏狂。"意思是说一个年轻人刚出来到社会，还没经历过世事，自然陋习也比较少，思想也单纯；而在社会中经过千锤百炼的人，阅历增多的同时，陋习也会增加。而作为一个君子，不能太圆滑，敞开心扉，坦然地活着，保持本性。

后世言人之相知，必称管鲍。管仲、鲍叔牙多年友善相处，叔牙深知管仲有非凡的治世才能，始终如一地礼让、尊重、信任。历史上流传下来的成语"鲍子遗风""管鲍之交"，便是源于他们二人的友谊故事。管仲曾叹说："生我者父母，知我者鲍子也！"鲍叔牙在南阳经商，认识了管仲。通过接触了解，他知道管仲虽然家道中落，境遇困顿，但志大才高，不是等闲之辈。他很看重管仲，于是两人就合在一起做起了买卖。每逢赚了钱，管仲总想多分一点，鲍叔牙知道后也不以为意。有人对鲍叔牙说："你这么做不是吃亏了吗？"但鲍叔牙回答说："管仲并不是贪财之人，只是家中贫穷急需钱财而已，是应该多拿些钱的。"有时候做生意赔了钱，鲍叔牙不但不抱怨管仲，还安慰管仲说："这是时机不利的缘故，请不要放在心上。"管仲听了，十分感动。这就是被后世盛传的"管鲍分金"的故事。

管仲曾从军出征，在战场上多次临阵脱逃。有人便讽刺管仲胆怯是管跑跑，鲍叔牙则极力为其辩解，说这是因为管仲家有老母，需要他孝养侍奉，故不能轻生。

先前管仲曾射过公子小白一箭。小白做了国君，即齐桓公，念念不忘一箭之仇，日夜想杀管仲。鲍叔牙先见桓公贺喜说："管仲天下奇才，齐国得到他，岂不可贺。"桓公切齿道："我恨不得食其肉，寝其皮，焉能用他！"叔牙正色劝说道："难得的是臣下忠于其主啊，如果你重用了管仲，以他的加倍忠心和才能，可以替你射得天下，哪里射钩之仇可比呀？"桓公点点头说："好吧，我暂且听你的话，先不杀他。"一日，齐桓公欲拜叔牙为相，鲍叔牙诚恳地辞谢说："主公如果只想管理好齐国，有高傒和我就够了。如想建树王霸天下的不世功业，那非用管仲不可！"桓公沉吟说："那我得先试探一下他的学问再说。"叔牙摇摇头，进言说："非常的人，必须以非常的礼节相待才行，天下的人知道主公尊贤礼士，不计私怨，会有更多的人来齐国效忠尽智！"

齐桓公恍然大喜，即命人择定吉日良辰，用"郊迎"的大礼，亲自迎接管仲并同车进城。桓公与管仲一连谈论三日三夜，句句投机，即拜管仲为相国，且尊称为"仲父"，言听计从，专任不疑，常嘱左右："国家大政，先禀仲父；有所裁决，任凭仲父。"

在军事战斗中，老子的"或下以取，或下而取"应理解为军事戒备不可低看敌军，高估自己。《孙子兵法》曰："无所不备，则无所不寡。寡者，备人者也；众者，使人备己者也。"处处防备，就处处兵力薄弱。敌人兵力所以少，是由于处处防备的结果；我方兵力所以多，是由于迫使敌人分兵防我的结果。反之则要攻其不备，出其不意。曹操曾为《孙子兵法》注言："击其懈怠，出其空虚。"曹操征乌桓，郭嘉献计说："胡恃其远，必不设备。因其无备，卒然袭之，可破灭也。"军队走到易北，郭嘉又说："兵贵神速，今千里袭人，辎重多，难以趋利，不如轻兵间道以出，掩其不意。"于是曹操轻骑出卢龙塞，直指单于庭，突袭乌桓，大破之。这就是攻其不备成功的典型战例。

《六韬·虎韬·金鼓》记载周武王询问姜尚："三军无备，上下惑乱，为之奈何？"姜尚言："凡三军，以戒为固，以怠为败。令我垒上，谁何不绝，人执旌旗，外内相望，以号相命，勿令乏音，而皆外向。三千人为一屯，诫而约之，各慎其处。敌人若来，亲我军之戒，至而必还，力尽气怠，发我锐士，随而击之。"凡是军队，有戒备就能巩固，若懈怠就会失败。命令我军营垒之上，口令问答之声不绝，哨兵手持旗帜，与营垒内外联络，相互传递号令，不要使金鼓之声断绝，士卒面向敌方，随时准备投入战斗。每三千人编为一屯，严加告诫和约束，使其各自慎重守备。如果敌人前来进犯，看到我军戒备森严，即使逼近我军阵前，也必会惧怕而退走。这时，我军乘敌人力尽气竭之际，派遣精锐部队紧随敌后攻击敌人。

加强警戒，严为防备，这是防止遭敌袭击的一般要求，正所谓"以戒为固，以怠为败"。秦军在崤山之战中失败的原因就在于没有加强警戒和防范。

秦穆公凭着日渐强盛的国力，企图争霸中原，但其东出道路却被晋国所扼而难以东进。周襄王二十四年四月和十二月，郑文公和晋文公相继病逝，秦穆公得知消息，决定乘机出兵越晋境偷袭郑国。主政大夫霍叔认为师出无名："劳师以袭远，不易成功。我军越千里以袭人，郑必知之。我军劳而力竭，而攻敌之有备，实无成功之望。"但秦穆公一心想称霸中原，一意孤行，任命孟明视为大将，西乞术、白乙丙为副将，率军伐郑。晋襄公为维护晋国的霸业，决定乘机打击秦国。因秦军往返必经过晋国的崤山，此山峻壁绝涧，唯东、西二崤间有一蜿蜒小道。晋国决定先不惊动秦军以骄其志，待其疲惫回师时，将其歼灭于崤山险隘地区。

十二月，秦军出雍都（今陕西凤翔南），穿越崤山隘道，偷越晋国南境，于次年二月抵达距秦约千里的滑国（今河南偃师），与郑国商人弦高相遇。弦高断定秦军必是袭郑，便冒充郑国使臣，假借郑君之命，犒劳秦师，同时派人连夜赶回郑国报告。孟明视上当受骗，以为郑国已有防备，原打算突袭郑国的计划已难以实现，于是乘便夜袭滑国，掠夺大量财富和女子西归。

晋国侦知秦师返归，即命先轸为大将，率军秘密赶至崤山，并联络当地羌戎，埋伏于隘道两侧。为激励士气，晋襄公戴孝亲自前往督军。秦军因东出途中未遇晋军任何阻击而傲慢松懈，孟明视等不做任何警戒和防范，率军径入崤山。因长途跋涉，车辆重载，部队行动迟缓，加上道路崎岖狭窄，行军十分困难。四月十三日，晋军见秦军全部进入设伏地域，突然发起猛攻，秦军首尾不能相救，被截为数段。晋军全歼秦军，大获全胜，俘虏孟明视、西乞术和白乙丙等三将。

此战秦军的失利，关键在于进入晋国重地时，放松了警惕，没有采取任何防敌措施，终于落入晋军圈套，导致全军覆没。

老子的"或下以取，或下而取"思想在围棋上理解为战略性思维。围棋看似形制简单至极，以黑白两色棋子，在经纬线条上表示双方对垒，没有任何文字和立体形态，反而可以表现和演变多样、复杂的博弈内容和进程。围棋的许多规则和下法反映出重要的战略元素。围棋以"气"决定了子力生死，体现了战略力量生存的基本条件。"双活"体现了给予均等情况下利益的均衡。

北宋刘仲甫创作的《棋诀》之《侵凌》讲道："夫棋路无必成，子无必杀，乘机智变，不可预图。且布置已定，则强弱未分，形势鼎峙，然后侵凌之法得以行乎其间，必使应援相接，勾落相连，多方以拥逼，迤逦而侵袭。侵袭若行，则彼路不得不促；拥逼渐急，彼势不得不赢。矣乎忿而先动，则视敌而索其情，观动而制乎变。此之谓善应者也。"侵凌是指围棋以围之势攻占他人领土的方法。围棋以目为地，两军交战，占地多则赢。围棋中没有必然，纵横十九条，三百六十一目，乘机应变，便是围棋的趣味以及难度所在。没有必须要成的棋路，没有必须要杀的棋子，所有都依靠应变之势，不能完全估算之后的情景。即使布局定了下来，强弱也未必分明，两相对峙，这时候便用到了侵凌这种方法，应援之棋相互援助，交错相连，围成一势逼迫敌方，抢占地盘。逼迫敌方的时候，速度要快，步步紧逼，从大势上压制对手。压制对手的时候要观察对手的动作，揣摩对手的心理，先其一步反制对手的行动。抢占先机是围棋的精髓所在，此之谓善应者也。

　　围棋"合弈"文化之"攻其不备，出其不意"。弈棋者面对敌人的进攻，我们要做好防备，切不可掉以轻心。但是当我们攻打敌人的时候恰恰要攻其不备、出其不意，这样才能将代价减少到最低程度。在现实生活中，我们要讲究效率，要未雨绸缪，要精心谋划，准确出击。

第六十二章　美言可以市尊，美行可以加人

道者，万物之奥，善人之宝，不善人之所保。美言可以市尊，美行可以加人。人之不善，何弃之有？故立天子，置三公，虽有拱璧以先驷马，不如坐进此道。古之所以贵此道者何？不曰：求以得，有罪以免邪？故为天下贵。

"道"蕴藏着宇宙万物之所以存在和发展变化的奥妙，蕴藏着获得人生幸福的大智大慧。"善人之宝，不善人之所保。"善良的人将道视为珍宝；不善良的人，虽然心里不支持道，但为了利益，也会利用道来掩饰自己，保护自己，在危难的时候能得到道的庇护。

为什么万事万物不管是好的还是坏的都会得到道的庇护呢？因为道是天地万物的本原，是贮藏万物的庇护之所，它时时刻刻都在保佑着天地万物。道是世界物质中未被感知的存在，它对万物一视同仁，它评价万物，却不把万物的过去行为作为评价标准，而是把它的现在和将来的行为作为评价标准。正如明朝还初道人洪应明《菜根谭》中讲道："不责人小过，不发人阴私，不念人旧恶，三者可以养德，亦可以远害。"不责怪别人的小过错，不揭发别人的隐私，不对别人从前的错误念念不忘。这样做既可以培养我们的道德品行，又可以使我们躲开祸患。

所以，不管一个人好还是坏，只要他能体悟道的内涵并能掌握道的理念精髓，道都会极力保护他的安全，故而称道荫蔽万物。

　　《晋书·周处传》里讲了一个叫周处的人弃恶从善的故事。明朝人黄伯羽将其改编为传奇《蛟虎记》，广为流传，京剧中仍保留有《除三害》剧目。说周处父亲死亡，母亲溺爱他，他年少时身材魁梧，臂力过人，武艺高强。好驰骋田猎，不修细行，纵情肆欲，横行乡里。民谣说："小周处，体力强，日弄刀弓夜弄枪。拳打李，脚踢张，好像猛虎扑群羊。吓得乡民齐叫苦，无人敢与论短长。"这位"少孤，不修细行，州里患之"的七尺少年，与南山猛虎、西汜蛟龙被乡民合称为阳羡城"三害"。后来，这个说法传到了周处的耳朵里，他自知为人所厌，突然悔悟，只身入山射虎、下水搏蛟，经三日三夜，在山上、水中追逐数十里，终于斩杀猛虎、擘蛟。他自己也改邪归正，认认真真拜师学文练武，这一来城内"害"皆除。周处除"三害"后，发愤图强，拜文学家陆机、陆云为师，终于才兼文武，得到朝廷的重用，历任东吴东观左丞、晋新平太守、广汉太守，迁御史中丞。他为官清正，不畏权贵，因而受到权臣的排挤。西晋元康六年，授建威将军，奉命率兵西征羌人，次年春于六陌战死沙场。死后追赠平西将军，赐封孝侯。

　　"美言可以市尊，美行可以加人。"这句话可谓通俗易懂，意思是美好的言辞可以换来别人对你的尊重，良好的行为可以见重于人。道家讲的美言绝不是骗人的话，也不是胡说八道的话，而是说话的方式得体，合情合理，该表扬的时候表扬，该批评的时候批评。同样行为也是如此，不同场合不同的行为，不违心，不做作，一切顺其自然。正如明朝还初道人洪应明《菜根谭》中说："栖守道德者，寂寞一时；依阿权势者，凄凉万古。达人观物外之物，思身后之身，守受一时之寂寞，毋取万古之凄凉。"意思就是做人如果没有道德，只会依附权势的人，下场会很凄凉；而做人心胸宽广，懂得给人留后路，就算受到一时的冷落，也不会遭遇凄凉。

　　春秋时期晋国上卿栾书因屡获军功，升任中军元帅。当时楚军攻打郑国，而郑晋两国曾有盟约，晋景公就派栾书率大军前往救郑，楚军见晋军来势汹汹，就退兵回国了。栾书为替郑国复仇，率兵攻打依附于楚国的蔡国，楚王派公子申和公子成率兵救援，春秋两大霸主之间的大战一触即发。晋国大将赵同和赵括向栾书请战，栾书的谋臣知庄子、范文子、韩献子却建议："楚国有备而来，打败强大的楚军占不到便宜，如果失败了，却是奇耻大辱，权衡利弊，还是撤军为上！"栾书觉得有道理，于是准备撤军。可是主战派却心生不满，认为："辅佐主帅的谋臣有十一人，只有三人劝说撤退，为什么不能听取多数人的意见？"栾书回答说："不是人多就正确，而是正确的意见才能保障大多数人的利益！"栾书对蔡国徐徐图之，两年后终于攻占蔡国，此时全军士气高涨，又有大将建议趁势攻打楚国。知庄子、范文子、韩献子再次建言："楚国休养生息，兵精粮足，不如攻打沈国！"栾书没有好大喜功，便听从建议改为攻打沈国，不费吹灰之力就取得了胜利。栾书总能正确地听取部下的意见，人们称赞他从善如流。

因此，"不曰：求以得，有罪以免邪？"这就是求道庇护一定可以得到满足，犯过罪了，也可以得到它的宽恕。"故立天子，置三公，虽有拱璧以先驷马，不如坐进此道。"在天子即位或设立三公之时，尽管有献礼仪式，还不如把道进献给他们。

在军事中，美言良行往往都是欺骗的幌子，不足为信。军事战斗是一项你死我活的搏杀，岂能善良以待之。故而，作为以奇用兵来讲，要保护好军事机密，反过来要了解敌军的机密，这样才能做到知己知彼，百战百胜。

《六韬·龙韬·军势》记载了周武王询问姜尚："攻伐之道奈何？"姜尚言："资因敌家之动，变生于两阵之间，奇正发于无穷之源。故至事不语，用兵不言。且事之至者，其言不足听也；兵之用者，其状不足见也。忽而往，忽而来，能独专而不制者，兵也。"作战的态势要根据敌人的行动而决定，战术的变化产生于敌我双方的临阵对垒，奇正的运用来源于将帅无穷的智慧和思考。所以，最重要的机密不能泄露，用兵的谋略不可言传，况且机密极为重要只能藏于心中而不能表现为理论，军队的部署和运用只能隐秘而不可暴露于敌。倏然而去，忽然而来，独断专行而不受制于人，这就是用兵的原则。

三十六计中有一计为反间计。何谓"反间计"？指的是识破对方的阴谋诡计，并巧妙地利用对方的阴谋诡计攻击对方。采用反间计的关键是"以假乱真"，造假要造得巧妙、造得逼真，才能使敌人上当受骗、信以为真，做出错误的判断，采取错误的行动。唐代杜牧说："敌有间来窥我，我必先知之，或厚赂诱之，反为我用；或佯为不觉，示以伪情而纵之，则敌人之间，反为我用也。"

在明代小说《三国演义》中，赤壁大战前夕，周瑜巧用反间计杀了魏军中精通水战的叛将蔡瑁、张允，就是个有名例子。

曹操率领号称的八十三万大军，准备渡过长江，占据南方。当时，孙刘联合抗曹，但兵力比曹军要少得多。曹操的队伍都由北方骑兵组成，善于马战，可是不善于水战。正好有两个精通水战的降将蔡瑁、张允可以为曹操训练水军。曹操把这两个人当作宝贝，优待有加。一次东吴主帅周瑜见对岸曹军在水中排阵，井井有条，十分在行，心中大惊。他想一定要除掉这两个心腹大患。曹操一贯爱才，他知道周瑜年轻有为，是个军事奇才，很想拉拢他。曹营谋士蒋干自称与周瑜曾是同窗好友，愿意过江劝降。曹操当即让蒋干过江说服周瑜。

周瑜见蒋干过江，一个反间计就已经酝酿成熟了。他热情款待蒋干，酒席上，周瑜让众将作陪，炫耀武力，并规定只叙友情，不谈军事，堵住了蒋干的嘴巴。周瑜佯装大醉，约蒋干同床共眠。蒋干见周瑜不让他提及劝降之事，心中不安，哪里能够入睡。他偷偷下床，见周瑜案上有一封信。他偷看了信，原来是蔡瑁、张允写来的，约定与周瑜里应外合，击败曹操。这时，周瑜说着梦话，翻了翻身子，吓得蒋干连忙上床。过了一会儿，忽然有人要见周瑜，周瑜起身和来人谈话，还装作故意看看蒋干是否睡熟。蒋干装作沉睡的样子，只听周瑜他们小声谈话，听不清楚，只听见提到蔡瑁、张允二人。于是蒋干对蔡瑁、张允二人和周瑜里应外合的计划确认无疑。

他连夜赶回曹营，让曹操看了周瑜伪造的信件，曹操顿时火起，杀了蔡瑁、张允。等曹操冷静下来，才知中了周瑜反间之计，但已无可奈何了。

但是，美言良行出于善意的话，可以有效提高军队中的士气。例如有个成语叫作望梅止渴，比喻愿望无法实现，只好用想象或虚构的东西自慰。说的是有一年夏天，曹操率领部队去讨伐张绣，天气热得出奇，骄阳似火，天上一丝云彩也没有，部队在弯弯曲曲的山道上行走，两边密密的树木和被阳光晒得滚烫的山石，让人透不过气来。到了中午时分，士兵的衣服都湿透了，行军的速度也慢了下来，有几个体弱的士兵竟晕倒在路边。

曹操看行军的速度越来越慢，担心贻误战机，心里很是着急。可是，眼下几万人马连水都喝不上，又怎么能加快速度呢？他立刻叫来向导，悄悄问他："这附近可有水源？"向导摇摇头说："泉水在山谷的那一边，要绕道过去还有很远的路程。"曹操想了一下说："不行，时间来不及。"他看了看前边的树林，沉思了一会儿，对向导说："你什么也别说，我来想办法。"他知道此刻即使下命令要求部队加快速度也无济于事。脑筋一转，办法来了，他一夹马肚子，快速赶到队伍前面，用马鞭指着前方说："士兵们，我知道前面有一大片梅林，那里的梅子又大又好吃，我们快点赶路，绕过这个山丘就到梅林了！"士兵们一听，仿佛已经吃到嘴里，精神大振，步伐不由得加快了许多。

曹玮，北宋名将，出身将门，沉勇有谋，喜读书，通晓春秋三传，为将四十年，未曾失利。他治军严整，史称其"平居甚闲暇，及师出，多奇计，出入神速不可测"。这位常胜将军经常下围棋，甚至有一次在军中一边下棋，一边施奇计，借刀杀人平息了一场叛乱。据《涑水记闻》记载："玮在秦州，有士卒十余人，叛赴虏中。军吏来告，玮方与客弈棋，不应。军吏亟言之，玮怒，叱之曰：'吾固遣之去，汝再三显言耶？'虏闻之，亟归告其将，尽杀之。"曹玮在秦州，有十多个士兵叛变投奔西蕃军。军吏来告诉曹玮，曹玮正在与客人下棋，不回应。军吏多次说这件事，曹玮怒，训斥军吏说："本来就是我派他们去的，难道你一定要反复说得这么明白吗？"敌军听说这件事，马上跑回来告诉了他们的首领，把叛变的士兵全部杀死了。在这件事情中，围棋成了极好的道具，棋迷主帅在棋盘上激战正酣时，"无意中"泄漏了军情，合情合理，迷惑了敌军。曹玮以其机智和急智，不动一兵一卒，纹枰落子之间就平息了一场叛乱。曹玮在军中下棋，或视棋盘为战场，棋局为战局，纹枰之上演兵。

民间流传着一个关于左宗棠棋遇的故事。左宗棠平日里爱好下棋，在收复新疆之前，左宗棠遇到了一名世外高人，老人凭借棋艺享誉一方。左宗棠听说了老人竟然有天下第一的名声，于是便下定决心，在自己收复新疆之前上门讨教。

老人听说了左宗棠的来意，虽然婉拒，但却是耐不住左宗棠的咄咄相逼。左宗棠对老人的棋艺并未有太多畏惧，虽然老人有天下第一的名头，但毕竟只是一个山野老人而已，未必就能比其棋艺更加高超。

不知为何，老人在面对左宗棠时，竟然一时间无法对抗。左宗棠的棋艺或许不错，但老人既然有天下第一的名头，竟然无法与左宗棠对抗，这件事不免让左宗棠沾沾自喜。在左宗棠看来，老人的棋艺漏洞百出，防守不可，进攻不足，很快，老人就败下阵来，左宗棠对老人的棋艺鄙视之极，如此笨拙之人，竟然能够享誉一方。

老人无奈之下，便与左宗棠相约，待到左宗棠收复新疆归来，再次拼搏棋艺。战胜了拥有国手名号的老人，左宗棠一时间斗志昂扬，在收复新疆的过程中带领军队稳扎稳打，百战百胜，很快，新疆就被左宗棠收复了。

归乡途中，左宗棠想起来曾经与老人的约定，于是便再一次赶到了老人的茅庐，与老人又一次对弈三局。

这次对弈，左宗棠看出了老人的深不可测，老人的棋艺一反上次的浅显不堪，防守滴水不漏，进攻稳扎稳打，很快，左宗棠就败下阵来。一连三局，左宗棠尽皆败给了老人，无奈之下，左宗棠只好向老人请教原因，为何上次自己能够轻易取胜，这次却如此轻易溃败。

老人也不为难左宗棠，向左宗棠说出了实话，原来上次老人之所以输给左宗棠，不是因为左宗棠棋艺高超，而是老人故意犯错，给了左宗棠取胜的机会。让左宗棠输不难，难就难在让左宗棠输了都不知道老人竟然一直在故意让自己。老人之所以让左宗棠取胜，正是为了鼓励左宗棠，让左宗棠带着一往无前的气势奔赴前线，获得战争的胜利，若是挫了左宗棠的锐气，导致前线失利，这可是老人不愿意看到的。听君一席话，胜读十年书，左宗棠当即羞愧不已，原来自己竟然是在老人放水的情况下才能取胜，亏他还沾沾自喜能够战胜国手。

围棋"合弈"文化之"美言良行，为善除奸"。弈棋者弈棋过程中，可以使用各种计谋，这是源于围棋本身是一种博弈，注重智谋。但现实生活中，无论棋艺如何精湛，皆应善言良行，不可恶语相向，不可倚老卖老，不可目中无人。言行举止无论是真话还是谎言，前提是基于为别人好。

第六十三章　夫轻诺必寡信，多易必多难

> 为无为，事无事，味无味。大小多少，报怨以德。图难于其易，
> 为大于其细；天下难事，必作于易；天下大事，必作于细。是以圣
> 人终不为大，故能成其大。夫轻诺必寡信，多易必多难。是以圣人
> 犹难之，故终无难矣。

道家认为要以无为的态度去有所作为，以不滋事的方法去处理事物，以恬淡无味当作有味。进而得出"大小多少"——大生于小、多生于少的道理，也就是我们今天所讲的量变引起质变。

对此，老子提出："图难于其易，为大于其细；天下难事，必作于易；天下大事，必作于细。"处理问题要从容易的地方入手，实现远大目标要从细微的地方入手。天下的难事一定是从简易的地方做起，天下的大事一定从细微的部位入手。

因此老子得出"夫轻诺必寡信，多易必多难"的道理，即那些轻易许诺的人，很少能够兑现的，会失去信用；把事情看得太容易的人，势必会遇到很多困难。因此做任何事情都要相信自己，坚持到底。正如明朝还初道人洪应明《菜根谭》中讲道："众人以顺境为乐，而君子乐自逆境中来；众人以拂意为忧，而君子忧自快意中起。盖众人忧乐以情，而君子忧乐以理也。"一般人都以处在顺境中而高兴，可是君子却能从逆境中发现快乐；一般人因为遇到不顺心的事情而感到忧愁，可是君子的忧愁却是在事事称

心如意的时候产生。这是因为一般人的快乐与忧愁是由自己的情感决定的，而君子的快乐与忧愁却是由理智决定的。

鉴真出生于扬州，十四岁时出家做了和尚，二十岁起就到洛阳、长安游学，跟随多位有名的佛教大师学习。在名师的熏陶下，勤奋好学的鉴真很快学成，成为江淮地区有名的高僧。他的弟子中有三十多人在当时就很有名气，他还建造了许多寺院和佛塔，写了三部《大藏经》，声名远扬。鉴真认为日本是一个有缘之国，他询问哪位弟子愿意前往。弟子们低头不语，半天也没人吭声。鉴真刚要再次询问，有个弟子站起来说："大唐与日本之间隔着茫茫大海，路途又远，实在是太危险了。"鉴真却说："传扬佛法，何必在惜生命！你们不去，我去！"那时鉴真已经五十五岁，他不顾自己年事已高，健康状况欠佳，毅然决心东渡传法。弟子们感动了，纷纷表示愿意跟随师父一同到日本传法。鉴真决定东渡后，立即着手准备船只、干粮等。第二年春天，鉴真率领弟子发船东渡。但是，在以后的五年中，由于当时唐朝政府海禁较严，再加上海上自然环境恶劣，经常遭遇风浪，他一连四次渡海都以失败告终：第一次被官方指控为"勾结海盗"，第二、三次遇到飓风触礁，第四次被官方押送回籍。748年，鉴真第五次东渡起航，这时他已经六十出头了。他们从扬州崇福寺出发，船才驶到舟山群岛便遇上了风暴，停泊了约两个月才继续出发。谁知第二天又遇上了飓风的袭击，船只在波峰浪谷间颠簸，迷失了方向。在海上整整漂流了十四天，粮食吃完了，淡水也用光了，鉴真和弟子们饥渴难耐，劳累不堪，可他们没有动摇传法的决心。经历了无数险阻、万千困难，船只终于靠岸了，一上岸才知道他们已经漂流到了海南岛的振州。多年旅途的劳顿，严重损害了他们的健康。日本僧人荣睿不幸患上重病，不治身亡。鉴真悲痛万分，加上旅途的辛劳，使他眼病突发，双目失明。后来，他的得意弟子祥彦又病死于船上。然而，无论是风浪，还是病魔，都无法阻止鉴真东渡的步伐。753年，鉴真已经六十六岁高龄，他搭乘日本遣唐使的船只，开始了第六次东渡。由于这一次事先做了周密的安排，因而比前五次顺利。次年一月，鉴真到达日本九州岛，历时十多年的东渡终于获得了成功。

黄石公《三略》讲道："下下者，务耕桑，不夺其时；薄赋敛，不匮其财；罕徭役，不使其劳；则国富而家娱。"爱护民众的君主，重视农桑，不违农时，减轻赋税，民众不贫。于是国家富足，民众安乐。

诸葛亮四出祁山时，所带兵马只有十多万，而魏军主将司马懿迎战蜀军，拥有精兵三十余万，还有久经沙场的大将张郃、郭淮、费曜等。蜀、魏两军在祁山对峙，旌旗猎猎，鼓角相闻，战斗一触即发。正在这紧张时刻，蜀军中有四万人因服役期满，需退役还乡。蜀军将领们都为此担忧：一旦四万人离开，部队的战斗力将大打折扣。服役期满的老兵们也忧心忡忡：大战在即，回乡的愿望肯定要化为泡影。将领们共同向诸葛亮建议：延期服役一个月，待大战结束再让老兵们还乡。诸葛亮断然说："治国治军必须以信为本。老兵们归心似箭，他们家中的父母妻儿也盼亲人回来，已望眼欲穿，我怎么能因一时的需要而失信于军民呢？"说完，下令各部，让服役期满的老兵速速返乡。诸葛亮的命令一下，老兵们几乎不相信自己的耳朵，随后，一个个热泪盈眶、激动不已。这一来，老兵们反而不走了，皆言："丞相待我们恩重如山，如今正是用人之际，我们要奋勇杀敌，报答丞相！"老兵们的激情对在役的士兵更是莫大的鼓励。蜀军上下，群情激愤，士气高昂。四出祁山，诸葛亮虽然没能取得预期的功绩，但他设计诱杀了魏军大将张郃，又在形势对自己不利的情况下平安地率领蜀军撤退回国，这不能不说有四万服役期满的老兵的功劳。

在围棋发展史上有一些棋界轶闻。《清朝轶闻》记载了胡肇麟下棋的故事。棋手胡肇麟是扬州的盐商，酷爱围棋，棋力似在国手之列。《镜花缘》作者李汝珍评价胡肇麟的棋力时说："肇麟乃百战百胜之健儿，同辈诸人，无不退避三舍，呼为铁头，勇可知也。"胡肇麟是当时仅次于国手范西屏和施定庵的著名棋手，下起棋来大刀阔斧，甚为凶猛，人称"胡铁头"。胡肇麟下棋憨态可掬，仗着财大气粗，与范西屏、施定庵对阵爱下赌注，输一子奉送白银一两。一次他与范西屏对弈，下了一半，已是楚歌四起，他急中生计，诡称身体不适，要求封盘，改日再战，暗中却连夜赶赴东台，求救于施定庵，终于讨得对策，第二日拖来范西屏接着厮杀。他刚着一子，范西屏哈哈大笑，说："定庵人未到，棋却先到了！"胡肇麟见机关被识破，脸上居然也飞出胭脂颜色。

围棋"合弈"文化之"厚吾之生，玉汝于成"。不以厚吾之生者为荣，而以玉汝于成者为乐。苦难是一个民族走向辉煌的底色，也是一个人凤凰涅槃的必经历程。"险阻艰难，备尝之矣。"当你尝尽人间百味，便会觉得过尽千帆皆不是，以至豁达。

第六十四章　慎终如始，则无败事

> 其安易持，其未兆易谋；其脆易泮，其微易散。为之于未有，治之于未乱。合抱之木，生于毫末；九层之台，起于累土；千里之行，始于足下。为者败之，执者失之。是以圣人无为故无败，无执故无失。民之从事，常于几成而败之。慎终如始，则无败事。是以圣人欲不欲，不贵难得之货，学不学，复众人之所过，以辅万物之自然而不敢为。

在第六十三章“大小多少”哲学原理基础上，老子进而提出了“慎终如始，则无败事”的看法，即当事情快要完成的时候，也要像开始一样慎重，就没有办不成的事情的方法论。正如明朝还初道人洪应明《菜根谭》中说：“酷烈之祸，多起于玩忽之人；盛满之功，常败于细微之事。”那些严酷惨烈的灾祸，大多是因为不认真对待而发生的；那些看起来盛大圆满的功业，常常败坏在琐细微小的事情上，就是前功尽弃。

“其安易持，其未兆易谋；其脆易泮，其微易散。为之于未有，治之于未乱。”局部安定时容易保持和维护，事物没有出现变化迹象时容易图谋。事物脆弱的时候容易消解，事物细微时容易散失。

做事情要在它尚未发生以前就处理妥当，治理国政，要在祸乱没有产生之前早做准备。这是一个发展哲学原理中的适度原则，即事物朝着好的方向发展时，要未雨绸缪，先发制人；如果事物朝着不好方向发展时，要及时扼制、止损，以期不发生质的变化。

前 1046 年，周武王灭了商朝。为了安抚商朝遗民，他把纣王的儿子武庚封在朝歌做诸侯，同时又把自己的三个弟弟管叔、蔡叔和霍叔分别封在武庚的东面、西面和北面，以便监视他。

武王的弟弟周公以及太公、召公等帮助武王灭商立了大功，武王就把他们留在京城辅政，其中周公最受信任。两年后，武王得了重病，大臣们焦虑万分。周公特地祭告周朝祖先，表示愿意代哥哥去死，请先王保佑武王恢复健康，祭毕，周公把祝辞封存在石室里，严令史官不得泄密。

事有凑巧，周公祝祷后的第二天，武王的病开始出现转机，周公和其他大臣都十分高兴。但不久，过度的操劳使武王旧病复发，终不治身亡。年幼的太子姬诵被拥立为王，史称周成王，周公受武王遗命摄政。周公的摄政引起了管叔等人的不满。他们散布谣言，说周公摄政是为了篡夺王位，从而引起了成王的怀疑，周公百口莫辩，离开了京都。不甘心商朝灭亡的武庚见周氏兄弟之间出现了矛盾，就派人去联络管叔等，挑拨他们与周公的关系，同时积极准备起兵叛乱。

周公经过两年的调查，终于查清了谣言的来源，知道了武庚准备叛乱的情况。他十分焦急，便写了一首名为《鸱鸮》的诗给成王。诗的大意是：鸱鸮啊鸱鸮，你夺走了我的孩子，不要再毁掉我的窝！趁着天未下雨，我要剥下桑根的皮修补好门窗，我的手已发麻，嘴已磨损，羽毛也将落尽，可是我的窝还在风雨中飘摇！这首诗以母鸟的口吻，反映了周公对国事的深切忧虑，但年轻的成王并未能了解周公的苦心，对此无动于衷。

后来，成王无意中在石室里发现了周公的祝辞，深深为之感动，就立即派人把周公请回镐京。周公回京后，成王派他出兵征讨三个叔叔和武庚。周公足智多谋，很快平息了叛乱，周王朝的统治得到了巩固。

作为一个圣人，既要做到"无为故无败，无执故无失"，不妄为所以不失败，不固执所以不受伤害；又要做到"欲不欲，不贵难得之货，学不学，复众人之所过，以辅万物之自然而不敢为"，追求人所不追求的，不稀罕难以得到的货物，学习别人所不学习的，补救众人所经常犯过的错，遵循万物的自然本性而不妄加干涉。正如道家名言讲的："学者，学其所不能学也；行者，行其所不能行也；辩者，辩其所不能辩也。知止乎其所不能知，至矣；若有不即是者，天钧败之。”

《吴起兵法》讲："用兵必须审敌虚实而趋其危。"用兵只有清楚敌人的力量部署情况，才能选择其薄弱环节狠狠打击。明朝刘伯温《百战奇略·轻战》讲："凡与敌战，必须料敌详审而后出兵。若不计而进，不谋而战，则必为敌人所败矣。法曰：'勇者必轻合，轻合而不知利。'"大凡对敌作战，必须首先做到判断敌情周详准确，然后再出兵与敌人作战。如果不研究敌情就轻率前进，不进行周密谋划就贸然出战，就一定要被敌人打败。诚如兵法所说：有勇无谋的将领必定会轻率与敌人交战，轻率与敌交战而不考虑有利与否是不可取的。

李靖，隋末至初唐时期杰出的军事家。贞观三年以定襄道行军总管总统诸将北征，以精骑三千夜袭定襄，使颉利可汗部惊溃，又奔袭阴山，一举灭亡东突厥，使自阴山北直至大漠均成为唐朝疆域。李靖在很多历史迷、军事迷心中有很崇高的地位，说是"战神"一点也不为过。作为大唐第一名将，为初唐搞定了南、北、西三面的危机，甚至有人认为贞观盛世的一半功劳都要记在他的头上。贞观八年十一月，吐谷浑入侵凉州，并扣留使者赵德楷。李世民敦促对方放人，吐谷浑置若罔闻，李世民知道这一仗非打不可了。当机立断下诏出兵，挑出合适人选，指派经验老到且百战百胜的大将李靖去讨伐吐谷浑。

进军大西北之后，不把大唐放在眼里的吐谷浑首领倚仗大西北地区的险恶地形和恶劣的气候，开始玩起了战法猫腻，即对唐朝军队"采取你进我退、你退我进"的策略。本身不熟悉大西北地形地貌和气候因素的唐朝军队屡屡受挫。久经沙场的李靖，知道战争必须要因地制宜，于是开始进行战争总结，将经验教训进一步提炼，最终为剿灭吐谷浑制定了针对性策略，即"长途奔袭，速战速决"。

数千骑精骑兵越过库山，对吐谷浑首领伏允实施前后夹击。突如其来的大唐军队，犹如天降奇兵，伏允没有料到唐军会这么快追上他。而且，他根本就不可能料到唐军会越过库山向他发起进攻。伏允慌乱之中丢甲弃兵落荒而逃，为了防止损失继续扩大，立马采取火烧草原之策，阻止大唐李靖追击，为自己争取有效的缓冲时间。

　　李靖岂是等闲之辈，即便吐谷浑断了牧草让唐军战马无草可食也能让吐谷浑吃一回亏，李靖坚定要前去追赶伏允，不能让伏允有时间养精蓄锐。李靖带着气势浩荡的军队，直奔伏允所在地，打他个措手不及。伏允没有料到李靖会马不停蹄直越险恶之地，步步紧逼，完全不给他留喘气的机会。随后，伏允被李靖前后夹击，被逼无奈下，只得四下逃窜，最终被逼得自杀身亡。

　　李靖率领的大军平定了吐谷浑，河西走廊得以再次被疏通。在这次战役中，被后世追捧至极的军事荣耀、兵法王者的李靖对于作战"度"的掌握可谓到了极点，这源自其对战役分析的恰好到位、当机立断。

　　而没有掌握时机，不遵守"谨慎"原则的战役也不少，只不过这类战役基本上都是以失败告终。长平之战，白起决定趁势攻打赵国，这也获得了秦昭王的同意，而且派遣了两路大军来进攻赵国和韩国。但是，韩国和赵国则选择派人来游说秦国的宰相范雎。于是，范雎以秦兵疲惫、急待休养为由，请求允许韩、赵割地求和。秦昭王应允。韩割垣雍、赵割六城以求和，正月皆休兵。

　　由此，对于白起来说，本来想要趁机消灭赵国的计划就这样被搁置了。过了一段时间，秦昭王又派遣大军进攻赵国。彼时，因为白起患病，所以进攻邯郸的将领是王陵。不过，王陵攻邯郸不太顺利，秦王又增发重兵支援，结果王陵依然惨败。等到白起病愈后，秦昭王欲以白起为将攻邯郸。而这遭到了白起的拒绝。

　　对此，白起向秦昭王解释了自己不愿意进攻赵国都城邯郸的原因。一方面，虽然长平之战中，秦国消灭了数十万的赵国士兵，但是，伤敌一千，自损八百，此战也让秦国付出了数十万士兵的伤亡。另一方面，更为关键的是，在长平之战刚刚结束之后，秦国错过了一举消灭赵国的机会。如今，一两年的时间内，赵国已经获得了喘息之机。秦昭王就是轻信了范雎之言，错失了消灭赵国的良机，导致后来一败再败。

　　《棋经十三篇》之《合战篇》提出："博弈之道，贵乎谨严。高者在腹，下者在边，中者占角，此棋家之常然。法曰：'宁输数子，勿失一先。'有先而后，有后而先。击左则视右，攻后则瞻前。两生勿断，皆活勿连。

阔不可太疏，密不可太促。与其恋子以求生，不若弃子而取势；与其无事而强行，不若因之而自补。彼众我寡，先谋其生；我众彼寡，务张其势。善胜者不争，善阵者不战。善战者不败，善败者不乱。夫棋始以正合，终以奇胜。必也，四顾其地，牢不可破，方可出人不意，掩人不备。凡敌无事而自补者，有侵袭之意也；弃小而不救者，有图大之心也。随手而下者，无谋之人也；不思而应者，取败之道也。诗云：'惴惴小心，如临于谷。'"

围棋之道，贵在谨严。一流棋手占据腹地，三流棋手占据边缘，二流棋手占据四角，这是棋手们遵循的常规。其法则是：宁愿输掉几颗棋子，也不要失去先手。有看起来是先手而实际上落后的，有看起来是后手而实际上占先的。攻击左边则照顾到右边，攻击后边则照顾到前边。如果对手两块棋都是活棋，则不要去断他；如果自己都是活棋，则不必相连。棋势应开阔，但不可太稀疏；棋路应严密，但不可太局促。与其舍不得丢子而求活，不如丢子而取得大局的优势；与其漫无目标地勉强行棋，不如顺其自然地自行补救。当对手的子多而自己的子少时，先考虑活棋的问题；当自己的子多而对手的子少时，一定要抓住时机扩展大局的优势。善于局部较量的人不争求一子死活，善于列阵的人并不在局部较量，善于作战的人不会失败，善于失败的人即使失败也不会溃乱。围棋这门技艺，开始时按常规形成态势，而最终要用对方意想不到的方法来取胜，所以一定要在确信自己的棋没有漏洞、牢不可破的前提下，才能出于对手的意料之外，乘其不备，突然袭击。凡是对手无缘无故地自行补救时，就表明他意在进犯突袭；放弃局部的棋子不救时，就表明他意在争夺大局的优势。随手投子的人，那是没有谋略的棋手；不假思索而仓促应对，这是走向失败的路。《诗·小雅·小宛》说：小心谨慎，又害怕，又发愁，好像脚下是万丈深谷一般。

围棋"合弈"文化之"博弈之道，贵乎谨严"。弈棋，应警惕合围之势，既要通过审察对方的虚实、意图、谋略及外在的表现来判断棋局走势，又要根据有利或不利的形式，采取灵活的战略战术，做到子子把握、局局应对。治国理政和为人处世也应当如此，对外界事物或自己言行密切注意，以免发生不利或不幸的事情。

第六十五章　常知稽式，是谓玄德

> 古之善为道者，非以明民，将以愚之。民之难治，以其智多。
> 故以智治国，国之贼；不以智治国，国之福。知此两者，亦稽式。
> 常知稽式，是谓玄德。玄德深矣，远矣，与物反矣，然后乃至大顺。

常道为天体，永恒不变，名为"玄德"，不可言宣，虚灵充满于宇宙，所以叫"无极"。作为伟大的哲学家，可以说是中国哲学第一人的老子，身处西周乱世年代，早就看清了人们为生存和利益而"智巧心机"，以至于社会动荡，民不聊生，天下不安定。为此老子才总结出了救世秘诀"道"。

老子认为"古之善为道者，非以明民，将以愚之"。善于"道"的人，不是教导人民如何知晓智巧伪诈，而是教化人民如何敦厚朴实。这里的"愚"不是愚蠢的意思，而是敦厚朴实和善良忠厚的意思。庄子《则阳》里说："忧乎知，而所行恒无几时。"意思是智巧和谋略整日忧虑因而有所动作，常常不会持久。无论是南朝梁何逊《穷鸟赋》："虽有知于理会，终失悟于心机。"唐张籍《寄梅处士》诗："扰扰人间是与非，官闲自觉省心机。"五代齐己《静坐》诗："日日只腾腾，心机何以兴。"还是《古尊宿语录·洞山第二代初禅师语录》："悟了始知言无异，休将功妙用心机。"都讲述了心机的危害之处。

郑袖，战国时期楚怀王的宠妃。郑袖姿色艳美、性格聪慧，善机变。但善妒狡黠、阴险恶毒、极有心计。郑袖干涉朝政，收受贿赂，勾结靳尚，陷害屈原，致使屈原被放逐；放走张仪，让楚国终至"兵挫地削，亡其六郡，身客死于秦，为天下笑"。

"常知稽式，是谓玄德"，运行"道"的规则，才是正确的。最后"与物反矣，然后乃至大顺"，返璞归真，天下大顺。

如果德行不够，玩弄谋略玩弄得越好，下场就越是悲惨。比如，张良的德行好，他虽然擅长权谋，却可以全身而退。北宋著名理学家、数学家、诗人邵雍曾用围棋来比喻他的功绩和洒脱。其《题留侯庙》言："灭项兴刘如覆手，绝秦昌汉若更棋。卷舒天下坐筹日，锻炼心源辟谷时。黄石公传皆是用，赤松子伴更何为。如君才业求其比，今古相望不记谁。"

但韩信就不行，他的德行不够，在成功面前忘乎所以，将一切都视为自己的功劳，最终才会丧命，所以，他的死不能完全怪刘邦。还有西汉丞相陈平，他也善于权谋，为刘邦贡献了很多计谋。项羽对范增产生疑心，最终还因为陈平的陷害把范增气死了。陈平评价自己："我经常使用计谋诡计，这是道家所禁忌的。我的后代如果被废黜，也就止住了，终归不能再兴起，因为我暗中积下了很多祸因。"后来也确实是这样。他的儿子在他去世的两年后也死了，他的孙子倒是活得久一些，接任他的侯位达二十三年，然后把封国交给陈平的曾孙。陈平的曾孙抢了别人的妻子，被判处死刑，陈平的封国就被废了。他的子孙们再想恢复陈家原来的封号，也做不到了。

如何在军事当中做到"常知稽式"？应当要有统兵治兵之道。例如《吴起兵法·图国》说要富国强兵，必须"内修文德，外治武备"。《孙子兵法》讲："卒未亲附而罚之，则不服，不服则难用也。卒已亲附而罚不行，则不可用也。故令之以文，齐之以武，是谓必取。令素行以教其民，则民服；令不素行以教其民，则民不服。令素行者，与众相得也。""视卒如婴儿，故可与之赴深溪；视卒如爱子，故可与之俱死。厚而不能使，爱而不能令，乱而不能治，譬若骄子，不可用也。"还提出"故兵有走者，有弛者，有陷者，有崩者，有乱者，有北者。凡此六者，非天之灾，将之过也"的军队失败的六种情况。蜀汉诸葛亮《兵法二十四篇》言："教令之政，谓上为下教也。非法不言，非道不行，上之所为，人之所瞻也。夫释己救人，是谓逆政；正己教人，是谓顺政。"

据《吴起兵法》记载："武侯问曰：'进兵之道何先？'……吴子曰：'夫人死其所不能，败其所不便。故用兵之法：教戒为先。'"吴起在回答魏文侯如何用兵时，提出了"用兵之法，教戒为先"的思想理念。《司马法》言："士不先教，不可用也。"说明军队没有训练，便不能作战。荀子对练兵也给予了很高的评价，认为军队训练好了，敌人就不敢轻于进犯。明朝罗贯中《风云会》第三折言："能用兵，善为将，有心机，有胆量。"

汉文帝后元六年，匈奴大规模侵入汉朝边境。于是，朝廷委派宗正官刘礼为将军，驻军霸上；祝兹侯徐厉为将军，驻军在棘门；河内郡太守周亚夫为将军，驻军细柳，以防备胡人侵扰。

汉文帝亲自慰劳军队，到了霸上和棘门的军营，长驱直入，将军及其属下都骑着马迎送。不久汉文帝来到了细柳军营，只见官兵都披戴盔甲，刀剑出鞘，开弓搭箭，弓拉满弦。皇上的先行官到了营前，不准进入。

先行官说："皇上即将驾到。"镇守军营的将官回答："将军有令：'军中只听从将军的命令，不听从天子的诏令。'"过了不久，汉文帝驾到，也不能入军营。于是汉文帝就派使者拿了天子的符节去找周亚夫，周亚夫这才传令打开军营大门。

守卫营门的官兵对跟从皇上的武官说："将军规定，军营中不准纵马奔驰。"于是武官就放松了缰绳，让马慢慢行走。到了大营，周亚夫拿着武器拱手行礼，并说："穿戴盔甲的将士是不能行跪拜礼的，请允许我以军礼参见。"皇上被此感动，马上神情严肃地俯身靠在车前横木上，派人致意说："皇帝敬重地慰劳将军。"劳军礼仪完毕后辞去。

出了细柳军营的大门，许多大臣都深感惊诧。汉文帝说："这才是真正的将军。先前霸上、棘门的军营，简直就像儿戏一样，那里完全可以去偷袭，至于周亚夫，难道能够侵犯吗？"

正是周亚夫的治军有道，才得以将士同心，赢得战争的胜利。

三国时期吴国官员、文学家薛莹《后汉记》曰："夫弈者之思，尽于一局者也。圣人之明，周于天下者也。苟一局之势，未尝尽同，则天下之事，岂必相袭哉！"意思是弈棋的思维都在棋局中。圣人的圣明都在于整个天下。一场棋局的"势"都不一定一样，何况是天下之事，又何必相互沿袭呢？

黄道周，明末学者、书画家、文学家、民族英雄。铜山在孤岛中，有石室，道周自幼坐卧其中，故学者称其为"石斋先生"。其通天文、理数诸书，能文善弈，工书善画，诗文、隶草皆自成一家。先后讲学于浙江大涤、漳浦明诚堂、漳州紫阳、龙溪邺业等书院，培养了大批有学问有气节的人。黄道周也是一个围棋高手，据《谈孺木文集》记载："明日，先生贻书相勖，今思之，廉直学行，著入耳目，元辅所不专望者，而先生自视直寻常人。无介词，无杰色，暇辄弈。吾不善弈，先生强之曰：第随吾一上子。"

据《明史》记载："唐王立衢州，以道周为武英殿大学士，自请往江西图恢复，遇清兵战被执，至江宁，不屈死。"隆武元年九月十九日，黄道周募得兵卒数千人，马仅十余匹，另有一月粮，出衢州仙霞关，与清兵抗击。后被徽州守将张天禄俘获，送至南京狱中。狱中，黄道周不畏生死，吟咏如故："六十年来事已非，翻翻复复少生机。老臣挤尽一腔血，会看中原万里归。"

清廷见其忠烈仁义，欲收为己用为大清效力，便派明朝降将洪承畴前去劝降。黄道周不但没有答应，反而写下一副对联赠之："史笔流芳，虽未成功终可法；洪恩浩荡，不能报国反成仇。"

黄道周将史可法与洪承畴作了对比。洪承畴羞愧难当，连忙上疏清廷，请求免黄道周死刑。清廷见其不予所用，驳回请奏。

黄道周在狱中绝食十二日后，于南明隆武二年，清廷顺治三年三月五日，被清兵押至东华门刑场上枭首示众。临刑前，黄道周面朝南方跪拜，以拜别南明朝廷。老仆请求黄道周给家里留下几句话，黄道周撕裂衣衿，咬破指头，用鲜血书写了"纲常万古，节义千秋，天地知我，家人无忧"十六字遗书。老仆哭之甚哀，黄道周反而安慰道："吾为正义而死，是为考终，汝何哀？"并当众大呼："天下岂有畏死黄道周哉？"乃从容就刑。黄道周最后头虽断而身"兀立不仆"，死后，人们从他的衣服里发现"大明孤臣黄道周"七个大字。

讣讯传至福建，隆武帝"震悼罢朝"，特赐谥"忠烈"，赠文明伯；并令在福州为黄道周立"闵忠"庙，树"中兴大功"坊；另在漳浦立"报忠"

庙，树"中兴荩辅"坊，春秋奠祭。百年后，清乾隆帝为褒扬黄道周忠节，改谥"忠端"；道光四年，皇帝旨准黄道周从祀孔庙。而邺山讲堂亦被后世称为"文明书院"。

围棋"合弈"文化之"弈棋之法，教戒为先"。弈棋者应始终秉持大道，坚守职业操守，形成良好的弈棋风格。同时，在治国理政、为人处世方面更应该恪守本分，坚持原则，形成优良的品格德行，方可行稳致远。

第六十六章　以其不争，故天下莫能与之争

> 江海之所以能为百谷王者，以其善下之，故能为百谷王。是以圣人欲上民，必以言下之；欲先民，必以身后之。是以圣人处上而民不重，处前而民不害。是以天下乐推而不厌。以其不争，故天下莫能与之争。

在第六十一章中，老子将天下和大国比作海，在这一章中，老子将圣人比作海。"以其善下之，故能为百谷王。"圣人之所以能够成为百姓的共主，是因为圣人有谦下而不与百姓争名夺利的高尚品德。

庄子《齐物论》言："其形化，其心与之然，可不谓大哀乎？人之生也，固若是芒乎？"人一旦秉气成形，就是一种走向死亡的存在，难道这不悲哀吗？一生忙忙碌碌也不见有什么结果，一辈子困顿劳累也找不到自己的归宿，这不是很可悲的吗？庄子讲述了作为人事事相争的结果，注定是悲哀的。在佛教中有一位云门慧开禅师写过一首诗："春有百花秋有月，夏有凉风冬有雪。若无闲事挂心头，便是人间好时节。"民国元老于右任老先生，一生饱经沧桑，却能淡泊宁静，荣辱自安，他的高寿养生指导就是悬挂在客厅中的一副对联：不思八九，常想一二。横批：如意。而关于淡泊，最具有争议的恰是被人们称为智慧化身的诸葛亮。诸葛亮在《诫子书》中对儿子诸葛瞻提出了"非淡泊无以明志，非宁静无以致远"的人生教诲，但是我们反观诸葛亮的一生，前半生修身养性，积蓄能量，洞察天理，

知晓万物，以至于三顾茅庐之后，帮助刘备形成三国鼎立。可是到了后期，十年北伐，六出祁山，穷兵黩武，算尽天机，明知蜀道难难于上青天，却依然劳民伤财，违背天道，攻打魏国，最后病死五丈原。

如何成为百谷王？老子给出了两条标准：一是"圣人欲上民，必以言下之"，圣人要领导人民，必须谦下忍让于人民；二是"欲先民，必以身后之"，圣人要领导人民，必须把自己的利益放在人民的后面。

"是以圣人处上而民不重，处前而民不害。"有道的统治者做到前面两条就可以居于人民至上，而人民并不会感到负担重，压力大；居于人民之前，人民不会感到受害。"以天下乐推而不厌"，并且都很乐意地拥戴他。

周厉王，前858至前828年在位。他在位期间，横征暴敛，加重了对劳动人民的剥削，同时还剥夺了一些贵族的权力，任用荣夷为卿士，实行"专利"，将社会财富和资源垄断起来，因此招致了贵族和平民的不满。他还不断南征荆楚，西北方面又防御游牧部落，西北戎狄，特别是猃狁，不时入侵。与周边的少数民族也有矛盾，曾臣服于周的东南淮夷不堪承受压榨，奋起反抗。周厉王为压制国人的不满，任用卫巫监视口出怨言的人，发现就立即杀死，这样引得国内各种矛盾愈来愈尖锐。前841年，发生平民暴动，百姓包围了王宫，袭击厉王，厉王仓皇而逃，后于前828年死于彘。厉王出逃后，召公、周公管理朝政，号为共和。自共和元年（前841），中国历史有了明确纪年。故事中周厉王与民夺利，最后被人民所推翻。而召公、周公管理朝政，号为共和，那么什么是共和？《史记·周本纪》记载："召公、周公二相行政，号曰'共和'。"共和就是共同治理天下，以至天下和平。总的来说，就是不与人民相争，这样天底下就没有人和他争了。

一场军事战斗能否取得胜利，局部在于谋略，全局在于人心。《孙子兵法》将失篇记载："民苦其师，可败也。"军队使百姓遭受痛苦，就会失败。其篡卒篇记载："得众，胜；不得众，不得胜。"将帅得到士卒的信赖，能够得胜；反之就不能够胜利。《吕氏春秋·贵公》言："天下非一人之天下，乃天下之天下也。"天下不是某一个人的天下，而是天下所有人的天下。《孙膑兵法》言："兵不能胜大患，不能合民心者也。"唐朝李筌《太白阴经·善师篇》言："盖兵者，凶器；战者，危事。阴谋逆德，好用凶器，非道德、忠信不能以兵定天下之灾、除兆民之害也。"《淮南子·兵略》言：
"兵之胜败，本在于政。政胜其民，下附其上，则兵强矣；民胜其政，下
畔其上，则兵弱矣。故德义足以怀天下之民，事业足以当天下之急，选举
足以得贤士之心，谋虑足以知强弱之势，此必胜之本也。"政治能够驾驭
民众，人民就会依附于君主，因此军队肯定会强大；要是民众反对国家的
政治，百姓就会背叛君主，那么军队的战斗力肯定会被削弱。所以德政道
义能够让天下百姓受到感化，事业能够应对天下的当务之急，选用的贤才
能够取得天下贤士的拥戴，计谋智虑能够看出敌我双方力量的强弱，这些
才是取得胜利的根本之所在。宋代辛弃疾《美芹十论·观衅第三》言："自
古天下离合之势常系乎民心，民心叛服之由实基于喜怒。"

民意就像秤砣，民意的基础是利益。当老百姓的利益被侵害，民意就
会倾斜。古代的统治者恰恰把愚民政策以及用利益分化民心当作统治之术，
从而偏离民意，不断重蹈覆辙。朝代更迭的表象是新政权建立，其背后是
新制度代表的民意。任何一个旧朝代的结束和一个新朝代的开启，都似乎
有着惊人的相似点。这不禁让人们感叹："其兴也勃焉，其亡也忽焉。"
民意是推动社会变革的最基本力量，故而《荀子·王制篇第九》言："传曰：
'君者舟也，庶人者水也，水则载舟，水则覆舟。'此之谓也。"

围棋发展史上，有很多棋手都得益于围棋文化的熏陶，养成不争的品
质，这种品质又载入史册，影响着后人的为人处世。

根据《宋书·谢弘微传》记载，谢弘微孩童时期，风采充溢，但却端
庄谨慎，遇上适当的时机才说话，他继父谢思的弟弟谢混有知人之名，见
到谢弘微，认为他不同于寻常之人，谢混对谢思说："这个孩子深沉早慧，
将成为才华出众之人，有这样的儿子，满足了。"谢弘微家里一向贫寒，
而继父产业很丰盈，他却只继承接受了继父的几千卷书而已，遗产俸禄一
概不加过问。

谢混的风格高尚峻洁，很少同人交往，只同他的族子谢灵运、谢瞻、
谢翟、谢弘微等人赏析文义而聚会，曾经一同游宴歇息，居住在乌衣巷，
所以称之为"乌衣之游"。谢瞻等人才气横溢，机智善辩，文辞流畅，而
谢弘微每每以简约的言语使众人信服，谢混特别敬重他这一点，称他为"微

子"。义熙八年，谢混因为是刘毅的同党被诛，公主便把谢混家事托付给谢弘微。谢弘微为谢混家经营生计、管理产业，办事如同在官府办公一般，一枚钱、一尺帛收入支出，都有账册记载。高祖登上帝位之后，晋陵公主降为东乡君，因为谢混在前一朝代获罪，东乡君节义可嘉，高祖允许她回归谢氏。从谢混死，到这时已有九年，但谢混家屋宇整齐，仓廪充盈，仆人听从使唤，各有所业，和平常没有什么不同，田地的开垦种植规模，比原来更有增加。本族外姓的亲戚、朋友故旧，凡是来看东乡君回归的人，进门见到这么齐整的家境，没有谁不感慨叹息，甚至有人为之流泪，深为谢弘微的德义所感动。谢弘微生性谨严端方，举止必定遵循礼度，侍奉继父的亲族，恭敬小心，超过常人。太祖镇守江陵，以谢弘微为宜都王文学。谢弘微因为母亲去世离职，居丧期间以孝道著称，除服后超过一年，仍旧素食不变。谢弘微的兄长谢曜任御史中丞，元嘉四年去世。谢弘微为他长期吃素食，哀戚超过常礼，虽然服丧期满，还是不吃鱼肉。谢弘微从小失去父亲，事奉兄长如同事奉父亲，兄弟之间非常友爱和睦，当时没有人能够赶得上。谢弘微口中从不说别人坏话，而谢曜则喜欢评议人物，每当谢曜在言谈中涉及别人时，谢弘微就常用别的话题岔开。

元嘉九年，东乡君薨，留下资财非常多，园宅十余所，奴仆尚有数百人，而谢弘微一无所取，自己以私人官俸营办东乡君丧事。谢弘微说："亲戚之间争夺财产，可算是最为鄙贱之事，现在财产多则分用，少则共用，不至于困苦就行了，身死之后，哪里还去管它。"元嘉十年谢弘微去世，死时四十二岁。谢弘微死，皇上十分痛惜，派二卫千人营办丧事，一直到丧事完毕，并追赠谢弘微为太常。

不争不是不上进，而是不妄争。成功靠的不是豪言壮语和争名夺利，而是脚踏实地的努力；努力不是为了要超越别人，而是要给自己一个满意的交代。美好的东西从不会轻易获得，需要孜孜不倦的追求！

围棋"合弈"文化之"笃实践心，行稳致远"。棋的力量在局上，人的力量在心上。弈棋者当以务实之风，践行初心。唯有不忘初心，方得始终。

第六十七章　一曰慈，二曰俭，三曰不敢为天下先

天下皆谓我道大，似不肖。夫唯大，故似不肖。若肖，久矣其细也夫！我有三宝，持而保之：一曰慈，二曰俭，三曰不敢为天下先。慈故能勇；俭故能广；不敢为天下先，故能成器长。今舍慈且勇；舍俭且广；舍后且先；死矣！夫慈，以战则胜，以守则固。天将救之，以慈卫之。

"一曰慈，二曰俭，三曰不敢为天下先。"圣人以慈、俭、不敢为天下先为宝，此三宝，皆修道而得。无论是"慈""俭"还是"不敢为天下先"，其实都是老子无为、不争及怀柔思想理念实现的办法。老子痛惜他所处的时代已经没有了慈悲之心、爱怜之举，各诸侯国国君为了争霸天下，不惜诉诸武力。战争硝烟中，尸横遍野，血流成河，实在是人间悲剧和必死之路，因而老子提出了这三个治国理政和为人处世的妙招。

庄子《山木》中，大公任和孔子及其弟子讲述了一种鸟的故事。这种鸟叫作意怠。其"翂翂翐翐，而似无能；引援而飞，迫胁而栖，进不敢为前，退不敢为后；食不敢先尝，必取其绪。是故其行列不斥，而外人卒不得害，是以免于患"。这种鸟飞得又低又慢，好像无能的样子，要别的鸟引导协助而后才起飞，与众鸟偎依在一起才敢栖息。前进时不敢在前面，后退时不敢殿后。吃东西时不敢先吃，一定要吃剩余的，因此在行列中不被排斥，而外人终不能伤害到他，所以免于患难。意怠鸟的为鸟处世之道就体现了

老子所讲的三宝，以保自身。

　　老子以慈爱怀柔治军的思想为历代兵家所继承和发展。《孙子兵法》行军篇言："卒未亲附而罚之则不服，不服则难用也。卒已亲附而罚不行，则不可用也。"将帅在士卒尚未亲近依附时，就贸然处罚士卒，那士卒一定不服，这样就难以命令他们去打仗了；如果士卒对将帅已经亲近依附，但不执行军纪军法，这样的军队也是不能打仗的。其地形篇言："视卒如婴儿，故可与之赴深溪；视卒如爱子，故可与之俱死。厚而不能使，爱而不能令，乱而不能治，譬若骄子，不可用也。"将帅对士卒能像对待婴儿一样体贴，士卒就可以跟随将帅赴汤蹈火；将帅对士卒能像对待自己的爱子一样，士卒就可以与将帅同生共死。但是，对士卒如果过分厚养而不能使用，一味溺爱而不能驱使，违犯了纪律也不能严肃处理，这样的军队，就好比"骄子"一样，也是不能用来打仗的。《六韬·龙韬》励军篇言："将与士卒共寒暑、劳苦、饥饱，故三军之众，闻鼓声则喜，闻金声则怒。"将帅能同士卒同寒暑、共劳苦、同饥饱，那么全体官兵听到前进的号令就欢喜，听到停止的号令就愤怒。

　　周赧王三十一年，燕昭王任命乐毅为上将军，统率燕、秦、楚、韩、赵、魏六国联军攻齐。齐军在济西（今山东高唐、聊城一带）惨败，燕军攻入齐国国都，齐湣王被杀，齐国七十余城悉数沦陷，仅存莒和即墨，齐国危在旦夕。

　　即墨是齐国较大的城邑，地处富庶的胶东，靠山近海，土地肥沃，物产丰富，有坚固的城池和足够的人力。即墨被围不久，守将战死，军民共推田单为将。田单为挽救危局，将自己的家兵和收容的残兵七千余人，加以整顿扩充；并亲自带头构筑城防工事，加固城墙，浚深壕池，加强防务。他和军民同甘共苦，"坐则织蒉（编织草器），立则仗锸（执锹劳作）"，亲自巡视城防；将族人、妻妾编入军营参加守城，尽散家里储存的粮食给士卒。由于田单以身作则，使即墨军民群情振奋、斗志昂扬，决心为保卫家园而奋战到底。田单在稳定内部的同时，为除掉最难对付的对手乐毅，派人入燕进行离间，宣称乐毅缓攻即墨，实际上是为了在齐国称王。如果燕另派主将，即墨指日可下。燕王本怨乐毅久攻即墨不克，果然中计，派骑劫取代乐毅为将。

　　骑劫到任后，即一反乐毅的做法，改围困为强攻，但依旧没有奏效。田单为进一步激励士气，诱使燕军行暴，便散布说，齐人最怕割鼻子、挖祖坟。骑劫中计，将捉到的俘虏鼻子全部割掉，并挖掘齐人坟墓。即墨军民看到燕军的暴行，个个恨之入骨，愤怒异常，纷纷要求同燕军决一死战。与此同时，田单积极进行反攻的准备工作。他先命精壮甲士全部隐伏起来，以老弱、妇女登城守护，使燕军误以为齐军少壮已伤亡殆尽；然后派人向燕军诈降，燕军信以为真，一心坐待受降，不加任何戒备。

　　田单觉得反攻时机已经成熟，便搜集了千余头牛，在牛角上扎上锋利的尖刀，牛尾绑上渗透油脂的毛草，并在城脚挖好几十个洞。一天夜间，点燃牛尾的毛草，驱赶这一千多头火牛从城洞中向燕营猛冲狂奔，五千名勇士随之杀出，全城军民擂鼓呐喊以壮声势。燕军将士从梦中惊醒，仓皇失措，四处逃命，骑劫在混乱中被杀。田单乘胜追击，很快将燕军逐出国境，尽收失地七十余城，取得了彻底胜利。

　　可以说慈，可以使士兵勇猛；俭，必然兵足将广；不敢为天下先，则因礼贤下士，懂得用兵之道而成为军队的将领。这里的"不敢为天下先"，并不是我们现在所理解的不敢冲在前头，不敢出风头，而是不蛮横，不穷兵黩武，谦下忍让。在军事上我们习惯于将这种将领称为"儒将"。

　　说到儒将，中国历史上可有不少。东汉末年的周瑜，羽扇纶巾，谈笑间、樯橹灰飞烟灭；南北朝时期的陈庆之，名师大将莫自牢，千兵万马避白袍；北宋的范仲淹，胸中有百万雄兵。

　　陈庆之，南朝梁名将。出身寒门，少为梁武帝萧衍随从，颇受信任，起家奉朝请。普通六年，出任武威将军，迎接元法僧归附，迁宣猛将军。大通元年，联合曹仲宗、韦放会攻打北魏涡阳，迫使涡阳城主王纬出降。大通二年，加号飙勇将军，奉命护送降梁的魏北海王元颢北还。次年，击败拥兵七万、筑垒九座的魏将丘大千，在考城击败拥兵两万的魏将元晖业。五月，连拔荥阳、虎牢二城，长驱直入，护送元颢到洛阳。经历四十七战，平定三十二城，所向无前。后来，北魏重兵回师洛阳，元颢的十万大军惨败，陈庆之的梁军也随之而败。最终，陈庆之只身潜返江南。中大通二年，出任司州刺史，参加悬瓠之战，击败北魏颍州刺史娄起；楚城之战，破东魏孙腾等人。大同元年，与东魏尧雄交战两次，皆失利而还。大同二年，破东魏侯景，进号仁威将军。其善抚军士，富有胆略，善于筹谋，带兵有方，是一位深得众心的儒将。南朝梁开国皇帝萧衍评价："本非将种，又非豪家，觖望风云，以至于此。可深思奇略，善克令终。开朱门而待宾，扬声名于竹帛，岂非大丈夫哉！"唐朝史学家李延寿《南史》评价："庆之性祗慎，每奉诏敕，必洗沐拜受。俭素不衣纨绮，不好丝竹。射不穿札，马非所便，而善抚军士，能得其死力。"

慈、俭和不敢为天下先是老子重要的兵法思想，有了这个思想和理念，则达到"以战则胜，以守则固"。征战能够胜利，守卫能够巩固。《荀子·议兵》言："后之发，先之至，此用兵之要术也。"

曾国藩本是文人，但在长期和太平天国的武装斗争中，依据亲身经验，发展出一套军事思想。曾言："兵者，不得已而用之，常存一不敢为先之心，须人打第一下，我打第二下。"这是典型的后发制人。他在《陆军得胜歌》中通俗而形象地发挥了这个意思："他呐喊来我不喊，他放枪来我不放。他若扑来我不动，待他疲了再接仗。起手要阴后要阳，出队要弱收要强。初交手时如老鼠，越打越强如老虎。"

长勺之战，是春秋时代齐国与鲁国之间的一场战役，发生于前684年的长勺。此次战役，是继干时之战后齐、鲁另一次重要战役。鲁国在此次战役中以少胜多取得胜利，间接促成数年后齐鲁息兵言和。

自前770年周平王东迁洛邑起，中国历史进入了诸侯兼并、大国争霸的春秋时代。齐国和鲁国都是西周初年分封的重要诸侯国，又相互毗邻，在当时的动荡局面下，不免发生各种矛盾，而矛盾冲突的激化，又势必造成两国间兵戎相见的结果。此时的鲁国"奄有龟蒙，遂荒大东。至于海邦，淮夷来同"，其国力之强，使得国人和夷狄之民"莫我敢承""莫不率从"。但是疆域和国力较之齐国，均处于相对的劣势。两军在长勺相遇。鲁军按兵不动，齐军三次击鼓发动进攻，均未奏效，士气低落。鲁军一鼓作气，大败齐军。战争结束后，鲁庄公向曹刿询问是役取胜的原委。曹刿回答说："用兵打仗所凭恃的是勇气。第一次击鼓冲锋时，士气最为旺盛；第二次击鼓冲锋，士气就衰退了；等到第三次击鼓冲锋，士气便完全消失了。齐军三通鼓罢，士气已完全丧尽，而相反我军士气却正十分旺盛，这时实施反击，自然就能够一举打败齐军。"接着曹刿又说明未立即发起追击的原因：齐国毕竟是实力强大的国家，不可等闲视之，而要谨防其佯败设伏，以避免己方不应有的失利。后来看到他们的车辙紊乱，望见他们的旌旗歪斜，这才大胆地建议实施战场追击。

"争先"是围棋博弈的必备要素。明末清初思想家王夫之就曾对围棋的"争先"思想有过阐述。其《棋墅梅》以梅花入诗："未了寻香又拂枰，冰绡遥映碧纱明。春前开亦随春落，先手何心百转争。"《与惟印书》以棋手僧一行入诗："看局如暝烟，下子如流水。着着不争先，枫林一片紫。"这两首诗都阐述了围棋争先的原理。

但是对于围棋文化来说，不敢为天下先应做博爱之理解。何谓"博爱"？既是一视同仁地宽厚他人，又要严于律己地苛刻自己。历史上围棋棋手中，要谈有博爱之心的当属羊玄保一个。

据《南史·宋书·羊玄保传》记载："善弈棋，品第三，文帝亦好弈，与赌郡，玄保戏胜，以补宣城太守。先是，刘式之为宣城立吏人亡叛制，一人不禽，符伍里吏送州作部；能禽者赏位二阶。玄保以为非宜，陈之于上曰：'臣伏寻亡叛之由，皆出于穷逼，未有足以推存而乐为此者也。今立殊制，于事为苦。又寻此制施一邦而已，若其是邪，则应与天下为一；若其非邪，亦不宜独行一郡。'由此制停。文帝以玄保廉素寡欲，故频授名郡。为政虽无殊绩，而去后常必见思。不营财利，处家俭薄。文帝尝曰：'人仕宦非唯须才，亦须运命；每有好官缺，我未尝不先忆羊玄保。'"

羊玄保善于下棋，品第居第三。文帝也好下棋，和他用郡官做赌注，结果羊玄保战胜，所以文帝便让他补任了宣城太守。在此以前刘式之为宣城订立了官吏对付叛逃人员的政策，能抓到叛逃人员的人赏官位二级。羊玄保认为这样做很不恰当，向文帝谈论道："臣认为人们叛逃的缘由，都是出于极端的逼迫，没有人乐意在能够生存的情况下做叛逃这种事的。现在订立了特殊的政策，十分苛刻。又考虑这个政策仅只是在一个地区实施，如果它是正确的，则应该与天下统一实行；如果它是不正确的，那就不应该在一个郡中单独实行。"从此诏令停止那项政策。 文帝因为羊玄保廉洁朴素没有贪欲，所以频频地安排他在名郡任职。羊玄保治理政事虽然没有特殊的功绩，但离开以后通常被当地百姓思念。他不经营钱财利益，治家俭省。文帝曾经说："一个人做官不仅必须要有才干，也必须要有运气。每次有了好的官位出缺，我都会先想起羊玄保。"

　　围棋"合弈"文化之"大爱无疆，宽大无边"。一个弈棋者应不局限于棋局，应该放眼时代大局，应秉持博爱之心，心忧社稷苍生，心系家国建设，为国家繁荣昌盛和世界和平贡献自己的绵薄之力，这才是大棋局。

第六十八章　是谓不争之德，是谓用人之力

善为士者，不武；善战者，不怒；善胜敌者，不与；善用人者，为之下。是谓不争之德，是谓用人之力，是谓配天古之极。

这一章中，老子具体讲述了如何做到慈、俭和不敢为天下先。

"善为士者，不武；善战者，不怒；善胜敌者，不与；善用人者，为之下。"善于带兵打仗的人，不逞其勇；善于打仗的人，不会轻易被激怒；善于胜敌的人，不与敌人正面冲突；善于用人的人，对人谦下忍让。"不武""不怒"是慈爱、不以感情用事的表现；"不与"是俭德、不正面冲突；"为之下"是"不敢为天下先"，是谦下忍让的品德，在兵法上理解为忍让。三者结合起来就是："是谓不争之德，是谓用人之力，是谓配天古之极。"

能忍辱者存，能忍耻者安，与其说成功者是战而胜，不如说成功者是忍到了最后。小不忍则乱大谋，不要因一时的成绩而得意，也不要为暂时的遭遇垂头丧气。清朝黄宗羲《子刘子行状上》言："世道之衰也，士大夫不知礼义为何物，往往知进而不知退，及其变也，或以退为进。"

清圣祖爱新觉罗·玄烨，清朝第四位皇帝，清定都北京后第二位皇帝，年号康熙。他是统一的多民族国家的捍卫者，奠定了清朝兴盛的根基，开创出康乾盛世的大局面，有学者尊之为"千古一帝"。康熙八岁登基，十四岁亲自执政后，鳌拜还是专横地把持着朝政，根本不把皇帝放在眼里。康熙想除掉鳌拜，但迫于鳌拜的权势，只好先装模作样。他用一切时间学

习政治，用一切机会实践政治；同时，他还要做出依然不懂事的样子，傻玩傻闹，绝不让鳌拜看出他的真实想法。康熙在少年侍卫中挑了一群体壮力大的，叫他们天天练习扑击、摔跤等拳脚功夫。空闲时，他常常亲自督促他们练功、比武。有一天鳌拜进宫奏事，康熙正在观看少年侍卫练武。康熙看见鳌拜来了，大吃一惊，心想坏了，如果被鳌拜看出破绽，就会有大麻烦。他灵机一动，故意站起身走进场去，笑着夸奖这个勇敢，奚落那个功夫不到家，又说："来，你和我打一架，看看我的功夫。"鳌拜一看皇帝如此胡闹，心中暗笑，觉得康熙还只是个不懂事的孩子。过了一段时间，少年侍卫们的武艺大有长进，鳌拜的疑心也全消除了。这时，康熙决定动手除奸。一天，他借着一件紧急公事，召鳌拜单独进宫。鳌拜一点防备也没有，就大摇大摆地进宫来了。康熙早已站在殿前，一见鳌拜走进宫，便威武地喝道："把鳌拜拿下！"两边拥出一大群少年侍卫，一齐扑向鳌拜。鳌拜瞬间就被众少年掀翻在地，捆缚起来，关进大牢。康熙用隐忍之法，以退为进，除掉了鳌拜，重新夺回了政权。可见，处于劣势时的忍耐、退让，实际上则是不断前行。"退"术中的学问是很深的，它可以给敌方造成一种假象，可以使自己聚集更大的力量，争取更多的时间，以便在适当的时间发动更猛烈的攻击，取得最后的胜利。

　　还有一个故事也发生在康熙年间。清康熙时，文华殿大学士、礼部尚书张英世居桐城，其府第与吴宅为邻，之间有一块属于张家的空隙地，向来作为过往通道，后来吴家建房子想越界占用，张家不服，双方发生纠纷，告到县衙。因两家同为显贵望族，县令左右为难，迟迟不予判决。张英家人见有理难争，遂驰书京都，向张英告状。张英阅罢，认为事情简单，便提笔蘸墨，在家书上批诗四句："千里修书为堵墙，让他三尺又何妨。长城万里今犹在，谁见当年秦始皇。"张英家人得诗，深感愧疚，毫不迟疑地让出三尺地基，吴家见状，觉得张家有权有势，却不仗势欺人，深感不安，于是也效仿张家向后退让三尺。便形成了一条六尺宽的巷道，名曰"六尺巷"。这是为人处世忍让的佳话。

　　《孙子兵法》中关于忍让的表述很多，例如"利而诱之，乱而取之，实而备之，强而避之，怒而挠之，卑而骄之，佚而劳之，亲而离之""不可胜在己，可胜在敌。故善战者，能为不可胜，不能使敌之必可胜""是故朝气锐，昼气惰，暮气归。故善用兵者，避其锐气"。都在强调上兵伐谋之中要学会忍让，才能谋定而后动，取得战争的主动权。

有一个成语叫作"欲擒故纵"。把敌人逼急了，他只得集中全力，拼命反扑。对于拼命抵抗的敌人不如暂时放松一步，使敌人丧失警惕，斗志松懈，然后再伺机而动，降伏或歼灭敌人。

《三国演义》记载："建兴三年，亮至南中，所在战捷。闻孟获者，为夷汉所服，募生致之。既得，使观于营阵之间，问曰：'此军何如？'获对曰：'向者不知虚实，故败。今蒙赐观看营阵；若只如此，即定易胜耳。'亮笑，纵使更战。七纵七擒，而亮犹遣获。获止不去，曰：'公，天威也，南人不复反矣。'遂至滇池。南中平，皆即其渠帅而用之。"蜀汉建兴三年，诸葛亮率军进攻南中，攻无不克，战无不胜。听说蛮族的渠帅中有个叫孟获的人，少数民族和汉族的人民都佩服、尊敬他，诸葛亮悬赏将士生擒孟获。等到抓住孟获以后，诸葛亮让他观看蜀汉大军的兵营、战阵，问他说："这样的军队怎么样，厉不厉害？"孟获回答说："之前不知道您军队的虚实，所以战败了。现在承蒙您恩赐让我观看贵军的兵营、战阵；如果您军队的实力只是像这样子，是很容易战胜的。"诸葛亮笑了，放了孟获，让他组织军队再战。如此这般，放了七次又活捉了七次，然后诸葛亮仍然放孟获回去再战，孟获不肯走了，说："您真是天威啊！我们绝不再造反了。"于是大军行进到了滇池。南中平定后，全部使用本地民族的渠帅担任官吏。诸葛亮七擒七纵的原因在于忍让，让孟获输得心服口服，为以后和平治理打下基础。

"夫弈棋，绪多则势分，势分则难救。投棋勿逼，逼则使彼实而我虚。虚则易攻，实则难破。临时变通，宜勿执一。《传》曰：'见可而进，知难而退。'"

说到下棋，头绪多自然力量分散，力量分散则难于救活。投子不要迫近，过于迫近，便会造成对手厚实而我方薄弱的局面。薄弱就容易遭受攻击，厚实就难以打开缺口。见到合适的机会就前进，知道难于成功便后退。因地制宜，学会忍让。

　　说到"俭"，历来是中国围棋者共同的品质，到溉就是其中一个。据《梁书·到溉传》记载，到溉字茂灌，少年时是个孤儿，家中贫寒，和弟弟到洽都很出名，由王国左常侍起家。乐安人任昉十分欣赏喜爱他们，总是提携到溉、到洽二人。到溉身高八尺，眉目如同点画，脸色白净，胡须很美，举止风度好，善于应对。皇上任命到溉为通事舍人、中书郎，兼吏部、太子中庶子。湘东王萧绎做会稽太守，让到溉担任轻车长史、行府郡事。武帝给萧绎的诏令说："到溉不只是为你办事，足可以做你的老师。"到溉母亲去世，守丧非常尽礼，所住的房子仅四尺见方，因哀痛而过分消瘦。服丧期满，到溉仍然素食布衣地过了多年。到溉曾历任御史中丞、都官、左户二尚书，掌吏部尚书。当时何敬容依据诏令参与选拔贤士，做事不够公平，到溉坚决不同意。何敬容富贵得宠，人们都看他的脸色行事，到溉则像当初一样和他对立。到溉在所任职位上都用清白自我约束，性格朴素节俭，不好声色，居室简单，只有一张床，旁边没有姬妾服侍。鞋帽十年才更换一次，朝服有时穿到破烂缝补，出门传呼清路，只是遵守朝廷规章罢了。

　　忍让未必是软弱，有时可能是更坚忍、更智慧的反映。表面的忍让，只是为了事情更好地解决。在时势面前，有时我们不得不做出一些退让，这种退让不是软弱，而是为了更好地保全自己。在一定意义上，是这种退让在推动我们前进。生活中，"退"术中的学问是很深的，它可以给敌方造成一种假象，可以使自己聚集更大的力量，争取更多的时间，以便在适当的时候发动更猛烈的攻击，取得最后的胜利。生活与工作中，锋芒毕露并不能给你带来好处，反而会招来不必要的麻烦。适当表现一下，偶尔露一下锋芒，可以给别人留下一个良好的印象；但是一定要把握好度，切忌锋芒毕露。凡事，不要急于提意见，更不要越位。要懂得先保护自己，收敛锐气，等待时机，切忌以自我为中心。

　　围棋"合弈"文化之"忍而让之，退而争之"。忍让和后退不是没有原则的，原则应该是争，是在谋求更大格局、更大范围、更大利益的"争"，这个"争"是不鸣则已、一鸣惊人的，是对手事先可能无法察觉，但最后又是无法翻盘的，这是大胜利。

第六十九章　不敢进寸，而退尺

　　用兵有言："吾不敢为主，而为客；不敢进寸，而退尺。"是谓行无行；攘无臂；扔无敌；执无兵。祸莫大于轻敌，轻敌几丧吾宝。故抗兵相若，哀者胜矣。

　　何谓"吾不敢为主，而为客；不敢进寸，而退尺"？不主动进犯，而是采取守势；不前进一步，宁可后退一步。"行无行；攘无臂；扔无敌；执无兵。"看似有打的阵势，却又没有打的阵势；虽然有奋臂，却又像是没有臂膀一样；虽然面临敌人，却又好像没有敌人一样；虽然有兵器，但是又好像没有兵器一样。

　　有个成语叫作"得寸进尺"，很多人认为这是违背老子"不敢进尺，而退尺"的理念的，其实不然，得寸进尺恰恰是老子"不敢进寸，而退尺"理念的一种呈现。

　　战国末期，秦、韩、赵、魏、齐、楚、燕七雄争霸，其中秦国经商鞅变法之后，势力发展最快。秦昭王开始图谋吞并其他六国，一统天下。昭王三十六年，准备以穰侯领军，越过韩、魏两国而伐齐。但当时秦国的策士范雎以为此法不可行，便阻止秦国的进攻，并向昭王献上"远交近攻"的策略。他说："现在齐国势力强大，离秦国又很远，攻打齐国，军队必须要经过韩、魏两国，这就已经不符合兵法了，而且如果出兵过少，难以取胜；出兵过多，又有伤国力。即使打胜了，齐国的土地必须越过韩、魏两国才能到达，距离如此遥远，也很难守住，所以不如采取远交近攻的策略，慢慢向外拓展，如此所得到的一寸一尺土地，都将稳稳当当地为大王您所拥有，就能逐渐统一天下了。若舍此法而偏偏要去攻打相隔遥远的国家，那不是很荒谬的一件事吗？"秦昭王听了以后，便采用范雎的策略，积极向东侵略，果然在许多战役中取得胜利，迫使另一强国楚国数度迁都，为秦国的统一大业立下基础。在范雎劝谏秦王的话中有"得寸则王之寸，得尺亦王之尺也"这样的句子，本是指攻打所得土地，每一寸、每一尺都掌握在秦王手中，"得寸进尺"就是从这里演变而来的。

老子反对随意发动战争的基本军事思想，决定了他在战略上主张自卫性质的防御作战。在战争实践中，进攻意味着主动向对方发起攻击，带有强烈的"有为"色彩和"争"的倾向，这显然是违背老子理念的。老子主张的战争是正义的，是自卫的，是在遭到敌方侵袭时为免遭灭亡的危险和恢复安宁祥和的社会秩序而迫不得已的战争，这种战争不仅是允许的，而且是必须的。《墨子·非攻篇》言："今至大为不义攻国，则弗知非，从而誉之，谓之义，此可谓知义与不义之别乎？……今至大为不义攻国，则弗知非，从而誉之，谓之义。……大为非攻国，则不知非，从而誉之，谓之义：此可谓知义与不义之辩乎？是以知天下之君子也，辩义与不义之乱也。"

这一章是老子军事思想的重要体现。老子还强调"祸莫大于轻敌，轻敌几丧吾宝"。在行军打仗过程中，切忌轻敌，不可冒进，要"躲起来"，要让敌人不知道自己的优势和弱点，要以静制动、以退为进、出其不意攻其不备以达到出奇制胜的目的。

唐朝史学家、藏书家令狐德棻《周书·儒林传》曰："譬犹棋劫相持，争行先后，若一行非当，或成彼利。"关于围棋有一句谚语，叫"败棋有胜着，强将无弱兵"，意思是看来已成败局的棋，可能还有转胜的着法。比喻双方争斗，将要失败的一方可能还有取胜的谋略。明杨慎《丹铅总录》言："龙敏之献策潞王从珂，魏思温之谋策李敬业，皆奇谋也。谚云：'败棋有胜着。''陪乎当局者迷耳'。"

在围棋史上，讲究老子"不敢进寸，而退尺"的人，潘慎修当属一个。

潘慎修，字成德，泉州莆田人。他父亲叫潘承祐，在南唐做官，官至吏部尚书后告老。潘慎修年轻时因为父亲的职任做秘书省正字，多次升迁后官至水部郎中兼起居舍人。开宝末年，宋朝军队征讨南唐，李煜派他跟着自己的弟弟李从镒向宋朝进贡买宴钱，请求暂停用兵。他们留住在怀信驿里。很快宋朝大败南唐的捷报就传到了驿馆，驿馆官吏催促李从镒入朝送钱庆贺。潘慎修认为国家将要灭亡，应当等待惩罚，还庆贺什么呢？从此每当宋朝大臣们上表庆贺胜利时，李从镒马上就上表宋廷请求惩罚自己以示哀痛。宋太祖赞许他懂礼制，派吕使安慰开导他，大凡供宴饮用的帷帐、用具、饮食等物和供祭祀用的牛羊猪等祭品，都优厚地供给他。李煜归顺宋廷时，宋廷让潘慎修担任太子右赞善大夫。李煜上表请求朝廷让潘慎修担任自己的掌记室，朝廷答应了。李煜死后，潘慎修改官做太常博士。多次升迁官职后潘慎修做湖州、梓州知州。

淳化年间，秘书监李至推荐潘慎修，朝廷任命潘慎修凭着本官身份兼任知直秘阁职务。潘慎修擅长下棋，宋太宗多次召他前来下棋，于是他就写《棋说》一文来进献。文章大意说："下棋的方法要义在于恬静沉默，而攻占与放弃是最紧要的。讲仁爱就能保全自己，守正义就能自我防守，遵礼制就能知道变通，用智慧就能做到兼并，讲诚信就能战胜对手。君子懂得这五样，大概就可以和他谈论棋艺了。"接着他就列举了十大要领来阐明下棋的道理，宋太宗看完文章后称赞写得好。过了不久，潘慎修就和直昭文馆韩援一道出使淮南巡视当地军政、民政，多次升迁官职后潘慎修开始担任仓部、考功部这两部的郎中。咸平年间，潘慎修又以邢昺副手身份担任两浙巡抚使，不久他们又一同编写宋太宗起居注。

景德初年，潘慎修上表说自己衰老了，请求朝廷放他到地方做官。宋真宗认为他风度儒雅应该留在秘府里，只听任他解除编写起居注的职务。几个月后，朝廷又提拔他担任右谏议大夫、翰林侍读学士。潘慎修跟着真宗巡视澶州，染上伤寒病，真宗下诏命令他坐轿子先回京。潘慎修病情虽然危急，但神智不错乱。他委托陈彭年为自己起草身后奏章，在奏章中他不为儿子们谋求朝廷的恩泽，只把没有报答皇上的恩情当作遗憾。第二年正月，潘慎修去世，时年六十九岁。朝廷赏赐安葬费钱二十万、绢一百匹。

皇上哀怜他，命令主管部门提供船只载着他的灵柩回到故乡洪州。

潘慎修风度蕴藉，广泛涉猎文史典籍，读过很多道家著作，善于清谈。在此以前，南唐旧臣大多指责李煜昏庸懦弱，所说事情大多言过其实。宋真宗有一天拿他们的话询问潘慎修，潘慎修回答说："李煜如果真像这样不明事理，那么他凭什么在位治国十多年？"过了些时日，宋真宗向宰相谈及潘慎修的话，还说潘慎修温文尔雅做人不忘根本，恪守做臣子的节操，深深赞许褒扬他。当时和潘慎修交往的士大夫们，都推崇他为人朴素高尚。

为人处世不能得寸进尺，否则必将走入贪得无厌的深渊。人要学会自足，正如曾国藩说的："以才自足，以能自矜，则为小人所忌，亦为君子所薄。"

围棋"合弈"文化之"得寸有谋，进尺有度"。什么是我们该得的，什么是我们不该得的，区分并有效处理是一种智慧。弈棋和做人是一个道理，该进取的寸步不让，该退让的丝毫不恋，这是一种智慧、洒脱和格局。

第七十章　是以圣人被褐而怀玉

吾言甚易知，甚易行。天下莫能知，莫能行。言有宗，事有君，夫唯无知，是以不我知。知我者希，则我者贵。是以圣人被褐而怀玉。

自我之知是对现象世界的认识，是肤浅的、主观片面的；真我之知是对世界本质的认识，是深刻的、客观全面的。

人们之所以没有认清这个世界，是因为没有达到真我之知的境界。在现实世界中，很多人都是以貌取人，都自以为是。为此，老子强调两点：一是"言有宗，事有君"，言论有主旨，行事有根据；二是"是以圣人被褐而怀玉"，圣人总是穿着粗布衣服，怀里揣着知识才能。这两点引申出几点意思，第一个意思是要严于律己、宽以待人。古语说：不因恶小而为之，不因善小而不为。三国时期，刘备率兵攻克成都，召集众人，于帐中饮酒庆祝，并对军师庞统说："今天的聚会，可以说是十分地高兴啊。"庞统说："攻克了别人的国土后以此为乐，这不是仁义的队伍。"刘备当时已喝多了，有些醉态，听了这话，就不高兴了，生气地说："昔日周武王讨伐商纣成功，宫殿里前歌后舞，难道说周武王不是仁德之君？你这话说得太让人扫兴了，你还是出去吧。"庞统于是起身退出。不一会儿，刘备酒醒后想起自己的做法感到很后悔，于是命人把庞统又请了回来。庞统坐回到自己的座位后，不言不语，自顾自地吃东西。刘备对他说："刚才咱们的谈话，谁说得不好啊？"庞统回答说："咱们君臣俩都有不对的。"刘备听了笑了起来，不再生气，整个酒宴气氛如初。从这里我们能看到，刘备知错便改，能及时承认错误，身为君主，可见其对自己的要求之严。

第二个意思是要礼贤下士，正如儒家所说的，"三人行必有我师焉"。战国时燕昭王知人善任，重用贤能。他听从乐毅的建议，联合赵、楚、韩、魏等国攻打齐国，拜乐毅为上将军，攻下了齐国七十余城。

第三个意思是要尊重人才和知识。人才和知识是推动社会发展的关键要素，真理往往掌握在少数人的手里。秦昭王雄心勃勃，欲一统天下，在引才纳贤方面显示了非凡的气度。范雎原为一隐士，熟知兵法，颇有远略。秦昭王驱车前往拜访范雎，见到范雎便屏退左右，跪而请教："请先生教我？"但范雎支支吾吾，欲言又止。于是，秦昭王第二次跪地请教，且态度上更加恭敬，可范雎仍不语。秦昭王又跪，说："先生卒不幸教寡人邪？"这第三跪打动了范雎，道出自己不愿进言的重重顾虑。秦昭王听后，第四次下跪，说道："先生不要有什么顾虑，更不要对我怀有疑虑，我是真心向您请教。"范雎还是不放心，就试探道："大王的用计也有失败的时候。"秦昭王对此责并没有发怒，并领悟到范雎可能要进言了，于是，第五次跪下，说："我愿意听先生说其详。"言辞更加恳切，态度更加恭敬。这一次范雎也觉得时机成熟了，便答应辅佐秦昭王，帮他统一六国。后来，范雎鞠躬尽瘁地辅佐秦昭王成就霸业，而秦昭王五跪得范雎的典故，千百年来被人们所称誉，成为引才纳贤的楷模。

常言道：三军易得，一将难求。可见，一名优秀的将帅对于一支军队来说是多么的重要。将帅本身德行操守的优劣、谋略智慧的高下、指挥艺术的深浅，直接关系到军队的安危、战争的胜负。尤其是国家到了生死关头，与其有千百个凡将劣帅，还不如得一智勇兼具、振奋军心的将领。因此，历来军事家对将帅的作用和地位给予了充分的肯定。司马光《资治通鉴》言："有必胜之将，无必胜之民。由此观之，安边境，立功名，在于良将，不可不择也。"《新五代史·卷三十一·周臣传·扈载传》言："呜呼！作器者，无良材而有良匠；治国者，无能臣而有能君。盖材待匠而成，臣待君而用。故曰：治国譬之于弈，知其用而置得其处者胜，不知其用而置非其处者败。败者临棋注目，终日而劳心；使善弈者视焉，为之易置其处则胜矣。胜者所用，败者之棋也；兴国所用，亡国之臣也。"比喻要有眼光方能善用人才。

《六韬·文韬·举贤》记载了周文王询问姜尚关于"君务举贤而不获其功，世乱愈甚，以致危亡者，何也"的故事。周文王问姜尚："君主致力于举用贤能。但却不能收到实效，社会越来越动乱，以致国家陷于危亡，这是什么道理呢？"姜尚答道："选拔出贤能而不加以任用，这是有举贤的虚名，而没有用贤的实质。"文王问道："导致这种过失的原因在哪里呢？"姜尚答说："导致这一过失的原因在于君主喜欢任用世俗所称赞的人，因而就不能得到真正的贤人了。"文王问道："为什么这样说呢？"姜尚说："君主以世俗所称赞的人为贤能，以世俗所诋毁的人为不肖之徒，那么党羽多的人就会被进用，党羽少的人就会被排斥。这样邪恶之人就会结党营私而埋没贤能，忠臣无罪而被置于死地，奸臣凭借虚名骗取爵位，所以社会越来越混乱，国家也就不能避免危亡了。"文王问道："应该怎样举贤呢？"姜尚答道："将相分工，根据各级官吏应具备的条件选拔贤能，根据官吏的职责考核其工作实绩。选拔各类人才，考查其能力强弱，使其德才与官位相称、官位同德才相称。这样就掌握了举贤的原则和方法了。"

善于用人，善于"将将"，是刘邦的特长。刘邦用人的特点是"命在通达，不守一术；因能受职，各取所长"。刘邦本人出身农民，他的功臣大将，除个别人外，大都出身卑微。如陈平不过农民，韩信更是寄人篱下的赤贫之辈，樊哙以"屠狗为事"，灌婴"贩缯"，娄敬"挽车"，周勃则"织薄曲为生"、还"为人吹箫给丧事"。正因为能"因能受职，各取所长"，大批英才奇士都汇聚他的帐下，可谓谋臣如雨、勇将如云。这些人为刘邦出谋划策，殚精竭智，使得刘邦越战越强。反观项羽，在用人上任人唯亲，"其所任爱，非诸项即妻之昆弟，虽有奇士不能用"。韩信、陈平等人原都在楚国，因得不到信用，最后都背离他而去，投奔了刘邦，成为刘邦战胜项羽的重要谋臣宿将。项羽疑心太重，任人不专，因而很容易为离间计所乘，范增、钟离眛等智谋之士都得不到信任，项羽最后成了孤家寡人。这样，项羽由强变弱，转胜为败，最后自刎乌江，便成了合乎逻辑的历史结局。

自古以来，围棋人才辈出，发扬围棋文化的更是人才济济。例如从围棋诗角度上讲，纵观历代围棋诗，大致可分为两类。一类是以棋说理，就是由围棋的内涵、文化、典故或者对局、观弈及战略战术等，引发对人生、对世界的感悟，如苏轼、陆游、白居易等人的围棋诗。这类诗占了围棋诗的大部分。一类是以棋说情，就是通过围棋来曲折地表达自己的心情、感受，甚至是表达对时局的评价、对政治的批评。由于其蕴含着复杂的情感、应用了多重的表达方式，显得含蓄蕴藉、意味深长，借此可以深入探究诗人的内心世界，甚至以此为线索来还原某段不为人知的故事，有着较大的研究价值。这类围棋诗并不太多，以钱谦益、温庭筠等为代表。

可以说钱谦益是"以棋说情"的典范。这主要是基于这几个方面：钱谦益从小就喜爱围棋，终其一生乐此不疲，并与当世围棋名手多有过从，他虽不能说是围棋高手，但对围棋的棋理及战术都有着充分理解。他一生写了很多的围棋诗，单就数量而言，仅次于陆游，"围棋组诗"更是他的独创，极大地拓展了围棋诗的表现范围。因此，钱谦益的围棋诗，无疑是围棋与文人的情感表达的最为典型的样本。

钱谦益诗中，涉及围棋的，至少有七十三首，其中诗题中标明咏围棋的，也有三十首，如《观棋六绝句为汪幼青（清）作》《金陵后观棋绝句六首》《京口观棋六绝句为梁溪弈师过百龄作》《武林观棋六绝句》《后观棋六绝句为吕小隐作》等，无论数量还是质量，都是极为可观的。尤其值得注意的是，在这些诗中所提到的"棋局"（包括"残局""残棋""当局""局中"等），往往不是就棋说棋，而是意在言外，通过咏棋，或是表达对时局的看法，或是抒发内心的感受，或是借棋局影射时事，也就是说，在"棋局"上投注了十分显著的自身感情色彩。这种创作方法，在此前的诗人中也有过，但数量如此之多、感情如此强烈、且一以贯之地保持在创作过程中的，钱谦益是第一个也是唯一的一个。也就是说，"棋局"成了钱谦益诗歌创作中的一个独特的"意象"。

正如其晚年在为国手汪幼清所作的《棋谱新局序》中说："余不能棋，而好观棋，又好观国手之棋。少时方渭津在虞山，与林符卿对局，坚坐注目，移日不忍去。闻发一言，渭津昕然许可，然亦竟不能棋也。中年与汪幼清游，时方承平，清簟疏帘，看棋竟日夜，今皆为昔梦矣。"

围棋"合弈"文化之"百花齐放，各尽其才"。致天下之治者在人才，围棋的发展需要各种人才，不仅仅是弈棋人才，更需要发展围棋事业，传承围棋文化等方面的人才，为此，应广开进贤之路，广纳天下英才。成天下之才者在教化，要注重教育和培养，当以德为本、才艺为末，实现德才兼备、品行双优。

第七十一章　知不知，尚矣

> 知不知，尚矣；不知知，病也。圣人不病，以其病病。夫唯病病，是以不病。

　　知道自己还有所不知的，这是很高明的，老子用了一个"尚"字来评价人自我谦逊的宝贵品质。如果一个人不知道自己的缺点，自以为是，自以为无所不知，说明这个人病了。

　　为什么说"圣人不病，以其病病"？这句话的第二个"病"字，应理解为"把……看作……"的意思，圣人之所以为圣人，几近完美，重要的原因在于他把缺点看作缺点，但作者认为应该理解为把认识不到缺点看作自己最大的缺点。这两种看法道理是相同的，就是圣人经常反思自己，总能坚持忧患的意识，坚持从反面看待问题，在胜利的时候看到自己的失败，在势能的时候看到自己的劣能。

　　庄子《达生》中讲了单豹和张毅的养生故事。鲁有单豹者，岩居而水饮，不与民共利，行年七十而犹有婴儿之色；不幸遇饿虎，饿虎杀而食之。有张毅者，高门县薄，无不走也，行年四十而有内热之病以死。豹养其内而虎食其外，毅养其外而病攻其内，此二子者，皆不鞭其后者也。单豹和张毅在养生角度上就是因为没有看到自身的不足，最后都因自身的不足导致了灭身之祸。

　　据《关尹子》记载："列子学射，中矣。请于关尹子。尹子曰：'子知子之所以中者乎？'对曰：'弗知也。'关尹子曰：'未可。'退而习之。三年，又以报关尹子。尹子曰：'子知子之所以中乎？'列子曰：'知之矣。'关尹子曰：'可矣，守而勿失也。非独射也，为国与身皆如之。故圣人不查存亡，而察其所以然。'"列子跟关尹子学习射箭，有一次，列子射中了靶心，便去问关尹子，说："我学得差不多了吧。"关尹子说："你知道你能射中靶心的原因吗？"列子回答说："不知道。"关尹子说："不知道不能算是学会了。"列子回去再练习。过了三年，列子又来向关尹子求教。关尹子又问："你知道你能射中靶心的原因吗？"列子说："知道了。"关尹子说："现在可以了。掌握之所以能射中的规律，严格要求自己，就能每发必中。不但是射箭，治理国家以及自我修养，都要像这个样子。所以圣人不关心结果，而注重清楚地了解整个过程。"

　　《道德经论兵要义述》云："夫有知其所知，而不言其所知，此人之上也。盖有不知其所知，而强言其所知者，是人之病也。故知此妄知为病，则不病也。至于用兵之机，尤在于此。唯圣与贤乃能知之也。"《孙子兵法》云："知彼知己，百战不殆；不知彼而知己，一胜一负；不知彼不知己，每战必败。"了解敌方也了解自己，每一次战斗都不会有危险；不了解对方但了解自己，胜负的概率各半；既不了解对方又不了解自己，每战必败。对自身条件的严格审查和分析，这样才能做好客观的分析，才能知道我方的军事优势何在，以此进行谋略和战术安排。明代刘伯温《百战奇略》言："凡兴兵伐敌，所战之地，必预知之；师至之日，能使敌人如期而来，与战则胜。知战地，知战日，则所备者专，所守者固。法曰：'知战之地，知战之日，则可千里而会战。'"

　　楚庄王想进攻越国，庄子规劝君主道："大王为什么要进攻越国呢？"楚庄王说："越国政治混乱，军队弱势。"庄子说："我担忧这智慧如同眼睛，能看到百步之外，却不能看到自己的睫毛。大王的军队败给秦、晋，丧失土地数百里，说明军队很软弱；庄跻盗窃于境内，而官吏却不能禁止，这说明楚国的政事混乱。可见楚国在兵弱政乱方面，并非在越王之下。而您却想进攻越国，这样的智慧如同眼睛看不见眼睫毛一样。"楚庄王幡然醒悟，终止了进攻越国。

　　赵括把用兵打仗看作儿戏似的，谈起兵法来，就眼空四海，目中无人，却不知自己实际上是一个只会纸上谈兵的庸才。长平之战时，秦军将领白起针对赵括没有实战经验、不顾实际环境、只会照搬照抄兵法的弱点，采取了诱敌后伏击、分割包围的方法将赵军引入绝境。四十万赵军，就在纸上谈兵的主帅赵括手里全军覆没了。

董中行，字与叔，松江人。不善与人对弈，而喜谱弈，尝自笑曰："余不善兵，不似赵括、马谡之妄言兵，聊以公余布子，对谱敲枰，思戛戛而韵丁丁，此于蚍蜉愧国之终日营营。"中行曾取陆玄宇父子所辑《弈谱》携入长安，参以苏具瞻《弈薮》、雍穆野《弈正》、朱玉亭《手谈选要》诸书，过百龄对客诸局，合陆集损益之，名曰《仙机武库》，仇勘者为李伯暗，受梓者为张怀玉，笔削主裁，则过百龄实执牛耳，中行自为之序。尝曰："古今当局家，按彼己情形，识职舍大势，著著居先，无贻后悔，不屑屑于趋罟作活者，能有几人。大抵躁而不沉者败，懦而无断者败，愎而自用者败。"又曰："弈，一技也，与诸技有异。上则名画法书，拈词填曲，下则调筝弄管，舞袖歌喉，靡不娇矜。掩人之长，虽巧拙大较，自有定评。当其争悬殊于杪忽之间，据胜场于蟭螟之睫，能安分自抑者盖鲜。子敬之捉笔也，而子欲过父；太宗之运戈也，而君欲掩臣，岂非伎俩无言，随人臧否？棋则不然，胜实胜，败实败，疆场之事，一彼一此，胜多败少。定谢劣名，单子半子，锱铢不爽。斯非大圣人留兹一技，以域人夸诩无恒之思，消人懭悷予雄之习。俾知位置有定，如商君法，如孙武令，断不容少假焉。棋不能使人人为国手，能使国手不为对局之低手所败，不为现局之险手所误，并不为不识局之盲于操短长而第高下，致为千古复局者所笑。"又曰："惟游局外者，能适局中，能无以胜为者，乃无适不胜，阴符之杀机也。道德之无事取天下也，皆此志也。棋乎仙乎，非镜于至精，达于至变，而入于至神者，孰知其机乎！"

围棋合弈文化之"知彼知己，百战不殆"。人各有其情，各有其性。最了解你的人是你自己，最不了解你的人还是你自己。知己，是在人来人往中遇见了另外一个自己，弈棋者应先知己再知彼，这样才能有的放矢，治国理政和为人处世亦是如此。

第七十二章　是以圣人自知不自见，自爱不自贵

民不畏威，则大威至。无狎其所居，无厌其所生。夫唯不厌，是以不厌。是以圣人自知不自见，自爱不自贵。故去彼取此。

　　"民不畏威，则大威至。"当人民不畏惧统治者的威压时，可怕的祸乱即将到来。因此老子在这一章中强调要尊重民意，要顺应民心。

　　如何做到尊重民意顺应民心？"无狎其所居，无厌其所生。"不要逼迫人民不得安宁，不要阻塞人民谋生的道路。这是统治者在天下初定之时采取休养生息的缘由所在。人民已经处在水深火热之中，就不能去压迫人民，如此人民才不会厌恶统治者。正如黄石公《三略》讲道："佚政多忠臣，劳政多怨民。"实行与民生息的政策，民众渴望报答君主，国家就会出现许多忠义之臣；实行劳民伤财的政策，民众心中抱怨君主，国家就会出现许多怨恨之民。例如汉唐宋明清五个朝代在政权刚建立的时候，都采取了道家的这一"无为"思想，随即盛世就出现了。

　　"自知"与自欺的意义相对立，它是一种绝对的知的状态。一个人如果做了恶，他可以欺骗别人，但无法欺骗自己的内心。

　　老子认为的"知"还有良知的意思。当人们想方设法为自己的恶行寻找合理的依据的时候，这实际上就是企图使自己的良知认同所做的恶行，但是这是绝对不行的，因为人们所能办到的只不过是泯灭自己的良知罢了。所以自知就是对自己良心和良知的认同；而自见就是以个人的利益为中心

点，也就是说眼里、心里没有他人，或者即便是有，也是为了自己的利益。

吴三桂，明末清初政治、军事人物。孙旭给他的评价："三桂为明季罪人，又为本朝反贼，其生平亦何足道。"意谓吴三桂完全是一个为了利益背离道义之人。其出身将门，善于骑射，崇祯年间考中武举，凭借门荫，授都督指挥。屡立战功，累迁宁远团练总兵。先归降清廷，参加山海关大战，大败李自成，跟随清军入关，受封平西王。此后平定农民起义，攻城略地，颇有功勋。顺治十六年镇守云南，后攻入缅甸，擒获南明永历帝并将其处死，晋封亲王，与靖南王耿精忠、平南王尚可喜并称"三藩"。后在康熙十二年，吴三桂不服朝廷撤藩，自称总统天下水陆大元帅、兴明讨虏大将军，开启"三藩之乱"。康熙十七年，吴三桂在衡州登基称帝。同年秋病逝，时年六十七岁，只做了五个多月的皇帝。吴三桂等人发动的叛乱，虽然打出了"兴明讨虏"的旗号，赢得了部分汉人和对朝廷心怀不满的人支持，得以在短短的时间内席卷长江以南地区，但由于他曾经亲手引清军入关，亲手杀害永历帝，实乃无以自圆其说，所以并未得到大多数人的支持。再加上其根本目的在于自己利益，搞分裂割据。起事诸将皆为其朋党，吴三桂一死，登时土崩瓦解。所以其失败是必然的。

老子认为的自爱，是有良心的一种结果，但是绝不是爱自己就够了的，要爱己及人，爱亲人、爱身边的人，爱社会的人。统治者更是要如此，但是这个爱是有原则和尺度的。

成语"爱屋及乌"出自《尚书大传·大战》，原意是因为爱一个人而连带爱他屋上的乌鸦，比喻爱一个人而连带地关心与他有关的人或物。殷商末年，纣王穷奢极欲，荒淫无道，人民怨声载道，四大方伯之一的西伯侯姬昌决心推翻纣王无道的统治。姬昌在西方积极练兵备战，准备出兵东进，可惜他没有实现愿望就逝世了。姬昌过世后，他的儿子姬发继承了他的遗志，即位称王，即后来的周武王。周武王在贤士姜尚（太公）及弟弟姬旦（周公）、姬奭（召公）的辅佐下，联合诸侯，出兵讨伐纣王。双方在牧野交战。纣王人心尽失，士卒纷纷倒戈，商军大败。周军很快就攻克了朝歌，纣王在鹿台自焚，商朝就此灭亡。周武王灭掉商朝之后，内心深感不安，感觉天下尚未安定。于是他召见姜太公，问道："对朝歌的旧王朝士众应该怎么处置呢？"姜太公说："我听说有这样的话：如果喜爱那个人，连同停留在他屋檐下的乌鸦也喜爱；厌恶一个人，就连他家的墙壁、篱笆也厌恶。这说得很明白了，对于敌对分子应该斩尽杀绝，一个不留。大王您觉得可以这样做吗？"武王觉得这么处理不妥。这时，召公上前说："我曾听说过：要杀掉有罪的，放掉无罪的。应当杀死那些有罪的，不能让他们留下残余力量。大王你觉得怎么样？"武王觉得这样也不可以。这时周公上前说："我觉得还是让那些人各自回家，耕种自己的田地。君王应该不偏爱自己旧时朋友和亲属，而要用仁政来感化普天下的人。"武王听了豁然开朗，非常高兴，觉得这么做天下就可以从此安定了。后来，武王就依照周公的建议，果然民心归附，天下很快安定下来，西周也更强大了。

"爱屋及乌"说明爱一个人而连带地关心到与他有关的人或物，但我们一定要擦亮眼睛，不要盲目喜欢。

黄石公《三略》讲道："众疑，无定国；众惑，无治民。疑定惑还，国乃可安。"民众都对政令怀有疑虑，国家就不会得到安定；民众都对政令困惑不解，社会就不会得到治理。疑虑消失，困惑解除，国家才会安宁。

据《六韬·文韬·大礼》记载，周文王问姜尚关于君臣之礼的问题。姜尚言："为上惟临，为下惟沉，临而无远，沉而无隐。为上惟周，为下惟定。周则天也，定则地也。或天或地，大礼乃成。"身为君主最重要的是洞察下情，做臣民的最重要的是驯服恭敬。洞察下情在于不疏远臣民，驯服恭敬应该不隐瞒私情。做君主的要遍施恩惠，做臣民的应安守职分。遍施恩惠，要像天空那样覆盖万物；安守职分，要像大地那样稳重厚实。君主效法上天，臣民效法大地，这样君臣之间的礼法就圆满了。

围棋国手周小松，棋艺成名于道光年间，又经历了咸丰、同治、光绪三朝，德高望重，无与伦比。他的声名不但遍于国内，而且远播海外。作为清代的"最后一位围棋国手"，周小松一生淡泊名利，只执着于围棋之道。曾在与时任两江总督的曾国藩的对弈中凸显了他的耿直性格，令人钦佩。曾国藩棋艺不高，棋瘾却很大。他素有癣疥之疾，一手下棋，一手抓痒，皮屑满座。但周小松无心退让，曾国藩的棋处处受窘，他的棋子往往被分割成几块，每块勉强做成两只眼。他不由恼羞成怒，终至悔约，赖掉应付给周小松的盘费。据《清代轶闻》记载："周卒后，迄今尚无国弈也。"周小松的逝世，成为一个围棋时代结束的标志，从这种意义上来讲，清末国手周小松成为我国古代围棋的绝唱，他不肯攀附权贵的耿直品格一直成为棋界的圭臬。

围棋"合弈"文化之"自爱而卑，恪礼而逊"。人要学会自爱，切不可因为一时的挫折和困难，或者别人的闲言碎语而影响到自己，甚至将自己逼入绝境，自寻短见。但是在自爱的时候一定要谦卑、谦逊，不可骄傲自满，应该恪守基本的礼节，这是一种自我保护的办法，也是赢得别人尊重的方法。

第七十三章 不争而善胜，不言而善应，不召而自来，繟然而善谋

> 勇于敢则杀，勇于不敢则活。此两者，或利或害。天之所恶，孰知其故？是以圣人犹难之。天之道，不争而善胜，不言而善应，不召而自来，繟然而善谋。天网恢恢，疏而不失。

"勇于敢则杀，勇于不敢则活。此两者，或利或害。"勇于坚强的就会死，勇于柔弱的就会活下来，这两者各有利弊。这是老子辩证思想的体现。人都有一死，或重于泰山，或轻于鸿毛。如果说前者的死是为人民而死，虽死犹荣；留得青山在，不愁没柴烧，如果后者的忍辱偷生是为了将来的东山再起，那么这样的低头又何尝不是一种趋利避害的谋略呢？但是话说回来，为民而死也不能莽撞行事，不然劳而无功，会遭到反动势力的血腥镇压；忍辱偷生的也要抓准时机，不能得过且过，不然丧失斗志，自我消灭。

那么如何做到"死生"统一呢？老子提出"不争而善胜，不言而善应，不召而自来，繟然而善谋"。要取得胜利就得有不争的思想，要兑现对人民的承诺就不要停留在言语之上，要高举大旗以至天下归心，要挑选出善谋的人才就要做到不顾自己的得失，不任人唯亲，结党营私，拉帮结派。

庄子《山木》讲道："夫以利合者，迫穷祸患害相弃也。以天属者，迫穷祸患害相收也。"以利相合，遭遇困穷灾祸危难则相互抛弃；以天性

相合，遭遇困穷灾祸危难则相互容纳。天性即"道"，道就是爱护百姓，不从自身利益出发。

李陵，西汉将领，李广之孙。曾率军与匈奴作战，战败被俘，汉朝夷其三族，致使其彻底与汉朝断绝关系。其一生充满国仇家恨的矛盾，因而对他的评价一直存在争议。天汉二年夏天，武帝派自己宠妃李夫人的哥哥、贰师将军李广利领兵讨伐匈奴，另派李广的孙子、别将李陵随从李广利押运辎重。李陵带领步卒五千人出居延，孤军深入浚稽山，与单于遭遇。匈奴以八万骑兵围攻李陵。经过八昼夜的战斗，李陵斩杀了一万多匈奴，但由于他得不到主力部队的后援，结果弹尽粮绝，不幸被俘，然后投降。李陵兵败的消息传到长安后，汉武帝本希望他能战死，后听说他却投了降，愤怒万分。汉武帝询问太史令司马迁的看法，司马迁一方面安慰汉武帝，一方面尽力为李陵辩护。他认为李陵平时孝顺母亲，对朋友讲信义，对人谦虚礼让，对士兵有恩信，常常奋不顾身地急国家之所急，有国士的风范。司马迁痛恨那些只知道保全自己和家人的大臣，他们如今见李陵出兵不利，就一味地落井下石，夸大其罪名。司马迁的直言触怒了汉武帝，汉武帝认为他是在为李陵辩护，讽刺劳师远征、战败而归的李广利，于是下令将司马迁打入大牢，司马迁后遭受宫刑。不久，又有传闻说李陵为匈奴练兵。汉武帝信以为真，便草率地处以李陵诛灭三族的极刑。

"天网恢恢，疏而不失。"历史有如一条长河，大浪淘沙，是非对错，谁也逃脱不掉人民和历史的评判。在军事中，老子的"勇于敢则杀，勇于不敢则活。此两者，或利或害"的思想应该理解为一种精神，这种精神是军人保家卫国的敢于牺牲的精神。无论是周朝的"普天之下莫非王土，率土之滨莫非王臣"，秦朝的"赳赳老秦共赴国难，血不流干死不休战"，汉朝的"明犯我大汉天威者，虽远必诛"，隋朝的"四方胡虏，凡有敢犯者，必亡其国，灭其种，绝其苗裔"，唐朝的"内外诸夷，凡敢称兵者，皆斩"，宋朝的"壮志饥餐胡虏肉，笑谈渴饮匈奴血。待从头、收拾旧山河，朝天阙"，明朝的"不称臣，不和亲，不纳贡""天子守国门，君王死社稷""退出长城，保尔全尸"，还是羸弱不堪的民国的"一寸山河一寸血，十万青年十万军"，都体现了中国军人的视死如归的精神。

"男儿要当死于边野，以马革裹尸还葬耳，何能卧床上在儿女手中邪？"此为东汉开国功臣马援所言。

东汉时期名将辈出，比如燕然勒石的窦宪，收复西域五十多国的班超，此外还有一个人虽然声名不显，但战绩斐然，他就是马援。

马援，东汉初期著名军事家，曾祖父马通是汉武帝时期的大臣，父亲马仲曾官至玄武司马。西汉末年王莽篡政，建立新朝，天下大乱，军阀四起，马援投靠了陇西军阀隗嚣，后又投靠光武帝刘秀，开始南征北战。建武十一年，刘秀任命马援为陇西太守，平定塞外羌族叛乱，马援率步骑兵三千余人在甘肃临洮大败羌人，斩敌数百人，俘获牛羊上万头，八千多名羌人望风而降。

40 年，征侧、征贰两姐妹在交趾郡起兵造反，公然与东汉为敌，交趾各部族纷纷响应，叛军在短时间内占领东汉岭南一带六十多座城池，声势浩大。42 年，光武帝刘秀任命马援为伏波将军，领兵平定交趾叛乱。马援领兵到达岭南后，一路势如破竹，大败交趾叛军，斩敌数千人，降者过万。43 年，马援斩叛军首领征侧、征贰两姐妹，平定交趾叛乱，因军功被封为新息侯。

平定交趾后，马援下令在当地立下两根铜柱作为汉朝最南的边界，并在铜柱上刻上"铜柱折，交趾灭"六个大字。马援说出的男儿当马革裹尸的豪言壮志，为中华民族的脊梁与血性添上了浓重一笔。

弈棋者当有敬业爱国之胸怀和精神。明朝精研五经大义，曾与乐安孙质、吴陆参谯和夏侯圭善一起讲学，号称"四友"的冯元所作《仲弈难》曰："从前十九路云：'何而有所住？'然余其返之太素，且道黑白未分时，一著落在什么处。难曰：'方四聚五，花六持七，云何肇于一？'然余其太虚为室，著时自有输赢，著了并无一物。难曰：'举棋不定，做伏抵巇，何以披之？'然余亦乌能知林麓隐隐，星汉离离，入类狡兔之绕丘，乍似戏鹤之干霄。难曰：'子胡不精而很登绝巘，驰峻坂？'然余损之又损，宁学步蹇归，效颦丑女。难曰：'子胡不脱胎换骨，逼人咄咄？'然余不知四伐九伐，饰遁伪疑，声手俱发。难曰：'子胡不突围横行，乘快指挥？'然余不发杀机，只解闭门作活，不解夺角冲围。难曰：'子胡不深其垒，伏蒿矢，出不出，止不止？'然余幸逃于东奔西靡，胜固欣然，败亦可喜。难曰：'子胡不设诈坑，屈人兵？'然余不操奇赢与世争，唯其无所争，故能入于不死不生。难曰：'子北矣。胡不仰人鼻息，大呼求救？'然余不近华胄，怯诃诟，宁当机不让，频战累斗。难曰：'子胡不工十三篇，妙藉手传？'然余何暇焉，混沌谱，但欲眠，昔与边韶敌手，今被陈抟饶先。难曰：'子胡不埲尔软，塞尔兑，闭目不视？'然余行行且止，不有博弈者乎！为之犹贤乎已。"

围棋"合弈"文化之"在其所争，不生不死"。弈棋者应遵循道家思想，胸怀"我死则国生"之壮志，视死如归，有着军人一般的铁血精神，奋勇抗争、砥砺前行，争取最后的胜利。

第七十四章　民不畏死，奈何以死惧之

> 民不畏死，奈何以死惧之。若使民常畏死，而为奇者，吾得执而杀之，孰敢？常有司杀者杀。夫代司杀者杀，是谓代大匠斫，希有不伤其手者矣。

"民不畏死，奈何以死惧之。"老子对强权统治者进行了愤怒的斥责。无道之世，人民"狎其所居，厌其所生"，反抗与不反抗都是死，谁还会害怕统治者用死亡来威胁呢？汉高祖刘邦在押解犯人修长城之时，明知秦朝的暴政而没有反抗，但得知误期之后，发现自己也得死，既然横竖都是一个死，便起来反抗秦朝暴政，这说的就是官逼民反的道理。

老子反对使用重刑，尤其反对以滥杀的方式来维持统治。在老子看来，人民生来就具有反抗暴政的道德勇气，不管统治者采取什么样的手段来镇压人民，他们的道德勇气总会自然而然地表现出来。对此，老子提出了"民不畏死，奈何以死惧之"的质问，目的就是要告诫统治者，不要滥施刑罚，妄图暴政，要实施教化，尊重民意。

孔子归鲁，乃立纲陈纪，教以礼义，养其廉耻，故民不扰而事治。三月之后，风俗大变。市中鬻羔豚者，不饰虚价；男女行路，分别左右，不乱；遇路有失物，耻非己有，无肯拾取者；四方之客，一入鲁境，皆有常供，不至缺乏，宾至如归。国人歌之曰："衮衣章甫，来适我所；章甫衮衣，慰我无私。"鲁侯问："何谓政治的根本原则？"孔子说："君君，臣臣，父父，子子。"他主张君主要以德治天下，感化人民，让他们奋发向上。他大力宣传"仁"的学说，认为"仁"即"爱人"。提出"己所不欲勿施于人"，而"克己复礼为仁"，反对苛政与刑杀，并提出"不患寡而患不均，不患贫而患不安"的论点。

明朝冯梦龙言："兵事以民为本。"黄石公《三略》讲道："残灭之政，累世受患；造作过制，虽成必败。舍己而教人者逆，正己而化人者顺；逆者乱之招，顺者治之要。"无论是《吴起兵法》讲的"必死则生"还是《孙子兵法》讲的"置之死地而后生"，都在强调作战时候将士的必死之心。统治者残酷暴虐，世世代代都要受害。事情超过了限度，即使一时成功，最终也难免失败。不正己而正人者其势拂逆，先正己而后正人才顺乎常理。行为拂逆是招致祸乱的根源，顺乎常理是国家安定的关键。正如《孔子家语·入官》言："不责民之所以不为，不强民之所以不能。"清代钱泳《履园丛话》言："天下事有利于民者则当厚其本，深其源；有害于民者则当拔其本，塞其源。"

官逼民反往往是中国古代战争的起源，无论是刘邦、朱元璋，还是李自成，皆是因为官逼民反才起义的人物。正如宋代林亦之所讲："不死于饥即死战，性命只在道旁沟。更闻维扬有鬼市，铜钱须臾变为纸。都缘白日杀人多，所以冤魂有如是。君侯壮思凌云空，青衫匹马戎幕中。"在中国几千年的军事史上，就有很多军队敢死，不怕死。乞活军就是其中的一支部队。

乞活军，五胡十六国时期活跃于黄河南北的汉族武装流民集团，被认为是中国古代最凶猛强劲的农民部队。乞活，顾名思义，乱世中乞求活命自保也，其悲壮凄惨情形可见一斑。西晋末年，并州匈奴人、羯人起兵叛乱，大肆屠杀抢掠，并州大饥，光熙元年，并州百姓及士兵官吏两万余户在刺史司马腾率领下逃难求食，就谷冀州，后形成号为"乞活"的流民集团。流民所到之处，势必受到排斥，因为哪里都缺粮食，所以冲突也就无处不在。如"司、冀、并、兖州流人数万户在于辽西，迭相招引，人不安业"，还有"流民之在颍川、襄城、汝南、南阳、河南者数万家，素为居民所苦，皆烧城邑"，就是当时情形的真实写照。为防止流民哄抢，各地纷纷组织武装防范。而流民受到攻击，就要自卫，也逐渐自发形成了自己的武装。如"雍州流人王如、侯脱、严嶷等起兵江淮间""流民张平、樊雅各聚众数千人在谯，为坞主""秦州流民邓定、訇氏等据成固，寇掠汉中"，有的还建立了割据政权，最典型的就是巴氐人李氏建立的成汉政权（为十六国之一）。

孔融，东汉末年官员、名士、文学家，为孔子的二十世孙。生性喜结宾客，抨击时政，言辞激烈，终在建安十三年因触怒丞相曹操而被杀。当曹操派人将孔融抓起来的时候，其七岁的女儿和九岁的儿子正在下围棋。《后汉书·孔融传》记载："初，女年七岁，男年九岁，寄他舍。二子方弈棋，融被收而不动。左右曰：'父执而不起，何也？'答曰：'安有巢毁而卵不破乎！'……或言于曹操，遂尽杀之。及收至，谓兄曰：'若死者有知，得见父母，岂非至愿！'乃延颈就刑，颜色不变，莫不伤之。"得知父亲被抓的消息，孔融的一对儿女仍是坐在那里专心致志地下棋。别人问他们："父亲被捕，你们仍然坐着不站起来，这是为什么？"他们回答说："哪里有鸟巢毁了而鸟蛋不被打破的道理呢？"后来有人把这话告诉了曹操，曹操决定把这两个小孩也一起杀掉。当曹操派人把这两个小孩抓起来的时候，女孩对哥哥说："如果死了的人有知觉，能够见到父母，难道不是我们最大的愿望吗？"于是伸长了脖子受刑，脸色不变，没有人不为之悲伤的。孔融的女儿、儿子才几岁就会下围棋，而且面对死亡如此从容应对，不禁让人感想，围棋对于他们的影响。

像孔融儿女这样奔赴大义的还有唐朝中期政治家、棋待诏王叔文。王叔文苏州司功出身，擅长围棋。唐顺宗李诵为太子时，王叔文担任太子侍读，"常言民间疾苦"，深得太子赏识和信任。据《旧唐书·王叔文传》记载："王叔文者，越州山阴人也。以棋待诏，粗知书，好言理道。德宗令直东宫。太子尝与侍读论政道，因言宫市之弊，太子曰：寡人见上，当极言之。诸生称赞其美，叔文独无言。罢坐，太子谓叔文曰：向论宫市，君独无言何也？叔文曰：皇太子之事上也，视膳问安之外，不合辄预外事。太子谢之曰：苟无先生，安得闻此言？由是重之。密结当代知名之士而欲侥幸速进者，与韦执谊、韩泰、柳宗元、刘禹锡等人，定为死交。"

围棋合弈文化之"民不畏死，死又何惧？"何时睹澄清，一洒民生艰？财须民生，强赖民力，戚恃民势，福由民殖。治国理政和为人处世皆应顺应民意，而不可违之。"字莘毂，志不在君文；官封疆，志不在民生；居水边林下，志不在世道；君子无取焉。"每一个当权者都要"长太息以掩涕兮，哀民生之多艰"。

第七十五章　夫唯无以生为者，是贤于贵生

民之饥，以其上食税之多，是以饥。民之难治，以其上之有为，是以难治。民之轻死，以其上求生之厚，是以轻死。夫唯无以生为者，是贤于贵生。

在专制社会里，统治者的本性是贪婪的。"民之饥，以其上食税之多，是以饥。民之难治，以其上之有为，是以难治。民之轻死，以其上求生之厚，是以轻死。"人民之所以遭受饥荒，就是由于统治者吞吃赋税太多了；人民之所以难以治理，就是由于统治者妄为，苛政猛于虎；人民之所以不怕死，就是因为统治者把人民逼上了绝境。在这一章中，老子直接点出了上一章"民不畏死"的原因。

为此，"夫唯无以生为者，是贤于贵生"。只有那些不以厚待自己的生命为人生目的，而全心全意为人民服务的人，才是真正以自我生命为贵的人。在这一点上，强调以仁为本的儒家是极力提倡的，《论语·雍也》言："己欲立而立人，己欲达而达人。"《孟子·离娄下》言："爱人者，人常爱之。敬人者，人常敬之。"《淮南子·精神训》言："尊势厚利，人之所贪也；使之左据天下图，而右手刎其喉，愚夫不为。由此观之，生尊于天下也。"《汉书·景帝纪》言："夫狱者，天下之大命也，死者不可复生，绝者不可复属。"《三国志·王肃传》言："且人命至重，难生易杀，气绝而不续者也，是以圣贤重之。"

　　汉宣帝刘询，汉武帝曾孙。他出生时非常不幸，是在牢狱中度过的。小的时候受到牵连而被迫在民间流浪，直到成年才被一些想要确立正统、把持皇权的官员迎回皇宫成为皇帝。红尘的滚打让这位皇帝的心智非常的坚韧，忍辱负重后终于夺回了权力，早年的遭遇让他时常站在百姓立场，能够充分感受到百姓的不易。东汉时期的开国皇帝刘秀是农民出身，可以说是个不起眼的粗人，但他心有大志，做事非常慎重，喜欢为民解忧。这位皇帝不仅非常爱护百姓，也爱护自己的臣子。宋仁宗赵祯，在位时宋朝鼎盛，他也是宋朝在位期间最为长久的皇帝。宋仁宗低调即位之后，推动了农业，让百姓以积极向上的态度对待农耕，让大家过上好日子，同时也让宋朝各方面达到了当时的顶峰。

　　但反观秦朝，秦朝的基本制度是以耕战立国，力求将全国所有的资源都供给到军事上，这在六国纷争的大争之世非常有效，但却不适合于统一后的长期发展。尤其是秦朝在统一后大兴土木，修建阿房宫、长城、秦皇陵等巨大的工程耗费资源极多。同时秦朝的官吏也残暴不仁。因此秦朝的普通民众负担过大，苦不堪言，心中恨透了秦朝的暴政。在陈胜、吴广的领导下，大泽乡举起了中国历史上第一次大规模农民起义的旗帜。从此秦朝开始走向灭亡。

　　军事是一种激烈的政治，是统治阶级和被统治阶级或者是侵略者与被侵略者之间的一种残酷的斗争，这种斗争往往伤害的是无辜的百姓，尽管有的战争是为了和平而战，但具体过程中必然会给人民带来灾难和痛苦，可以说没有什么比战争还要劳民伤财的。老子在《道德经》第三十章中就讲道："大军之后，必有凶年。"东汉曹操《蒿里行》言："铠甲生虮虱，万姓以死亡。白骨露于野，千里无鸡鸣。生民百遗一，念之断人肠。"唐朝李白《关山月》言："汉下白登道，胡窥青海湾。由来征战地，不见有人还。"唐朝张籍《关山月》言："陇头风急雁不下，沙场苦战多流星。可怜万国关山道，年年战骨多秋草。"唐朝杜甫《送灵州李判官》言："犬戎腥四海，回首一茫茫。血战乾坤赤，氛迷日月黄。"

　　另外，很多史书也对战争带来的苦难多有记载。《汉书·主父偃传》言："又使天下飞刍挽粟，起自负海，转输北河，率三十钟而至一石。"《旧唐书·卷八十·列传第三十·褚遂良》言："加西域，收其鲸鲵，以为州县。然则王师初发之岁，河西供役之年，飞刍挽粟，十室九空，数郡萧然，五年不复。"《史记·平淮书》言："捕斩首虏之士受赐黄金二十余万斤，虏数万人皆得厚赏，衣食仰给县官；而汉军之士马死者十余万，兵甲之财转漕之费不与焉。"

一场战争，从前期情报搜集，到调动军队，到养活军队，到给军队配备武器装备，到行军用的交通工具，到战场上的消耗，甚至是安置俘虏等，无一不需要消耗金钱。就汉武帝而言，其一生执政五十四年，其中有四十三年是在打仗。《汉书·赵充国传》记载："愿罢骑兵，留弛刑应募，及淮阳、汝南步兵与吏士私从者，合凡万二百八十一人，用谷月二万七千三百六十三斛，盐三百八斛。"《汉书·陆贾传》记载："宝剑值百金。"《史记·卫将军骠骑列传》记载："两军之出塞，塞阅，官及私马凡十四万匹。而复入塞者不满三万匹。"从这些史书记载就可见战争成本之高，而这些费用无疑不是从平民百姓那里搜刮而来，最终国库空虚，国家积病累弱。所以《孙子兵法》言："兵者，国之大事，死生之地，存亡之道，不可不察也。"总而言之，统治者对战争始终要保持慎重的态度。

围棋高手邵雍曾站在历史的角度，写了一首历史上最长的围棋诗《观棋大吟》："人有精游艺，予尝观弈棋。算余知造化，着外见几微。好胜心无已，争先意不低。当人尽宾主，对面如蛮夷。财利激于衷，喜怒见于顾。生杀在于手，与夺指于颐。戾不殊冰炭，和不侔埙篪。义不及朋友，情不通夫妻。珠玉出怀袖，龙蛇走肝脾。金汤起樽俎，剑戟交幰帏。白昼役鬼神，平地蟠蛟螭。空江响雷电，陆海诛鲸鲵。寒暑同舒惨，昏明共蔽亏。山河灿于地，星斗会璇玑。因睹输赢势，翻惊宠辱蹊。高卑易裁制，返覆难拘羁。心迹既一判，利害不两提。卷舒当要会，取舍在须斯。智者伤于诈，信者失于椎。真伪之相杂，名实之都隳。得者失之本，福为祸之梯。乾坤支作讼，离坎变成暌。弧矢相凌犯，言辞共诋欺。何尝无胜负，未始绝兴衰。前日之所是，今日之或非。今日之所强，明日之或羸。以古观后世，终天露端倪。以今观往昔，何止乎庖牺。尧舜行揖让，四凶犹趑趄。汤武援干戈，三老诚有讥。虽皋陶陈谟，而伊周献规。曾未免矣夫，疗骨而伤肌。仁为名所败，义为利所挤。治乱不自已，因革徒从宜。与贤不与子，贤愚生瑕疵。与子不与贤，子孙生疮痍。或苗民逆命，或有扈阻威。或羿浞起衅，或管蔡造疑。或商人征葛，或周人乘黎。或鸣条振旅，或牧野搴旗。灼见夏台日，曾照升自陑。安知羑里月，不照逾孟师。厉王奔于彘，幽王死于骊。平王迁于洛，赧王败于伊。或盟于召陵，或会于黄池。或战于长岸，或弑于乾溪。或入于鄢郢，或栖于会稽。或屠于大梁，或入于临淄。五霸共吞噬，七雄相鞭笞。暴秦灭六国，楚汉决雄雌。天尽于有日，地极于无涯。遐尔都包括，纵横悉指挥。井田方弈弈，兵甲正累累。易之以阡陌，画之以效畿。销之以锋镝，焚之以《书》《诗》。罢侯以置守，强干而弱枝。重兵栖上郡，长城堑边陲。自谓磐石固，万世无已而。回天于指掌，割地于阶墀。视入若蝼蚁，用财如沙泥。阿房宫未毕，祖龙车至戏。骊山卒未放，陈涉兵自蕲。灞上心非浅，鸿门气正滋。咸阳起烟焰，南郑奋熊罴。人鬼同交错，风云共惨凄。项强刘未胜，得鹿莫知谁。约法三章在，收兵五国随。庙堂成筹重，帷幄坐筹奇。广武貔貅怒，鸿沟虎豹饥。荥阳留纪信，垓下别虞姬。三杰才方展，千年运正熙。山川旧形胜，日月新光辉。正朔承三统，车书混四维。方隅无割据，穷僻有羁縻。后族争行日，军分南北司。当时无佐命，何以救颠隮。百战方全日，长兵震天垂。岂知巫蛊事，祸起刘屈牦。冢宰司衡日，重明正渺弥。见危能致命，无忝寄孤遗。剧贼欺孤日，行同狐与狸。宫中凌寡妇，殿上逐婴儿。龙战知何所，冰坚正在兹。溃堤虽患水，御水敢忘堤。东汉重晞日，昆阳屋瓦飞。幽忧新室鬼，狼籍渐台尸。鄗邑追隆准，新安扫赤眉。再逢火德王，复睹汉官仪。窦邓缘中馈，阎梁挟牝鸡。经何功殆尽，至董邺都糜。河洛少烟火，京都多蒿藜。长天有鸟度，白骨无人悲。城有隍须复，羊无血可刲。大厦之将颠，非一木可支。孟德提先手，仲谋藉世资。玄德志不遂，竟终于涕洟。西晋尚清谈，大计悬品题。妇人执国命，骨肉生疖疵。二主蒙霜露，五胡犯鼎彝。世无管夷吾，令人重晞嘘。广陌羌尘合，中州胡马嘶。龙光射牛斗，日影化虹霓。辟草来洛汭，垦田趋江湄。二百有四年，方驾而并驰。东晋分南尾，时或产灵芝。凡经五改命，至陈卒昌隋。国破西风暮，城荒春草萎。长江空满目，行客浪沾衣。后魏开北首，孝文几缉绥。河阴旋有变，国分为东西。尔朱夺高氏，宇文灭北齐。及隋始并陈，四海为藩篱。泛忤公私匮，征辽士卒疲。有身皆厌苦，无口不嗟咨。处处称年号，人人思乱离。中原未有主，谁识非鹿麋。千一难知日，天人相与期。龙腾则云霭，虎步则风凄。母后专朝日，相仍紊宫闱。可差恒彦范，不杀武三思。绣岭喧歌舞，渔阳动鼓鼙。太平其可傲，徒罪一杨妃。剑阁离天日，潼关漏虎貔。两京皆覆没，九庙咸倾欹。乐极则悲至，恩交则害携。事无事奈何，举目谁与比。自此藩方盛，都无臣子祗。恃功而不朝，讨贼以为词。各拥部兵盛，谁怜王室卑。邀朝迁姑息，观社稷安危。攻取非君命，诛求本自肥。乘舆时播越，扈从或参差。尾大知难运，鞭长岂易麾。长奸忧必至，养虎害终贻。国步可颠沛，君心空怩惕。时来花烂漫，势去叶离披。十姓分中夏，五家递通逵。徒明星有烂，但东方未晞。才返长芦镇，旋驱胡柳陂。绛霄共目取，玄武火何痴。中渡降堪罪，栾城死可嗤。太原朝见入，刘子夕闻啼。事体重重别，人情旋旋移。弃灰犹隐火，朽骨尚称龟。谲诈多阴中，艰忧常自罹。挠防肤革易，患救腹心迟。语祸不旋踵，言伤浪噬脐。欲升还陨落，将坠却扶持。瞑眩人皆恶，康宁世共晞。须能蠲重疾，始可谓良医。久废田硗确，难行路险巇。不逢真主出，何以见施为。家国遭回极，君臣际会稀。上天生假手，我宋遂开基。睿算随方设，群豪引领归。迄今百余载，兵革民不知。成败须归命，兴亡自系时。天机不常设，国手无常施。往事都陈迹，前书略可依。比观之博弈，不差乎毫厘。消长天旋运，阴阳道范围。吉凶人变化，动静事枢机。疾走者先颠，迟茂者后萎。与其交受害，不若两忘之。求鱼必以筌，获兔必以罘。得之不能忘，羊质而虎皮。道大闻老子，才难语仲尼。造形能自悟，当局岂忧迷。黑白焉能浼，死生奚足猗。应机如破的，迎刃不容丝。勿讶傍人笑，休防冷眼窥。既能通妙用，何必患多岐。同道道亦得，先天天弗违。穷理以尽性，放言而遣辞。视外方知简，听余始识希。大羹无以和，玄酒莫能漓。上兵不可伐，巧历不可推。善言不可道，逸驾不可追。兄弟专乎爱，父子主于慈。天下亦可授，此著不可私。"

邵雍从围棋入手，开篇便是"人有精游艺，予尝观弈棋。算余知造化，着外见几微"，随后对浩荡的历史及曲折的人生进行了大量的描述，从尧舜到北宋，写出了三千年的历史沧桑巨变。而这风云际会的历史犹如棋盘上的风云变幻一般，故而感叹"比观之博弈，不差乎毫厘。消长天旋运，阴阳道范围。吉凶人变化，动静事枢机"。极具道家思想和围棋精神，得出了史脉似纹枰、世事如棋局的道理和历史最终回归于人心的历史启示。

围棋合弈文化之"历史浩荡，天长地久"。人生天地之间，若白驹过隙，忽然而已。生命只有一次，对于谁都是宝贵的。弈棋者当敬畏生命，保护生命。天地无终极，人命若朝霞。在有限的时空里，创造无限的生命，在急流中奋进，在尽头处灿烂。

第七十六章　是以兵强则灭，木强则折

人之生也柔弱，其死也坚强。草木之生也柔脆，其死也枯槁。故坚强者死之徒，柔弱者生之徒。是以兵强则灭，木强则折。强大处下，柔弱处上。

"人之生也柔弱，其死也坚强。草木之生也柔脆，其死也枯槁。"老子通过人和草木的生死规律阐明"故坚强者死之徒，柔弱者生之徒"，坚强属于死亡的一类，柔弱的东西属于生长的一类。因此得出"是以兵强则灭，木强则折"，因此用兵逞强就会遭到灭亡，树木强大就会遭受砍伐摧残的道理。

那么，什么是坚强，什么是柔弱？老子透过现象看到本质，坚强和柔弱是辩证统一的，辩证在其可以相互转化，统一在其时间上和空间上的协调。比如，有的人之所以柔弱，在于惜命，但是当惜命无路时，便有了抱死的坚强，正所谓视死如归。和统治阶级相比，底层无数百姓看似柔弱，其实坚强；统治者看似坚强，实则不堪一击。因此老子提出了"强大处下，柔弱处上"的道理。

三国末期，魏国统治集团内部展开了激烈的权力斗争，曹魏的皇帝连续被废、被杀，司马氏专横跋扈，为所欲为，不断扶持党羽，排斥拥护曹魏的人，政治非常黑暗。阮籍年轻时博览群书，才华横溢，有很远大的抱负。但随着时间的推移，他逐渐看清了时势的险恶，虽然不满司马氏的统治，却又怕公开反对会招致杀身之祸，因此只好同知己朋友一起借酒浇愁，避免直接卷入权贵之间的倾轧。阮籍性情高傲，行为古怪，有时关起门来读书，几个月也不出门；有时外出游览山水，竟忘记了回家。他高兴时就纵声大笑，不高兴就痛哭一阵。他的这种奇特行为并不为当时的人所理解。司马昭一直想笼络阮籍，就派人到阮籍家做媒，要阮籍把女儿嫁给自己的长子司马炎。阮籍不愿攀上这门亲家，又不能明白地拒绝，就故意喝得烂醉如泥，十多天不省人事，使受命前来求婚的人没有机会开口，终于躲过了这门亲事。正是由于当时社会的逼迫，才使阮籍佯狂避世，他的身上留有那个扭曲时代的印记。

《军谶》曰："柔能制刚，弱能制强。柔者，德也；刚者，贼也。弱者人之所助，强者怨之所攻。柔有所设，刚有所施；弱有所用，强有所加；兼此四者，而制其宜。"柔的能制服刚的，弱的能制服强的。柔是一种美德，刚是一种祸害。弱小者容易得到人们的同情和帮助，强大者易于受到人们的怨恨和攻击。有时候要用柔，有时候要用刚，有时候要示弱，有时候要坚强。应该把这四者结合起来，根据情况的发展变化而运用得恰如其分。

明朝刘伯温《百战奇略·不战》讲："凡战，若敌众我寡，敌强我弱，兵势不利；彼或远来，粮饷不绝，皆不可与战，宜坚壁持久以敝之，则敌可破。法曰：'不战在我。'"大凡战争，如果处于敌众我寡、敌强我弱，兵力对比于我不利的形势下，或者敌人虽远道而来但粮饷供应源源不断，对于此种敌人我们都不可立即与其进行决战，而应当坚守壁垒，持久防御以消耗和拖垮敌人。这样，就可以最后打败敌人。诚如兵法所说："是否交战的主动权要牢牢掌握在我手中。"

黄庭坚，北宋时期的文学家、书法家，擅长草书、行书，以行楷大字独步书坛。作为书法大家的黄庭坚也是一位围棋高手。黄庭坚曾著有专论围棋战术的《棋经诀》，其中归纳总结下棋之"三败""六病"等观点为诗家、棋手所乐道。

"初下十子以来，进未可谋杀，退未可占地，各逐其宜，以求有力，此立理之道。下及三十子以后，布置稍定，须观局之强弱，或占地，或刑克，必观于利，此乃行用之时也。杀不必须得，地不必须破，占不必广，此三者，取舍之道。棋之所切，无出于胜。傥或局胜，专在自保。或局弱，即须作行。然作行须是敌人有衅，无衅而动，必败之道也。棋之机要，多在外势，取局之要，在于鸿渐。棋有三败：一者欺敌，二者不辨局，三者多错。又有六病：一者贪杀，二者取舍不明，三者无劫兴劫，四者苦觅奇行，五者知微不妨，六者稍胜望筹。棋之大要，先手不可失。局初有大利，方可弃之；局中有倍利，方可弃之；局末有不得已，方可弃之。古之经诀，皆述简易，贵于立理，先为不可胜，以待敌之可胜。或逍遥得极，高道自乐，终局雅淡，是其长也。"在这篇文章中，黄庭坚提出"须观局之强弱，或占地，或刑克，必观于利，此乃行用之时也"，得出三败"欺敌，不辨局，多错"和六病"贪杀，取舍不明，无劫兴劫，苦觅奇行，知微不妨，稍胜望筹"。无论是"败"还是"病"都是恃强冒进的表现，最终得以败局。

围棋"合弈"文化之"示弱不强，谓之强也"。示弱是一种生存的智慧，示弱是人类独有的一种表现形式。但是示弱并不是软弱，而是一种奋进的状态，是人类适者生存的表现，这恰恰是一种强大的自信表现，也是一种不断警示自己的良方。

第七十七章　是以圣人为而不恃，功成而不处，其不欲见贤

> 　　天之道，其犹张弓与？高者抑下，下者举之，有余者损之，不足者补之。天之道，损有余而补不足。人之道，则不然，损不足以奉有余。孰能有余以奉天下，唯有道者。是以圣人为而不恃，功成而不处，其不欲见贤。

　　老子把自然规律看作一张弓，收缩自如地调节天地一切事物，这是阴阳互补之道。或高或低，或减或补，这就是规律，减少有余的补充不足的。自然规律如此，社会规律也是如此。

　　何谓"是以圣人为而不恃，功成而不处，其不欲见贤"？有道之人有所为而不自认功高，有所成就而不居功自傲，不愿表现出自己的贤能。需要我们识时务者为俊杰，顺应历史发展趋势。

　　萧子显是齐高帝萧道成的孙子，他自小聪颖，博学能文，好饮酒、爱山水。可谓是一个"风神洒落、雍容闲雅、简通宾客、不畏鬼神"的人。萧子显做吏部尚书的时候，见九流宾客，"不与交言"，只是举起手中的扇子一挥而已，所以有些士族地主内心里对他很不满。而梁武帝虽然对其委以信任，但也对他这个毛病早有意见。在萧子显病死之后，萧子显的家人准备将其安葬，上奏请求谥号，梁武帝亲自写了"恃才傲物，宜谥曰骄"

的诏书，就是说，最适合他的谥号是"骄"，这无疑和萧子显开了个很大的玩笑。

而当恃才傲物者丧失了应有的理智时，那么便成了目中无人，由此引祸上身。弘一法师曾说："人生最不幸处，是偶一失言，而祸不及；偶一失谋，而事幸成；偶一恣行，而获小利。后乃视为故常，而恬不为意。则莫大之患，由此生矣。"是啊，人生的大不幸便是做出失德之举却侥幸获利，便以此为常，渐渐失去本有的理性，目中无人，最终是要受到惩罚的。

明朝刘伯温《百战奇略·胜战》讲："凡与敌战，若我胜彼负，不可骄惰，当日夜严备以待之。敌人虽来，有备无害。法曰：'既胜若否。'"大凡对敌作战，如果我军取得胜利而敌人遭到失败了，不可因此而骄傲怠惰起来，应当日夜严加戒备以防敌人来攻。这样，敌人即便敢于来犯，我军因有准备而不会发生危害。诚如兵法所说："打了胜仗的时候，要像没有打胜仗那样，要保持高度戒备。"

秦二世胡亥统治末年，反秦起义首领项梁派遣刘邦、项羽率兵从另一路攻打城阳，血洗了城阳全城。然后西进，又于濮阳东大破秦军，秦兵收缩退入濮阳城。这时，刘邦、项羽便转兵进攻定陶，继而向西攻占地盘而抵达雍丘，再次大破秦军，击斩了秦朝三川郡守李由，然后回军进攻外黄。义军接连打了几次胜仗之后，项梁便轻视秦军，骄傲情绪溢于言表。令尹宋义见此而规劝项梁说："打了胜仗之后，如果将领骄傲、士卒怠惰的话，那就要失败了。现在我军士卒已初显怠惰之情了，而秦军兵力却在不断增强，这是我为您所担心的事。"项梁根本听不进去，竟派遣宋义出使齐国。宋义赴齐途中遇到了齐国使者高陵君显，问显道："您将去会见武信君项梁吗？"回答说："是的。"宋义劝他说："我现在认定武信君必然要失败。您慢点去就可以免于一死，去快了就会祸及于自身。"秦朝果然调集全部兵马增援章邯攻打楚军，并且大败楚军，项梁兵败身死。

徐羡之，南朝宋开国功臣。迎立荆州刺史刘义隆为帝，进位司徒，册封南平郡公。根据《宋书·徐羡之传》记载："羡之，字宗文，东海郯人。沉密寡言，不以忧喜见色。颇工弈棋，观戏常若未解，当世倍以此推之。"徐羡之作为围棋高手，在观棋时能够把握大局，把握趋势，而且还能主导棋局的发展，但是置身历史棋局中，其身为人臣，任意主宰皇帝的废立，这在任何朝代都是违背大道的，其下场是可想而知的。元嘉三年，徐羡之以废弑君主等罪名，下狱治罪，自杀，时年六十三岁。

    围棋"合弈"文化之"与时俱进，乘风破浪"。弈棋者应准确把握时代特征，始终站在时代前列和实践前沿，始终坚持解放思想、实事求是和开拓进取。"路漫漫其修远兮，吾将上下而求索"，在大胆探索中继承发展。

第七十八章　弱之胜强，柔之胜刚

天下莫柔弱于水，而攻坚强者莫之能胜，以其无以易之。弱之胜强，柔之胜刚，天下莫不知，莫能行。是以圣人云："受国之垢，是谓社稷主；受国不祥，是为天下王。"正言若反。

作者认为这一章着重体现的是人生观。老子在这里再次提到了水，在前面我们讲过，"水善利万物而不争"，其能力量无穷，是因为柔弱。对于我们每一个人而言，只有承受了世间无法承受的痛苦，才能取得世间无人能取得的成就，先苦后甜，苦尽甘来，过去的失败和痛苦就是自己以后人生的重要财富。正如儒家所言："天将降大任于是人也，必先苦其心志，劳其筋骨，饿其体肤，空乏其身，行拂乱其所为，所以动心忍性，曾益其所不能。"这恰恰是老子辩证统一的哲学思想的体现。

自唐太宗在贞观四年下诏"州县以下皆立孔庙"开始，我国历史上先后有上千座孔庙。而孔氏家庙是孔子嫡传宗子率族人祭祀孔子的地方，整个中国只有两座：一座在孔子的故里山东曲阜，另一座就在浙江衢州。

建炎二年十二月，金兵侵东平、下济南，经孔氏族人商议，除留孔端友胞弟孔端操、侄孔璠留守阙里陵庙外，孔端友毅然率领百余近支族人，于"金人陷袭庆（今山东兖州）"前南下，避寇扬州。建炎三年二月，金军攻破楚州后直逼扬州，宋高宗仓皇逃往杭州，孔端友偕孔传等百余近支族人随后到达。宋高宗为"回天下之心"，处理南渡的文武百官、皇室巨族的善后事宜，令"百官入见"。孔端友率部分族人前往朝拜，上疏叙述孔氏家门旧典及离祖丧家之苦。宋高宗感激"护驾南渡"的忠诚和奉像南渡的功德，于是颁旨，赐家衢州。靖康之变，曲阜中衰，而南渡后的这支孔氏族人就在衢州住下来了，衢州也就成了孔子后裔的第二故乡，史称"东南阙里"。

黄石公《三略》讲道："莫不贪强，鲜能守微，若能守微，乃保其生。圣人存之，动应事机。舒之弥四海，卷之不盈怀；居之不以室宅，守之不以城郭；藏之胸臆，而敌国服。"没有不贪强好胜的，却很少有人掌握刚柔强弱这个幽深精微的道理。如果能掌握这个道理，也就可以保身了。圣人掌握了这个道理，他的行动总能抓住时机。这个幽深精微的道理，舒展开来足以遍布四海，收拢起来却不满怀抱。无须用房舍去安置它，无须用城郭去守护它。只需要藏在心中，就可以使敌国屈服了。《军谶》也讲道："能柔能刚，其国弥光；能弱能强，其国弥彰；纯柔纯弱，其国必削；纯刚纯强，其国必亡。"既能柔，又能刚，则国运光明；既能弱，又能强，则国势昌盛。单纯用柔用弱，则国力必然削弱；单纯用刚用强，则国家必然灭亡。

明朝刘伯温《百战奇略·安战》讲："凡敌人远来气锐，利于速战；我深沟高垒，安守勿应，以待其敝。若彼以事挠我求战，亦不可动。法曰：'安则静。'"大凡敌人从远道而来且士气锐盛，是以采取速战速决为有利；对于这种进攻之敌，我军应当凭恃深沟高垒，实施固守防御而不急于出兵应战，以等待敌人疲惫不堪之隙。倘若敌人制造事端来挑动我出战，也不可为其阴谋所扰而随意出动。诚如兵法所说："实施坚守防御的部队，应像木石置于平地那样静止不动。"

在具体作战中，体现老子"弱之胜强，柔之胜刚"理念的就是突围战。在遭受敌军四面包围的时候，就要采用奇谋，突破敌军的防线。据《六韬·虎韬·疾战》记载，周武王曾咨询姜尚"敌人围我，断我前后，绝我粮道，为之奈何？"姜尚言："此天下之困兵也。暴用之则胜，徐用之则败。如此者，为四武冲陈，以武车骁骑，惊乱其军，而疾击之，可以横行。"周武王问太公道："如果敌人从四面包围了我军，切断我军与外界的联系，断绝我军的粮道，在这种情况下应该怎么办？"太公答道："这是天下处境最困难的军队。在这种情况下，急速突围就能胜利，行动迟疑就会失败。突围的方法是，把部队布成四面都有警戒的'四武冲阵'的战斗队形，使用强大的战车和骁勇的骑兵，打击震骇敌军，使其陷入混乱，然后迅速突击，这样就可以横行无阻地突围出去了。"

从汉高帝二年五月开始，西楚霸王项羽和汉王刘邦围绕战略要地成皋展开了一场持久的争夺战，成皋几次易手。到汉高帝四年十月，刘邦乘项羽东击之机，反攻成皋，将成皋攻占，并乘胜推进到广武一线。项羽听说成皋失守，大惊失色，急忙由睢阳带主力返回，同汉军争夺成皋，与汉军对峙于广武。汉军依据险要地形，坚守不战。与此同时，韩信在黄河北岸连续获胜，并降服燕国，攻占齐国，对楚形成了迂回包围的战略态势。楚军进退两难，侧背又受到汉军的极大威胁，粮草补给也发生了问题，形势对项羽越来越不利。项羽于是便同刘邦讲和。刘邦此时也筋疲力尽，无力一举消灭项羽，遂同意平分天下，双方以鸿沟为界，以西归汉，以东属楚。

同刘邦讲和后，项羽即撤兵东归。刘邦则采纳张良、陈平的建议，打消了西归的念头，率兵越过鸿沟，追歼楚军，同时下令韩信、彭越等部前来会合。汉高帝五年十二月，刘邦、韩信、彭越等各路大军会合在一起，在垓下追上项羽，并把他团团包围。为了打击楚军的士气，编了一曲楚歌，命令士兵在楚营四面唱和，勾起了楚军士兵的怀乡情绪，使其士气更加低落。项羽听到四面楚歌，以为汉军已全部占领楚地，心乱如麻，十分绝望，焦愁得难以入睡，便在帐中喝酒解闷。他呆望着心爱的美人虞姬，又抚摸着那匹随他征战多年的乌骓马，慷慨悲歌。左右之人见状都涕泪交横，呜咽不止，虞姬随声唱和："汉王已略地，四面楚歌声。大王意气尽，贱妾何聊生！"吟罢拔下项羽佩剑，自刎身亡。项羽埋葬虞姬之后，率领八百名亲兵，乘着夜色，偷出楚营，向南逃去。汉兵发觉后，紧追不舍。项羽一路苦战，逃到乌江边，在前无去路、后有追兵的形势下拔剑自刎。

项羽垓下被围，处境险恶，但事仍有可为，只要他能振奋士气，选择汉军包围圈的薄弱部位，拼力一战，突出重围并非不可能的事情。可惜项羽在被围后，丧失斗志，灰心绝望，在关键时刻置大军于不顾，只率领亲兵私自逃跑，从而导致了彻底失败。

勇者无惧，围棋从来都是意志坚强者的游戏。

关羽，民间尊为"关公"，历代朝廷多有褒封。清朝雍正时期，尊为"武圣"，与"文圣"孔子地位等同。在《三国演义》第七十五回就讲了关羽弈棋刮骨疗毒的故事。原著记载："时关公本是臂疼，恐慢军心，无可消遣，正与马良弈棋；闻有医者至，即召入。礼毕，赐坐。茶罢，佗请臂视之。公袒下衣袍，伸臂令佗看视。佗曰：'此乃弩箭所伤，其中有乌头之药，直透入骨；若不早治，此臂无用矣。'公曰：'用何物治之？'佗曰：'某自有治法，但恐君侯惧耳。'公笑曰：'吾视死如归，有何惧哉？'佗曰：'当于静处立一标柱，上钉大环，请君侯将臂穿于环中，以绳系之，然后以被蒙其首。吾用尖刀割开皮肉，直至于骨，刮去骨上箭毒，用药敷之，以线缝其口，方可无事。但恐君侯惧耳。'公笑曰：'如此，容易！何用柱环？'令设酒席相待。公饮数杯酒毕，一面仍与马良弈棋，伸臂令佗割之。佗取尖刀在手，令一小校捧一大盆于臂下接血。佗曰：'某便下手，君侯勿惊。'公曰：'任汝医治，吾岂比世间俗子，惧痛者耶！'佗乃下刀，割开皮肉，直至于骨，骨上已青；佗用刀刮骨，悉悉有声。帐上帐下见者，皆掩面失色。公饮酒食肉，谈笑弈棋，全无痛苦之色。须臾，血流盈盆。佗刮尽其毒，敷上药，以线缝之。公大笑而起，谓众将曰：'此臂伸舒如故，并无痛矣。先生真神医也！'佗曰：'某为医一生，未尝见此。君侯真天神也！'"神游棋局的关羽浑然不觉刮骨之痛，其勇可非世人可比。

相礼，明初大国手，多才多艺，能诗善画。据《松江志》记载："尤精于弈，当世无敌。"曾被朱元璋召至京师与燕王对弈并重重赏赐。但其在年轻的时候做过一件令人哭笑不得的事情。据明代大臣、金石学家、藏书家都穆《都公潭纂》记载："江阴相子先，棋国手也。洪武被召遣还，宋太史有文送之。子先以棋自负，尝榜于门云：'天下棋师。'一日，有野僧来较胜负。僧实高手，佯北以诱之。明旦，大会宾友，而子先连败。其榜由是遂撤。"刘仲甫挂出"江南棋客刘仲甫，奉饶天下棋先"招牌后，能以高超棋艺折服钱塘高手，而相礼的类似举动却让自己栽了一个大跟头，被不知名的山野僧人戏弄，只能乖乖撤榜。

围棋"合弈"文化之"围而不屈，勇谋可当"。弈棋者在弈棋过程中，自己的棋子被对手围攻之时，切不可放弃、投降，而应沉着应对，要有继续冲杀的勇气，利用现有的局势，创造时机和条件，寻找突破口，实现突围。现实生活中亦是如此，当遇到强大的困难和挫折时，往往就需要勇气和胆量，不要气馁，鼓足干劲，寻找良机，以坚毅的品质和卓越的智慧战胜困难和挑战。

第七十九章　天道无亲，常与善人

和大怨，必有余怨；报怨以德，安可以为善？是以圣人执左契，而不责于人。有德司契，无德司彻。天道无亲，常与善人。

　　和解沉重的怨恨，定然还会有残余的怨恨，因为和解是有妥协的成分的，做不到相逢一笑泯恩仇。这是老子独具慧眼的看法："报怨以德，安可以为善？"

　　那么怎么样才能消解人们心中的怨恨呢？唯有"有德司契，无德司彻"。有德之人采用的是宽容的办法，无德之人采用的是像收税的人一样苛刻的办法。老子说道德是万事万物的根本，人们要是能够做到重道敬德，事情自然就会做好。

　　梁国有一位叫宋就的大夫，曾经做过一个边境县的县令，这个县和楚国相邻界。梁国的边境兵营和楚国的边境兵营都种瓜，各有各的方法。梁国兵营的人勤劳努力，经常浇灌他们的瓜田，所以瓜长得很好；楚国士兵懒惰，很少去浇灌他们的瓜，所以瓜长得不好。楚国县令就因为梁国的瓜好，怒责楚国士兵没有把瓜种好。楚国士兵心里忌恨梁国士兵瓜种得比自己好，于是夜晚偷偷去翻动他们的瓜藤，所以梁国的瓜总是枯死的。梁国士兵发现了这件事，于是请求县尉，也要偷偷前去报复，翻动楚营的瓜藤。县尉拿这件事向宋就请示，宋就说："唉！这怎么行呢？结下了仇怨，是惹祸的根苗呀。人家使坏你也跟着使坏，怎么心胸狭小得这样厉害！要让我教给你办法，一定要每晚都派人过去，偷偷地为楚国兵营在夜里好好地浇灌他们的瓜田，不要让他们知道。"于是梁国士兵就在每天夜间偷偷地去浇灌楚兵的瓜田。楚国士兵早晨去瓜田巡视，就发现都已经浇过水了，瓜也一天比一天长得好了。楚国士兵感到奇怪，就注意查看，才知是梁国士兵干的。楚国县令听说这件事很高兴，详细地把这件事报告给楚王。楚王听了之后，又忧愁又惭愧，把这事当成自己的心病。楚王告诉主管官吏说："调查一下那些到人家瓜田里捣乱的人，他们莫非还有其他罪过吧？这是梁国人在暗中责备我们呀。"于是拿出丰厚的礼物，向宋就表示歉意，并请求与梁王结交。楚王还时常称赞梁王，认为他能守信用。所以说，梁楚两国的友好关系，是从宋就开始的。这也印证了古语说的"把失败的情况转向成功，把灾祸转变成幸福"。《道德经》说："用恩惠来回报别人的仇怨。"就是说的这类事情呀。别人已经做错了事，哪里值得效仿呢！

战争往往是不讲信义的。《道德经论兵要义述》讲道："夫天生蒸人，而大欲各存于心。争胜逐利，背正为邪。"一切战争都是因为欲望，为了欲望就会争胜逐利，逐渐走向与正义相反的道路。

然而，在军事战斗中，"举仁义之师，伐无道之徒"，只是古代战争开始的口号，为了兴兵开战找好理由，得到所谓的"天道人心"，为战争的胜利扩充军心士气要素，这是惯用的技巧。其实只要是有战争的存在，那就有烧杀抢掠的存在。而最终的受害者都是那些没有地位、没有身份的老百姓，他们在战争当中除了逃跑别无选择。大军攻占地盘后，有时候手下留情，放老百姓一条生路；有时候为了防止城中还有残余的败寇躲在城中伺机而动，会直接全部屠城。这也是为什么老子反对战争的原因所在。

轮台国，汉代是西域三十六国中的城邦之一，地处西域中部，为丝绸之路北道要冲。当时带领汉军的将军名叫李广利，他为了能够将对手一网打尽，直接实施了屠城的计划，当时无论是大人还是小孩子都被赶尽杀绝，而且这一场大型的屠杀战争最终给对手狠狠的一击，也让周围的小国全部都知道了这件事情。五胡乱华时期，刘裕北伐，直接攻入了南燕。燕主慕容超率军突围，被晋军生俘，由于当时刘裕害怕他们乱生是非，因此直接将他们全部杀掉了。

战争和弈棋都是残酷的，因为这是生死的较量。老子反对战争，但为了正义必须打一仗的时候，就应该讲究谋略，讲究大局。在生活中亦是如此，当我们谋定一个目标的时候，就要不断地创造机会和条件去完成。当然了，这要在合法合理的前提下，这也是老子强调的"无不为"的思想所在。

唐朝诗人吴大江，深知弈理，曾写过一首关于围棋弈理的诗《棋赋》："奇谋入妙，巧思参玄，虽一枰之可美，起三隅而邈然，似将军之出塞，若猛士之临边。及其进也，则鸟集云布，阵合兵连，或参差而易决，或龃龉而难便。开马眼以防后，张虎口而遮前，磊磊似玉石之相饰，粲粲若众星之丽天。尔其深思远虑，知白守黑，以仁义为反道，用诡谲为明德。或意在东南，而伪击西北，类行藏之通变，同阴阳之不测。于是且侵且战，不恃不平，雁行络绎，鱼阵纵横。宁扶危以救死，不贪败以丧生。或偏攻于略地，或专命于用兵，或辘轳以成劫，或宛转而入征。虽劳形而竭思，固难得以言名。及夫雌雄有决，疑多胜寡，思悠扬而不定，气沉吟而未下。名不可窃，智不可假。千虑万计，复何为者？行必量力，动则相时，其措意也屡巧，其适变也多姿。既得之者荣，失之者辱，此余而未已，彼怀而诅足。驰神不竭，应运无穷，势出心外，命悬手中。围初开而复闭，路欲塞而还通，伊仁智之可玩，岂造化之为功。使夫离娄丧睛，隶首迷术，公子罢宴而惊视，樵客入山而忘出。"诗中"尔其深思远虑，知白守黑，以仁义为反道，用诡谲为明德"，再到"或意在东南，而伪击西北，类行藏之通变，同阴阳之不测"，最后"驰神不竭，应运无穷，势出心外，命悬手中"，讲述了两个棋手在弈棋过程中的用尽心机战胜对方，可谓是玄之又玄，妙之又妙！

围棋"合弈"文化之"及其造化，以得其功"。任何事物的成就得益于天时地利与人和，要不断地创造条件和借助环境，使之有利于走向成功。

第八十章　鸡犬之声相闻，民至老死不相往来

小国寡民。使有什伯之器而不用；使民重死而不远徙。虽有舟舆，无所乘之；虽有甲兵，无所陈之。使人复结绳而用之。至治之极。甘其食，美其服，安其居，乐其俗，邻国相望，鸡犬之声相闻，民至老死不相往来。

　　老子生活在春秋后期，他眼见天下战乱不休，生灵涂炭，痛感名缰利锁已经使得人们误入歧途。为了挽救这个日益沉沦的衰败乱世，使陷入迷茫和彷徨的人们重新找回幸福的乐园，老子开出了道治社会的救世良方。他以大道包罗寰宇，以大道统论自然、社会和人生，呼唤人们尤其是呼唤统治者以大道的清静无为不争法则来立身处世，少私寡欲，返璞归真，进而最终实现"甘其食，美其服，安其居，乐其俗，邻国相望，鸡犬之声相闻，民至老死不相往来"的理想社会。

　　本章是老子"小国寡民"思想的体现，毋庸置疑，这样的思想和孔子呼吁要恢复的周礼一样存在一定的局限性，但是在今天还是有一定的正面意义的。老子提倡的是向内求而不是向外求的思想，这也是两千多年中国之所以没有分崩离析而是越来越团结的思想根源所在，它强调的是向一个中心集合，而不是对外扩张。所以纵观历史，中国两千多年向外扩张的行为少之又少，反而是越来越集中和统一，都源于老子"小国寡民"思想理念下家国情怀的影响。

古代中国，历朝历代，分分合合，无论是分裂割据，还是高度统一，"大一统"始终都是存在的。只是存在的状态各不相同，侧重点不同。在分裂割据时期，占据中原的割据政权，便成为拥有合法地位的中央政权。其他地区的割据政权，虽然与中原政权之间的军事斗争不断，但是从未否定中原政权作为中央政权的合法性。也就是说，在古代中国历史上，不管出于怎样的政治局面，都有一个正统的王朝，享有中央政权、中央王朝的地位。中华大地上的其他各个政权都承认这个政权的天下共主的地位，并以此获得自身建立政权的合法性。那么，为何大一统会成为中国专属呢？"大一统"自黄帝开创华夏文明以来，就是一直存在的，也是伴随着华夏文明出现而出现的。道家思想作为中国哲学的先祖，对华夏文明的指导作用是不言而喻的，也正是因为中华儿女秉持着大一统的道家思想，尽管有过像春秋战国、三国分立、五代十国这样的动乱割据时期，但割据时代的统治者的终极目标还是为了大一统。

霍去病，西汉名将、军事家、民族英雄。十八岁为剽姚校尉，率领八百骑兵深入大漠，两次功冠全军，封冠军侯。十九岁时升任骠骑将军，指挥两次河西之战，歼灭和招降河西匈奴近十万人，俘匈奴祭天金人，直取祁连山。这是汉族政权第一次占领河西走廊，从此丝绸之路得以开辟。元狩四年，霍去病与卫青率军深入漠北，于漠北之战中消灭匈奴左贤王部主力七万余人，追击匈奴军直至狼居胥山与姑衍山，分祭天地，临瀚海而还。此战使"匈奴远遁，漠南无王庭"。战后加拜大司马骠骑将军，与卫青同掌军政。元狩六年，霍去病病逝，年仅二十四岁。武帝赐谥号"景桓"，陪葬茂陵，并仿照祁连山的形状为其修筑坟墓。

《道德经论兵要义述》从战略上，《孙子兵法》从具体的实战角度，告诉我们战争和侵略的危害，都在强调化干戈为玉帛，和平共处，共建人类命运共同体。

《道德经论兵要义述》讲道："夫如是，则人各怀恋其生，畏重其死。既安乡土宁、远迁移又馈饷不行，则舟车无所用；战争既息，则兵甲无所陈。自然人致太平，以复结绳之政，由是甘其食、美其服，止足存于衷也；安其居、乐其俗，风化行于时也。"这段话应理解为如果每个人都能尊重生命，敬畏死亡，不长途跋涉地侵略他地，那么战车就用不上了；战争一旦停止，则战争的武器就不需要陈列了。社会就会太平，邻国友邦之间再结友谊，通商往来，不再相互僭越，安心生活，乐于现状，天下太平。

《孙子兵法》作战篇讲道："善用兵者，役不再籍，粮不三载；取用于国，因粮于敌，故军食可足也。国之贫于师者远输，远输则百姓贫。近于师者贵卖，贵卖则百姓财竭，财竭则急于丘役。力屈、财殚，中原内虚于家。百姓之费，十去其七；公家之费，破车罢马，甲胄矢弩。戟楯蔽橹，丘牛大车，十去其六。"国家由于兴兵而造成贫困的原因是长途运输。长途运输必然导致百姓贫穷。军队经过的地方物价必定高涨，物价上涨就会使百姓财物枯竭，财物枯竭，赋税和劳役必然加重。在战场上，军力耗尽，在国内财物枯竭，百姓的财产将因战争而损耗十分之七；国家的资财也会由于车辆的损坏，马匹的疲病，盔甲服装、箭羽弓弩、枪戟盾牌、车蔽大橹的制作和补充，辎重车辆的征集和调用，而损耗十分之六。

谈到和平共处的例子，不得不说发生在清朝康熙年间一次条约的签订，那就是《尼布楚条约》。《尼布楚条约》是中国与外国签订的第一份国家间的平等条约。当时中国与沙俄约定两国以额尔古纳河、格尔必齐河为边界，并将尼布楚地区割入俄国版图，肯定了乌苏里江、黑龙江地区为中国的领土，以及将贝加尔湖以东尼布楚纳入俄国版图，将乌第河与外兴安岭之间的区域定为待议区，作为两国通商的区域。

沙俄早在崇祯年间就开始意图入侵黑龙江，在勒拿河建造城池雅库茨克城。1643 年，波雅科夫入侵黑龙江地区，在女真聚居区烧杀抢掠，无恶不作，遭到当地人民的抵抗并于 1645 年逃回雅库茨克城。

顺治六年和顺治九年，沙俄再次入侵黑龙江，杀死当地百姓，抢夺妇女，甚至将孩子活活烧死，当地各族人民纷纷抵抗。当时的清政府命令海色阻击沙俄侵略者，爆发了乌扎拉村战役，这次战役是清政府第一次对沙俄正式作战，但由于海色轻敌，清军损失惨重。顺治十二年，沙俄又再一次入侵黑龙江，顺治十五年，沙俄侵占了尼布楚。清政府派沙尔虎达反击，打退了沙俄的入侵，收复了雅克萨城。但是尼布楚依然在沙俄的控制之下。

康熙四年，沙俄又进一步入侵我国，侵占了喀尔喀蒙古的柏兴及黑龙江领域的雅克萨城。这次沙俄改变了之前流窜抢掠侵扰的方式，采取建立据点，逐步推进，试图长期侵占我国领土，沙俄实际已经建立从贝加尔湖到黑龙江领域的殖民统治。康熙亲政后就将沙俄入侵视为心腹大患。康熙在事先做了很多调查，对局势有更深刻的认识，总结了之前抗击沙俄失败的原因之后，决定采取屯田戍边策略，结合内政外交，在各个方面进行了总体部署。康熙先从外交上着手，在康熙八年和九年，派索伦部下带上康熙的咨文前往尼布楚，要求沙俄停止对中国的侵略，并表示可以派使臣谈判。康熙九年，沙俄派使臣进京，要求康熙对沙俄称臣纳贡，在康熙十四年和十五年，沙俄还对清政府提出更多不合理的要求。

康熙皇帝开始着力部署，让宁古塔总管做好战争的准备，还将东北各族人民编入旗籍，壮大八旗的力量，并且在边境处屯田，提高东北地区的边防力量。这些新编入八旗的军队，成为东北防务最重要的力量，并在后期反抗沙俄战争中立下汗马功劳。在康熙二十年，清政府对沙俄进行最后一次通牒，要求沙俄必须撤离中国，不然就以武力解决。后一年，康熙一方面指示军队在黑龙江驻兵屯田，保证了军队的军需供给，然后再步步为营，先阻止沙俄的进一步入侵，再将其赶出中国，同时以外交手段向沙俄宣告中国准备以武力解决。康熙二十四年，康熙决定收复雅克萨城，从水路和陆路并行攻取雅克萨城，而且还先礼后兵，派出被俘虏的俄兵，将康熙皇帝要求沙俄撤军的信件带给沙皇，并提出双方边界的划定和释放俘虏等建议，沙俄置之不理。双方展开激战，最终沙俄督军向清军投降，康熙释放了俄军俘虏，并允许俄军带走兵器和财物。

康熙二十五年，沙俄又重新占领了雅克萨城，开始了第二次雅克萨战役，清军采取长期围困的策略，城内的俄军因缺乏弹药粮食，大多被困而死。沙皇终于接受清军谈判。康熙二十八年，签订了中俄《尼布楚条约》，中国收回了一部分领土，打破沙俄和噶尔丹之间的联盟，为保卫东北边疆维护领土完整做出重大贡献，使中国东北边疆获得了长时间的安宁。

纵观古今，热爱围棋者，往往怀揣着家国情怀和雄心壮志，杜甫就是其中一个。杜甫酷爱围棋，不仅自己常常寄情其间，而且还劝友人"且将棋度日"，我们可以从他的一些诗词中略知一些。杜甫《秋兴》云："闻道长安似弈棋，百年世事不胜悲。王侯第宅皆新主，文武衣冠异昔时。"
听说长安的政坛就像一盘未下完的棋局，彼争此夺，反复不定。反思国家
和个人所经历的动乱与流亡，有说不尽的悲哀。世道的变迁，时局的动荡，
国运今非昔比，王侯们的家宅更换主人，无奈宦官当道，贤臣良相更成泡
影。其《江村》云："老妻画纸为棋局，稚子敲针作钓钩。但有故人供禄米，
微躯此外更何求。"《七月一日题终明府水楼二首》云："楚江巫峡半云雨，
清簟疏帘看弈棋。"

　　无国何以为家？爱国主义是道家的一贯精神，先秦道家从一开始就树
立了崇尚黄帝的爱国精神。当代人无论是研习道家文化、兵家文化还是围
棋文化，都不难发现，这三家文化都在提倡保国、助国和爱国。吾辈欣逢
盛世，当不负盛世，正如宋明理学的主要奠基人之一、世称"横渠先生"
的张载所说："为天地立心，为生民立命，为往圣继绝学，为万世开太平。"

　　围棋"合弈"文化之"家国情怀，生生不息"。瞒人之事弗为，害人
之心弗存，有益国家之事虽死弗避。爱国应该和爱自己的家一样。为了国家，
要把"小我"融入"大我"，心怀"国之大者"，根植"生活沃土"，胸抒"人
民情怀"，这就是报国的大道。

第八十一章　圣人之道，为而不争

> 信言不美，美言不信。善者不辩，辩者不善。知者不博，博者不知。圣人不积，既以为人己愈有，既以与人己愈多。天之道，利而不害。圣人之道，为而不争。

自然规律的最大好处在于使得万事万物都能恰到好处。人类社会要做到这一点，就不需要那些漂亮的话和巧辩，做到一切顺其自然。正如老子所说的"知者不博，博者不知"。真正有知识的人不卖弄，卖弄自己懂得多的人不是真有知识的。

因此，不应该有占据之心，只有尽力地帮助别人，才能让自己更加丰富，不要什么事情都和别人争。

"天之道，利而不害。圣人之道，为而不争。"天道就是利于万物而不妨害万物，人之道就是给天下人带来好处而不与天下人争利。天之道损有余而补不足，万事万物的运行都是这个道理。然而为人处世要损不足而奉有余，如何才能人有余奉？但行善事，不恋名利，决定成败的是格局，决定成就的是境界。

"圣人之道，为而不争"是整部《道德经》的总结，老子最终回归到心法修炼上，告诉世人，无为而无不为，为而不争，一切从善，无欲则刚的道理。

苏东坡孰人不知，孰人不晓，即便你不了解东坡居士的生平经历，他脍炙人口的诗文，一定也多少读过或听人谈起过。而综观苏东坡的诗文，不难发现佛法的踪迹。苏东坡一生与佛有缘，对佛法有很深的领悟，而佛法亦对他的生活与创作影响深远。人生浮沉，他从佛法中找到精神支撑与寄托，始终保持内心的平衡和自守，一生乐观豁达。

苏东坡自诩悟性极高，对于佛学也有自己一番独到见地，因此也常常地去找佛印禅师论道，但每次总是被佛印禅师占尽上风，不免心中有些懊恼，总想找机会扳回一局。这一天佛印与苏东坡相对而坐。苏东坡便问道："你看我现在像什么？"佛印禅师说："像一尊佛。"苏东坡听了之后很满意。佛印禅师问苏东坡："你看我像什么？"苏东坡答道："我看你像一堆牛粪。"说完哈哈大笑，心想着这回终于叫我扳回一局。待回到家里仍按捺不住向苏小妹炫耀此事，苏小妹听了后说道："你又输了！"苏东坡不解，小妹继续说道："在佛印禅师眼中看到的都是具有如来智慧的佛，而你面对这修为如此之高的佛印禅师却只看到污秽不净的东西，所以你又输了。"苏东坡听后不禁黯然惭愧。过了好多天，苏东坡突发灵感写了一首偈："稽首天中天，毫光照大千。八风吹不动，端坐紫金莲。"大意是：顶礼膜拜天中之天的佛祖，佛祖慈悲祥和的光芒照射大千世界，八风，是称、讥、毁、誉、利、衰、苦、乐；八风吹不动是指不受外界的影响，安稳地坐在紫金莲花台上面。写完后苏东坡自己对于这首偈很是满意，于是叫童子带着偈送给河对岸的金山寺佛印禅师炫耀一番，不久童子归来，带回了佛印禅师的回信。苏东坡心想肯定是赞美这首偈的话，于是迫不及待地打开书信，一看上面只写了两个字："放屁！"这下气坏了苏东坡，心想肯定是佛印记恨我上次说他是牛粪而报复我，于是连夜乘船去找佛印理论。到了对岸看见佛门紧闭，怎么敲也不开门。正待苏东坡要离去时门开了，小和尚递出来一张纸，苏东坡接过来上面写着两句诗："八风吹不动，一屁过江来！"苏东坡看后不禁又羞又愧，还自诩"八风吹不动"，哪知道人家一句"放屁"就让自己跑到江对面来了，看来自己的心性还要磨炼啊。后来苏东坡写了一首诗《观棋》："五老峰前，白鹤遗址。长松荫庭，风日清美。我时独游，不逢一士。谁欤棋者，户外屦二。不闻人声，时闻落子。纹枰坐对，谁究此味。空钩意钓，岂在鲂鲤。小儿近道，剥啄信指。胜固欣然，败亦可喜。

优哉游哉，聊复尔耳。"一句"胜固欣然，败亦可喜"道出了一些感悟。道，知而不言，信言不美矣！

《道德经论兵要义述》讲道："夫一家不争，即斗讼息矣！一国不争，即战阵息矣！天下不争，则征伐息矣！夫斗讼息于家，战阵息于国，征伐息于天下，此圣人之理也，故曰：'圣人之道，为而不争。'其此之谓与！"这段话将老子"为而不争"在军事上进行了深刻的理解，战争起源于矛盾，和平才会相安无事，共进发展。

赵括，历史上被称为"纸上谈兵"的第一人。司马迁《史记·廉颇蔺相如列传》记载："赵括自少时学兵法，言兵事，以天下莫能当。尝与其父奢言兵事，奢不能难，然不谓善。括母问奢其故，奢曰：'兵，死地也，而括易言之。使赵不将括即已；若必将之，破赵军者必括也！'……赵括既代廉颇，悉更约束，易置军吏。秦将白起闻之，纵奇兵，佯败走，而绝其粮道，分断其军为二，士卒离心。四十余日，军饿，赵括出锐卒自搏战，秦军射杀赵括。括军败，数十万之众遂降秦，秦悉坑之。"就连其父亲赵奢都知道，赵括只会对着兵书夸夸其谈，不能胜任为将。结果果真如此，数十万将士被秦军所埋，赵国经此一役，国力日渐衰落，后终于被秦国吞并。赵括为了成就功名而争，结果犯了"知者不博，博者不知"的错误，最后偷鸡不成蚀把米。

北宋初学者，思想家，宋理学先驱石介《观棋》云："人皆称善弈，伊我独不能。试坐观胜败，白黑何分明。运智奇复诈，用心险且倾。嗟哉一枰上，奚足劳经营。安得百万骑，铁甲相磨鸣。西取元昊头，献之天子庭。北入匈奴域，缚戎王南行。东逾沧海东，射破高丽城。南趋交趾国，蛮子与榛迎。尽西四夷臣，归来告太平。谁能凭文楸，两人终日争。"此诗以"人"开头，以"争"结束，阐述了人生如棋局，"争"字到底。

在中国围棋发展史上，确实也存在一些不懂围棋，自以为围棋很简单的趣话。这些人自以为很聪明，一看棋便知棋，便开始卖弄起来，找当时最好的棋手下棋，却不知真正得道的棋手是"知者不博，博者不知"。唐朝的一行和尚和南宋的哲学家陆九渊就是如此。

一行和尚，唐朝僧人，中国唐朝著名天文学家和释学家。其少聪敏，博览经史，尤精历象、阴阳、五行之学。据《酉阳杂俎》记载：开元年间，一行和尚和王积薪在丞相张说家下过棋。当他看到别人下棋的时候，带着数学家和天文学家高傲的姿态以为下棋是一件很简单的事情，并对围棋进行评价："一行公本不解弈，因会燕公宅，观王积薪棋一局，遂与之敌，笑谓燕公曰：'此但争先耳，若念贫道四句乘除语，则人人为国手。'"一行认为但凡懂得加减乘除的普通人都可以成为国手，结果可想而知。

陆九渊，南宋抚州金溪人，字子静，号象山翁，世称"象山先生"。其主"心即理"说，尝言："宇宙便是吾心，吾心即是宇宙。"又谓"学苟知道，六经皆我注脚。"他认为要认识宇宙本来面目，只要认识本心就行了。与朱熹通信论难，曾会于鹅湖做学术论争。有一天，他躺在床上，将一个棋盘挂在墙上，饶有兴趣地研究起围棋来，一连看了两天，跳起来说："这不是河图吗？"于是自以为自己可以和国手一决高下。"河图"其实是古代的一种数字排列方式，并不能从中领悟到围棋的奥妙，由此可见，陆九渊在弈棋上自然是不上品的。

围棋中的"争"与"不争"取之于道家的思想理念，又符合兵家的战法思想，是围棋的重要思想所在。唐朝诗人曹唐《小游仙诗九十八首·其十五》云："白石山中自有天，竹花藤叶隔溪烟。朝来洞口围棋了，赌得青龙直几钱。"其《小游仙诗九十八首·其十八》云："洞里烟霞无歇时，洞中天地足金芝。月明朗朗溪头树，白发老人相对棋。"将围棋的"争"与"不争"描写得淋漓尽致。

南宋文学家、官员，与陆游、尤袤、范成大并称为南宋"中兴四大诗人"的杨万里《观弈篇》云："老坡独往到庐山，白鹤观中白昼闲。只有棋声人不见，寂然流水古松间。"围棋之所以能够万古流长，就是因为坚持了"争"与"不争"的"合"的思想理念。"争"是一种状态，"不争"是一种境界；"争"是一种手段，"不争"是一种结果；"争"是一种无不为，"不争"是一种不为。

围棋"合弈"文化之"大道不争，为道而争"。世间之事皆为一个"道"字，修心立道是和自己争，和别人不争。无论是弈棋还是为人，无论是治国还是理政，所有的事情都应该看作修道的一个过程，一个内心进化无限接近于道的过程。

主要参考文献

[1] 老子. 道德经全集 [M]. 长春：吉林出版集团股份有限公司，2014.

[2] 老子. 道德经 [M]. 北京：研究出版社，2018.

[3] 单长涛，巫少飞，薛广灵. 围棋与衢州 [M]. 太原：书海出版社，2021.

[4] 何云波，杨烁. 图说中国围棋史 [M]. 太原：书海出版社，2015.

[5] 程相. 衢州历史文献集成 [M]. 北京：中华书局，2009.

[6] 李志敏. 棋道：棋局中的处世哲学 [M]. 成都：成都时代出版社，2017.

[7] 孙武. 孙子兵法 [M]. 北京：中国言实出版社，2012.

[8] 张如安. 中国围棋史 [M]. 北京：团结出版社，1998.

[9] 黄俊. 弈人传 [M]. 长沙：岳麓书社，1985.

[10] 易中天. 奠基者 [M]. 杭州：浙江文艺出版社，2016.

[11] 骈宇骞. 武经七书 [M]. 北京：中华书局，2020.

[12] 廖勇传思. 大道兵法——老子与中国军事文化 [M]. 成都：四川大学出版社，2016.

[13] 孙膑. 孙膑兵法 [M]. 北京：海潮出版社，2009.

[14] 马晓春. 围棋与三十六计 [M]. 成都：蜀蓉棋艺出版社，1990.

[15] 林建超. 围棋与人生 [M]. 北京：经济科学出版社，2017.

［16］林建超 . 围棋与哲学 [M]. 北京：经济科学出版社，2017.

［17］林建超 . 围棋与战略 [M]. 北京：经济科学出版社，2017.

［18］胡廷楣 . 黑白之境 [M]. 上海：上海文化出版社，2009.

［19］如松 . 道德经感悟 [M]. 北京：华文出版社，2021.

［20］列御寇 . 列子 [M]. 北京：中华书局，2016.

后 记

　　"大禹行而见之，伯益知而名之，夷坚闻而志之。"余致力于创作已有十年之久，虽无惊世之作，不求"问学闳深，艺文优赡"，却也勤勤碌碌，不敢怠慢。圣人体天，贤者法地，智者师古。余多年以来研习道家学说、兵家学说，以至近年来的围棋学说，略有心得与感悟。

　　唐朝时期大臣，慈州刺史王怀干之子王真，曾将道家学说与兵家学说融合撰写《道德经论兵要义述》，虽有牵强之意，却不乏其成为一部道家军事政治学的名著。该书阐述了"用其所不用""权与道合"的用兵之道，余予以鉴之，集道家、兵家及围棋三者古今之道述作《棋·兵·道》。

　　衢州是一座历史文化悠久的城市，自古以来也是兵家必争之地，素有"铁衢州"之称。余以为，衢州的道家文化、军事文化及围棋文化都是"铁衢州"文化的重要构成部分，因此要塑造"铁衢州"文化，与南孔文化形成刚柔并济之势，就应将其三者结合，提炼出符合衢州特色的"棋、兵、道"文化。余研究传统道家学说、兵家学说，结合围棋弈理，访问各界名家，参考及借述各种文化论述，形成了"以正治国、以奇用兵、以合弈棋"的围棋文化之精神，在此以表谢过。

　　余纵观全国围棋发展之历史、之现状，无像衢州如此之盛的。围棋仙地烂柯山，不仅仅是物化的围棋地理标志，更孕育了独特魅力的烂柯围棋文化，无数神话传说、棋谱、诗文都诞生于此，可称其为全国乃至全世界围棋文化的发祥地和集中地。其所体现的"山中方一日，世上已千年"的超脱观念和世事沧桑易变、方外万古长春的处世思想就来源于道家思想，抑或是如出一辙。从而，唐代杜光庭《洞天福地记》称之为"青霞第八洞天"。道教的"洞天福地"称烂柯山为七十二福地之"第三十烂柯山，在衢州信安县，王质先生隐处"。

世界围棋圣地之建设，文化当以先行。余结合道家无为不争的绵绵之功，兵家的慎战、胜战的军事思想，加上围棋独特的弈理和理念，形成了"以正治国、以奇用兵、以合弈棋"的围棋文化精神，倡导忠信、向上、不争、蓄势、奋发、诚信、谦让、包容等理念，望能以此警示、教寓和激励世人。本书参照书目多涉及古籍，版本众多，余在引用时多有穿插借鉴，并未专一某一版本，也恐全部罗列有堆砌之嫌，因此未在参考文献中列举，由此带来不便，请见谅。

因道家学说、兵家学说及围棋学说属各自领域，多有不同，加之余涉世未深，理解不透，书中论述多有牵强之意、敷衍之嫌，望读者多予海涵，并能见谅著书之不易，在此谢过！

赵子安

壬寅虎年正月

江南围棋馆暨子安文学创作室